• 经济管理学术文库 •

深化中国垄断行业改革研究
——以机车车辆业为例

The Reformation of China's Monopoly Industries: A Case
Study on the Locomotive & Rolling Stock Industry

刘 健 / 著

经济管理出版社
ECONOMY & MANAGEMENT PUBLISHING HOUSE

图书在版编目（CIP）数据

深化中国垄断行业改革研究/刘健著. —北京：经济
管理出版社，2010.11

ISBN 978-7-5096-1144-9

Ⅰ.①深…　Ⅱ.①刘…　Ⅲ.①机车—工业企业—经
济体制改革—研究—中国　Ⅳ.①F426.472

中国版本图书馆 CIP 数据核字（2010）第 211592 号

出版发行：**经济管理出版社**

北京市海淀区北蜂窝 8 号中雅大厦 11 层

电话:(010)51915602　　邮编:100038

印刷:北京晨旭印刷厂　　　　　　　经销:新华书店

组稿编辑：张永美　　　　责任编辑：张永美　杨国强

技术编辑：黄　铄　　　　责任校对：陈　颖

720mm×1000mm/16　　　　21.75 印张　　402 千字

2011 年 1 月第 1 版　　　2011 年 1 月第 1 次印刷

定价：56.00 元

书号：ISBN 978-7-5096-1144-9

·版权所有　翻印必究·

凡购本社图书，如有印装错误，由本社读者服务部
负责调换。联系地址：北京阜外月坛北小街 2 号

电话:(010)68022974　　邮编:100836

序

 本书是我主持的国家社科基金重大项目《贯彻落实科学发展观与深化垄断行业改革研究》（07&ZD016）的阶段性成果之一，按照项目设计和研究框架，由首都经济贸易大学产业经济专业在读博士生刘健独立完成。

 改革开放30多年以来，中国遵循先易后难的渐进式改革路径，"先体制外后体制内"的"增量改革"带来了被称为"中国奇迹"的高速经济增长，国家综合实力不断增强、人民生活水平不断提高。但是，当改革推进到今天，也许摸着石头可以过河，但能否通过汪洋大海、从现实此岸成功到达理想彼岸，却是一个不确定的、急需我们回答和解决的问题。当中国改革30年的"经济奇迹"遭遇"百年不遇"的经济危机时，前期改革未触及的经济社会问题和隐患陡然显现，改革不彻底的"被改革"和对旧体制妥协的"伪改革"问题尤为突出，这是"绕开行政垄断搞改革"的后遗症。行政垄断一直严重干扰着以自由竞争为灵魂的市场经济的发育和完善，一直用特权的形象干扰着以平等为灵魂的民主法制建设步伐，造成的经济运行中的不公平问题对可持续发展的影响很大。它既损害了经济发展的整体利益，加大了整个经济运行的成本，又以巨大的社会成本为代价，放大了社会领域的不公平，不合理地拉大了国民收入分配的差距。行政垄断已经成为目前深化改革的最大绊脚石，不断撕裂着公众和政府的关系，制造社会矛盾，与党中央、国务院倡导的"建设和谐社会，让大多数百姓共享改革成果"的努力方向格格不入。从这一意义上来讲，以科学发展观为指导，深化垄断行业改革的下一阶段目标取向就必然要涉及行政垄断行业等"存量改革"部分，并且这一改革的进程是不允许徘徊、迟滞和拖延的，否则，后续改革的风险和成本将会更大。

 该书对机车车辆业改革进行了系统深入的研究。首先以机车车辆业的技术经济特征为基础、以机车车辆业的历史演变为条件、以国际机车车辆业的发展脉络为对照、以垄断属性判定理论为指导，对机车车辆业的垄断成因进行分析和判定。在此基础上，系统规划和设计改革的模式与路径，提出改革风险防范的措施与政策建议。这种根据垄断成因来设计改革模式的分析方法和研究方式是可取的，符合"具体问题具体分析"的辩证唯物主义哲学观。作者认为，从机车车辆业的技术经济特征来看，机车车辆业既不具备显著的规模经济和范围经济特征，也不具备网络经济特征，没有自然垄断的任何特征和诉求；从机车车辆业改革的国际经验来看，国际机车车辆业的发展是一部竞争走向集中的历史，是"宽松的竞争环境——自由的进入与退出——新企业大量涌现——过度竞争——兼并重组——寡头垄断"的演进历程；从机车车辆业改革的历史演变来看，从铁道部厂务局到铁道部机车车辆制造局，到中国机车车辆工业总公司，再到中国南、北车，机车车辆业一直处于铁道部的扶持和保护之下；从机车车辆业的发展现状来看，铁道部制定的行政许可制度、技术规范和行业标准、既是运动员又是裁判员的招标采购制度形成了机车车辆业很高的进入壁垒。在以上分析的基础上，作者得出了"我国机车车辆业是处于竞争性行业领域但采取了行政垄断体制的行政垄断行业"这一基本结论。应该说，这一认识和看法很有见地，既有理论支持，又有实践佐证，抓住了机车车辆业改革的本质和要害。

中国机车车辆业作为典型的行政垄断行业，行政垄断固有的弊端它都不可避免。因此，深化机车车辆业改革，营造机车车辆业有效竞争的市场格局，重新焕发机车车辆业的生机活力，不仅具有重要性，更具紧迫性。该书以经济思想史、制度经济学、规制经济学、产业组织理论等思想理论和方法为指导，结合机车车辆业的行业特征和我国国情，系统地规划和设计了机车车辆业改革的产权模式、治理模式、竞争模式、运营模式、价格模式及规制模式，并提出了机车车辆业改革的"三阶段"渐进式路径，为机车车辆业改革的实践提供了理论指导，为我国行政垄断行业改革提供了一个完整的"机车车辆版"案例，对所有处于竞争性行业领域但采取了行政垄断体制的行政垄断行业来说都具有普遍性的昭示意义。从这一意义上来说，刘健的专著《深化中国垄断行业改革研究——以机车车辆业为例》得以出版既顺应了改革的潮流，更契合了时代的需要。

该著作除了上述整体框架和研究思路有所建树和创新外，在以下几方面还有理论贡献：

第一，国际机车车辆业寡头垄断的市场结构是在无市场进入壁垒下通过自由竞争形成的，机车车辆寡头企业的成长路径是自由竞争，这是国际机车车辆企业高效率和加强国际竞争力的根源。虽然在位的寡头企业也会利用市场势力实施排他性行为和其他诸如产品差异化、信息垄断、纵向约束等战略行为，来阻止潜在进入者进入，但其本质是市场壁垒而非行政壁垒。反观我国机车车辆业的双寡头垄断市场结构，其形成基础恰恰是行政垄断。机车车辆业与铁道部天然的"父子关系"造就了机车车辆业政企不分的行政垄断体制，时至今日，铁道部的行政许可制度、"独立的"行业技术标准、集"运动员与裁判员"于一身的招标采购制度仍然保护着国有机车车辆企业。国有机车车辆企业的成长路径是行政壁垒，这是国内机车车辆企业低效率和缺乏国际竞争力的根源。由于垄断结构的形成路径完全不同，市场效率就会存在巨大差别。作者在分析了国际机车车辆业与国内机车车辆业垄断结构成长路径的这一差异基础上，提出了机车车辆业改革的本质是打破行政垄断，引入竞争机制，让机车车辆业回归竞争性行业本位。重返竞争之路将是一个艰难而沉重的过程，这是"先体制外后体制内"的改革模式带给我们的必然代价。错过了改革的时机，后续改革的成本和风险将会更大。因此，我们在渐进式改革中，应该认识到渐进是体现在改革的实施方式和步骤上，而深化改革的战略目标和思想是不能动摇的，改革的步伐更是容不得半点延误的。

第二，作者以我国国情为出发点，结合机车车辆业改革的国际经验，提出了我国机车车辆业改革"四个标准、一个因素"的制度选择标准。同时，以整体渐进改革观为指导，结合机车车辆业的技术经济特征，提出了机车车辆业改革"四项基本原则"的指导思想：行业技术经济特征是机车车辆行业改革的初始条件；有效竞争是机车车辆行业改革的市场结构目标；政府是机车车辆行业改革的主要推动力量；提升企业效率和国际竞争力是机车车辆行业改革的内在目标。应该说，改革的制度选择标准和指导思想对改革的成败来说具有决定性的意义。改革如果没有标准和指导思想，就会迷失方向和目标，从而很可能造成改革的失败，给国家造成损失和难以估量的代价。在以往30多年的改革进程中，很多时候由于改革的盲目性，我们走了很多弯路甚至是错路。由于缺少改革的标准、目标和方向而失败的案例不胜枚举，给社会造成的代价是十分惨痛的。正所谓"大海航行靠舵手"，作者提出的深化机车车辆业改革的标准和指导思想，为指导机车车辆业改革的实践提供了方向性的保证，从而具有战略性的指导意义。

第三，机车车辆业改革的路径在于设计可行的改革方案，使机车车辆业回归到竞争性行业本位，最终实现真正意义上有效率的经济集中垄断结构。机车车辆业的改革就是要走一条以前应该走而没有走、现在不得不走的市场竞争之路，这是不可逆转的历史潮流。由于前期改革的不彻底甚至是停滞不前，目前在政府制度、行业体制、思维观念、企业利益和社会舆论等各个方面，机车车辆业的改革都缺乏必需的环境和土壤，改革处处都隐藏着风险和阻碍，面临着巨大的成本。渐进式改革进入后期的机车车辆业改革注定将是艰难而沉重的。鉴于此，作者以我国国情为出发点，在充分认识到改革的风险和成本的前提下，对机车车辆业改革的产权、治理、运营、竞争、价格、规制等六大模式进行整体、系统的规划和设计，充分考虑到政府、社会、行业、企业等各个层面，注重改革的综合性、系统性和配套性。在设计每一改革模式的具体方案时，作者以理论为指导，同时结合实际，把握住机车车辆业自身的经济技术特征、发展现状和改革中的问题，有的放矢，进行了非常细化的分析和研究，提出了每一改革模式"三步走"的循序渐进路径。应该说作者对机车车辆业改革模式与路径的设计既体现了系统论的整体、综合、配套的思想，又结合实际制定了改革实施方案，在机车车辆业改革理论研究几乎一片空白的情况下，能做到如此，实属难能可贵。

应该说，上述都是富有创新性、建设性和可行性的政策建议，应引起有关决策部门的重视，加快推进包括机车车辆制造业在内的改革步伐，焕发生机活力，提高运行效率，增强国际竞争力，并为所有根本不具有自然垄断特性但又采取了行政垄断体制的行业深化改革提供了一个样本。

当然，该著作也存在一些不足，理论基础略显薄弱，研究方法还有待于细化，个别观点还有待于实践检验。但瑕不掩瑜，作为在读博士生，能够取得这样系统的研究成果已经很不错了，特别是在缺少相关理论文献的条件下，充分显示了刘健同学的研究基础和研究潜力。衷心希望刘健以此为起点，继续发扬锲而不舍的探索精神，将包括机车车辆业在内的垄断行业改革研究不断推向深入，为中国垄断行业改革与发展继续贡献聪明才智。也希望刘健在今后的学习和工作中不断进步，取得更大成绩。

戚聿东

2010 年 9 月 10 日于首都经济贸易大学

目　录

第一章 导 论

第一节 研究的背景和意义

党的十六大和十七大政治报告连续提出了深化垄断行业改革、引入竞争机制的问题。目前，中国垄断行业的改革已经进入"深水区"，如何进一步地深化和推进改革成为学术界、政界和企业界都密切关注的焦点问题。从中国近20年垄断行业改革的实践来看，我们在改革的过程中犯了一些错误，走了一些弯路，很多时候是为改革而改革，为反垄断而反垄断，没有明确的改革思路、目标和模式，也缺乏系统的规划和设计。

在这一背景下，本书选取在国民经济和社会发展中具有重要地位、关系到国计民生的机车车辆业进行系统深入的研究。从中国机车车辆业的技术经济特征及其历史演变脉络的分析入手，以机车车辆业改革的国际经验为借鉴，以经济思想史、制度经济学、规制经济学、产业组织理论等思想理论和方法为指导，探讨机车车辆业改革的目标与模式，研究机车车辆业改革的产权模式、治理模式、运营模式、竞争模式、价格模式及规制模式，规划和设计机车车辆业改革"三阶段"的渐进式路径，提出机车车辆业改革风险控制的政策建议，其具有十分重要的实践意义和理论意义。

一、实践意义

我国幅员辽阔，内陆深广，人口众多，资源分布和工业布局不平衡，铁路的地位和作用极为重要。与世界上许多国家相比，我国铁路作为国家重要基础设施、国民经济大动脉和大众化交通工具的地位和作用更为显著。国家的发展、社会的进步以及人民生活水平的提高，要求铁路必须先行。世界主要工业化国家发展的历史过程表明，在工业化初期乃至相当长的时期内，铁路的发展在各国经济中举足轻重。长期以来，铁路一直在我国综合交通体系中发挥着骨干作用。资料表明，在各种运输方式中，铁路所消耗的能源最少。据测算，在运量相等的条件下，铁路、公路、民航耗油量之比为1：9.3：18.6。在各种运输方式中，航空、汽车、水运、铁路内燃机车都依靠石油资源，铁路电力机车则可以使用煤炭和其他资源。我国的石油资源储量有限，产量也不能满足经济发展的需要。因此，大力发展能源节约型或多种能源混合型的运输方式十分重要。我国探明煤炭储量居世界首位，水能资源蕴藏量也居世界首位。丰富的煤电、水电资源决定了铁路电力机车及电气化铁路发展较其他运输方式具有更好的发展前景。在占用土地资源方面，铁路也大大低于公路。据估算，在完成同样运输量的情况下，公路占地是铁路的好几倍。此外，在造成大气环境污染的各种因素中，交通运输排放的二氧化碳和碳氢化合物等废物所占比例最大。日本对各种运输方式二氧化碳排放比例的调查显示：小轿车占52%、货车占31%、航运占6%、航空占3%、铁路占3%，统计资料还表明，同等运量的客运或货运，铁路所产生的平均噪声只有公路的一半。

我国国土东西跨度5400公里，南北相距5200公里，辽阔的疆域，丰富的资源决定了中长距离的客、货运量需求巨大。随着经济的快速发展，物流规模急剧增长，在资源相对短缺、环境保护呼声日高的情况下，铁路作为经济、快捷的交通运输方式成为必然首选。但从目前的情况来讲，铁路面临的主要矛盾仍然是运输生产力与全社会日益增长的运输需求不适应的矛盾。铁路运输仍然是制约国民经济发展的"瓶颈"，突出表现为运输能力短缺，技术装备水平相对落后，经济基础薄弱。要想解决铁路面临的主要矛盾，必须以提高运输能力和技术装备水平为重点，推动铁路跨越式发展。

机车车辆企业是为铁路运输提供机车、车辆装备及维修服务的企业，其市场需求方即消费者主要是铁路运输部门，其市场与铁路运输行业市场紧密联系。长期以来，人们习惯于把铁路运输看做是一个孤立的封闭系统，把机车车辆业看做是铁路运输的附属部门，只强调机车车辆工业为铁路运输服务的一面，却没有认识到只有积极发展机车车辆业，铁路运输才能得到保证和发展。也就是说，没有把生产运输装备的机车车辆业作为带动铁路运输和国民经济发展的先行产业。应当承认，对于水、陆、空各种运输装备制造产业的重要性，目前都有一个认识不足的问题。但比较起来，对机车车辆业重要性的认识程度尤为不足。然而，我国机车车辆业在铁路跨越式发展中处在关键性和基础性的位置。机车车辆现代化在很大程度上是铁路跨越式发展的源头性问题、基础性问题、前提性问题。机车车辆业的现代化是实现铁路运输现代化的主要内容，其重要性主要体现在以下几个方面：①是铁路综合运输能力的重要组成部分；②是确保铁路运输安全的关键环节；③是提升铁路服务质量的重要基础；④是提高铁路运输经济效益的重要源头。同时，机车车辆业是国家经济技术实力的重要体现，是保证国家经济运行安全、国防安全，提高综合国力，推动我国工业化进程的骨干行业。

历经百年发展，中国机车车辆业为满足中国铁路不同时期的发展做出了积极贡献。改革开放以来，机车车辆业技术装备水平不断提高，在万里铁道线上，国产的机车、车辆支撑着我国铁路运输的命脉，国产机车车辆对我国铁路运输发展起到了决定性作用，对国民经济发展发挥了重要作用。近年来，中国经济、铁路运输、铁路建设和城市化进程的加快，大大促进了机车车辆业的发展。主要表现在以下五个方面：

（1）机车车辆制造能力不断增强。通过技术改造，生产规模和数量不断提高，我国机车车辆的年产量在世界上名列前茅，为铁路提高运输能力、扩大运输市场提供了物质基础。

（2）机车车辆技术能力不断提高。通过机车牵引动力改革，机车车辆企业实现了铁路牵引动力的内、电化，并推出了东风系列和韶山系列等多种产品。为适应五次大面积提速要求，实施提速战略，机车车辆企业不断进行技术创新，设计和制造了提速机车，试制了时速 200 公里以上的机车车辆，在秦沈客运专线试验速度超过 300 公里。同时，客车和货车车辆制造技术不断升级，品种由单一到多样，形成了提速客车、空调客车和普通客车等系列产品。这些都为我国高速和快速的铁路发展提供了技术基础。

（3）机车车辆装备水平不断提升。机车车辆企业在引进关键技术上进行了积极探索，积极扩大对外开放，与发达国家机车车辆制造业和一些关键部件生产厂家进行技术合作，引进了部分先进技术，同时努力进行自主创新，促进了我国铁路机车车辆装备水平的提升。

（4）机车车辆工艺水平不断改进。机车车辆产品无论在设计理念、工艺装备，还是在质量控制等方面都取得了很大进步。一些机车车辆企业采用了比较先进的设备，不仅使机车车辆质量有了明显提高，而且为今后引进、消化、吸收先进技术和自主创新奠定了良好基础。

（5）机车车辆业国际化进程不断加快。机车车辆企业积极开拓海外市场，部分机车车辆产品已经打入国际市场，销售到东南亚、中东、非洲、澳洲及欧美等 30 多个国家和地区。

但是，随着机车车辆业国际化和市场化进程的推进，机车车辆业在产品质量、产品水平、产品档次、技术水平、创新能力、生产规模、企业管理、行业效益、人员素质和思想观念等方方面面的问题在国际竞争中逐渐暴露出来。以中国南、北车为代表的国内机车车辆企业同庞巴迪、阿尔斯通、西门子等国际机车车辆企业相比还存在非常大的差距。具体表现在以下四个方面：

（1）机车车辆产品质量不高，水平欠缺，档次较低。机车车辆产品的可靠性、耐久性尚不适应铁路运输发展的要求，特别是关键零部件的质量不稳定，对行车安全存在威胁，一些"小而广"的质量问题没有彻底消除。机车车辆产品的整体性能水平还有待于提高。目前我国铁路客运行驶速度偏低，特快列车的平均时速 160 公里，远低于欧洲、日本等国家和地区的行车速度；在产品档次方面，普通旅客列车的乘车舒适性、功能完备性较差；列车运行过程中纵向冲动大，车内噪声大，中长途客车的饮水、空调、集便、通信、娱乐等服务配套设施功能不齐备；车体结构和材料的设计、选用不合理，内装饰水平不高；专用、新型货车的比重较小。

（2）机车车辆企业生产规模、方式及布局不合理，技术创新能力不强，技术标准体系不完善。我国机车车辆主机企业大而全、小而全，不利于企业核心竞争力的构建，而基础零部件的生产点多、分散、重复，生产集中度达不到规模经济的批量标准。与国外同行业生产专业化、社会化、规模化的格局形成较大反差。我国机车车辆产品的开发、设计，在标准化、系统化、模块化、信息化方面与国外相比还有较大差距。产品标准体系尚不完备，指标与国际水平有一定的差距；产品系列化开发缺乏统一规划，重复开发、浪费现象比较严重；产品模块化设计、生产刚刚起步；信息技术运用不广泛，计算机辅助设计开发应用不够普及，特别是新产品的开发试验主要依靠线路试验的方式，缺乏先进、配套的试验手段。

（3）国有资本主导下的机车车辆行业效益较差，人员素质及思想观念落后。目前，我国机车车辆行业仍然是以国有资产为主体的国有企业，中国南、北车都采取了国有资本绝对控股的产权模式，存在一股独大、责权不清、企业办社会、包袱沉重等问题。作为比较传统的产业领域，机车车辆行业在职工队伍的培养和建设过程中还存在高层次人才缺乏、普通人员相对过剩的问题，从岗位结构来看，管理、后勤服务人员比重较大，工程技术人员比例明显偏小，高等级的技术工人后继乏人。在人员思想观念上，传统的"等、靠、要"的观念比较严重，创新、开拓、服务的意识比较薄弱，特别是在用户至上、售后服务、保证质量等产品服务的意识方面与庞巴迪等国外知名的机车车辆企业相比还有很大差距。机车车辆行业的利润总额、资产收益率、发展能力等经营绩效指标较低。世界 500 强中，交通运输和设备制造业的年人均营业收入为 30.2 万元，西门子公司、庞巴迪公司的年人均销售收入分别为 128 万元和 112 万元，而我国机车车辆业（含中国南车和中国北车）年人均销售收入保持在 11 万元左右，行业的劳动生产率远远落后于国际同类企业。

（4）机车车辆行业的自主创新能力薄弱，不能适应铁路跨越式发展的要求。机车车辆业在掌握自主知识产权及自主创新能力方面十分薄弱。目前，国内机车车辆企业尚未掌握主要机车车辆产品的核心技术，尤其在高速动车组和城轨地铁车辆领域，其性能、质量以及研发手段与国际知名公司相比还有很大差距。有关主要产品的核心技术及关键部件仍然需要进口，对核心技术的运营时间及经验有待积累。由于自主创新能力的缺乏，在引进核心技术和关键部件时，国内企业往往在价格和交货期方面受制于人，在参与国际市场竞争时矛盾更加突出。

机车车辆业的问题和差距阻碍了机车车辆企业国际竞争力的提升，使得机车车辆业在目前的国际竞争中处于劣势，导致了机车车辆业行业效益的低下，从而制约了铁路运输和国民经济的发展，拖慢了我国工业现代化的进程，不利于国民经济又快又好的发展。

上述问题的根源在于我国机车车辆企业的经营和发展是长期处于铁道部的扶持和保护之下的，两者之间并未实现真正意义上的"政企分离"，而是存在天然的"父子关系"。也就是说，我国机车车辆业低效率的根源在于其长期维持的行政垄断体制。以行政垄断为本质特征的机车车辆企业必然缺乏生机与活力，若不打破行政垄断体制，让其回归到竞争性行业的本位，则我国机车车辆企业在竞争异常激烈的国际机车车辆市场中将避免不了"优胜劣汰"、"淘汰出局"的下场。

因此，在后金融危机和新能源经济时代，在全面落实科学发展观、构建社会主义和谐社会、建设创新型国家、实施《中长期铁路网规划》的宏观背景下，在铁路部门建设和谐铁路的新阶段，深化机车车辆行业改革具有十分重要的现实意义。只有打破机车车辆业基于行政管理和国有规制基础上的行政垄断，营造机车车辆业有效竞争的市场格局，真正在经济意义上实现机车车辆企业的规模经济、范围经济和关联经济，才能构建起机车车辆企业的核心竞争力，提升机车车辆行业的国际竞争力，最终实现机车车辆工业的现代化。

二、理论意义

深化机车车辆行业改革首要的是必须对其垄断的形成基础进行深入分析和研究，在对行业的垄断属性进行理论判定的基础上有的放矢地确定改革的方向和目标，系统地规划和设计改革的模式与路径，这样才能确保改革少走弯路，使我们能从问题重重的现实"此岸"成功通往风光无限的理想"彼岸"。

一般来说，垄断按其成因可以分为经济集中垄断、自然垄断以及行政垄断。经济集中垄断、自然垄断和行政垄断在本质上都是经济垄断——经济上的、经济领域的、以经济为内容和目的的垄断，在内容和概念上都是指单个或少数的市场主体为了经济目的通过构筑市场壁垒等手段对某一特定目标市场施加排他性控制所形成的垄断结构或垄断状态。但这三类垄断结构的形成基础和成因完全不同，资源配置的机制也各不相同，市场效率的表现也大不一样，在政策含义和取向上更是相去甚远，因而应该采取分类治理的办法，不能一概而论，泛泛而谈。

经济集中的垄断结构是通过市场竞争机制形成的，是维持资源优化配置和促进经济效益的组织载体和制度安排。企业之间经过激烈的市场竞争，通过优胜劣汰、兼并重组，最终形成经济集中的垄断结构，这种市场结构是"适者生存"、"强者恒强"的市场经济原理的体现，是基于竞争之上的规模经济、范围经济、关联经济的实现。经济集中垄断企业通过规模经济机制实现生产效率的提高，通过范围经济实现市场交易费用的节约，通过研发投入机制和专利保护机制实现技术创新效率的提高，通过累计产出增长机制实现经验曲线效应，这四种机制相互作用、相互强化，最终实现市场效率的最大化和资源配置的最优化。在竞争基础上产生的经济集中垄断结构将强化竞争，促进竞争的进一步扩展并把竞争引向高级化。从更长的时间跨度和更广的空间范围来看，经济集中垄断结构使竞争更为激烈。因此，基于提高市场效率和社会整体福利的考虑，我们应该对经济集中垄断采取扶植政策。

自然垄断是与行业的技术经济特征相联系的，其形成的基础和成因与行业的规模经济、范围经济、成本次可加性以及网络经济相关。当产出的增长比例高于要素投入的增长比例而呈线性增长或指数化增长时，所产生的规模经济构成自然垄断赖以成立的必要条件；而在且仅在网络经济的条件下，单一网络所带来的网络经济效益高于多网并存下的竞争机制所产生的效益，即单一网络的垄断所产生的效益高到无法竞争的程度时，才构成自然垄断赖以成立的充分条件。也就是说，在技术水平、市场需求、资源限制等条件下，由单个或少数几个企业经营某一行业所产生的效益高于自由竞争的效益时，或者说，由单个或少数几个企业经营某一行业才能实现行业的网络经济、规模经济和范围经济时，自然垄断就产生了。随着行业技术的创新和改进以及市场需求的扩大，自然垄断的边界就会缩小，原有自然垄断行业的效率就会小于引入竞争所带来的效率。因此，自然垄断行业的改革或治理是一个动态的演进过程，涉及社会、行业、公众、消费者等各个层面，涉及产权、治理、运营、竞争、价格、规制等各个模式，是一个整体的改革系统。自然垄断行业改革的关键在于对自然垄断业务（环节）与可竞争业务（环节）的区分。现有的技术经济条件适用自然垄断业务（环节）的，可以维持自然垄断，而由于技术改进后原有自然垄断业务（环节）演变成可竞争业务（环节）的，要打破自然垄断，引入竞争机制。维持自然垄断还是引入竞争机制，关键在于衡量何种制度安排更能产生效率和收益。也就是说，效率准则、发展准则和社会福利最大化准则是自然垄断行业改革的指导思想和原则。

行政垄断也是一种为实现经济目的而采取的垄断结构，但是其形成的基础既不是市场竞争也不是行业的技术经济特征，而是行使权力的结果，是行政机关或其授权的组织滥用行政权力、限制竞争的结果。我国作为传统的高度集权的国家，历来存在着国家政权对市场的强大干预，但这种干预实际上是由各个主管部门和地方政府分别行使的，国有企业隶属于不同的行业主管部门和地方政府。如果部门和地方政府出于各自利益的驱使，滥用行政权力，超出其权限范围运用于市场关系中，对企业和市场进行直接干预（如行政强制交易、行政部门干涉企业经营行为、行政性公司滥用优势行为等，从而实现其自身利益的最大化），那么企业间的竞争则实质上会变成部门间和地方政府之间的竞争。行政垄断企业往往依托行政部门的特权，政企合一，官商一体，既当运动员，又当裁判员，同时还是规则的制定者。因此，行政垄断企业不是表现为企业组织的垄断，而是政企合一的垄断。行政垄断是在行业的低集中度和低关联度下，政企合一的企业借助于行政保护手段而形成的垄断结构。行政垄断可以说是不公平竞争和低效率的代名词，对经济发展和整个社会的危害都极大。第一，行政垄断直接导致以行政权力或者行业优势地位配置资源，妨害自由竞争机制的形成和发展，扰乱市场秩序，降低整个经济的运行效率。第二，行政垄断阻碍统一、开放、竞争、有序的现代市场体系的形成，导致市场壁垒重重，商品及生产要素流通受阻，各地、各企业的比较优势难以得到发挥。第三，行政垄断损害经营者自由经营的合法权益，同时限制了消费者自由选择商品和服务的权利，导致垄断价格和服务质量低下等问题。第四，行政垄断容易滋生腐败，损害政府形象。垄断导致政府主管部门行为企业化，产生大量收费和审批项目，加重企业及个人负担。这种腐败，实质上是制度腐败，它比个人腐败更为隐秘，危害性更大，其最终受害者是国家和人民。据统计，行政垄断构成了目前中国最严重的腐败形式，其造成的损失已经远远超过官员贪污受贿造成的经济损失。因此，对于行政垄断行业的改革，我们必须清醒地认识到其危害性，坚决打破行政垄断体制，通过系统的改革规划和设计，使行政垄断行业回归到竞争性行业的本位，重新焕发企业的生机活力，打造行业的国际竞争力，从而提升市场效率，实现社会整体福利的最大化。

应该指出的是，在现实生活中，自然垄断与行政垄断往往是难以区分的。自然垄断不是天生的，也不是人为的，而是市场竞争的自然结果，其产生的基础是市场经济。因此在没有经过市场竞争检验之前，无论是经济学家，还是政府；无论是企业，还是消费者，事先都不能准确判定某个产业、环节或业务是否是自然垄断。现实经济中的行政垄断产业、环节或业务可能是自然垄断的，也可能根本不是，只是出于部门利益或其他原因，打着自然垄断的幌子而已。因此，在特定时期内，对于任何可能是自然垄断的产业、环节或业务，在未能准确判定之前，首先应该采取竞争方式，如果市场竞争证明了其自然垄断性，才考虑采用自然垄断治理方式，而必须克服先采取国有化或规制方式、迫于无奈时才引入竞争机制的做法。

通过对我国机车车辆业技术经济特征及其历史演变脉络的分析，结合机车车辆业改革与发展的国际比较研究，我们发现，机车车辆业既不具备显著的规模经济和范围经济，更不具备网络经济的特征，完全没有自然垄断的任何诉求。目前机车车辆业所长期维持着的垄断结构恰恰是没有经历过竞争洗礼的、基于行政管理和国有规制基础上的行政垄断。从铁道部厂务局到铁道部机车车辆制造局，到中国机车车辆工业总公司，再到中国南、北车集团，我国机车车辆业的经营和发展是始终处于铁道部的扶持和保护之下的，天然的"父子关系"促成了"政企合一"的行政垄断体制。

对于进入"深水区"的中国垄断行业改革来说，行政垄断行业改革的必要性、重要性和紧迫性十分突出。机车车辆业作为典型的行政垄断行业，国内学术界对机车车辆业改革的研究却是一片空白。在这一背景下，深化机车车辆业改革问题的研究将为机车车辆业的改革提供理论基础和理论指导，从而为所有处于竞争性行业领域的行政垄断企业改革提供理论借鉴，填补学术界对行政垄断行业改革研究的空白，丰富和创新产业组织理论在行政垄断行业改革方面的应用研究。

第二节　研究方法

根据机车车辆业的基本特征以及本书研究的主要内容，笔者主要采用以下研究方法：

一、比较分析法

机车车辆业的改革在不同国家有着各不相同的发展进程与制度模式，世界各国机车车辆业的发展为我国机车车辆业改革目标模式与指导原则的确立提供了重要的经验借鉴和启示。因此笔者对德国、法国、加拿大、韩国、西班牙等主要国家的机车车辆业的发展进行了系统的研究，以求通过比较分析方法总结有利于我国机车车辆业改革与发展的对策，得出具有可借鉴意义的结论。

二、历史分析法

本书同时还将采用历史分析方法对所研究命题进行论证，考察中国机车车辆业改革与发展的历史脉络。从我国机车车辆业的历史发展进程、技术发展演变、管理体制变迁、产业政策演变等各个方面总结其历史发展特点，为机车车辆业改革提供历史基础。

三、规范分析法

规范分析方法主要体现在对相关概念的界定、机车车辆业垄断属性的判定、改革初始条件及动因的分析、改革的模式与路径的设计等理论基础的分析上。在论述机车车辆业改革的整体框架时，将规范分析方法与实证分析方法相结合，形成贯穿全文的逻辑分析结构。

四、实证分析法

笔者在第二章运用 SCP 方法对机车车辆业的市场结构、企业行为、市场绩效进行了实证分析，在第四章运用 PEST 分析方法对机车车辆业改革所处的政治环境、经济环境、社会文化环境、技术环境进行了实证分析，在第十章运用五力竞争模型对机车车辆业改革的竞争环境进行了实证分析。以上实证分析为机车车辆业改革模式与路径的科学设计和规划提供了更为客观和全面的论证。

五、案例分析法

我国机车车辆业的发展较为滞后，相对于先进国家和地区的机车车辆业来说，在各方面都存在较大差距，同时这些国家和地区在发展机车车辆业的过程中也出现过偏差和失误，值得我国借鉴。笔者选取法国阿尔斯通、加拿大庞巴迪、德国西门子的成功案例以及德国 Adtranze 公司的失败案例，通过正反两个方面的案例研究和分析，总结、归纳机车车辆业改革与发展的经验借鉴和启示。

第三节　国内研究综述和评价

我国机车车辆业起步较晚，而且受多年计划经济影响严重，同时体系封闭，市场化运作程度较低，因此，对这一领域研究的资料较少。

朱寅等在《城市轨道交通及其装备制造业发展的探讨研究》一文中分析了国内轨道交通装备制造业的技术特点，并对城市轨道交通及其装备制造业发展中存在的若干问题进行了研究，提出了轨道交通装备制造业健康发展的思考与政策建议，特别强调了建立国家城市轨道交通设备质量监督监测中心的紧迫性和必要性。王刚等在《金融危机下中国轨道交通制造企业的机遇》一文中，结合金融危机的宏观背景，对中国轨道交通制造企业在新时期面临的机遇、危机及风险进行了分析，并给出了中国轨道交通装备制造企业应对国际金融危机的相应建议。郑昌泓等从产业竞争力的视角对如何提升我国轨道交通装备制造产业竞争力提出了自己的见解，其在《提升我国轨道交通装备制造产业竞争力的策略》一文中，从产业竞争力系统的输入要素、处理要素和输出要素三个方面，从生产资源、市场需求、产业市场结构、产业政策与政府规制、技术创新、组织创新、管理创新、渠道创新、成本价格、产品性能和质量、产品品牌、产品结构和产品服务等十三个维度，构建了产业竞争力系统的理论分析模型，并结合我国轨道交通装备制造业的特点对该产业的竞争力进行了分析，提出了提升中国轨道交通装备制造产业的发展策略。陈春阳、李学伟认为自主创新是实现中国机车车辆业可持续发展的重要战略基点，其在《中国机车车辆业技术创新模式研究》一文中阐述了自主创新的内涵和特征，指出我国机车车辆业的技术发展成就与差距，分析了我国机车车辆业技术发展的机遇与挑战，在总结了机车车辆业发展的主要问题和制约因素的基础上，提出了机车车辆业技术发展的思路与政策建议。原铁道部部长傅志寰在《中国铁路机车车辆工业发展之路的思考》一文中介绍了中国铁路机车车辆工业所取得的成绩，回顾了几十年的发展历程，总结了在发展民族工业的过程中，坚持引进、消化、吸收、走自主创新之路；建立以用户为中心，"产学研用"相结合的技术开发体系；运用市场机制，推动机车车辆工业在竞争中发展壮大；充分发挥政府的政策导向和宏观调控作用等一些成功做法，并对未来继续支持机车车辆工业发展提出了新的思路。马正宁则在《浅析机车车辆制造业特点及行业竞争》一文中系统分析、介绍了我国机车车辆制造业的特点，并运用波特的五力竞争模型对机车车辆制造业的竞争模式进行了分析和探讨。方远明在《国际机车车辆制造业：竞争环境与对策》一文中从国际机车车辆市场环境的分析入手，介绍了国际机车车辆制造业的经营现状，剖析了国际机车车辆制造业的发展趋势，并结合我国机车车辆制造业的国际竞争力现状，提出了提升我国机车车辆制造业国际竞争力的对策与建议。李姝从产权的视角探讨了国有装备制造企业的改革问题，其在《委托代理视角下国有装备制造企业产权改革》一文中，在概述委托—代理理论的基础上，结合国有装备制造企业的委托—代理现状，分析了委托—代理视角下国有装备制造企业的产权特征，并探讨了国有装备制造企业产权改革的对策建议。李永贵等就机车车辆的招标采购制度改革进行了探讨，在《对机车车辆购置管理改革的建议》一文中，指出和分析了铁路机车车辆购置管理存在的主要问题，并建议在现阶段对机车车辆产品应继续实行体制性招标、明确购置主体及权责，提出了"政企分开，招标采购，依法规范，加强监管"的机车车辆购置管理深化改革的思路。曹卫东运用企业战略管理的相关理论与方法对中国北方机车车辆工业集团公司的发展战略进行了研究，在其硕士学位论文《中国北方机车车辆工业集团公司发展战略的研究》中，在对我国机车车辆工业现状进行分析、研究的基础上，运用战略研究的 SWOT 方法、优劣势比较法，通过对机车车辆行业发展面临的形势，双寡头竞争的市场态势，国内及国际市场需求分析以及铁路机车、货车、客车、地铁车辆新造及检修等产品、业务发展情况，提出中国北方机车车辆工业集团公司中长期发展的战略、目标、实施步骤的思路。万力、苏旭、杨金生分别在其硕士学位论文《成都机车车辆厂战略研究》、《大连机车车辆有限公司竞争战略研究》、《关于唐山机车车辆厂企业文化再造的研究》中运用战略管理和企业文化的有关知识和理论，结合机车车辆厂的具体情况，对成都机车车辆厂、大连机车车辆厂的战略制定和唐山机车车辆厂的企业文化再造进行了研究和探讨。陆云在其硕士学位论文《铁路机车车辆市场国际投标探索与实际运作》中，以国际招投标的基本理论和法规为指导，以对国际、国内机车车辆行业、市场的分析为出发点，用国际招投标的实例剖析了国内机车车辆企业参与国际招投标需要了解和具备的知识，并总结出相应的规律。陈春阳从创新战略的视角对机车车辆业的改革和发展作了研究，在其博士学位论文《中国机车车辆业创新战略研究》中，以机车车辆业的技术经济特征为基础，结合国内外机车车辆业发展的现状与趋势，认为我国机车车辆业的发展必须走自主创新的道路，并提出了基于自主创新的机车车辆业技术跨越模型体系。

以上的研究成果无疑为机车车辆业的后续研究奠定了一定的基础。但也不可否认，现有研究资料具有资料性、表面性、介绍性和分散性，且研究成果主要停留在技术创新、自主创新、企业发展战略、国际招投标运作等机车车辆行业的发展层面，几乎没有学者触及机车车辆行业改革这一命题，更不用说系统性地研究改革的内容，设计和规划改革的模式与路径了，对机车车辆业改革的研究可以说是一片空白。

第四节 研究思路、主要内容与创新点

一、研究思路

根据研究的内容、方法，本书的研究思路和框架如图 1–1 所示。

二、主要内容

本书以中国机车车辆业的发展现状为切入点，根据产业组织理论的"市场结构—企业行为—市场绩效"的理论分析框架，针对机车车辆业的技术经济特征展开深入细致的研究，以若干国家（包括法国、德国、加拿大、韩国、西班牙等国家）机车车辆业改革与发展的经验为借鉴，从总体上系统研究机车车辆业改革的历史脉络、改革的动因和初始条件、改革的目标和模式、改革的具体内容（包括产权模式、治理模式、运营模式、竞争模式、价格模式、规制模式等）、改革的外部条件和配套措施以及改革的风险分析及其控制等，从中总结和归纳出机车车辆业改革的"三阶段"渐进式路径。

本书具体分为十四章，第一章为导论，介绍研究的背景和意义、研究的主要方法、研究的思路、主要内容及创新点，并指出研究的不足和展望。

第二章为中国机车车辆业的技术经济特征。本章首先阐述了机车车辆业的定义和界定，介绍了我国机车车辆业的发展现状，然后运用产业组织理论中的"结构—行为—绩效（SCP）范式"分析方法对我国机车车辆业的市场集中度、产品差异化、进入退出壁垒、企业行为、行业效益等进行了较为全面系统的分析，概括和总结了我国机车车辆业的七大技术经济特征：机车车辆产品的有形

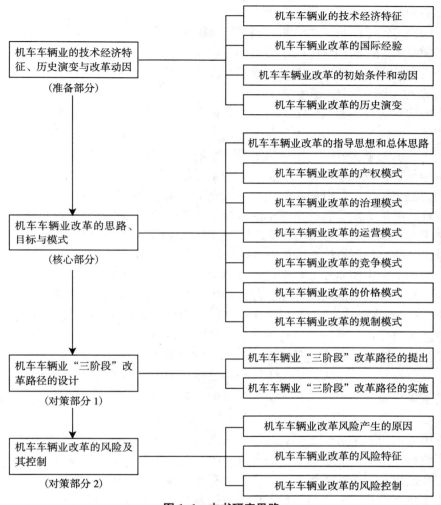

图1-1 本书研究思路

性、系统性、滞后性、周期性；机车车辆业规模经济、范围经济效用不显著；机车车辆企业与铁道部"政企合一"；机车车辆业维修与服务网络不完备；机车车辆业关联经济特征较明显；机车车辆产品需求价格弹性小，价格具有可控性；机车车辆业是技术密集、资本密集和劳动密集的"三密集"型产业。在此基础上，运用自然垄断行业属性判定的基本理论对机车车辆业垄断成因进行分析，得出了"机车车辆业是处于竞争性行业领域但采取了行政垄断体制的行政垄断行业"这一基本结论。

第三章为中国机车车辆业改革的国际经验。本章介绍了国际机车车辆行业的发展现状，介绍了国际知名的大型机车车辆企业如庞巴迪、西门子、阿尔斯通、GE、GM 等公司，总结和归纳了国际机车车辆行业发展的特点和趋势。通过对加拿大庞巴迪和法国阿尔斯通的分析，发现两者的发展和变革是一部竞争走向集中的历史，是竞争市场优胜劣汰的实现过程，是"宽松的竞争环境——自由的进入与退出——新企业大量涌现——过度竞争——兼并重组——寡头垄断"的演进历程，总结出了国际机车车辆业的寡头垄断是经济的集中垄断市场结构的基本结论；通过对德国西门子的成功经验和德国 Adtranze 的失败教训正反两个方面的案例分析，总结出了机车车辆业改革的模式与路径设计必须以实现机车车辆行业技术归核化与生产集约化为目标的经验启示；通过对法国阿尔斯通"三重苦难"的分析和研究，认识到了"制度安排决定效率"这一命题的正确性，并提炼出了我国机车车辆业改革与发展的"四个标准、一个因素"制度选择标准；通过对西班牙和韩国高速列车的技术引进与再创新的经验借鉴，总结出了技术创新是机车车辆业改革的内在目标的启示。

第四章为中国机车车辆业改革条件和初始动因。本章运用 PEST 分析方法对机车车辆业改革的政治环境、经济环境、社会文化环境、技术环境等进行了分析，认为我国已经具备了机车车辆业改革的环境条件，同时，机车车辆企业独立法人市场地位的形成、行业双寡头垄断市场结构的确立、企业治理结构的初步规范、多层次政府监管体系的形成等都为机车车辆业的改革提供了条件。然后从日益增长的国内市场需求，稳步增长的国外市场需求，日趋激烈的国际市场竞争环境，引进、消化、吸收与再创新行业关键核心技术的根本出路等方面论述了改革的动因。

第五章为中国机车车辆业改革的历史演变。本章首先从五个阶段回顾了机车车辆业的历史发展进程；其次分别介绍了机车车辆业的技术发展演变、管理体制变迁以及产业政策演变，归纳了机车车辆业改革取得的初步成就；最后从机车车辆业改革中存在的不足、机车车辆业发展中存在的差距两个方面总结了机车车辆业改革中尚未解决的问题。

第六章为中国机车车辆业改革的指导思想和总体思路。首先，本章以诺思的制度变迁理论、拉坦的诱致性制度变迁理论、林毅夫的强制性制度变迁理论、杨瑞龙的中间扩散型制度变迁理论、戚聿东的整体渐进改革观为理论指导，以机车车辆业的技术经济特征和行业垄断属性的理论判定为基础，阐述了机车车辆业改革的指导思想，即"四项基本原则"：行业技术经济特征是机车车辆行业改革的出发点；有效竞争是机车车辆行业改革的市场目标；政府是机车车辆行业改革的主要推动力量；提升企业效率和国际竞争力是机车车辆行业改革的内在目标。其次，通过对机车车辆业改革的重点和难点的把握，形成改革的总体思路和发展逻辑。最后，从七个方面提出了机车车辆业改革的具体目标。

第七章为中国机车车辆业改革的产权模式。本章首先从中国南、北车股权结构现状、前十位股东持股情况、母—子公司产权控制关系三个方面介绍了我国机车车辆业的产权模式现状，并从产权功能不明晰、产权结构单一、产权权利不完整三个层面概括了机车车辆业产权改革中存在的问题。其次，通过借鉴德国企业产权改革的经验，分析我国机车车辆业产权改革的思路，提出我国机车车辆业产权模式改革的设计方案。

第八章为中国机车车辆业改革的治理模式。本章首先从中国南、北车公司治理基本情况，独立董事履行职责情况，公司相对于控股股东在业务、人员、资产、机构、财务等方面的独立情况，公司内部控制制度的建立健全情况，高级管理人员的考评及激励情况等五个方面介绍了我国机车车辆业的治理模式现状，并从董事会与监事会的"失灵"、独立董事制度的"局限性"、"老三会"与"新三会"的冲突与协调、人力资源体系建设的落后、公司外部治理环境与条件的缺乏等五个方面归纳了机车车辆业治理模式改革中存在的问题；其次从股权结构、人力资源体系、企业文化三个层面分析了机车车辆业治理模式改革的思路；最后提出我国机车车辆业治理模式改革的设计方案。

第九章为中国机车车辆业改革的运营模式。本章首先阐述了机车车辆业模块化的含义，介绍了机车车辆业的五种运营模式选择；其次分析了我国机车车辆业运营模式的现状和问题；最后从横向拆分运营模式下的产品模块化、纵向拆分运营模式下的价值模块化、开放式运营模式下的组织模块化三个循序渐进、的阶段设计了我国机车车辆业运营模式改革的方案。

第十章为中国机车车辆业改革的竞争模式。本章首先对完全竞争与有效竞争、垄断竞争与差异化竞争、寡头竞争与合作竞争等概念进行了理论梳理和区分，认为竞争方式既有生产性的、价值增值的竞争，也有非生产性的、价值消散的竞争，竞争是需要进行筛选限制的，重要的不是竞争本身，而是竞争的模式。其次介绍了机车车辆业的四种竞争模式选择，运用波特的竞争战略理论，分析了产品差异化战略、成本领先战略、集中战略等三种竞争战略模式，提出了竞争战略模式选择的原则。再次运用波特的五力竞争模型深入研究了我国机车车辆业的竞争环境和竞争内容。最后分析了机车车辆业竞争模式的现状与问题，提出了我国机车车辆业竞争模式改革的设计方案。

第十一章为中国机车车辆业改革的价格模式。本章首先简要介绍了价格规制的概念、原则和模式，并从招标采购的定义、招标采购的主要关系人、招标采购的特点、招标采购的分类、招标采购的程序等五个方面阐述了机车车辆业招标采购的模式。其次介绍了国际机车车辆业招标采购的现状和特点，在此基础上，对比分析了我国机车车辆业招标采购的现状，并从五个方面指出了国内机车车辆招标采购制度存在的问题。最后从三个阶段设计了机车车辆业价格模式改革的方案。

第十二章为中国机车车辆业改革的规制模式。本章首先对规制的概念及其分类进行了阐述；其次从规制机构的设置、规制实施的内容、规制实施的手段、规制实施的依据四个方面分析了我国机车车辆业规制模式的现状，指出了我国机车车辆业规制模式改革中存在的问题；最后分析了政府规制失灵与规制模式改革的关系，探讨了机车车辆业规制模式改革的指导原则，并在此基础上提出了我国机车车辆业规制模式改革的设计方案。

第十三章为中国机车车辆业改革的路径选择。本章以整体渐进改革观为指导，提出了中国机车车辆业"三阶段"的渐进式改革路径，并设计了"三阶段"渐进式改革路径的实施方案。

第十四章为中国机车车辆业改革的风险及其控制。本章首先从既得利益集团对中国机车车辆业改革的阻挠，中国机车车辆业改革缺乏成熟理论的指导和可借鉴的实践经验，改革的系统性不足、配套改革跟不上三个方面分析了我国机车车辆业改革风险产生的原因。其次从国家、机车车辆行业、消费者三个利益主体出发，阐述了我国机车车辆业改革的风险特征。最后介绍了发达国家政府风险管理的经验，在此基础上提出了如何控制机车车辆业改革风险的措施。

三、特色和创新点

笔者认为，本书的特色和创新之处在于以下三个方面：

1. 研究领域和视角创新

机车车辆业虽然已有130多年的历史，但由于历史和体制的原因，机车车辆企业一直由铁道部拥有和经营，直到2000年9月才正式启动政企分离改革，在形式上与铁道部脱钩。机车车辆业的发展在近年来虽然取得了一定的成绩，但是机车车辆业的改革在2000年9月政企分离后就基本处于停滞状态，并且其利润来源主要在于铁道部的行政保护，而不是自身的竞争能力。机车车辆业作为典型的处于竞争性行业领域但采取了行政垄断体制的行政垄断行业，国内外学术界对该行业的研究还非常不充分，可以说是处于真空状态。笔者以制度经济学、规制经济学、产业经济学等思想理论为指导，以产业组织理论中SCP范式、战略管理理论中的PEST、"五力模型"为基本分析框架，对机车车辆业的技术经济特征、垄断属性判定、机车车辆业改革的模式与路径设计以及机车车辆业改革风险的防范与控制等方面进行了深入而系统的研究，在研究领域和视角上具有创新性。

2. 观点创新

本研究围绕"深化机车车辆业改革"这一主体，系统规划和设计了机车车辆业改革的产权、治理、运营、竞争、价格、规制等六大模式，得出以下六个具有创新意义的观点和结论：

（1）运用 SCP 范式分析方法，提炼出机车车辆业的七大技术经济特征：机车车辆产品的有形性、系统性、滞后性、周期性；机车车辆业规模经济、范围经济效用不显著；机车车辆企业与铁道部"政企合一"；机车车辆业维修与服务网络不完备；机车车辆业关联经济特征较明显；机车车辆产品需求价格弹性小，价格具有可控性；机车车辆业是技术密集、资本密集和劳动密集的"三密集"型产业。

（2）通过对加、法、德等国际机车车辆业改革与发展历程的比较研究，认为国际机车车辆巨头企业的发展是一部竞争走向集中的历史，是"宽松的竞争环境——自由的进入与退出——新企业大量涌现——过度竞争——兼并重组——寡头垄断"的演进历程，得出了国际机车车辆业的寡头垄断是经济的集中垄断市场结构的结论。

（3）通过对法国阿尔斯通"三重苦难"的研究分析，结合我国的国情特点和行业的技术经济特点，提出了我国机车车辆业改革的"四个标准、一个因素"制度选择标准。

（4）以垄断属性的判定理论为指导，以机车车辆业的技术经济特征为基础，以机车车辆业的历史演变为条件，以国际机车车辆业的发展脉络为对照，得出了机车车辆业是处于竞争性行业领域但采取了行政垄断体制的行政垄断行业这一基本结论。

（5）以整体渐进改革观为指导，结合机车车辆业的技术经济特征，提出了机车车辆业改革"四项基本原则"的指导思想。

（6）系统地规划和设计了机车车辆业改革的六大模式，并提出了机车车辆业"三阶段"改革路径，设计了机车车辆业"三阶段"改革路径的具体实施。

3. 理论创新

本书在机车车辆业的技术经济特征、机车车辆业改革的理论指导、机车车辆业改革的六大模式设计等方面的研究，进一步丰富、深化和拓展了产业组织理论，因而在理论上具有一定的创新意义。

第五节 研究的不足与展望

机车车辆业是进入 21 世纪以来随着铁路建设的快速发展、城市化进程的加快和人们认知的提高而逐步凸显出来的，对于笔者来说，机车车辆业更是一个陌生而崭新的领域。尽管本书对机车车辆业的技术经济特征、国际经验借鉴、行业历史演变、改革的初始条件和动因、改革的六大模式设计、改革的渐进式路径实施、改革风险的防范等方面做了较为系统和全面的研究，得到初步的研究成果，但是限于数据资料的可获得性以及笔者的理论水平，对机车车辆业改革的众多内容还不能深入的研究。本书的不足具体表现在：

第一，由于在相关数据和资料的获取上存在非常大的困难，本书没有采用数理模型和统计分析的方法对有关结论和观点进行实证检验和逻辑验证。这样处理虽然不会改变采用规范分析方法所获得的结论，但是可能会降低结论的精确度。比如，在进行中国机车车辆企业与国际大型机车车辆企业的效益和绩效对比时，笔者仅选取了年人均销售收入和行业的劳动生产率两项指标。又如，在分析机车车辆企业的定价行为时，未运用产业组织理论中的产品定价模型进行论证，仅根据零散的资料和数据进行了规范分析。

第二，鉴于时间仓促和资料数据可得性的限制，同时考虑到成本收益的原则，在分析机车车辆企业的竞争现状时，笔者未能就中国南、北车及其下属企业之间的竞争状况进行深入的分析和研究，也仍然是根据较为零散的资料进行整理和归纳，不可避免地带有片面性和主观性。

第三，对于产业组织理论的一般理论的研究未能做到全面系统。产业组织理论是本研究的一个最为重要的理论基础。本书虽然运用产业组织理论的相关分析方法对机车车辆业的技术经济特征，机车车辆业改革的产权模式、治理模式、运营模式、竞争模式、价格模式、规制模式等方面进行了较为深入的研究，但是未能运用产业组织理论的一般理论对垄断企业的定价行为、成本扭曲行为、寻租行为，机车车辆行业的纵向控制关系，信息不对称条件下的委托—代理关系，激励性规制理论视角下的规制模式改革，非合作博弈理论视角下的机车车辆企业战略行为等方面进行全面系统的研究。这样处理尽管不会影响本研究的基本观点和结论，但毕竟留下了遗憾。

以上几点不足，为笔者未来对于深化机车车辆行业改革的研究指出了目标和发展方向。

第二章 中国机车车辆业的技术经济特征

对机车车辆业技术经济特征的分析和研究是机车车辆业改革的出发点，是最大限度发挥其行业效率的基本条件，是判定机车车辆业垄断属性的客观基础。目前，机车车辆业处于双寡头的市场垄断格局，但是其垄断的成因是经济的集中垄断、自然垄断还是行政垄断尚无定论。因此，只有掌握了机车车辆业的技术经济特征，对机车车辆业的垄断属性有了基本的理论判定，才能有的放矢地确定机车车辆业改革的方向和目标。只有充分尊重机车车辆业发展的客观规律和内在属性，有针对性地规划和设计改革的模式与路径，机车车辆业的改革才能科学有效，机车车辆企业才能焕发生机活力，机车车辆行业才能构建起基于其行业特性和中国国情的国际竞争力，从而实现机车车辆业的健康、持续和快速发展。

机车车辆业是为铁路运输提供机车车辆装备和维修服务的行业，其与铁路运输的密切关系以及其生产经营的特殊性赋予了机车车辆业与其他行业不同的技术经济特征。

第一节 中国机车车辆业的行业概述

一、机车车辆业定义

机车车辆业是我国重要的制造业生产部门，按照《国际标准产业分类》划分，属于机械制造业中的交通运输装备制造业。机车车辆业一般是指以外来电源或以蓄电池驱动的，或以压燃式发动机及其他方式驱动的，能够制造牵引铁路车辆的动力机车、铁路动车组、城轨地铁车辆，以及用于运送旅客和用于装运货物的客车、货车及其他铁路专用车辆制造的生产部门。随着产业的扩张和技术的进步，机车车辆业的外延有所扩大，进一步地涵盖了机车车辆零部件销售，机车车辆的维修、租赁、研发、技术服务、信息咨询以及轨道交通装备专有技术延伸产品等多个业务模块。机车车辆业的产品范围包括上文所述的机车、客车、货车、零部件、维修、租赁、轨道交通装备专有技术延伸产品等。机车车辆业的主要业务包括：①机车类，包括内燃机车、电力机车、城轨地铁机车和动车组等的制造；②车辆类，包括客车车辆和货车车辆的制造；③零部件类；④服务类，包括机车车辆的维修与租赁及相关技术服务等；⑤专有技术延伸产品类，包括电动汽车、风力发电设备、汽车配件、船用曲轴和柴油机、大功率半导体元件、工程机械等。但不包括企业或矿山用有轨专用车辆制造，该类型车辆列入 3712（工矿有轨专用车辆制造）。

二、机车车辆业界定

1. 机车车辆主要产品

机车车辆，① 即通常意义上的"列车"，是按照使用性质和编组计划将若干车辆挂在一起，挂上机车，配备上列车标志而成。动车组配备上列车标志后，也称为列车。按照使用性质划分，列车可划分为旅客列车、混合列车、军用列车和货物列车等。

（1）机车：铁道机车是牵引铁道客货车辆的动力车，其本身不载旅客和货物。按照机车动力装置的不同，机车可分为内燃机车、电力机车和蒸汽机车，我国已于 1989 年停止生产蒸汽机车。内燃机车是采用内燃机为动力装置的机车。内燃机车由柴油机、主传动装置、辅助传动装置、车体、走行部及其他辅助系统构成。当今国际上内燃机车的技术发展方向主要是发展三相交流传动技术，发展单机大功率柴油机、新型转向架、微机控制和检测、诊断等新技术、新材料和新工艺。电力机车是从接触网获取电能，用牵引电动机驱动的机车。按照用途可分为客运电力机车、货运电力机车和客货运通用电力机车。按照电流制可分为直流制、交流制和多流制电力机车。电力机车由机械部分（包括车体和转向架）、电气部分和空气管路系统组成。电力机车的技术发展方向主要有：三相交流传动技术，大功率交流牵引电机，采用直接转矩或矢量控制的控制策略以及微机控制和检测、诊断等新技术，新型转向架等。

（2）车辆：铁路车辆是运送旅客和货物的工具，它本身没有动力装置，需要把车辆连挂在一起由机车牵引，才能在线路上运行。铁路车辆可分为客车和

---

① 铁路机车车辆编委会. 铁路机车车辆科技手册 [M]. 北京：中国铁道出版社，2000

货车两大类。铁路车辆的基本构造由车体、车底架、走行部、车钩缓冲装置和制动装置五大部分组成。其中客车安全、高速、舒适，货车的重载、快速和低空重比是铁路车辆的技术发展方向。

（3）动车组：把动力装置分散安装在每节车厢上，使其既具有牵引动力，又可以载客，这样的客车车辆便叫做动车。几节自带动力的车辆加几节不带动力的车辆编成一组，就是动车组。带动力的车辆为动车，不带动力的车辆为拖车。动车组有两种牵引动力的分布方式，一种叫动力分散，一种叫动力集中。动力分散电动车组的优点是：牵引功率大，载客多；轴重轻，对路基、桥梁、轨道作用力低，减少运营成本；黏着力发挥好，加速快、制动效率高；编组灵活，运行可靠。动力分散电动车组是当今高速动车发展的主要方向。其具体技术发展表现在功率、速度和舒适性的提高、单位功率重量的降低以及电子技术的应用等方面。

2. 机车车辆主要技术 [1][2]

机车车辆是涉及机械、电气、材料、自控、通信、信息、计算机及声学技术等诸多领域的机电一体化产品。从技术及其发展的角度看，有以下特点：①现代的设计理念。轻量化、集成化，在性能优良的同时，更注重安全、舒适、以人为本，尽力追求低寿命周期成本（LCC）。②现代的设计、制造手段。CAD/CAM、仿真计算、有限元结构安全分析、动力学分析等。③现代的检测、试验手段。计算机技术、激光技术以及自动化技术的应用，全天候环境模拟试验、可靠性试验、电磁兼容性试验等手段。④新材料、新工艺、新设备的应用。大型中空铝型材、薄型不锈钢板材，大量采用加工中心等。⑤严密的质量管理体系。机车车辆要求满足可靠性、可使用性、可维护性、安全性，其总体技术是朝着轻量、节能、少维修、低噪声、舒适性、高可靠性和安全性、低寿命周期成本的方向发展。

作为大容量的载客交通设备，机车车辆一旦出现故障，后果严重。有些一般事故会严重影响正常交通，重大事故则会危及人身安全和公共交通安全，有的事故，甚至是灾难性的，而且救援十分困难。因此，在机车车辆产品的技术设计与研发上，以人为本，把安全性和可靠性置于十分突出的地位。以地铁火灾为例，1969~2003 年国外发生地铁重大火灾共 10 起，这些事故多数由电气故障引起，也有因脱轨或列车追尾而造成。2003 年，韩国大邱市地铁火灾，造成至少·198 人死亡，147 人受伤。2000 年 6 月，美国纽约市地铁列车意外出轨，

① 刘友梅. 试论轨道交通制造业的自主创新之路 [J]. 电力机车与城轨车辆，2005（6）
② 董锡明. 近代高速列车技术进展 [J]. 铁道机车车辆，2006（5）

造成 89 名乘客受伤。2003 年 8 月 28 日，英国伦敦和英格兰东南部部分地面突然发生重大停电事故，伦敦近 2/3 地铁停运，约 25 万人被困在地铁中。[①] 因此，发达国家对机车车辆设备的安全性和可靠性非常重视，同样，后续发展铁路交通运输装备制造业的国家对此亦高度重视。目前，列车自动防护、自动监控、消防报警系统以及应急逃生等安全技术日臻完善，应用数字化自动控制技术对列车的运行实施全自动化控制和全程监控，最大限度地确保列车安全可靠地运行，已成为机车车辆的核心技术发展趋势。

总之，在技术层面上，提高运行速度，重视可靠性、可用性、维修性和安全性（RAMS），降低寿命周期费用（LCC），分散动力配置方式等已成为各国机车车辆技术发展的共同趋向，围绕上述趋向，机车车辆技术的创新正致力于以下核心技术的解决：

（1）系统集成技术：机车车辆技术具有多学科性和机电一体化特征，要求系统集成技术越来越先进。从早期的机械技术为主逐渐向现代的机械、电气、信息技术集成的方向发展，机电一体化已成为机车车辆综合技术实力的体现。系统集成包括几何特性的集成、物理特性的集成、网络特性的集成，同时也是全寿命周期工程技术的总成。

（2）交流电传动技术：高速动车组需要强大的功率配置，传统的交直传动体系已经难以满足要求。以现代电力电子技术和计算机控制技术为基础的三相交流电传动系统被认为是一种理想选择。它包括牵引变压器、VVVF 牵引变流器、交流牵引电机、计算机控制系统和冷却系统等，其工程技术已迅速发展成熟。现代高速动车组交流电传动技术发展趋势是功率大、质量轻、体积小、可靠性高、低成本和易维护。

（3）转向架技术：优越动力学性能的转向架是实现机车车辆安全、可靠、舒适的重要部件，也是实施机电一体化研究的终端。高速列车转向架必须满足大功率牵引和制动要求及高速运行中的平稳性、安全性要求。现代传动控制技术可通过先进的蠕滑控制技术获得机、电性能的最佳配合和实时控制，使轮轨间的牵引和制动力得到最佳发挥。高速列车转向架的主要关键技术有转向架轻量化技术、转向架悬挂技术、转向架驱动技术和牵引电机悬挂技术等。

（4）制动技术：机车车辆的制动技术是实现列车高速、安全运行的保障。机车车辆在高速状态下具有很大的运动能量，而机车车辆的可靠降速和停车，就必须设法快速转化和消耗这些动能。现代制动技术主要采用复合制动方式：以动力制动模式的电阻式和再生式电气制动作为主要的调速制动模式，而摩擦

---

① 朱寅等. 城市轨道交通及其装备制造业发展的探讨研究 [J]. 机械制造，2006（10）

制动模式的踏面式、轮盘式和轴盘式机械制动作为辅助和制动停车的制动模式。在时速 300 公里以上的高速列车上为了安全，还增加配置了非黏着制动和涡流制动。制动技术的发展强调对信息技术和机电一体化技术的研究，复合制动、模拟制动、电子防滑、黏着控制等新技术的应用使制动技术更加完善。

（5）网络通信技术：现代机车车辆的控制命令、运行监控、故障监测和诊断、旅客服务信息都是通过列车通信网络传递的。由于轨道电力牵引系统固有的强弱电交叉出现的电磁场干扰，对系统控制提出了苛刻要求，研发运行稳定、动态响应快、实时性良好、能有效抑制电气和机械干扰的控制系统是工程难点。现代高速列车网络通信技术应用正朝着车载通信网络、地面通信网络和车地通信网络等全方位发展。已应用的列车通信网络主要有两种模式：一种是欧洲模式，有 TCN 和 WoldFIP 通信网络；另一种是美洲模式的 LonWorks 通信网络。

（6）车体轻量化、车厢密封及气动力学技术：随着高速化的发展，为降低机车车辆对路轨的冲击，越来越多的部件采用轻量化材料，车体轻量化技术已经成为关键核心技术之一，高强度的铝合金及复合材料得到了广泛应用；为降低噪声、空调能耗以及交汇压力波的影响，车厢的密封技术也逐渐成为关键核心技术；高速列车由于空气摩擦阻力急剧增加，对头型、断面的气动力外形要求极为严格，列车气动力学设计技术的重要性正日益增加。

（7）自动化技术：机车车辆的自动化技术经历了三种基本方式。①传统运行方式。②ATC（列车自动控制）技术控制方式，它含有 3 个子系统：ATP（列车自动控制）、ATC（列车自动监控）、ATO（列车自动运行），3 个子系统通过信息交换网络构成闭环系统，实现列车行车指挥、运行控制以及列车驾驶的自动化。③全自动无人驾驶方式，1998 年巴黎地铁 14 号线（又名"巴黎 Metro Line"）投入运营，这是一条无人驾驶的全自动化地铁线路，被誉为"21世纪地铁"，其列车运行控制系统是当今世界上最先进的城轨交通列车运行控制系统之一。

三、我国机车车辆业的发展现状

中国机车车辆工业随着中国铁路的诞生而建立，自唐山机车车辆厂前身青各庄机修厂诞生起，迄今已有近 120 年的历史。旧中国的机车车辆工业厂房简陋，设备落后。由于起步较晚，而且在相当长的一段时间内处于"铁老大"地位，缺乏外部压力，发展速度一直较慢。在经历了 20 世纪铁道部直管中国机车车辆工业的历史后，21 世纪初，中国铁路机车车辆工业总公司分立为中国南

方机车车辆集团公司和中国北方机车车辆集团公司。前者于 2007 年 12 月联合
北京铁工经贸公司共同发起设立中国南车股份有限公司（以下简称"中国南
车"），并于 2008 年 8 月实现 A+H 股整体上市。后者于 2008 年 6 月联合大同
前进投资有限责任公司、中国诚通控股集团有限责任公司和中国华融资产管理
公司共同发起设立中国北车股份有限公司（以下简称"中国北车"），并于 2009
年 12 月在上海证交所实现整体上市。我国现有 39 家机车车辆制造企业，其中
除 3 家货车制造厂外，其余均为中国南车和中国北车下属企业。中国南车下属
16 家全资及控股子公司，中国北车下属 20 家全资及控股子公司。下面，对我
国机车车辆业的发展现状简要概括如下：

（1）"十五"期间，全国铁路营业里程、复线增速明显，电气化得到较大
发展，国家对铁路机车车辆购置规模也大幅上升。

表 2–1　"九五"期间与"十五"期间的铁路运输发展与机车车辆购置规模

		单位	"九五"计划 1996~2000 年	"十五"计划 2001~2005 年
全国铁路营业里程	期末总计	公里	68650	全国铁路营业里程
	年均增加	公里	1252	
复线	期末总计	公里	21408	复线
	年均增加	公里	900	
电气化	期末总计	公里	14900	电气化
	年均增加	公里	1032	
国家铁路机车车辆购置规模	期末总计	公里	600	国家铁路机车车辆购置规模
	年均采购额	公里	120	

资料来源："九五"计划，"十五"计划。

表 2–2　2004~2006 年全国机车车辆业各产品保有量

序号	种类	单位	2006 年	2005 年	2004 年	年复合增长率（%）
1	机车	台	17799	17473	17022	2.26
2	客车	辆	42659	41974	41353	1.57
3	货车	辆	564899	548368	526894	3.54
4	动车组	辆	573	319	281	42.80
5	城轨地铁车辆	辆	3176	2818	2545	11.71

资料来源：中国铁道年鉴。

表2-3　2004~2006年全国机车车辆业各产品产量/修理量

序号	种类	单位	2006年	2005年	2004年	年复合增长率（%）
1	机车新造	台	939	1011	1154	−9.80
2	机车修理	台	1322	1518	1417	−3.41
3	客车新造	辆	1699	1521	1607	2.82
4	客车修理	辆	3688	3883	4544	−9.91
5	货车新造	辆	33976	34408	23155	21.13
6	货车修理	辆	55288	53737	52119	3.00
7	动车组新造	辆	240	4	19	255.41
8	城轨地铁车辆新造	辆	654	532	216	74.01

注：本表数据来源于《中国铁道年鉴》中南车集团、北车集团相关数据。由于在中国轨道交通装备市场上，机车、客车和动车组新造业务在国内仅有南车集团与北车集团参与；机车、客车、货车修理及货车、城轨地铁车辆新造业务除南车集团、北车集团外，还有少量其他参与者，这些参与者所占市场份额较小，其产量/修理量数据未包含在本表格中。

资料来源：中国铁道年鉴。

（2）经过长时间的积累，国家对机车车辆业的资金和科技投入不断加大，外部环境逐步改善，企业经营机制转换加快，机车车辆业的发展突飞猛进，综合实力大大增强，产品开发硕果累累，科学技术向世界先进水平靠拢，为产品出口和企业多元化经营开创了新局面。如：我国内燃机车的制造已经达到了第四代的水平。我国机车车辆业在研制动车组方面也取得很大的进步，已经可以自主研发城市轨道交通系统、地铁和轻轨列车。机车车辆业的生产规模、产品水平和品种数量基本适应了铁路运输市场需求，形成了具有自主知识产权的时速200公里以下铁路机车车辆产品系列，动车组技术引进取得阶段性成果，并初步形成了"产、学、研、用"紧密结合的技术开发体系。

机车和货车领域：铁路货运的市场需求的大幅上升，对货运能力和货运质量都提出了更高的要求。铁路货运技术持续发展，大功率机车与快速重载货车市场需求日益扩大。特别是伴随铁路电气化建设的快速推进，铁路牵引机车的品种结构发生了重大调整，内燃机车保有量的增幅逐年下降，电力机车保有量增速加快。2006年，全国新造电力机车的比重首次超过了内燃机车，创历史新高。预计到"十一五"末期，电力机车将成为铁路运输的主流牵引机车。货车产品则在2006年从60吨级升级为70吨级、80吨级及以上，时速达到120公里及以上，代表了现有国内快速重载货车的高端水平。近年来，机车、货车修理业务也保持了一定幅度的增长，一方面保有量的增长促进了修理业务的提升，另一方面大规模提速改造带来了更多的需求。

客车和动车组领域：我国社会经济的发展对铁路旅客运输能力和运输质量

都提出了更高的要求。铁路客运发生巨大变化，干线铁路将逐步采用时速 200 公里及以上动车组。在中国铁路第六次大提速时，共有 52 列时速为 200 公里的动车组投入运行。预计动车组需求在 2010 年前后将达到高峰。随着动车组采购数量的增加，普通客车的采购数量将会逐渐减少。但是，随着客车技术的发展，时速 200 公里的新型客车将产生新的市场需求。

城轨地铁车辆领域：随着我国经济高速发展和城市化进程加速，城市规模不断扩大、人口急剧增加。很多大中城市为了改善交通拥堵状况，都在积极发展以城市轨道交通为主的城市公共交通体系。截至 2006 年底，在我国百万人口以上的特大城市中，已有超过 30 个城市先后开展了城市轨道交通建设的可行性研究、立项等前期工作。

（3）中国南、北车总体实力相当，均实行总经理负责制，机车车辆制造和修理的目标市场遍布全国 18 个铁路局，并逐步拓展海外市场。

表 2-4　中国南车营业收入的主要地区分布与占比

板　块	2008 年 1~3 月		2007 年度		2006 年度		2005 年度	
	金额（千元）	比例（%）	金额（千元）	比例（%）	金额（千元）	比例（%）	金额（千元）	比例（%）
国内市场	6423265	95.51	25467166	92.94	21748780	92.43	18620657	91.81
海外市场	301986	4.49	1933799	7.06	1780572	7.57	1661376	8.19
合　计	6725251	100	27400965	100	23529352	100	20282033	100

资料来源：中国南车 2008 招股意向书。

表 2-5　中国南车主要地区营业收入的增长

板　块	2007 年度		2006 年度		2005 年度	2005~2007 年年复合增长率（%）
	金额（千元）	增长率（%）	金额（千元）	增长率（%）	金额（千元）	
国内市场	25467166	17.10	21748780	16.80	18620657	16.95
海外市场	1933799	8.61	1780572	7.17	1661376	7.89
合　计	27400965	16.45	23529352	16.01	20282033	16.23

资料来源：中国南车 2008 招股意向书。

表 2-6　中国北车营业收入的主要地区分布与占比

板　块	2009 年 6 月 30 日		2008 年度		2007 年度		2006 年度	
	金额（千元）	比例（%）	金额（千元）	比例（%）	金额（千元）	比例（%）	金额（千元）	比例（%）
国内市场	13618831	91.84	32742518	94.33	25290423	95.90	19248456	91.75
海外市场	1210632	8.16	1968202	5.67	1080782	4.10	1731923	8.25
合　计	14829463	100	34710720	100	26371205	100	20980379	100

资料来源：中国北车 2009 招股说明书。

表 2-7　中国北车主要地区营业收入的增长

板　块	2008 年度		2007 年度		2006 年度	2006~2008 年年
	金额（千元）	增长率（%）	金额（千元）	增长率（%）	金额（千元）	复合增长率（%）
国内市场	32742518	29.47	25290423	31.39	19248456	30.42
海外市场	1968202	82.11	1080782	-37.60	1731923	6.60
合　计	34710720	31.62	26371205	25.69	20980379	28.62

资料来源：中国北车 2009 招股说明书。

第二节　结构—行为—绩效（structure-conduct-performance，SCP）范式分析理论

一、理论渊源

产业组织理论的渊源可以追溯到英国著名经济学家马歇尔（A.Marshall）在 1890 年发表的名著《经济学原理》一书。在书中，马歇尔在"生产三要素"学说的基础上，首次提出了与之并列的第四生产要素，即"组织"。马歇尔的理论隐含了产业组织理论的萌芽，规模经济与竞争活力间的矛盾——"马歇尔冲突"，成为产业组织理论探索的核心问题。1933 年，罗宾逊和张伯伦以马歇尔的局部均衡理论作为理论基础，分析了单个厂商和单个行业均衡实现的条件，指出由于产品差异性的存在，现实市场结构并非完全竞争，也非完全垄断，而是垄断竞争。垄断竞争理论为产业组织理论的创立奠定了基础。产业组织理论的形成过程，是与实证分析研究分不开的。1933 年，伯尔和明斯首先对经济力集中进行了实证研究，接着勒纳等对垄断指标进行了测度，克拉克提出了"有效竞争"的概念，梅森对有效竞争的内涵和度量标准进行了进一步分析；1959 年，梅森的弟子贝恩在《产业组织（Industrial Organization）》一书中提出了构成传统产业组织理论核心内容之一的"结构—行为—绩效"范式，最终系统地提出了产业组织理论的基本框架，即 SCP 分析框架，标志着现代产业组织理论的基本形成。

二、SCP 分析框架

哈佛学派以新古典的价格理论为基础，在承袭前人研究成果的同时，以实

证研究为主要手段把产业分解成特定的市场，按照市场结构、企业行为、市场绩效"三分法"，对其进行分析，构造了一个既能深入分析具体环节又有系统逻辑体系的"结构—行为—绩效"的分析框架，简称 SCP 分析框架。范式中市场结构的决定因素不是内生变量，而是外在的环境变量；市场结构决定企业行为，重视市场结构对企业行为和绩效的作用。范式的核心是市场集中度和产业利润之间关系的研究，即"集中度—利润率"假说。在集中度较高的产业中，由于少数企业的串谋以及通过进入壁垒限制竞争的行为削弱了市场的竞争性，导致超额利润的产生；在利润较高的同时，破坏了资源的配置效率。芝加哥学派是继哈佛学派之后，产业组织理论的主要流派。他们对哈佛学派的理论范式进行了整体批判，重新定义了进入壁垒，开创了企业生存检验法则，将信息问题引入寡占理论，实证批判了"集中度—利润率"假说，反对政府以各种形式干预市场结构。芝加哥学派对哈佛学派的分析范式做了全面的批判和修正，运用价格理论较好地解释了产业组织结构的内生形成机制，不足之处在于该学派并没有建立一个与 SCP 同样完整和成熟的分析框架。我们将基于哈佛学派的分析范式，结合芝加哥学派的理论创新，应用改进的 SCP 框架分析我国机车车辆市场的现状和改革方向，如图 2-1 所示。

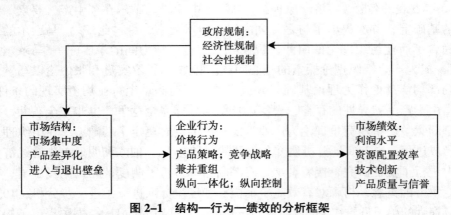

图 2-1　结构—行为—绩效的分析框架

资料来源：笔者整理。

1. 市场结构

　　市场结构是指特定市场中的企业在数量、份额、规模上的关系。主要有以下几种市场关系：企业（卖方）之间的关系；消费者（买方）之间的关系；企业与消费者（卖方与买方）之间的关系；市场内现有的买方、卖方与正在进入或可能进入该市场的买方、卖方之间的关系。分析一个市场的结构就意味着测定竞争强度。在经典的产业组织理论中，张伯伦、罗宾逊把不同产业市场垄断与竞争程度划分为四种不同的市场结构，分别为完全竞争、完全垄断、寡头垄断、垄断竞争。如表2-8所示。

表2-8　市场结构类型和特征

市场结构类型	特　征
完全竞争	产业集中度很低；产品同质性高；不存在进入和退出壁垒；信息完备
完全垄断	产业绝对集中度为100%；没有替代品；进入壁垒非常高
寡头垄断	产业集中度较高；产品基本同质或差别较大；进入和退出壁垒较高
垄断竞争	产业集中度较低；产品有差别；进入和退出壁垒较低

资料来源：笔者整理。

一个特定的市场属于哪种市场结构类型主要取决于交易双方的数目和规模分布、产品差异化、市场份额和市场集中度、进入与退出壁垒等。

（1）市场集中度。市场集中度表示在特定的产业或市场中，卖者或买者具有怎样的相对规模的指标。产业组织理论中通常将市场集中度作为考察市场结构的首要因素，是对竞争或控制强度的测度。它提供了在一个特定市场上企业相对规模的信息，反映了经济资源在大企业聚集的程度。一般来说，对市场集中度的衡量有两种方法：

第一，绝对集中度指标CR_n，通常用在规模上处于前几位企业的生产、销售、资产或职工的累计数量（或数额）占整个市场的生产、销售、资产、职工的总量的比重来表示。其计算公式为：

$$CR_n = \frac{\sum_{i=1}^{n} X_i}{\sum_{i=1}^{n} X_n}$$

式中，CR_n表示市场上规模最大的前n位企业的市场集中度（n在4~8，最常见的是CR_4）；n为市场上卖方企业数目；$\sum_{i=1}^{n} X_i$为前i位企业的生产额、销售额、资产额或职工人数之和；$\sum_{i=1}^{n} X_n$为市场上卖方企业产量、销售额、资产额或职工人数之和。当CR_n接近于0时，意味着最大的n个企业仅供应了市场很小部分，相反的，CR_n接近于1意味着非常高的集中度。

第二，赫芬达尔—赫胥曼指数（简称"HI指数"），其公式为：

$$HI = \sum_{i=1}^{n} (100 \times X_i / X)^2 = \sum_{i=1}^{n} (100 S_i)^2$$

式中，X代表市场总规模；X_i代表i企业的规模。这一指数的含义是：它给每个企业的市场份额一个权数，这个权数就是其市场份额本身。可见，它对大企业所给的权数较大，对其市场份额也反映得比较充分。指数值越大，集中度越高，反之越低。

应该指出的是，多年以来，市场结构的分析仅仅局限于测量卖方的集中度，但是随着"潜在进入和退出"的概念被系统地引入到理论体系中，集中度测量的优势就有所减弱。

（2）产品差异化。贝恩认为，产品差异是指"消费者能够区分、辨别各种竞争性产品或者对其有特殊偏好"（1968）。在完全竞争模型中，产品是同质的，每家企业销售和其他企业完全一样的产品。这种同质性存在于从生产到销售的整个过程。与此相对应的是，在非完全竞争模型中，如果消费者认为产业中的产品是不完全替代的，那么企业就可以在不失去全部消费者的情况下将价格提高到竞争对手的价格水平之上。

对差异化产品的研究主要基于两个不同的概念。首先，产品是差异化的，是因为消费者认为它们是不同的；其次，当两个品牌是相互高度替代而不是无法替代时，一个品牌的产品定价会对另一个品牌的定价产生较强的约束。

分析差异性有两种方法：①真实的和感觉上的差异。真实差异包括质量上的差异，如耐用性或性能上的差异。在产品服务方面，真实差异包括运送时间、售后服务、供应商或销售商对终端客户的距离或可接近性上的差异。感觉上的差异不容易明确说明，两种产品可能完全相同，但是一些消费者可能因为其他因素（如颜色、包装和设计）感觉两者存在差异。②水平和垂直差异。水平差异是指产品具有的使消费者口味和偏好发生改变的主要特征，而垂直差异则是基于所有消费者都认可的质量差异。

（3）进入与退出壁垒。

进入壁垒。传统的产业经济学理论认为，（一个特定市场的）进入壁垒是在市场边缘使新企业的进入变得困难的各种障碍，意即进入的成本，以及进入所需要花费的时间。卡尔顿认为，只有从长期看，进入才会侵蚀利润。由于长期利润只有在企业相对于潜在进入者拥有优势时才会持久，因此长期进入壁垒的逻辑定义是出现新进入者必定发生，而在位者不会承担（或者没有必要承担）的成本（卡尔顿，2004）。贝恩（1956）开创了分析进入壁垒的现代方法，他识别了三种这样的壁垒：绝对成本优势；需要大量资本支出的大规模生产的经济性；产品差异化构成进入壁垒的因素多种多样，有经济方面的，有法律方面的，有技术方面的，有社会习惯方面的，等等。尽管各种进入壁垒的形式各不相同，但几乎都是表达同一个核心思想，即进入壁垒是新进入者的额外负担。

退出壁垒。影响企业进入市场的动机的一个重要因素是企业退出市场的能力。如果退出市场的成本很高，那么进入的激励就会减少。如果存在不能弥补的沉没成本，那么退出市场的成本就会很高。例如，假设市场中的企业需要难以转售的、非常专用化的设备，试图进入市场的企业意识到如果市场中获得超常利润的机会存续时间很短，那么进入可能没有什么利益。相反，如果进入或退出没有成本，那么外部企业即时的进入和即时的退出（有时被称为"打了就跑的进入"）保证了市场的价格不会超过成本。因此，退出的成本正如进入市场的成本一样，可以用来阻止进入。可自由瞬间进入和退出的市场被称为完全可竞争的市场（Baumol、Panzar and Willig，1982）。

2. 企业行为

企业能够选择各种各样的动作、行为或策略来达到一定的绩效水平。企业行为通常是指企业在充分考虑市场的供求条件和其他企业的关系的基础上，所采取的各种决策行为。从狭义上看，企业行为是指企业为了在特定市场上获得最大利润而采用的定价和产量决策。从广义上看，企业行为可能包括产品差异化、广告策略、企业间合并、收购和联合、研究和开发、法律策略和定价策略等。这些行为并不相互排斥，如通过高额广告费来推广新产品的行为常常伴随着价格歧视策略，其成功还应部分归功于研发。完全竞争框架下的企业行为被限制在最小范围内，在这种市场结构下，很多行为（如广告、阻止新企业进入以及根据对手行为做出反应）都将排除在外。在新古典的理论框架下，企业行为依赖于市场结构，并被定义为运营。而结构主义者则认为，市场结构决定企业行为，且在现实中，企业能够通过不同路径实现同一目标。我们在SCP分析框架下，主要关注以下三种企业行为：

（1）价格行为。寡头企业或高集中度市场中主导企业的存在导致了不同的定价行为，如价格领导、价格歧视、限制性定价、串谋和掠夺性定价等。价格领导是指市场上的一家企业决定所有的价格变动，该企业被认为是领导者，其他企业都跟随领导者。价格歧视是指同种商品在不同的市场上以不同的价格销售。限制性定价是指价格被主导企业制定在高于成本但不足以吸引新进入者的水平上，或者说，价格被定在阻碍新企业进入的低水平上。串谋定价在大部分国家都是非法行为，它是由一些企业对同种或类似商品达成的收取相同或近似价格的合同组成。掠夺性定价是将价格降低到短期利润最大化水平之下的一种策略，其目的在于把其他企业驱离市场或使其削弱而被主导企业收购，有时也被称为"低于成本的定价"。

（2）非价格行为。非价格因素很多，包括物理特征（如颜色、大小、质量、包装）和提供的各种服务（如运送时间和售后服务）。非价格行为是指产品的一些方面完全相同而其他方面存在着差异。另外，企业也可能在一些更基础的方面努力使其产品产生差异。非价格行为的两个主要方式是产品差异和广告。

产品差异在上文中已有介绍，广告则与产品差异密切相关，可以看做是产品质量、品牌等信息的传递，其目的在于改变公众对产品的感性认识，从而创造出产品的差异化。此外，横向兼并、纵向一体化、纵向控制也是较为常见的非价格行为。横向兼并又称水平兼并，是指同一行业或同一市场内的企业间的兼并活动。横向兼并会使市场集中度提高，而市场适度集中有利于企业发挥规模经济与管理协同效应，这是横向兼并的重要动机。但是，在市场集中度已较高的行业中，横向兼并往往是兼并企业追求市场实力的结果。纵向一体化，又称垂直一体化，是指企业参与产品或服务一个以上的连续的生产或销售阶段。纵向一体化有前向一体化和后向一体化之分，前者指生产原材料的企业通过一体化进而向经营第二次加工阶段的业务扩展，或者一般制造企业通过一体化向经营流通领域等业务扩展；后者指装配或制造企业通过一体化向零件或原材料生产等业务扩展。非纵向一体化的企业可以通过签订长期的、具有约束力的契约，列明交易的价格、其他的条款以及行为方式（如价格上限、价格下限、价格转移水平、数量上限、数量下限、排他性区域等）实行纵向控制。

（3）技术变革和创新。关键技术是"使厂商保持或领先其竞争对手水平的特定知识"（Pavitt and Sharp，1992）；"对核心技术的掌控是产业部门得以发展的基本要求"（Woods，1987）。企业通过对研发的投入，实现技术的变革与创新，将创造竞争优势，形成核心竞争力。贝斯特将创新型企业定义为那些通过连续的产品、生产过程和组织创新在各种水平下（包括微观生产水平）保持组织的灵活性以寻求战略优势的企业（Michael Best，1990）。

3. 市场绩效

市场绩效是指在一定的市场结构中，由一定的市场行为所形成的价格、产量、成本、利润、产品质量和品种以及技术进步等方面的最终经济效果。主要从产业的资源配置效率和利润率水平，与规模经济和过剩生产能力相关的生产相对效率，销售费用的规模，技术进步状况与 X 非效率，价格的伸缩性以及产品的质量水准、款式、变换频率和多样性等方面，直接或间接地对市场绩效优劣进行评价。一般来说，衡量市场绩效的主要方法有获利能力测度、生产率测度、市场份额和竞争力、生产效率、配置效率、产品质量以及技术进步等。在 SCP 分析框架中，对作为市场结构指标之一的集中度和作为市场绩效标准之一的利润率的关系研究处于重要的核心地位。哈佛学派认为，在具有寡占或垄断市场结构产业中，由于存在着少数企业间的共谋、协调行为以及通过市场进入壁垒限制竞争的行为，削弱了市场的竞争性，其结果往往是产生超额利润。

第三节　中国机车车辆业的 SCP 分析

一、机车车辆业市场结构

目前从事机车车辆的生产厂家主要是铁道部下属车辆厂，经过改制已经分属中国南车和中国北车两大车辆集团，另外还有部分原兵器部下属军转民企业。除此之外，原机车车辆工业总公司分离出的柳州机车车辆厂、广州机车车辆厂等企业，各铁路局车辆段、机务段以及少数的民营企业也是我国轨道交通装备制造业的重要组成部分。中国南、北车总体实力相当，均实行总经理负责制，机车车辆制造和修理的目标市场遍布全国 18 个铁路局。目前中国南车的主要业务包括铁路机车、客车、货车、动车组、城轨地铁车辆及重要零部件的研发、制造、销售、修理和租赁，以及轨道交通装备专有技术延伸产业等业务。中国北车的主要业务包括铁路机车车辆（含动车组）、城市轨道车辆、工程机械、机电设备、环保设备、相关部件等产品的开发、制造、修理及技术服务、设备租赁等。可以说以中国南、北车为主导，大、中、小企业共生的我国轨道交通装备制造产业市场格局已经初步形成。

表 2-9　中国机车车辆市场体系

	北车集团	南车集团	兵器集团	其他企业
机车生产厂	大连机车厂（内燃机车和电力机车） 北京二七机车厂（内燃机车） 大同机车厂（电力机车）	株洲电力机车厂（电力机车） 资阳机车厂 戚墅堰机车厂（内燃机车）		
客车生产厂	长春客车厂 唐山客车厂	四方机车厂 四方车辆厂 南京浦镇车辆厂		
货车生产厂	齐齐哈尔车辆厂 西安车辆厂 济南车辆厂 沈阳车辆厂 太原机车厂	株洲车辆厂 眉山车辆厂 长江车辆厂 北京二七车辆厂 石家庄车辆厂	晋西车轴 北方创业	
轨道交通厂	长春客车厂 大连机车厂	株洲电力机车厂 南京浦镇车辆厂 四方车辆厂		

续表

	北车集团	南车集团	兵器集团	其他企业
配件生产企业		南车时代电气（电气系统） 时代新材（桥梁支座和弹性元件）	晋西车轴（车轴、车轮）	太原重工（车轴、车轮） 马钢股份（车轮） 晋亿实业（紧固件） 天马股份（轴承）

资料来源：北车集团、南车集团及中银国际研究。

表 2-10　中国南车全资和控股子公司一览表

序号	公司名称	持股比例（%）	主营业务
1	南车株洲电力机车有限公司	69.01	铁路电力机车、动车组动车、城轨车辆及电机、电器、变压器的研发、制造
2	南车资阳机车有限公司	81.04	铁路内燃、电力机车研发、制造；柴油、燃气发动机及其机器零部件的研发、制造；铸锻件生产
3	南车戚墅堰机车有限公司	100	铁路内燃机车研发、制造及修理；机车、柴油机关键零部件的研发、制造；铸件生产
4	南车四方机车车辆股份有限公司	90.04	铁路动车组、客车、城轨车辆研发、制造；铁路动车组、高档客车修理服务
5	南车四方车辆有限公司	100	铁路客车修理；铁路高档客车和动车组制造；铁路客车、动车组、城轨车辆配套产品制造与服务
6	南车南京浦镇车辆有限公司	100	铁路客车、动车组、城轨车辆研发、制造；铁路客车修理
7	南车长江车辆有限公司	100	铁路货车研发、制造与修理；铁路机保车研发、制造；车轴、钢结构件、铸件生产
8	南车眉山车辆有限公司	100	铁路货车、制动机研发、制造；铸件生产
9	南车成都机车车辆有限公司	100	铁路机车、客车修理；电机制造与修理
10	南车洛阳机车有限公司	100	铁路机车修理
11	南车襄樊机车有限公司	100	铁路机车修理
12	南车二七车辆有限公司	100	铁路货车研发、制造及修理
13	南车石家庄车辆有限公司	100	铁路货车制造、修理；空调、制冷机组研发、制造
14	南车株洲电力机车研究所有限公司	100	轨道交通电传动与控制技术及相关电气设备的研究、制造；减振降噪弹性元件、高分子复合改性材料和绝缘材料的研发、制造；工业变流等电气设备的研发、制造；铁路机车车辆配件研发、制造；风力发电设备研发、制造；电动汽车及相关零部件研发、制造
15	南车戚墅堰机车车辆工艺研究所有限公司	100	轨道交通装备关键制造工艺技术和新材料研究；机械传动、制动、减振器等关键零部件研发、制造
16	新力博交通装备投资租赁有限公司	100	轨道交通装备项目投资开发；铁路机车车辆的租赁、修理、销售及技术服务、咨询

资料来源：根据中国南车 2008 招股意向书相关资料整理。

表2-11　中国北车全资和控股子公司一览表

序号	公司名称	持股比例（%）	主营业务
1	齐齐哈尔装备公司	100	货车制造、修理，工程机械制造
2	哈尔滨装备公司	100	货车修理、制造
3	长客装备公司	100	客车修理、配件生产
4	长客股份公司	73.70	铁路客车、动车组、城市轨道车辆制造
5	大连机辆公司	100	机车制造、修理，城市轨道车辆制造，动力机械制造
6	唐山客车公司	100	铁路客车、动车组、城市轨道车辆制造
7	唐山装备公司	100	客车、机车修理
8	天津装备公司	100	机车车辆配件生产
9	二七装备公司	100	机车制造、修理，工程机械制造
10	南口机械公司	100	机车车辆配件生产
11	同车公司	100	机车制造
12	太原装备公司	100	货车制造、修理，机车修理，工程机械制造
13	永济电机公司	100	机车车辆、风力发电、油田等电机、电气、电控产品生产
14	济南装备公司	100	货车制造、配件生产、环保设备生产
15	西安装备公司	100	货车制造、修理，客车修理
16	兰州装备公司	100	机车修理、工程机械制造
17	大连所公司	100	机车车辆配套设备研发制造
18	四方所公司	100	机车车辆配套设备研发制造
19	北车物流公司	69.77	与铁路装备相关的物流业务
20	中车进出口公司	100	与铁路装备相关的进出口业务

资料来源：中国北车2009招股说明书。

1. 集中度

中国机车车辆制造业行业集中度较高。2000年9月中国铁路机车车辆工业总公司与铁道部"脱钩"，改组为中国南方机车车辆工业集团公司和中国北方机车车辆工业集团公司，形成了我国机车车辆业双寡头垄断的市场结构。两者初步建立了现代企业制度，逐步完成了内部整合，总体实力相差不大。截至2009年末，中国南车资产总额约为549.9亿元，中国北车资产总额约为633.4

表2-12　中国南车资产总额及营业收入

项　　目	2009年末	2008年末	本年末比上年末增减（%）	2007年末
资产总额（千元）	54989357	45488675	20.89	32725858
归属于上市公司股东权益（千元）	17365109	16056070	8.15	4345962
营业收入（千元）	46392668	35768147	29.70	27400965

资料来源：根据中国南车2009年年报相关数据整理。

表2-13 中国北车资产总额及营业收入

项　　目	2009年末	2008年末	本年末比上年末增减（%）	2007年末
资产总额（千元）	63341101	41348565	53.19	—
归属于上市公司股东权益（千元）	21085013	6819254	209.20	—
营业收入（千元）	40515922	34710720	16.72	26371205

资料来源：根据中国北车2009年年报相关数据整理。

亿元；中国南车2009年营业收入约为463.9亿元，中国北车2009年营业收入约为405.2亿元。

从双方的核心资产来看，株洲电力机车公司是中国南车旗下盈利能力最强的企业，长江车辆有限公司也是中国南车的核心资产；齐齐哈尔铁路车辆集团是中国北车的核心资产。从双方的市场结构来看，中国南车在电力、内燃机车新造，内燃机车、客车修理等方面市场占有率较高；中国北车在客车新造，电力机车修理方面占有较高的市场份额。时速300公里的列车，中国南车下属的四方机车和中国北车下属的唐山机车车辆厂都有制造；货运机车方面，中国北车略占上风，2005年的货车机车采购市场中，中国北车下属的大连机车车辆厂和大同机车厂分别获得了500台货运机车协议，中国南车的株洲电力机车公司也获得了部分合同。从双方资产运作能力来看，中国南车旗下拥有三家上市公司，两家A股公司（南方汇通和时代新材）和一家H股公司（株洲时代电力）；中国北车的资本运作稍逊，旗下还没有上市公司。中国南、北车基本形成了相对均衡的竞争态势，两大集团制定了国内市场有序竞争、国际市场携手合作的战略原则。

2. 产品差异化

从产品结构上来看，中国南、北车所属公司的业务经营范围涵盖了机车车辆新造、配件生产、修理服务及技术研发等各个方面。较高的产业结构配套要求构成国内的市场准入壁垒，同业跨国公司短期内也无法直接建立完整的产业结构，只能依托中国企业逐步进入。中国已经形成不同功率、各个等级的干线高速动车组、客货运大功率机车和调车机车、工矿机车的系列化，客运车辆形成了高速客车、专线快速客车、准高速空调客车、双层客车、高质客车、豪华高档客车等适应不同层次需要的客车系列，货车产品也已发展到重载化、专用化、散装化和提速增效的新阶段。中国机车车辆制造业已经具备了较为全面的产品结构。由于技术水平相当，产品的需求较为固定，需求弹性小，机车车辆的产品差异化非常小，可以说是十分同质的。具体表现在：①产业构成单一，发展比例失调。多年来机车车辆工业以服务铁路运输为宗旨，为铁路运输事业的发展做出了巨大贡献，形成了主要依靠"两条铁路"生存和发展的局面。各厂所铁路机车车辆产品的销售收入占绝对比重，而国外、路外市场的产品销售收入比例很小。②产品结构雷同，整体水平不高。由于缺乏市场扩张能力和合理退出机制，多个企业生产相同、相近的机、客、货车产品，重复开发、重复投入现象普遍存在，难以形成规模经营和专业化生产的格局。③企业形态类似，自我封闭严重。集团公司的大多数企业是按照自我封闭、自我配套的生产模式组织生产，重复开发、投入现象严重，规模经营和专业化水平低，生产成本高，经济效益差。企业构成"大而全，小而全"，同时还承担着"企业办社会"的沉重包袱。

3. 进入退出壁垒

（1）行业政策及许可。铁道部和国家发改委实行生产许可证管理制度。对铁路机车车辆产品的生产许可管理表现在：①在产品设计方面，凡有能力生产某项铁路机车车辆产品的企业，自行研发的产品或能够证明有合法的产品设计来源渠道的，需通过铁道部的方案审查，试制样车鉴定，才能获得型号合格证。②在生产方面，需通过铁道部组织的生产质量认证，获得铁道部颁发的生产许可证，只有拥有生产许可证的企业才可参加铁道部相关项目的投标。③在产品质量方面，产品出厂时必须通过铁道部驻公司验收人员的验收，同时对产品实行寿命管理。对城轨地铁车辆产品，国家相关政策支持把国内现有城轨地铁制造企业做大做强。国家严格推行市场准入制度，严控新增城市轨道交通车辆整车制造定点企业，从而形成了较高的进入壁垒。

（2）行业专业技术。机车车辆产品，尤其是高端产品，技术复杂，并且多数为专有技术。同时由于产业链长，配套技术种类繁多，难以短时间内掌握。我国是世界上铁路网最发达的国家之一，有相对完备和独立的铁路技术规范和行业标准。因此，凡是要进入我国铁路网运营的所有设备首先要满足我国的行业标准，国外企业对此相对陌生，包括材料、试验标准、设计准则等。对于国内新的铁路机车车辆制造参与者需要投入巨大的资金和长期的努力才有可能向我国铁路网提供产品。因此，对于我国已经掌握并批量生产的产品，技术标准将对潜在竞争者形成一个无形的行业准入限制。对于高端产品，铁道部采用国际招标的形式进行采购，但通常会提出包括技术转让和与国内厂商合作生产的要求。因此，外资企业在获得订单时，不能以在我国直接生产或整车进口的形式进入，本地化生产要求限制了它们直接进入我国铁路装备市场。

（3）设备和资金。机车车辆的生产所需的大型高精设备、百万平方米以上的土地、巨额流动资金投入，加上先进技术的学习、引进与研发、高端人才的培养等形成了该行业较高的进入壁垒，同时由于资产的可转换性限制，使得机车车辆业的沉没成本较高，从而，该行业的退出壁垒亦较高。

（4）上、下游渠道的建立。行业内现有企业已与原材料及主要零部件供应商建立了良好稳定的供应关系，并建立起长期的销售渠道，这两方面因素均构成了新进入者的进入壁垒。

二、机车车辆业企业行为

1. 价格行为

机车车辆产品最大的用户是铁道部，几乎100%的机车、客车，80%以上的货车都由铁道部集中购买，铁道部对产品掌握充分的信息，因此，目前机车车辆价格基本由铁道部确定，企业可在一定范围内浮动。而在路外企业自备车市场中，由于行业的垄断性和用户对产品信息了解不充分，使得机车车辆企业对产品价格有一定的主导性，但也是在铁道部价格基础上浮动。对公开招标的产品，铁道部基本上是以成本加毛利的原则来确定标底价格；对竞争性谈判的合同产品，机车车辆企业一般均能取得合理且满意的价格；单一产品则是成本加毛利的方法定价；中国铁路发展历史和现状，使得南、北车具有一定的议价能力，在定价之前预计物价上涨的趋向，来影响铁道部提高标底价，例如货车的价格就是不断上涨的。以中国南车为例，其原材料及人工成本的增长部分可以转移给业主。公司定期统计物价上涨指数，并与铁道部建立了有效的沟通机制，公司因成本上升而提出的涨价要求通常会得到铁道部的认可。铁道部作为政府部门，有着良好的付款信誉，一般在产品交付后3个月左右就能付清货款；对合同额较大的项目，铁道部实行预付款制度，然后根据交车的进度支付余款。[①] 在与供应商的讨价还价方面，由于机车车辆制造企业从铁道部"脱钩"还不到5年，长期以来在计划经济模式管理下经营，企业普遍存在"大而全"、"小而散"的现象，配件供应多在系统内进行，价格还没有完全与市场接轨，讨价还价能力不强。机车车辆生产所需原材料已基本形成开放的市场，价格随国际、国内大市场波动。但一些关键产品供应商处于较强垄断地位，谈判能力较高，如车轮在近一段时间内是制约机车车辆制造业的"瓶颈"，这是由于车轮不是马钢的主要产品，而国内只有马钢可以生产机车车轮，可以生产货车车轮的企业也只有3家。

---

① 赵小刚. 投资者眼中的中国南车——股份公司董事长赵小刚在2008中国南车高峰论坛上的演讲（摘要）. 中国南车年鉴. 北京：中国铁道出版社，2009

2. 非价格行为

除中国南车下属的南方汇通公司少量经营货车制造业务外，中国南车主要业务与控股股东中国南车集团主营业务通过做出避免同业竞争的公开承诺，签订《避免同业竞争协议》等方式有效避免了同业竞争。在企业并购重组行为方面，2005~2007 年，中国南车收购了以下子公司：青岛四方新材料制造有限责任公司、株洲时代华通电动技术有限公司（原北京时代华通电动技术有限公司）、株洲时代投资有限责任公司、株洲时代电工技术有限责任公司和青岛四方铁路电气设备有限公司。2005 年，中国南车出售株洲时代电器铸件有限公司60%的股权；出售株洲时代置业有限公司 90%的股权；出售深圳路业机电有限公司 57.5%的股权。2007 年，中国南车注销青岛四机物资经营有限公司、出售北京特沃力防松技术有限公司 52.47%的股权。2008 年中国南车子公司石家庄国祥运输设备有限公司收购了石家庄国祥制冷设备有限公司所持有的石家庄国祥精密机械有限公司 40%的股权，石家庄国祥精密机械有限公司成为中国南车集团的联营企业。同年株洲南车时代电气股份有限公司与 Dynex Power Inc 签订《安排协议》，收购 Dynex 75%的已发行普通股，该项收购于 2008 年 10 月 31日完成，南车电气时代持有 Dynex 75%的股权。2009 年，中国南车控股子公司株洲南车时代电气股份有限公司出资组建宝鸡南车时代工程机械有限公司，持股比例为 60%；全资子公司南车香港收购华能盘锦风力发电有限公司 12.7%的股权，并出资组建华能铁岭风力发电有限公司，持股比例 25%。中国北车亦采取了向本公司出具不竞争承诺函、签订《避免同业竞争协议》等措施避免和减少同业竞争。

3. 变革和创新

（1）技术创新：我国机车车辆企业较为重视科技体系建设。为实现铁路运输现代化，机车车辆企业不仅投入科研经费，培育技术创新团队，在企业内部建立起系统配套、实力强大的研发体系，而且为铁路运输、工程、装备配套努力加强核心技术储备研发。

表 2–14　中国南车 2005~2008 年研发费用支出

	研发费用（亿元）	营业收入（亿元）	研发费用占营业收入比例（%）
2008 年 1~3 月	1.24	67.25	1.84
2007 年	4.89	274.01	1.78
2006 年	3.21	235.29	1.36
2005 年	2.16	202.82	1.06

资料来源：中国南车 2008 招股意向书。

表 2-15　中国北车 2006~2009 年研发费用支出

	研发费用（千元）	营业收入（千元）	研发费用占营业收入比例（%）
2009 年上半年	240056	14829463	1.62
2008 年	658866	34710720	1.90
2007 年	432496	26371205	1.64
2006 年	253122	20980379	1.21

资料来源：中国北车 2009 招股说明书。

（2）组织创新：机车车辆业在组织创新的道路上进行过多次探索。20 世纪 90 年代中期，铁道部将原机车车辆总公司改组为控股公司，通过推行资产经营责任制扩大企业自主权，所属 29 家子公司、2 家控股子公司、4 家参股子公司和 3 家合资企业，各公司的经营业务以机车车辆制造为主。在多种经营规模化发展的战略指导下，积极拓展新的市场，完善交通运输装备的其他领域。

（3）渠道创新：渠道创新的根本目的是通过产品价值的市场实现，创造合理利润。因此，将全球潜在市场需求转化为现实市场需求，是我国机车车辆制造业渠道创新的出发点。我国机车车辆制造业融入世界经济体系较晚，市场经验较少，国际化水平较低。大型机车车辆跨国企业牢牢把持本国整车市场，发展中国家的机车车辆整车市场和发达国家零部件市场是我国机车车辆制造业渠道创新的重点。目前中国南、北车已与泰国、马来西亚、越南、哈萨克斯坦、土库曼斯坦、乌兹别克斯坦、津巴布韦、坦桑尼亚、刚果等国家就提供机车车辆产品建立了良好的合作伙伴关系。

（4）管理创新：面对市场环境的变化，为求得长期生存和持续发展，中国南、北车积极按照建立现代企业制度的要求，加快推进公司制改造。同时，十分重视战略管理，确立了以战略管理为中心的企业管理框架，突出战略管理在企业日常管理中的核心地位。两大集团在建立总体发展战略的同时，又在市场、科技、财务、人才等职能环节制定发展战略，与总体战略一同构成集团公司的战略管理体系。

三、机车车辆业市场绩效

1. 技术

2009 年，中国南车新立科技研发项目 404 项，延续科技研发项目 304 项，申请国家专利 718 项，获得国家专利授权 554 项，相比 2001 年的 173 项，仅专利拥有数量来说增长了约 320%。[1] 其动车组和机车牵引与控制国家重点实验室被国家科学技术部纳入建设计划。中国北车 2009 年通过省部级科研成果的鉴定和评审 19 项，公司科研项目立项 92 项，鉴定 50 项，验收 54 项。2009 年申请专利 859 件，其中发明专利 259 件，新获得授权专利 619 件，海外专利 6 件，发明专利由 2008 年的 18.8% 增加到 31%。[2]

2. 质量

目前，中国南车所有下属子公司均通过了 ISO9001：2000 质量管理体系认证并取得了相应的证书。在此基础上，各子公司参照 ISO9004：2000 标准进行业绩改进，加快与国际标准接轨的步伐，采用更高要求的标准提升管理水平和产品质量。戚墅堰公司、长江公司株洲分公司出口美国的摇枕、侧架通过了AAR M-1003 质量体系认证、AAR M-210 产品质量认证；株机公司、戚墅堰所、四方股份、资阳公司通过了德国 DIN6700-2 焊接认证；资阳公司、戚墅堰公司的多个产品通过了国外多个权威船级社的认证。中国北车 18 家子公司通过了 GB/T 19001-2000 idt ISO9001：2000 质量管理体系认证并取得了相应的证书。另外，二七装备公司和长客股份公司取得了中启计量体系认证中心颁发的《测量管理体系认证证书》；天津装备公司和四方所公司取得了中铁铁路产品认证中心核发的《铁路产品认证证书》；唐山客车公司和唐山装备公司取得了《军工产品质量管理体系认证证书》；齐齐哈尔装备公司取得了铁路车辆零部件新造、转向架构架的 EN 15085 轨道车辆及部件焊接体系认证等。

3. 国际化经营能力

迄今，部分机车车辆整车产品和关键配件已经打入亚、非、欧、美、澳五大洲 30 多个国家和地区的市场，出口比重逐年增加，销售领域逐年扩宽。在整车出口方面，中国机车车辆制造企业已经取得了伊朗地铁及铁路客车、伊拉克内燃机车、巴基斯坦机车及机车散件、哈萨克斯坦电力机车、马来西亚交流传动内燃机车等大宗项目合同；继向坦赞铁路出口机车和向南非出口机车后，与苏丹签订机车采购合同，取得了非洲市场开发的突破；向阿根廷出口机车和客车，使中国机车车辆首次成功进入由欧美厂商长期垄断的阿根廷市场；向纳米比亚、委内瑞拉出口动车组，标志着中国动车组进入非洲、南美市场；出口澳大利亚的双层不锈钢客车项目，是迄今为止中国机车车辆行业最大的出口项目，也是走向发达国家市场的成功探索；为新西兰提供铁路轨枕货车使中国铁路车辆整车第一次打入新西兰市场；与越南签订"革新号"机车制造技术转让

---

[1] 资料来源：中国南车 2009 年年报。
[2] 资料来源：中国北车 2009 年年报。

合同，开创了中国机车车辆工业整车技术输出的先河。在零配件领域，曲轴缸套等产品已先后进入北美和欧洲市场；已获得为俄罗斯铁道部门生产摇枕、侧架的资格；超过世界排名第一的美国国民锻造公司，成为印度市场最大的机车曲轴供应商。同时，通过与巴西铁路同行签署合资建立货车组装厂的协议，首次把企业办到了国外；与美国密歇根州立大学建立了中国机车车辆业第一个海外联合研发中心——ZELRI—MSU 电力电子系统研发中心。

4. 效益

（1）利润指标。

表 2–16　中国南车 2005~2008 年度主要利润指标

项　　目	2008 年 1~3 月	2007 年度	2006 年度	2005 年度
营业收入（千元）	6725251	27400965	23529352	20282033
营业利润（千元）	482296	961950	628004	571534
利润总额（千元）	549891	1193953	685779	579929
净利润（千元）	407276	1069046	619911	480344
归属母公司股东的净利润（千元）	367550	807352	527626	393108

资料来源：中国南车 2008 招股意向书。

表 2–17　中国北车 2006~2009 年度主要利润指标

项　　目	2009 年 6 月 30 日	2008 年度	2007 年度	2006 年度
营业收入（千元）	14829463	34710720	26317205	20980379
营业利润（千元）	452644	1205233	927668	356730
利润总额（千元）	521902	1429920	1106560	367642
净利润（千元）	420220	1274578	908506	298165
归属母公司股东的净利润（千元）	383750	1130741	742270	131654

资料来源：中国北车 2009 招股说明书。

（2）财务指标。以中国南、北车合并财务报表的数据为基础计算主要的财务指标，主要财务指标的计算公式如下：

- 流动比率=流动资产/流动负债
- 速动比率=（流动资产−存货）/流动负债
- 资产负债率=总负债/总资产×100%
- 每股净资产=归属于母公司股东的权益/公司设立后的股本总额
- 无形资产（扣除土地使用权后）占净资产的比例=无形资产（扣除土地使用权后）/净资产
- 应收账款周转率=主营业务收入/应收账款平均余额
- 存货周转率=主营业务成本/存货平均余额
- 息税折旧摊销前利润=利润总额+利息支出+固定资产折旧+无形资产

摊销＋长期待摊费用摊销

● 利息保障倍数＝息税折旧摊销前利润/利息支出

● 每股经营活动的现金流量＝经营活动产生的现金流量净额/公司设立后的股本总额

● 每股净现金流量＝现金及现金等价物净增加额/公司设立后的股本总额

表 2-18　中国南车 2005~2008 年度主要财务指标

财务指标	2008 年 3 月 31 日	2007 年 12 月 31 日	2006 年 12 月 31 日	2005 年 12 月 31 日
流动比率	1.00	1.01	—	—
速动比率	0.71	0.74	—	—
资产负债率（母公司）（%）	38.09	42.67	—	—
每股净资产（不含少数股东权益）（元）	0.67	0.62	—	—
无形资产（扣除土地使用权后）占净资产比例（%）	4.15	4.46	—	—
	2008 年 1~3 月	2007 年度	2006 年度	2005 年度
应收账款周转率（次/年）	5.45	7.29	—	—
存货周转率（次/年）	3.73	4.18	—	—
息税折旧摊销前利润（千元）	858087	2236144	1606673	1344545
利息保障倍数（倍）	7.08	7.10	5.28	6.37
每股经营活动的现金流量（元）	−0.42	0.21	—	—
每股净现金流量（元）	−0.52	0.23	—	—

资料来源：中国南车 2008 招股说明书。

表 2-19　中国北车 2006~2009 年度主要财务指标

财务指标	2009 年 6 月 30 日	2008 年 12 月 31 日	2007 年 12 月 31 日	2006 年 12 月 31 日
流动比率	0.81	0.86	不适用	不适用
速动比率	0.50	0.53	不适用	不适用
资产负债率（母公司）（%）	46.16	41.24	不适用	不适用
每股净资产（不含少数股东权益）（元）	1.16	1.18	不适用	不适用
无形资产（扣除土地使用权后）占净资产比例（%）	2.58	2.51	不适用	不适用
	2009 年上半年	2008 年度	2007 年度	2006 年度
应收账款周转率（次/年）	4.03	4.54	不适用	不适用
存货周转率（次/年）	2.54	3.46	不适用	不适用
息税折旧摊销前利润（千元）	1206160	2924280	2135103	1291549
利息保障倍数（倍）	5.84	4.87	5.50	3.46
每股经营活动的现金流量（元）	0.60	0.64	不适用	不适用
每股净现金流量（元）	0.07	(0.19)	不适用	不适用

注：中国北车于 2008 年 6 月 26 日正式成立，因此 2006 年度及 2007 年度无年末股份总数，相关财务指标的计算不适用。

资料来源：中国北车 2009 招股说明书。

（3）净资产收益率与每股收益。

表 2–20　中国南车 2007~2008 年度净资产收益率

报告期利润	2008 年 1~3 月净资产收益率（%）		2007 年度净资产收益率（%）	
	全面摊薄	加权平均	全面摊薄	加权平均
归属于母公司股东/所有者的净利润	7.08	8.10	18.58	21.79
扣除非经常性损益后归属母公司股东/所有者的净利润	7.50	7.79	11.82	13.86

资料来源：中国南车 2008 招股说明书。

表 2–21　中国北车 2007~2009 年度每股收益及净资产收益率

报告期	报告期利润	每股收益（元）		净资产收益率（%）	
		基本	稀释	全面摊薄	加权平均
2009 年上半年	归属于母公司普通股股东的净利润	0.07	不适用	5.72	5.67
	扣除非经常性损益后归属于母公司普通股股东的净利润	0.05	不适用	4.22	4.18
2008 年度	归属于母公司普通股股东的净利润	0.19	不适用	16.58	22.80
	扣除非经常性损益后归属于母公司普通股股东的净利润	0.16	不适用	13.75	18.91
2007 年度	归属于母公司普通股股东的净利润	不适用	不适用	不适用	不适用
	扣除非经常性损益后归属于母公司普通股股东的净利润	不适用	不适用	不适用	不适用

注：中国北车于 2008 年 6 月 26 日正式成立，因此 2007 年度无年末股份总数，每股收益及净资产收益率计算不适用。

资料来源：中国北车 2009 招股说明书。

第四节　中国机车车辆业的技术经济特征

机车车辆行业具有大型设备制造业的特点，行业产品多样化，其批量是按百台、最多是千台为计，单价高，制造过程复杂。就生产方式而言，机车车辆业是传统机电技术和现代高端技术相结合的产业，同时产品的制造与生产又高度依赖于高水平的设备支撑和高技能操作人员的技术素质。行业产品的制造大多采用按生产顺序排列固定台位的生产组织方式进行，由于运载装备体积大、质量重，于是采用传送带式连续流水作业方式。由于不经济或者条件不允许，许多关键的制造工艺环节难以实现自动化、机械化，大量的制造、组装、测验工作要依靠高技能的操作人员手工完成，因此该行业不像大批量生产、标准化程度高的制造业一样显著地以资本密集为特点，而是表现出技术密集和人力资本密集的特点，且产品的质量保证对技术、研发、人力资本的要求非常高。机车车辆行业具有不同于其他产业的特殊的技术经济特征：

一、从产品的技术特征来看，机车车辆业具有生产的有形性、系统性、滞后性及产品生命周期长等特点

机车车辆企业的各项活动包括技术创新活动主要是围绕机车车辆产品展开的：

（1）产品的有形性。机车车辆产品是以一定的物质形态存在的。消费者购买的产品，实际上购买的是产品的功能，通过产品的功能来体现产品的效用，同时满足消费者的需求。这也是与服务业产品的无形性相对的特征。

（2）生产的系统性、复杂性程度高。为了生产和研制新产品，企业要投入大量资源，同时需要技术、人事和财务等多部门的协作，使生产研发过程成为一个完整的系统。机车车辆企业的产品如机车、客车、动车组、城轨地铁车辆等都具有众多的定制元件。复杂的元件界面，产品生产过程中耗能耗材很大，每一个部件上都被赋予了大量的技术，体现出复杂的生产工艺，产品的单位成本很高。

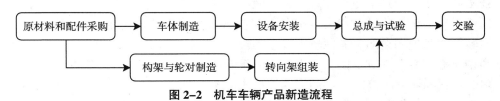

图 2-2　机车车辆产品新造流程

资料来源：中国南车 2008 招股说明书。

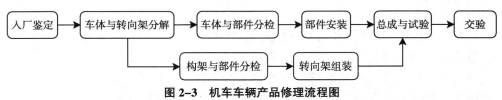

图 2-3　机车车辆产品修理流程图

资料来源：中国南车 2008 招股说明书。

（3）生产滞后性。随着科技的发展，机车车辆的购买者对于产品性能的要求不断提高，再加上消费者的个性需求，对于产品的形式会有不同的要求。机车车辆企业通过各种渠道了解到市场中消费者的需求信息，再将这些信息与自身拥有的技术条件相结合，研究新的技术和工艺，最后得到能够满足市场需求

的新产品，这些工作都需要时间来完成。由于机车车辆产品包含了大量的技术，工艺较为复杂，开发期时间长，造成了制造业企业产品生产的滞后性。

（4）产品的生命周期较长。虽然现阶段科技发展速度不断加快，所有产品的生命周期都有缩短的趋势。但是机车车辆企业的产品种类多、范围广，一种新产品从产生构想，到可以将其运用到实际生产中，再到将其商业化，一般需要很长的一段时间。并且由于产品大型化和重型化的特点，使得新产品的设计、制造周期较长，开发和试制的任务十分繁重，造成技术的更迭、替代型产品开发的难度较大，所以拥有一项核心技术的产品的生命周期很长，一般要几年甚至十几年的时间。

二、从产品的生产来看，机车车辆业具有资产专用性较强，规模经济效用、范围经济效用不显著等特点

机车车辆的生产所需的资产投入具有较强的资产专用性。一方面，机车车辆产品的生产需要巨额的制造与修理设备的投入，且所投入的设备能且仅能用于机车车辆及相关产品的生产。如果设备转换为其他产品的生产，要么不可能，要么转换成本很高。另一方面，机车车辆产品的生产依赖于成熟且先进的技术和人才，而技术与人才的引进、使用和开发需要大量的资金与投入。技术的学习与引进，人才的培养与开发一旦投入和形成，便成为企业的沉没成本，再转换为其他用途的可能性较小或成本较高。这样，机车车辆的生产需要大型高精设备、百万平方米以上的土地、巨额流动资金的投入，加上先进技术的学习、引进与研发，高端人才的培养等形成了该行业较高的进入壁垒，同时由于资产的可转换性限制，使得机车车辆业的沉没成本较高，从而，该行业的退出壁垒亦较高。潜在的进入企业考虑到巨额的专用性资产投入与沉没成本，一般不会贸然进入该行业。

另外，由于机车车辆产品的制造、组装、测验等工作要依靠高技能的操作人员手工完成，而且技术的创新和发展在产品制造中起着非常重要的作用，因此该行业不像大批量生产、标准化程度高的制造业一样能实现生产的自动化、机械化、智能化。虽然随着产出的增加平均不变成本逐渐下降，但是平均可变成本呈递增趋势，且平均可变成本占平均总成本的比例较大，导致平均总成本随着产出的增加而下降的幅度很小，或者由于技术或人才的重要性呈递增趋势。也就是说，机车车辆产品的边际成本较高，机车车辆业的规模经济效用并不显著。同时，机车车辆业注重技术的归核化与生产的集约化，核心技术领域的机车车辆制造企业为了构建自身的核心竞争力，往往只专注于核心技术产品

的生产和研发，也就是说只专注于"脑袋产业"，而将车体等技术含量较低的产品和零部件生产转由低成本企业承担，实现"脑袋产业"与"躯体产业"的分离。非核心技术领域的机车车辆制造企业进一步地以成本节约为中心，实现基于分工社会化和专业化的协作模式。因此，机车车辆业的范围经济效用亦不显著。

三、从产品的供给来看，机车车辆业的需求主体与行业企业之间存在特殊的供求关系

据不完全统计，2008 年机车车辆产品的销售收入来源中，铁道部及所属路局占 60%~65%，地铁运营、港口、工矿企业占 25%~30%，海外市场只占不到10%。[①] 以中国南车为例，2008 年 1~3 月、2007 年度、2006 年度及 2005 年度，中国南车对前五大客户的销售收入，分别占其当年销售收入的 68.85%、68.59%、65.18%及 61.43%。中国南车的最大客户铁道部及其所属的铁路局，对其的销售收入于 2008 年 1~3 月、2007 年度、2006 年度及 2005 年度分别占南车总销售收入的 60.66%、61.01%、57.44%及 54.32%。在目前国内机车车辆行业国际竞争力不强的前提下，可以说，铁路运输单位是机车车辆的主要需求主体。铁道部及所属铁路局是机车车辆产品最大的买方，地铁运营部门则是机车车辆产品的第二大买家，两者占到了机车车辆业产品销售的 90%以上，成为机车车辆业的最大需求主体。由于机车车辆企业基本上都是从铁道部分离出来的，无论是现在还是过去，机车车辆企业都严重依赖于铁道部及其所属各铁路局，机车车辆企业与铁道部存在着千丝万缕的特殊关系。而国内的地铁运营企业可以说都是属于各级国资委管辖的国有独资或控股企业，而以中国南、北车为代表的机车车辆企业是属于国资委直接管辖的骨干企业，因此两者之间亦存在较深的渊源。可以说，机车车辆业的需求主体与行业企业间存在着不同于一般市场的特殊的供求关系，这表现在：

（1）机车车辆产品具有中间产品特性。机车车辆企业是为铁路运输服务提供装备设备的企业，虽然其最终目的是为满足铁路运输服务包括客运和货运服务的最终消费者的需求，但并不直接服务于铁路运输服务的最终消费者。从这一点来看，机车车辆业具有间接的公益性与普遍服务特征，这充分体现在对机车车辆产品的高品质、高安全性能的要求上。

（2）机车车辆产品的需求主体单一，集中在铁道部、所属铁路局及国有地

---

① 资料来源：《中国南车年鉴》（2009）。

铁运营企业。目前铁路及城市轨道交通运输行业政府管制很强，出于铁路运输安全性的考虑，铁道部及下属路局对铁路运输设备的质量及安全性能要求非常严格，设置了生产许可证、质量认证、相关技术标准等行政手段和措施来保障产品的质量和性能，这一方面有利于国内机车车辆企业提高机车车辆产品的质量，促进自主知识产权的开发和利用；另一方面客观上却提高了该行业的进入门槛，并在一定程度上促成了行业保护，使国内机车车辆企业免于外部市场环境的竞争。

（3）机车车辆产品的需求主体与行业企业之间存在特殊的关系。以中国南、北车为代表的机车车辆企业集团，"脱钩"于铁道部，与铁道部渊源甚深。"2008年前宣布的中国部委改革中，铁道部没有同民航总局一起并入交通部，仍独立存在。目前，铁道部既是行业监管机构，又是行业的最大客户。"① 因此，从历史渊源、经济利益、制度诱因等各个方面来说，机车车辆业与铁道部之间都较易政企同盟，形成行业垄断，从而在机车车辆产品的招标采购、生产许可、技术标准、质量标准、安全性能检测与监管乃至产品定价等方面可以相互"沟通"、"协调"和"合作"。

（4）需求主体对机车车辆产品的需求具有计划性和组织性。机车车辆一般均按订单组织生产，从订单、生产到交付使用周期较长，但同时供给较为稳定。由于我国地域辽阔，气候、地理差别大，铁路运输单位对机车车辆都有特殊需求，如技术指标、规格、结构等，机车车辆企业则需要针对不同的需求结构进行个性化设计，实现产品的多样化和差异化，因此生产组织难以形成大规模专业化，这从另一个角度说明了机车车辆业规模经济不显著。

（5）单一的需求主体决定了市场的供给容量。铁路运输的客货运输市场容量与国民经济的总体水平有十分紧密的关系，国民经济发展推动总运输需求量的增长，运输装备市场还与运输固定设施有很强的配比关系，铁路运输最低效率规模的总和决定了运输装备的最小市场容量。

四、从产品的销售来看，机车车辆业从售前、售中到售后均需要完备的维修和服务网络

机车车辆产品的使用周期一般都在20年以上，具有耐用品的属性，同时产品具有技术密集的特点，从生产、销售、使用到维修都需要专业的技术和专

---

① 赵小刚. 投资者眼中的中国南车——股份公司董事长赵小刚在2008中国南车高峰论坛上的演讲（摘要）. 中国南车年鉴. 北京：中国铁道出版社，2009

门的人才，机车车辆产品的需求部门一般来说不具备使用、维护和修理产品的专门技术和知识。因此，机车车辆企业需要建立完善的服务和维修网络来支撑产品的销售。目前，中国南车建立了机车车辆全寿命周期服务体系，在用户培训、机车车辆零部件供应和修理等方面为用户提供延伸服务，而中国北车则在全国 15 个大中城市建立了自己的销售和服务网络。产品的维修与服务业已成为产品价值很重要的组成部分，离开了这个维修与服务的专业化网络，机车车辆产品的销售无异于空中楼阁，难以实施。同时，我们还应该看到，相对于电力输电网络、电信和有线电视网络、铁路路网来说，机车车辆产品的维修和服务网络所需投入的固定成本并不是很高，而网络的经济效益相对较高，多建一个网络的成本投入与回收期限可以为企业和社会所接受，从而具有弱网络经济效益的特点。

五、从机车车辆产品的产供销整体流程来看，机车车辆业具有较明显的关联经济特征

产业关联的实质是经济活动过程中各产业之间存在的广泛、复杂和密切的经济技术联系。在一般经济活动中，每一个产业都需要其他产业为自己提供产出，以满足自己的要素需求；同时，又把自己的产出作为一种市场供给提供给其他产业，以满足其消费需求。关联经济显著的行业在提供服务时，往往存在一系列的复杂工序。这些系列工序之间要求相互稳定衔接，即在技术上是连接的。在具体的产业组织上，要求全程全网联合作业和统一兼容。虽然从理论上讲可以将不同阶段的作业交由不同企业分别去完成，但垂直一体化的产业组织往往具有更大的经济效益性，可以保证产供销的协调，节约市场交易费用，防止机会主义行为给企业带来的损失。机车车辆产品的生产和供给，以及相应的产品维修与服务、核心技术研发、高端人才培养等是一套复杂工序，并且需要工序之间密切衔接，某一环节出问题，都会影响整个行业产品和服务的提供及质量和安全性能的保证。所以机车制造工厂、客货车生产工厂、服务与维修企业、机车车辆研究院所、机车车辆技术人才培养机构（如铁道职业技术学院）及机车车辆物流发展公司等在生产和经营上都是相互联系的，最终成为一个完整的产业链和价值体系。

六、机车车辆产品的需求价格弹性小，且产品价格具有可控性

机车车辆行业是实现铁路运输和城轨交通运营的基础和保证，机车车辆产

品具有不可或缺性和不可替代性，机车车辆需求价格弹性小。一方面，要想通过扩大生产规模、节约成本、降低价格，是很难促进销售量增加的；另一方面，即使生产企业将价格定在边际成本以上，需求主体不会因高价格而减少机车车辆产品的购置。

在机车车辆产品的价格形成机制上，对机车车辆企业来说，机车车辆产品的价格往往能够取得较为"满意"的结果。"对公开招标的产品，铁道部基本上是以成本加毛利的原则来确定标底价格"；"对竞争性谈判的合同产品，均能取得合理且满意的价格"；"单一产品则是成本加毛利的方法定价"；"中国铁路发展历史和现状，使得南、北车具有一定的议价能力，在定价之前预计物价上涨的趋向，来影响铁道部提高标底价，例如货车的价格就是不断上涨的"；"原材料及人工成本增长部分可以转移给业主。公司定期统计物价上涨指数，并与铁道部建立了有效的沟通机制，公司因成本上升而提出的涨价要求通常会得到认可"。①

七、机车车辆业是技术密集型、资本密集型和劳动密集型的"三密集"型产业

机车车辆产品的维修和配件制造依然主要依靠大量使用劳动力，而对技术和设备的依赖程度较低。同时在机车车辆产品的新造上，大多数机车车辆产品采用按生产顺序排列固定台位的生产组织方式，如铁路机车车辆的钢结构制造。由于这种运载装备体积大，质量重，无法用传运带、流水方式组织生产，必须在每一个工位上完成大量组装、调试的工作。特别是为了满足市场上多样化和个性化的需求，或者对精湛手工艺品的追求，必须保留或采用人工作业。另外，机车车辆的生产所需的大型高精设备、百万平方米以上的土地、巨额流动资金投入等客观上又形成了机车车辆业资本密集的特点。而技术、人才与创新则是机车车辆企业实现可持续发展与构建企业核心竞争能力的主题，机车车辆企业的竞争在本质上是人才与技术的竞争，只有掌握和研发具有自主知识产权的核心技术和能力，才能实现机车车辆产品的高质量、高水平、高安全性和高经济性，才能在国际市场的激烈竞争中立于不败之地。中国北车董事长兼总经理崔殿国就曾指出："我们的企业是一个技术密集型的企业，又是一个劳动密集型企业。我们的高精尖技术是靠技术人员反复试验设计出来的，又是靠工

---

① 赵小刚. 投资者眼中的中国南车——股份公司董事长赵小刚在 2008 中国南车高峰论坛上的演讲（摘要）. 中国南车年鉴. 北京：中国铁道出版社，2009

人用自己的双手辛勤劳动干出来的!"①

第五节　中国机车车辆业的垄断属性判定

当前,中国机车车辆业形成了双寡头垄断的市场结构,但其垄断成因是经济集中垄断、自然垄断还是行政垄断尚无定论。从中国南、北车归属于国资委管辖、是中央直属企业的地位来看,国家似乎将其定位于自然垄断行业。机车车辆业是否确实是自然垄断行业?这是机车车辆业改革中必须回答的首要问题和根本性问题,是机车车辆业改革模式与改革路径设计的出发点和着力点。因此,有必要根据自然垄断行业的基本理论,结合机车车辆业的技术经济特征,判定机车车辆业的垄断成因。

一、自然垄断行业属性判定理论的综述与重构

1. 自然垄断理论的综述

自然垄断理论可以追溯到150多年前,穆勒在其《政治经济学》一书中第一次提及了自然垄断的概念,并提出"地租是自然垄断的结果"这一著名论断。随后,亨利·卡特·亚当斯(H. C. Adams)依据规模效益不变、规模效益下降和规模效益上升三种情况把产业分为三类,认为应该对前两类产业实行市场机制,而对规模效益递增的产业实行政府规制。并把自然垄断的定义简化为产业的规模经济技术状况。法罗(1902),维塞尔、埃利(1937)分别从自然垄断的经济特征、"单一企业"、"竞争自我破坏"的角度论证了自然垄断存在的根源。早期的经济学者主要是从自然因素或自然条件的角度和制度垄断的角度来阐述自然垄断的,或者把它们并列在一起,共同作为自然垄断的成因。

以规模经济为理论基础和根本出发点,现代自然垄断理论的代表学者克拉克森和米勒认为,自然垄断的基本特征是生产函数呈规模报酬递增状态,即平均成本随着产量的增加而递减。假定一个产业只能容纳一家企业的生存,那么就会有一个幸存者为了降低成本而不断扩大产量,进行低价竞争,最终把对手挤出市场,形成垄断,这就是自然垄断(Clarkson & Miller, 1982)。萨缪尔森

---

① 崔殿国. 北车引领轨道交通装备行业技术发展方向. http://business.sohu.com/20090707/n265040446.shtml

和诺德豪斯认为，当规模经济和范围经济的作用如此强劲，以致只有一家企业能够生存下来，就会产生自然垄断。自然垄断最明显的经济特征，是平均成本在其产出规模扩大到整个产业的产量时仍然在下降。因此，由一个厂商垄断经营就会比多个厂商提供全部产品更有效率（Samuelson & Nordhaus，1998）。斯蒂格里茨认为，在某些情况下，生产一种商品所使用的技术导致一个市场上只有一个厂商或很少几个厂商。这种情况被称作自然垄断（Stigliz，1997）。

基于对范围经济和成本劣加性的认识，詹姆斯·邦布赖特（J. Bonbright）曾指出范围经济在自然垄断形成中的作用。他认为，对于某些公共设施的服务来说，即使在单位成本上升的情况下，由一家企业提供服务也是最经济的（Bonbright，1961）。卡恩（A. E. Kahn）进一步指出，对将自然垄断理解为不断下降的平均成本或规模经济的观点应持谨慎态度（Kahn，1971）。丹尼尔·史普博（Danniel E. Spulber）在其名著《管制与市场》中给自然垄断下的定义是："自然垄断通常是指这样一种生产技术特征：面对一定规模的市场需求，与两家或更多的企业相比，某单个企业能够以更低的成本供应市场。自然垄断起因于规模经济或多样产品生产经济。"（Danniel E. Spulber，1989）

进入 21 世纪的新经济时代，以卡尔·夏皮罗和哈尔·瓦里安为代表的经济学家从网络经济的角度论证了自然垄断存在的根源，并区分了传统的物质型网络经济和信息型网络经济。

2. 自然垄断理论的重构

在前人研究成果的基础上，国内学者戚聿东等从自然垄断存在的必要条件和充分条件两个层面对自然垄断理论进行了重构。第一，当产出的增长比例高于要素投入的增长比例而呈线性增长或指数化增长时，所产生的规模经济构成自然垄断赖以成立的必要条件。第二，在且仅在网络经济的条件下，单一网络所带来的网络经济效益高于多网并存下的竞争机制所产生的效益，即单一网络的垄断所产生的效益高到无法竞争的程度时，才构成自然垄断赖以成立的充分条件。以此为理论基础，可将传统的自然垄断行业划分为两个部分：一是以较强的网络经济效益为标志的完全自然垄断行业或强自然垄断行业；二是如果一个行业仅具有较强的规模经济或较弱的网络经济效益，即仅能满足自然垄断的必要条件的要求，而不能满足充分条件的要求，同时其市场结构具有可竞争的特征，但又和一般竞争市场不同，在竞争程度上只能以适度竞争为原则，那么，这类行业可被称做准自然垄断行业或弱自然垄断行业。也就是说，规模经济和范围经济构成了准自然垄断赖以成立的必要条件，而弱网络经济效益构成了准自然垄断赖以成立的充分条件。①

判定一个行业是否是自然垄断行业是非常复杂且难以界定的，需要综合考虑行业的规模经济、范围经济、关联经济及网络经济特征。但可以肯定的是，只有在那些强网络经济效益的产业里，垄断机制才可能比竞争机制更有效率。反之，在弱网络经济效益的产业里，竞争机制往往在一定范围内比垄断机制更有效率。

二、机车车辆业垄断属性的判定

机车车辆业既不具备显著的规模经济和范围经济特征，也不具备网络经济特征；既不满足自然垄断的必要条件，也不满足自然垄断的充分条件，没有自然垄断的任何诉求。因此其市场结构具有可竞争的特征，机车车辆业是可竞争性产业。机车车辆工业曾一直隶属于铁道部系统，与铁道部有天然的"父子关系"，其经营和发展是始终处于铁道部的扶持和保护之下的，机车车辆业的改革与发展历程中从未经历过竞争的洗礼。由于这一历史的、体制上的原因，机车车辆业目前形成了基于国有规制和行政垄断基础上的寡头垄断市场结构，其本质是处于竞争性行业领域但采取了行政垄断体制的行政垄断行业。国务院发展研究中心技术经济部部长郭励弘就曾指出，"铁道部的工作包括铁路建设、线路运营和机车制造，这三个领域的民营化也应该有个先后顺序。我认为最先民营化的应该是机车车辆制造业，这在任何国家都是一个竞争性的领域，不应该由政府资本来完全控制"。②

---

① 戚聿东. 自然垄断产业改革：国际经验与中国实践 ［M］. 北京：中国社会科学出版社，2009
② 神秘民企突入铁路机车制造业：北京中车叫板垄断. 21 世纪经济报道.

第三章 中国机车车辆业改革的国际经验

由于世界各国市场经济发展程度、经济发展水平、所有制形式等各不相同，机车车辆业的改革与发展在不同国家有着各不相同的发展进程与制度模式。我国机车车辆业的起步较晚，发展较为滞后，相对于先进国家和地区的机车车辆业来说，在各方面都存在较大差距，同时这些国家和地区在发展机车车辆业的过程中也出现过偏差和失误。借鉴法国阿尔斯通、加拿大庞巴迪、德国西门子等大型国际机车车辆企业的成功经验以及德国 Adtranze 公司被兼并的教训，可以为我国机车车辆业改革目标与内容的规划和设计指明方向。

第一节 国际机车车辆业概况

一、国际机车车辆行业现状

21 世纪以来，由于激烈的市场竞争，国外机车车辆制造企业的数量在逐渐减少，特别是内燃机车工业的生产能力已逐步处于过剩状态。据了解，在 1980 年以前，全球有机车车辆制造企业 310 家，至 2000 年尚有 124 家，但到了 2005 年只有 112 家。20 多年来国外机车车辆企业总数减少了 198 家，即减少了 63.9%。例如：美国机车车辆企业由原来的 33 家减少为 7 家；加拿大由原来的 9 家减少为 2 家；法国由原来的 30 家减少为 2 家；德国由原来的 34 家减少为 11 家；意大利由原来的 20 家减少为 5 家；英国由原来的 25 家减少为 6 家；详细情况参见表 3-1。

国际机车车辆制造企业的数量减少的主要原因：一是由于航空业、汽车产业的大力发展，导致机车车辆的市场供求关系发生了变化；二是由于激烈的市场竞争导致全球机车车辆制造业的重组与并购。除一部分机车制造企业倒闭

表 3-1　1978~2005 年国外机车车辆工业企业的数量

单位：家

国别	1978~1980年企业数	2004~2005年企业数	国别	1978~1980年企业数	2004~2005年企业数	国别	1978~1980年企业数	2004~2005年企业数
美洲			丹麦	2	0	日本	13	11
美国	33	7	芬兰	3	2	印度	9	11
加拿大	9	2	匈牙利		9	韩国	4	2
阿根廷	12	0	荷兰	1	0	巴基斯坦	1	1
巴西	7	3	挪威	2	0	印度尼西亚	0	1
墨西哥	1	0	波兰	8	4	伊朗	0	1
欧洲			葡萄牙	1	0	土耳其	0	2
德国	34	11	罗马尼亚	10	2	大洋洲		
法国	30	2	瑞典	5	0	澳大利亚	11	3
英国	25	6	俄罗斯	7（苏）	7	新西兰	1	0
意大利	20	5	乌克兰	0	2	非洲		
西班牙	14	4	原南斯拉夫	8	0	南非	6	3
瑞士	12	3	爱尔兰	0	1	埃及	1	1
奥地利	2	0	拉脱维亚	0	1	莫桑比克	1	0
比利时	6	0	斯洛伐克	0	1	摩洛哥	0	1
捷克	7	2	亚洲			津巴布韦	0	1

资料来源：邹稳根. 国外机车制造业的现状与发展趋势概述. 国外机车车辆工艺，2008（2）

外，大多数已并入了三大跨国联合企业 Bombardier、Alston 及 Siemens。如：新的 Bombardier 公司，在 2001 年收购了 Adtranz 公司后，现旗下有约 60 家企业；Siemens 公司旗下有 15 家企业；Alston 公司旗下有约 30 家企业。当然，也有少数国家新建了一些机车制造企业，如：印度尼西亚、伊朗和土耳其等国家，但这些新建企业一般都不具备出口机车的生产能力。国外机车车辆企业的数量虽然减少了，但彼此间的市场竞争却仍然十分激烈，特别是一些跨国大企业的联合和兼并仍在继续。目前国外机车车辆工业的状态大致如下：

1. 欧洲的"三足鼎立"加"一企"独秀

20 世纪末，经过激烈竞争后的重组与并购的进程后，在欧洲形成了机车车辆工业的老"三巨头"（Alston 公司、Siemens 公司和 Adtranz 公司）三足鼎立的局面。这些主营电气产品的跨国集团公司，通过收购和兼并机车制造企业而得到发展壮大。不仅可以提供机车整车、全套列车和其他各种轨道车辆，甚至可以提供全部铁路设备。在铁路装备市场份额中，这"老三巨头"占世界的 30%，占欧洲的 80%。2001 年 5 月 1 日，作为较大的企业——加拿大

Bombardier 公司（当时已是包含 22 家企业的跨国公司），竟然收购了 Adtranz 公司，一跃成为全球最大的机车车辆供应商。因而，欧洲老的"三巨头"，在一夜之间变成了新的"三巨头"——Bombardier、Alston 和 Siemens 公司三足鼎立的新格局。按 2001~2006 年订单总额计算，Bombardier、Alston 和 Siemens 公司的市场份额分别为 20%、19% 和 16%，如图 3-1 及表 3-2 所示。

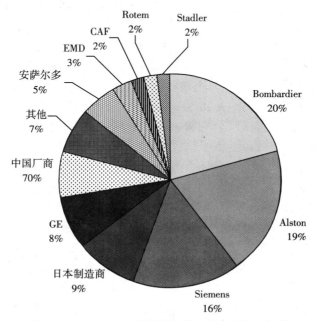

图 3-1　2001~2006 年整车订单总额全球市场份额图
资料来源：UNIFE 网站。

表 3-2　2004 年世界主要机车车辆制造商的市场份额

单位：%

公司或国别	高速列车	机车	动车组	通勤客车	地铁车辆	轻轨车辆	普通客车
Bombardier	25	14	35	69	35	29	21
Alston	40	12	16	4	19	10	1
Siemens	8	8	11	3	7	20	1
AnsaldoBreda	13	4	2	1	2	6	0
川崎重工等日本公司	11	少量	13	6	18	4	0
GE，EMD	—	46	—	—	—	—	—
其他	3	16	23	17	19	31	77

资料来源：中国北车年鉴编委会. 中国北车年鉴（2006）. 中国铁道出版社，2009

在欧洲除"三足鼎立"之外，还存在着"一企"独秀的 Vossloh 机车车辆工程公司（VSFT）。该公司原来是 Krupp 运输工程公司（其前身由慕尼黑埃森

Krupp 公司和基尔 Krupp 公司合并而成），1991 年曾加入 Siemens 公司，1998 年被德国 Vossloh 公司收购。Vossloh 是一家控股公司，拥有数家铁路部件制造厂和一家私营的 NEG 铁路公司。VSFT 公司主要生产液力传动内燃机车，以供应欧洲和世界各国铁路用户。目前，该公司正在开发大功率液力传动内燃机车和电传动内燃机车。Vossloh 公司之所以能在欧洲"三足鼎立"的夹缝中屹立不倒而存在于世界机车市场，其根本原因是其有深远的历史、雄厚的技术基础和市场创新精神，有适合铁路用户的内燃机车产品型谱。

2. 北美的"两巨头"仍居内燃机车统治地位

在北美内燃机车领域中，有些公司曾试图向北美"两巨头"——GM EMD 公司和 GE 公司挑战，但迄今为止这种挑战都未能成功。20 世纪 90 年代初迅速崛起的机车修理商——Morrison Knudsen 公司，曾努力想跻身于美国内燃机车制造行列而成为"第三强"。它曾制订了发展大功率内燃机车的计划，并利用美国 Caterpillar 柴油机，生产了数台 5000 马力内燃机车及用天然气的内燃调车机车。但该公司不久便步入财务困境而被迫进行改组，最终宣布退出内燃机车制造领域。同样，作为建筑设备集团的 Caterpillar 公司，想为新机车制造和老机车改造提供机车柴油机，但最终也没能正式介入新内燃机车的制造。目前，北美市场仍然保持着"两巨头"统治的局面，但是 GM 公司的 EMD 电力动力分部，自 2005 年 1 月被格里玻利亚和伯克舍尔投资公司为首的投资集团收购后，已更换了主人。从目前情况来看，在美国内燃机车制造业领域中，GE 公司和 GM 公司"两巨头"的统治局面，在相当长时期内不会有大的变化。GE 公司和 GM 公司分别在 10 多个国家或地区都有许可证生产厂家，在世界市场上，这"两巨头"仍将是内燃机车的主要供货商。

3. 日本的老牌公司是强有力的竞争对手

在世界机车车辆市场上，日本也是一个老牌的机车车辆出口国家。在第二次世界大战后的 45 年间，先后向 20 多个国家出口了 42700 多台（辆）机车车辆。其中电力机车 440 台，内燃机车 1204 台，电力动车组 3071 辆，内燃动车 1787 辆，客货车辆 37000 多辆。特别是自 20 世纪 90 年代以后，日本电力动车组出口不断增加。到目前为止，电力动车组出口还保持着相当的数量，而其他机车车辆出口则已较少。日本由于国内具有城市轨道交通的广泛需求，长期以来在电力动车组制造方面，一直占有绝对优势。在全世界的动车市场中，日本工业占有大约 50% 以上的份额。在轻轨电车市场方面，日本的发展也很快。与欧洲和美国不同，在日本机车车辆行业，很少出现兼并、收购及联合的现象。日本机车车辆制造企业，由 20 世纪 50 年代的 8 家增加到 20 世纪 80 年代的 12 家，到 2005 年变为 11 家。日本不仅机车车辆制造企业的数量变化不大，而且主要的企业仍为富士重工、富士车辆、三菱电气、三菱重工、新潟铁工、日本车辆、川崎重工和东芝株式会社等。川崎重工和东芝株式会社，在1992年就成功研制了DF200型双柴油机组交流电传动内燃机车，现仍有数十台在其国内货运牵引中运用，近年来相继开发出了几种先进电力机车。日本在电子技术方面，是世界上比较先进的。从世界机车市场来看，日本出口主要是以电动车和内燃动车为主，机车的出口量不算太多。但是，日本是第一个实现铁路运输高速化的国家。其日立、川崎、三菱、新潟和东芝等这些老牌公司，无论在经济实力或技术水平方面，目前仍具有强劲的机车制造能力。因此，日本机车车辆制造业仍是国际机车市场强有力的竞争对手。

4. 韩国是市场潜力的竞争对手

从20世纪70年代开始，韩国才有正式的机车车辆制造工业。早在20世纪60年代，韩国的大宇重工就曾与美国、日本、德国、英国的有关公司进行过技术合作。至1980年，以大宇重工和现代精密机械工业公司为代表，组成了韩国4家机车车辆公司。1999年7月，由大宇重工、现代精密机械和汉津重工合资组成的韩国车辆公司（KOROS），主要生产电力机车、内燃机车和动车，其动车组有一定数量的出口。随后，韩国对机车车辆制造业进行了进一步的改组和合并。2001年9月，由大宇和现代公司联合组成洛特姆公司。2004~2005年，韩国只有汉津（Hanjin）和洛特姆（Rotem）两家公司。汉津公司主要生产电动车和内燃机车，电动车年产达400多辆。洛特姆公司主要生产电力机车、电动车、电传动和液力传动内燃机车、轻轨电车、高速列车、磁浮列车和客车，其电动车年产达1200辆。该公司近年来也生产内燃机车，最新开发的速度达350公里/小时的G7型高速列车，也是该公司制造的。韩国目前在国际内燃及策划市场上所占份额虽然不大，但由于其机车车辆的生产能力较强，加之其设计技术起点较高，因此不容忽视，是一个潜在的竞争对手。

二、国际机车车辆企业概述

在国际机车车辆市场上，最具实力的大公司有庞巴迪、西门子、阿尔斯通、GE、GM等。这些公司以制造为主，引领了产品和技术的主流。目前这些制造公司也进入了机车车辆检修及改造的市场。在重要配件电机及电气制造中，西门子公司遥遥领先于其他公司。三大制造公司西门子、阿尔斯通、庞巴迪在2005年250亿美元左右的机车车辆市场中占据了54%。[1]

---

① 陆云. 铁路机车车辆市场国际投标探索与实际运作［J］. 西南交通大学硕士论文，2003

1. Bombardier（庞巴迪公司）

（1）发展简史：成立于 1942 年，1969 年发展成为国际性公司。20 世纪 80 年代开始通过兼并向欧洲扩展。2000 年 8 月收购 Adtranz 公司，2001 年 4 月获欧洲委员会批准。目前是国外最大的铁路机车车辆工业企业。

（2）机构、规模、实力：总部设在加拿大。职工总数约 7.9 万人，年销售总金额约 113 亿欧元。目前在世界 24 个国家设有 71 家分公司或办事处。从事运输设备生产的职工人数约 3.7 万人，年营业额约 80 亿加元。

（3）产品类别和水平、发展方向：总公司经营航空航天和运输设备。通过收购 Adtranz 公司，运输设备的销售额占总销售额的百分比从原来的 19% 提高到 38%。产品类别几乎覆盖了机车车辆和信号设备的全部范围，技术水平居世界前列。收购 Adtranz 公司后，增强了在调整列车、机车、动车组及城市轨道车辆方面的实力。

（4）国际市场占有率及特点：按销售额划分的机车车辆国际市场占有率为 24%。按产品类别划分的国际市场占有率分别是：高速列车 25%；铁路机车 14%；动车组 35%；通勤客车 69%；普通客车 21%；地铁车辆 35%；轻轨车辆 29%。市场主要分布在北美、欧洲，并努力向亚洲、非洲扩大。

（5）与我国的关系：1997 年该公司与四方机车车辆厂合资组建青岛—庞巴迪公司。

2. Alston（阿尔斯通公司）

（1）发展简史：1928 年，阿尔斯通有限公司在法国成立。1993 年 3 月，Alston 与 ABB 公司各出资一半，组建 ABB Alston Power 公司，其中运输分部是 6 个分部中的一个。1998 年，ABB 决定退出，新公司更名为今 Alston（阿尔斯通公司）。2000 年收购了意大利 Fiat 公司铁路分部的 51% 股份，加强了摆式列车在国际市场上的地位。

（2）机构、规模、实力：总部设在法国。总公司有职工 11.4 万人，分布在世界 60 多个国家。目前 Alston（阿尔斯通公司）为世界第三大铁路设备供应商，仅次于吞并 Adtranz 公司后的 Bombardier 公司。运输部门的 3 万名员工分布在世界 40 多个国家，2001 年营业额为 44 亿欧元。

（3）产品类别和水平、发展方向：主产品有：Citadis 模块式胡轨电车；Metropolis 地铁车辆；X'Trapolis 单双层通勤客车；Coradia 内燃或电力动车组；TGV 高速列车；Prima 交流电力或内燃机车。具有世界水平的典型产品主要有高速列车和装有 Onix 交流传动装置的电力和内燃机车。目前研制的产品项目有适用于速度为 360 公里/小时的高速列车悬挂装置、可调轮对、轻体材料、燃料电池、小型化电气部件、主动控制噪声悬挂装置等。

（4）国际市场占有率及特点：目前机车车辆国际市场占有率为20%左右。市场以欧洲为主，但也扩展到亚洲、非洲地区。最近，新型内燃机车已打入美国市场。

（5）与我国的关系：我国曾批量进口过法国电力和内燃机车。近年来与青岛四方车辆研究所组建青岛阿尔斯通铁路设备有限公司。该公司还与南京浦镇车辆厂合作。

3. GE 和 GM 公司

（1）发展简史：GE公司从20世纪20年代开始生产铁路机车车辆，但初期主要是美国机车公司（Alco）的电气供应商，20世纪60年代以后逐渐发展成为干线内燃机车的主要供应商。GM公司生产内燃机车的电气动力部（EMD）成立于1922年，20世纪40年代和50年代是美国最大的机车制造公司，后来由于GE公司的崛起，成为有力的竞争对手，并双双发展为美国乃至世界的内燃机车生产巨头。

（2）机构、规模、实力：GE公司总部设在美国。该公司生产内燃机车的部门为运输系统部，1999年生产和交付内燃机车约900台。该公司在澳大利亚和南非有专利生产厂家，在印度尼西亚、巴西以及国内共有4家合资企业，生产的2万多台机车在75个国家运用，同时在全球设有50多个配件供应站。GM公司总部设在美国，在加拿大、阿根廷设有生产工厂，在澳大利亚、西班牙、土耳其、韩国等设有生产许可证厂家。生产的5万多台机车运用在50多个国家，在五大洲的40多个国家设有销售服务部。

（3）产品类别和水平、发展方向：主要生产内燃机车，同时也生产电力机车、货运车、通勤客车等。具有世界先进水平的内燃机车是20世纪90年代以来生产的交流传动大功率内燃机车。GM公司SD90MAC型和GE公司AC6000W型交流内燃机车单节最大功率达4660kW~4700kW。

（4）国际市场占有率及特点：内燃机车国际市场占有率达到46%，通勤客车的市场占有率为16%。电力机车和城市轨道车辆数量较少。

（5）与我国的关系：1994~1995年，我国分两批以技贸结合的方式，从美国GE公司进口ND5型内燃机车共421台。GE和GM公司在我国设有办事处，与我国同行联系和技术交流较为密切。GE和GM公司生产的大功率交流内燃机车适合我国铁路运用，特别是用于重载货运牵引。

4. Siemens（西门子公司）

（1）发展简史：西门子运输系统集团公司是20世纪80年代末90年代初在西门子公司能源部和铁道设备部合并的基础上，吸收了德国、奥地利、法国等一些著名机车车辆公司发展起来的。

（2）机构、规模、实力：公司总部设在德国。1998~1999 年，该公司营业额为 29.80 亿欧元，1998 年公司遭受 7.45 亿马克的巨额亏损，1999 年新任总经理受命于危难之中，扭亏为盈，营业额迅速上升。

（3）产品类别和水平、发展方向：生产和销售铁路机车车辆和通信信号设备。在 ICE 高速列车、欧洲短跑手电力机车等与 GM 公司合作开发的交流传动客运和货运内燃机车具有世界先进水平。

（4）国际市场占有率及特点：各类产品在国际市场占有份额分别是：高速列车 8%，机车 8%，动车组 11%，城市轨道车辆 27%。

（5）与我国的关系：该公司参与了我国上海和广州地铁以及哈大电气化铁路工程建设。与西安铁路信号厂组建的合资企业在 1996 年 6 月运作。与株洲电力机车厂合资组建株洲西门子公司牵引设备公司。

5. Koros（韩国车辆公司）

（1）发展简史：由韩国原有的大宇重工、现代精密机械、汉津重工三家主要机车车辆公司于 1999 年 7 月合资组成。其中大宇重工成立于 1937 年，从 20 世纪 70 年代开始，通过与美、日、德、英技术合作，发展成为韩国主要机车车辆制造企业之一。

（2）机构、规模、实力：由韩国三大著名公司联合组成，实力较强。从大宇重工曾制订的"ggiP21"（在 21 世纪把大宇建成为国际化高科技公司）等革新计划，可见其雄心。

（3）产品类别和水平、发展方向：主要产品有内燃机车、电力机车、内燃和电力动车组，高速列车、城轨车辆和客车、货车。该公司技术水平居中上等。

（4）国际市场占有率及特点：以国内市场为主，但也有部分出口。如出口加纳、越南、泰国的内燃机车；出口缅甸、美国的客车、货车、发电车；出口越南和中国台湾的内燃和电力机车组等。

（5）与我国的关系：韩国大宇、现代、汉津三家联合的目的在于增强实力，一致对外。因此，必将成为我国机车车辆工业企业国际市场上的潜在对手。

6. RITES（印度铁路技术经济服务公司）

（1）发展简史：该公司是印度铁道部下属国有企业。

（2）机构、规模、实力：总部设在新德里。是由印度铁路专家组成的一个铁路和其他运输方式的咨询机构，也是印度铁道部所属奇塔兰加机车厂、瓦拉纳锡内燃机车厂、综合客车厂等工厂产品出口的代理单位。业务遍布世界 50 多个国家和地区。

（3）产品类别和水平、发展方面：印度铁路通过与美国 GM 公司，原德国 ABB 公司、LHB 公司合作，采用技贸结合方式，已研制出具有世界先进水平的交流传动电力机车和内燃机车，高档客车和速度为 100 公里/小时的新型货车。目前正在开发新型内燃动车组。产品技术水平紧跟世界先进水平。

（4）国际市场占有率及特点：除满足国内铁路需要外，机车车辆产品已出口到孟加拉国、斯里兰卡、越南、塞内加尔等一些亚洲和非洲国家。

（5）与我国的关系：由于产品技术水平与我国产品技术水平相当或略高，也具有性能价格比优势，尤其是印度铁路极为重视新产品、新技术的开发与应用，以及产品的出口，目前，印度号称其水平是亚洲第一，世界第三，已经成为而且今后必然是我国机车车辆工业企业在国际市场上的有力竞争对手。

7. JTSG（日本台湾新干线集团）

（1）发展简史：为争夺中国台湾的台北至高雄 345 公里高速铁路建设项目，日本主要铁路设备制造厂家于 20 世纪 90 年代后期联合组建。

（2）机构、规模、实力：以日本三井公司为首，由三菱、川崎、东芝、住友、丸红等公司参加组成。该集团不但拥有先进铁路设备的制造能力，而且具有较强的资本实力，在中国台湾高速铁路项目上，后发制人，最终击败了胜券在握的由德国西门子和法国阿尔斯通组成的欧洲列车集团，一举夺标。根据协议，新干线集团将持有中国台湾高速铁路 10% 的股份，日本海外经济合作组织将提供合同额 85% 的贷款，并提供 51 列 700 系高速列车以及供电、信号、通信和线路设备。

（3）产品类别和水平、发展方向：日本东海道新干线是世界上首条高速铁路，1964 年 10 月 1 日通车运营。日本的新干线高速铁路同法国的 TGV 和德国的 ICE 高速铁路及高速列车技术水平位于世界前列。日本高速铁路在安全和抗震方面具有明显特点。

（4）国际市场占有率及特点：日本除新干线高速铁路和高速列车在世界上著名外，也是世界铁路机车车辆的主要出口国家之一。平常年份年平均出口金额在 2 亿美元左右，但是 1999 年争取到的合同额达到 8.6 亿美元。主要出口产品是电力动车组、信号装置和电机电器。主要出口地区是亚洲、美洲和非洲。

（5）与我国的关系：日本是我国的近邻，两国铁路科技界往来密切。我国冶金部门曾从日本进口过工矿机车。

三、国际机车车辆行业的发展

国际机车车辆制造业的发展趋势集中体现为"以行业集中化为特征的兼并重组、战略联盟和以布局全球化为特征的研发、投资、生产、采购、销售及售后服务等的产业一体化"。

1. 重组兼并和战略联盟加快，全球机车车辆制造业将进一步集中化

20世纪80年代末以来，世界机车车辆市场竞争异常激烈。尽管整个机车车辆的制造技术在不断发展，但国外机车车辆工业生产能力过剩的局面仍将长期存在。因此，各大集团公司为了减少亏损或力争多盈利，采取以下最有效的办法：①在适当缩小经营规模的同时，加速新产品开发，以提高核心技术的竞争力；②进行机构的重组与并购，以实现集约化制造与经营。Bombardier公司收购前德国Adtranz公司后，1999年就曾进行过企业改组。曾一次性关闭了在葡萄牙、德国、瑞士、挪威和美国的6家工厂，裁员近3000人。这相当于该公司全员的12.5%。2001年11月13日，Bombardier公司运输部宣布：为欧洲制定了新的发展战略，通过关闭工厂和集中生产，集中投资几家工厂来专门生产车体和转向架。2004年，Bombardier公司运输部在大改组中，一举裁员6000余人，关闭了在欧洲的7家工厂。这次裁员人数约占该公司运输部的18.5%。2005年，该公司运输部又进行第二轮裁员，裁员计划涉及14个国家的27家工厂。国外其他大跨国公司也有类似情况。

同时，为适应更加激烈的市场竞争，世界机车车辆制造巨头更加倾向于结成战略联盟来共担成本和风险，促进技术创新，缩短产品的研发周期。如GEC和Alston的联合属于资源重配置的战略联合；GM和Siemens合作而提供交流传动机车所用的牵引电动机属于技术优势互补的联合；Alston和Siemens共同投标中国台湾高速铁路项目则属于共同利益促使下的战术联合。

与世界传播工业、汽车工业、航空工业和军事装备工业相比，铁路运输装备的市场不算太大，但是目前从事铁路牵引动力制造和经营活动的企业，还为数不少。由于机车市场的缩小，参与机车制造的企业数量必将逐渐减少。最典型的是2000年的两次大收购：7月，Alston公司以1.5亿欧元，收购了意大利Fiat公司铁路分部51%的股份，并保留了余下的49%股份的优先购置权；8月，Bombardier公司以7.25美元，收购了Adtranz公司。此后，瑞士和意大利等国的不少公司，已把它们从事机车或部件生产的企业陆续卖给了欧洲"三巨头"。由此看来，"铁路运输装备制造的集中化"将是必然的趋势。

2. 产业链配置日益全球化，机车及其部件转由低成本地区制造

世界机车车辆制造巨头利用全球资源和战略布局，优化配置投资、开发、生产、采购和销售等产业链环节，以适应不同市场偏好。具体表现为：供应商数量增加；供应链管理加强；属地化经营深化和适应性技术转移；促进了东道国民族工业的发展和创新能力的增强。以前，机车制造厂家一般都在本国制造机车，再销往运用国家。后来，通过许可证或技术转让，改在使用国生产。但是，由于跨国公司的出现，才导致这种状况的改变。例如：Bombardier公司为丹麦铁路提供的 Flexliner 内燃动车组，其车体不是在该公司所属的丹麦的工厂生产，而是在英国的德比工厂生产；Alston 公司为英国提供的地铁车辆、动车和内燃机车，也不在该公司所属的英国工厂生产，而是在西班牙的工厂生产。这一方面是跨国公司的制造产业向第三世界国家的低成本地区转移；另一方面是将一些非核心的制造技术或产品，转让给其他的一些国家或地区。这样，既可以充分分享这些低成本企业所在国家或地区的物质资源和人力资源，又可以降低生产成本，最大限度地提高本集团公司的经济效益。这种趋势今后将会进一步发展。

3. 技术"归核化"趋势显著，全球跨国大企业间的技术合作进一步加速

机车车辆产业链的全球性配置改变了国际机车车辆市场的竞争格局，导致了新的专业化分工、协作模式的出现。由于技术较量占有重要位置，世界机车车辆制造巨头"归核化"趋势显著，集中于具有竞争优势的领域，重视构建和强化企业的核心竞争力，通过外包、分包和"技术转让"、"生产许可证"等合作方式，将车体等技术含量较低的产品和零部件生产转由低成本企业承担，体现出更大程度的专业化和灵活性。例如，西门子更加专注于大功率交流传动电力机车，通用电气更加专注于重载内燃机车。由于世界机车车辆市场的集约化，出现了各大集团之间进一步开展高技术产品技术合作的趋势，以进行优势互补，降低制造成本，减少各自高新技术产品的研究和开发费用。例如：美国 EMD 公司以其制造内燃机车的专长与具有电气设备优势的欧洲 Siemens 公司合作，以提供新的交流电传动内燃机车；美国 GE 公司则与欧洲的 Bombardier 公司合作，共同开发了"兰虎"系列交流/交直流电传动内燃机车。由此可见，世界跨国大公司之间，在高新技术产品开发方面，存在着"进行广泛技术合作"的趋势。

4. 西方大型跨国公司的战略重心逐步向东欧和亚洲转移

随着苏联的解体，原东欧国家"经互会贸易协定"的影响已不复存在。许多中欧和东欧国家，有的将机车车辆工厂卖给了欧洲"三巨头"，有的与这些跨国公司签订了合作协议，对其原来的工厂进行了现代化改造。但是它们的生产计划和产品型谱，实际上已经纳入了"三巨头"的规划之中。随着欧盟的东扩，东欧国家纷纷加入欧盟，欧洲的机车车辆市场也已处于"三巨头"的掌控之下了。与欧洲相比，亚洲的情况有所不同。近 10 年来，全球经济最活跃的板块是亚洲。西方各国每年的 GDP 增长率为 2%~3%，而在亚洲大部分国家或地区，每年 GDP 增长率为 5%~10%。由于经济的高速发展，带动了这些国家或地区高速铁路、城市轨道交通等基础设施的快速发展。正是这种高速发展的平台，给西方机车车辆跨国集团提供了良好的发展机遇。

5. 配件销售和售后服务比重增加

机车车辆工业高新技术产品研发成本较高，而竞争加剧导致整车单价逐渐

降低，因此，配件收入和售后服务对机车车辆制造商日益重要。如西门子公司在重要配件电机及电气制造中遥遥领先。在机车车辆修理、改造等领域，售后服务已成为整车供货合同的重要组成部分。可以预见，服务业务的增长将使市场分布发生改变，服务收入所占比例将不断增加。

第二节 有效竞争①与集中垄断
——加、法两国的经验与启示

阿尔斯通、庞巴迪是分别来自欧洲和北美洲的大型机车车辆制造企业，二者脱胎于民营企业和家族企业，通过在激烈的市场竞争中不断地兼并、收购和联合，最终都实现了经济的集中垄断。

表3-3　法国阿尔斯通公司的发展历史与进程

时间	并购行为	联合行为	目标（背景）	行为收益
1983 1986 1987	兼并 CIMT 公司（客车）、Carel Fouché 公司（客车）和热蒙 Schneider 公司（电机）	—	—	成为法国最大的机车车辆电机综合厂商
1988 1989	收购德国 SEL 公司、比利时 ACEC 公司（电机）合并英国 GEC 公司	—	TGV 大西洋线开通在即 法国国内市场已饱和	获得 GEC 公司所持有的美国市场的经营权 成立 GEC 阿尔斯通公司
1989	—	与加拿大庞巴迪公司合作	优先采购美国国货法（Buy American）的限制	获得纽约地铁和美国东北走廊的高速列车合同
1990	兼并西班牙 MTM 公司、ATEINSA 公司和 Meinfesa 公司 兼并 Metro Cammell 公司	与 Matra 公司合作进行无人驾驶行车系统的开发	进入西班牙市场 进入 VAL（使用橡胶车轮的新式交通系统）和无人驾驶地铁车辆市场	获得西班牙高速铁路 AVE 合同；扩大了包括伦敦地铁在内的英国市场的占有率；开发和利用了新的核心技术
1994 1995	兼并德国 LHB 公司、墨西哥 Railmex 公司和罗马尼亚 FAUR-Transport 公司；兼并德国 MAN 公司、加拿大 AMF 公司、波兰 Konstal 公司和美国 Hornell 公司	—	进入原西欧圈以外市场，推进在法国之外的扩张	拓宽国际机车车辆市场的同时，进一步开发和利用机车车辆发动机核心技术
1999 2000	收购法国 DeDietrich Ferroviaire 公司、荷兰 Traxis 公司和意大利菲亚特 Ferroviaria 公司	—	面对来自法国国内最强大竞争对手的竞争进一步拓宽国际机车车辆市场	全球范围内扩张其市场，企业发展规模快速扩大，并掌握了机车车辆制造的核心生产技术和专业知识

资料来源：作者整理。

---

① "有效竞争"一词最早由克拉克（J.M.Clark）在其《有效竞争的概念》一文中提出，意指将规模经济和竞争活力有效协调，形成有利于长期均衡的竞争格局。

表3-4　加拿大庞巴迪公司的发展历史与进程

时间	并购行为	联合行为	目标（背景）	行为收益
20世纪70年代	收购奥地利 Lohner 公司和 Rotax Werke 公司		进入机车车辆制造领域	得到蒙特利尔市地铁车辆的订单
1985 1986 1987	兼并美国 Alco power 公司及 Pullman 公司、比利时 NB 公司及尼韦勒（Nivelles）公司、法国 ANF Industrie 公司		进入美国及欧洲市场 一手抓订单、一手配套进行企业收购的战术	成为北美第二大机车车辆厂商 成功打入欧洲市场，形成与德国西门子和法国阿尔斯通公司共同竞争的局面
1990		与法国阿尔斯通公司合作	美国东北走廊项目的车辆开发	开发高速列车"Acela" 实现机车车辆核心技术的创新与开发
1990 1992 1994 1995 1998	兼并墨西哥的 Concarril 公司和加拿大的 UTDC 公司，随后又于 1994 年兼并英国的 RFS Industrie 公司和德国的 Talbot 公司，1995 年收购瑞典沃尔沃公司的加拿大子公司 Novabus 公司，1997 年兼并美国 Norrail 公司，1998 年兼并德国 DWA 公司和奥地利 Elin 公司		进一步在全球范围内扩张市场	企业发展规模快速扩大，并掌握了机车车辆制造的核心生产技术和专业知识
2001	兼并了 Adtranz 公司（由在德国诞生的 AEG 公司、在瑞士诞生的 BBC 公司和在瑞典诞生的 ASEA 公司三大系统所组成的）		全球范围内最大手笔的一次跨国并购	成为轻型轨道车辆（地铁、城市轻轨、有轨电车）市场领袖

资料来源：作者整理。

一、加、法两国机车车辆行业改革与发展的经验总结

1. 有效竞争与集中垄断的辩证关系

我们从垄断的起因、垄断形成的过程、垄断与竞争的动态关系及企业对垄断地位的竞争四个维度对垄断与竞争的关系进行分析。

（1）从起因上看，垄断源于竞争。恩格斯曾指出："竞争是经济学家的主要范畴，是他最宠爱的女儿，他始终爱抚着她"；"每一个竞争者，不管他是工人，是资本家，或是地主，都必然希望取得垄断地位。每一小群竞争者都必然希望取得垄断地位来对付所有其他的人。竞争建立在利害关系上，而利害关系又引起垄断；简言之，即竞争转为垄断"。[①] 由此可见，从起源上看，垄断是渗透在

---

① 马克思. 资本论 [M]. 北京：人民出版社，1975

市场竞争中的一种机制。垄断与竞争从逻辑上看都是由同一市场原理产生的。加、法两国机车车辆行业改革与发展的历史，可以归纳为：宽松的竞争环境——自由的进入与退出——新企业大量涌现——过度竞争——兼并重组——寡头垄断的演进历程。机车车辆行业在全球范围内是竞争异常激烈的行业，庞巴迪和阿尔斯通的发展和变革可以说是一部竞争走向集中的历史，是竞争市场优胜劣汰的实现过程，是"适者生存"、"强者恒强"的市场经济原理的充分证明和体现。基于竞争之上的规模经济、范围经济和关联经济的实现是以阿尔斯通和庞巴迪为代表的国际机车车辆企业做大做强的本质特征。

（2）从过程中看，垄断也是一种竞争机制。垄断并不必然要抑制和排斥竞争。垄断结构与抑制和排斥竞争的垄断行为之间没有必然联系，二者并非是一一对应的关系。排斥和限制竞争的垄断行为可以来自企业数量较少的垄断结构，也可以来自企业数量较多的竞争结构，而垄断结构并不一定产生垄断行为。垄断结构改变的只是竞争形式，而不是竞争本身。现实经济生活中的竞争绝大多数是垄断竞争，是既有垄断因素又有竞争因素的竞争，而不是古典经济学所说的完全竞争。20世纪90年代初期，庞巴迪和阿尔斯通已经成为跨国的大型机车车辆制造企业，但无论在加拿大和法国本国国内，还是在国际机车车辆市场上，机车车辆市场上的竞争从未间断过。

（3）从动态上看，垄断与竞争是交融互促和相互转化的。经济集中的垄断结构一般都是通过竞争而形成的，反过来又大大强化了市场竞争。事实上，垄断结构作为经济发展的客观要求，与垄断行为没有必然联系。垄断行为既可以来自厂商规模较大、数量较少的垄断结构，也可以来自厂商规模较小、数量较多的竞争结构，即垄断结构并不一定产生垄断行为。垄断结构虽然是在竞争的基础上产生的，但在竞争中成长起来的垄断结构并没有消除竞争，垄断结构改变的只是竞争形式，而不是竞争本身。恰恰相反，如果放眼于更长的时间跨度、更广的空间范围，垄断结构反而使竞争更加激烈。正如马克思所指出的："在实际生活中，我们不仅可以找到竞争、垄断和它们的对抗，而且也可以找到它们的合题，这个合题并不是公式，而是运动。垄断产生着竞争，竞争产生着垄断。……垄断只有不断投入竞争的斗争中才能维持自己。"① 垄断从竞争中产生之后很可能促进竞争的进一步扩展并把竞争引向高级化。阿尔斯通和庞巴迪在做大做强之后，以两者为代表的大型国际机车车辆企业之间的竞争趋向于核心技术的研发与创新及生产的集约化两个层面的高级化竞争，进一步形成差异化的开放式竞争格局。

---

① 马克思.资本论［M］.北京：人民出版社，1975

（4）从时间跨度来看，企业对垄断地位的竞争是异常激烈的。我们通常所谈的垄断只是针对一定的时期而言的，几乎所有的垄断都不会无限地持续下去。垄断企业在排斥竞争的同时也在逐步丧失自己的力量。在长期内，企业可以调整全部生产要素，包括固定资本投资和人力资本转换。另外，资本市场、股票市场、债券市场以及设备租赁市场等市场的发展也为企业市场的进入消除了一定障碍。这样，一些企业完全有可能打入垄断领域，与原有垄断企业分庭抗礼。还有，经济增长毕竟不以单个垄断势力的意志为转移，新技术、新产品的开发，尤其是替代品的开发总是不断进行的。这样，经济增长就成了垄断势力的溶解剂。因此说，垄断在时间上不会是无限持续的，只能在厂商的长期固定资本可调整和转移的期限内存在。国外机车车辆企业的不断消长和换位就证明了这一点，特别是 Adtranze 作为一个与许多名门企业的显赫之名密切相连的特大型跨国机车车辆综合厂商被庞巴迪兼并，充分说明了国际机车车辆市场上厂商之间为争取下一轮的垄断地位而竞争的激烈程度。

2. 机车车辆行业的寡头垄断市场结构的必然性

早在 17 世纪初期，重商主义学派的代表人之一米塞尔登在申斥垄断者时，就决不赞成现代意义上的纯粹竞争或完全竞争。他所支持的有序竞争便是寡头垄断的市场结构。在工业化阶段，规模经济、范围经济、技术创新和经验效应等经济规律仍在非常广泛的产业中起作用。在这些经济规律的作用下，优势企业必然通过资本积聚和资本集中的途径而成长为大企业和巨型企业，由此形成"以大企业为核心"的产业组织体制，国外称为"大企业的时代"。在大企业时代，市场结构上必然呈现少数以大公司、大集团为主体的寡头垄断市场结构。寡头垄断市场结构是社会化大生产和科技进步条件下资本积聚和资本集中规律作用的必然结果。既然我们搞市场经济，就要大力开展竞争。开展竞争，就必然优胜劣汰，使得生产要素和产品市场份额不断地向高效率企业集中，即马克思所说的"资本吸引资本的规律"。国际机车车辆行业开放的市场竞争格局，相对较低的进入退出壁垒，经过充分的市场竞争，最终都会稳定于寡头垄断的市场结构，这与其行业特性是密不可分的。首先，机车车辆行业的规模经济特征决定了行业的市场结构不可能过于分散，即存在集中的趋势；其次，高沉没成本有效地限制了中小投资者的随意进入，也导致行业内企业数量不能过多；再次，行业的基础性使政府倾向于维持较少数量的企业以便于监管。在这些因素综合作用下，行业内起主导作用的企业不会过多。同时，为了加强行业的可竞争性，社会也不希望机车车辆行业内只存在一家企业。尽管根据可竞争市场理论，只要进入壁垒足够低，潜在竞争压力会迫使行业内唯一的企业像处于竞争性市场中一样行事，但这只是理想化状态，在现实中不大可能出现。为了增加行业的可竞争性，最直接有效的方法还是让行业内存在多家企业相互竞争。综合以上两方面因素，"集中"与"拆分"两种趋势相互博弈，最终必然使机车车辆行业形成寡头垄断的市场结构。寡头垄断的市场结构既能满足机车车辆行业的规模经济特性，又能保持行业的可竞争性，使企业充满活力，是动态重复博弈的纳什均衡解。

3. 竞争检验法则与自然垄断

自然垄断不是天生的，也不是人为的，而是市场竞争的自然结果，其产生的基础是市场经济。[①] 因此在没有经过市场竞争检验之前，无论是经济学家，还是政府；无论是企业，还是消费者，事先都不能准确判定某个产业、环节或业务是否是自然垄断的。现实经济中广泛存在着人为垄断，例如"行政垄断"或"法定垄断"。但是，这些人为垄断与自然垄断关联甚少或根本不相关。"行政垄断"或"法定垄断"的产业、环节或业务可能是自然垄断的，也可能根本不是，只是出于部门利益或其他原因，打着自然垄断的幌子而已。因此，在特定时期内，对于任何可能是自然垄断的产业、环节或业务，在未能准确判定之前，首先应该采取竞争方式，如果市场竞争证明了自然垄断性，才考虑采用自然垄断的治理方式；而克服先采取国有化或规制方式，迫于无奈时才引入竞争机制的做法。实际上，加、法两国的机车车辆工业发展史就是一个很好的例证。

二、对我国机车车辆行业改革与发展的启示

从铁道部机车车辆制造局，到中国机车车辆工业总公司，再到中国南、北车集团，我国机车车辆业始终是处于政府的扶持和保护之下生存和发展的。由于历史的、体制上的原因，我国机车车辆行业目前形成了建立在行政管制基础之上的、未经过市场竞争过程的寡头垄断市场结构，由行政权力、技术标准、行业法规等构成的进入壁垒仍然难以突破。可以说，我国机车车辆行业的寡头垄断带有很强的"行政垄断"的色彩。以中国南、北车为代表的机车车辆集团企业绩效低、技术落后、缺乏创新活力、缺乏国际竞争力，难以同庞巴迪、阿尔斯通等国际大型机车车辆企业相抗衡。国有资本主导下的机车车辆企业的经营与发展，是没有经历过任何竞争洗礼的，即便是为了以"市场换技术"战略来吸引部分外资进入机车车辆业，也基本是以合资或合作的形式开展的。为了振兴民族工业，机车车辆企业做大做强的目标更多地依赖于国内的市场需求和国外的技术引进，这一改革与发展模式必然要遇到"国内有限市场需求与企业

---

① 姜春海. 自然垄断理论：评述、展望及政策含义. http://www.io-base.org/wz/31.doc

规模经济实现"的矛盾冲突，同时面临国际机车车辆企业核心技术的引进与市场争夺之间的矛盾冲突。而以庞巴迪和阿尔斯通为代表的国际机车车辆企业都是经过严苛的市场竞争之后，经过屡次兼并、重组幸存下来的强者，通常能更好地适应市场环境的变化，其技术水平、绩效也居于全行业的领先地位，代表着先进的生产力。同时，在国际机车车辆市场，不存在政府管制构成的进入壁垒，行业的进入壁垒非常低，行业外的资本可以凭借雄厚的实力或依靠新技术通过成立新公司、兼并等方式进入该行业。根据可竞争市场理论，机车车辆行业不是传统意义上的自然垄断行业，是处于可竞争市场中的竞争性行业。即由于行业外的资本随时有可能进入，面对潜在竞争的威胁，尽管行业的市场结构是寡头垄断，但是，在位厂商不会像行政垄断保护下的垄断厂商那样对保持低绩效满不在乎，他们会在竞争压力下，努力降低成本、提高绩效、积极采用新技术。阿尔斯通和庞巴迪在全球范围内规模经济和范围经济的实现恰恰得益于欧、美机车车辆市场开放竞争的市场格局。如果贸易保护主义盛行、跨国并购面临国际障碍，那么，国际机车车辆市场与国际机车车辆产业的发展有可能成为封闭的、各自为政的格局，大型的跨国企业集团只能是一种空想，从而全球化的资源配置和经济效率的提高难以实现。

总而言之，就我国机车车辆行业的改革而言，我们可以得出以下结论：机车车辆行业属于可竞争市场中的竞争性行业，国际机车车辆行业的寡头垄断市场结构是基于竞争之上的集中垄断，而我国机车车辆行业目前的寡头垄断可以说是没有经历竞争洗礼的基于行政管理和国有规制基础上的行政垄断。因此，我国机车车辆行业改革的本质在于让机车车辆行业回归到竞争性行业的本位。如何营造国内机车车辆行业的有效竞争局面，实现机车车辆企业有效竞争基础上的集中垄断，从而真正在经济意义上实现机车车辆企业的规模经济、范围经济和关联经济，是机车车辆行业改革的重中之重。

第三节　企业规模与经济效率
——德国的经验与教训

一、德国西门子公司的成功经验

德国的企业巨人西门子公司是德国电器产业之父 Werner von Siemens 于

1847 年建立的，发展至今已经成为全球最大的电气工程和电子公司之一，也是中国最知名、最受爱戴和尊敬的企业公民之一，被誉为"全球企业家的摇篮"。西门子集团目前的全球业务运营分为三大业务单元：医疗、能源和工业服务，涵盖信息和通信、自动化和控制、电力、交通、医疗系统、水处理和照明六大业务模块。在充分发挥各个业务模块间协同作用的基础上，由公司下属 13 个业务集团负责各个业务模块具体的运营和管理。在机车车辆制造领域，西门子交通技术集团是世界上最主要的铁路工业供货商之一，其铁路自动化技术全球领先。作为全套系统供应商和系统集成商，其四大业务部门自动化与供电、机车车辆、交钥匙工程和综合服务的产品范围涵盖了从信号与控制系统到牵引供电，以及城轨、市郊和铁路干线运输车辆的各个领域。1990 年之前，西门子公司作为电机专业厂商，自己并不生产车体和转向架，在开发机车车辆产品时，是采取与机车车辆厂商合作的方式进行的。随着欧洲市场的统一和德国铁路经营体制的改革，与之相关的机车车辆采购方式也发生了变化，西门子公司不得不着手建立自成一体的、完整的机车车辆研制、生产体系，转而实施扩张战略。1989 年，西门子公司对瑞士 Hani 公司和奥地利 Friedmann 公司进行了兼并。1990 年，西门子公司连续实施了对德国电力动车厂商 Duewag 公司和机车厂商 Krauss-Maffei 公司的兼并，一举成为机车车辆综合厂商。1995 年之前，西门子还收购了 Krupp 公司的机车车辆分部，兼并了奥地利的 SGP 公司等企业，以德语圈为中心进一步扩大了业务范围。1995 年，西门子虽然继续对法国的 Matra、英国的 Railcare 等掌握专项核心技术的公司进行了兼并，但并没有像其他大公司那样以收购的方式推行扩张战略。

西门子在机车车辆行业的发展主要是通过强化本公司的企业网络来实现规模经济和范围经济的。由于德国铁路管理体制和经营模式的改革，使得各铁路单位技术队伍的规模相对变小，而在各城市的新建轻轨和地铁项目中，用户一方大多不再拥有经验丰富的技术队伍。这样一来，厂商和用户的力量对比关系与以前相比就发生了很大的变化，像国铁和大城市的地铁公司那样，连产品设计的详细规格都要由用户来确定的方式已经行不通了。这就要求厂商在开发机车车辆产品时，要切实把握用户多种多样的需求，并且要在把产品提交用户使用之前，在厂家自己的试验线上完成行车试验。为了适应这种情况，西门子公司通过一系列以德语圈为中心的企业扩张，建立和形成了自己的产品试验线。20 世纪 90 年代后期，德国铁路用于城郊运输的客车所出现的问题已经充分表明，没有经过在厂家内部进行的试验对产品而加以充分的实际验证，产品投入商业运营后，一旦发生故障，就要付出很高的代价。正因为此，西门子更加注重基于核心技术之上的网络经济效应的发挥，将车体等技术含量较低的产品和零部件生产转由低成本企业承担，自身专注于大功率交流传动电力机车的生产与制造，以构建核心技术网络为导向通过兼并和收购具有核心技术的目标企业，从而实现基于规模之上的效率，进一步强化企业的核心竞争力。

二、德国 Adtranz 公司被兼并的教训

Adtranz 公司诞生于 1996 年，2000 年即被庞巴迪公司兼并，虽然是短命而终，但它的建立发展脉络却相当复杂，可以说是一个与许多名门企业的显赫之名密切相连、纷繁多彩的演变过程。Adtranz 公司的前身可以追溯至德国的 AEG 公司、瑞士的 BBC 公司以及瑞典的 ASEA 公司，Adtranz 公司是由这三大系统合并而成的。BBC 公司是覆盖瑞士和德国两国的电机厂商，由因开发瑞士电力机车而闻名业界的 Brown Boveri 公司于 20 世纪 70 年代末，在瑞士国内兼并了 Oerlikon 公司和 Sécheron 公司的基础上发展而成。BBC 公司在瑞士国内与 SLM 公司联手合作，开发了多种类型的机车，同时，与德国电机厂商 AEG 公司、Siemens 公司和机车厂商 Krauss Maffei 公司、KruppMak 公司联手合作，开发了交流传动机车。诞生于瑞典的 ASEA 公司在信号系统和用于牵引重载列车的电力机车领域拥有核心技术，瑞典国营铁路是该公司最主要的客户。1981 年，ASEA 公司兼并了瑞典的卡尔马（Verkstad）公司和叙拉（Traction）公司，成为机车车辆综合厂商。1987 年，ASEA 公司与 BBC 公司合并，共同组成了 ASEA-Brown Boveri 公司，即 ABB 公司，成为覆盖瑞士、德国、瑞典和丹麦等国的跨国企业。之后，通过吞并周边各国的业内厂商，实现了高速增长。1988 年，ABB 公司相继兼并了英国的 Br.Wheelset 公司和 Brel 公司、美国的加勒特（Garrett）公司、挪威的 Strommens Verkstaed 公司、丹麦的 Scandia Flanders 公司、芬兰的 StrEmberg 公司和西班牙的 CCC 集团。1990 年，ABB 公司又继续兼并了澳大利亚的 Comeng 公司、欧洲为数很少的不锈钢客车厂家之一葡萄牙的 Sorefame 公司、英国的 ML 工程公司和原东德的 Energiebau 公司。ABB 通过这一系列兼并行动，成长为制造基地和商业活动范围基本覆盖西欧全部地域的大企业。到 1991 年，ABB 公司的扩张行动仍然没有止步，进一步兼并了德国的 Thyssen Henschel 公司和 Wag-gon Union 公司，并且把波兰的 ELTA 公司也并入集团之中。在 1987 年 ASEA 与 BBC 合并成立 ABB 之时，诞生于柏林的 AEG 公司于 1987 年兼并美国西屋公司的欧洲分部，之后于 1989 年归并到戴姆勒—奔驰集团，并兼并了同属该集团的 MAN/MBB 公司，成为机车车辆综合厂商。之后，AEG 又兼并了瑞士的 Von Roll 公司和德国的 LEW 公司，并于 1996 年将 AEG 的铁道事业部与 ABB 的铁道事业部合并，组成 ABB Daimler-Benz

Transportation 集团，即 Adtranz 公司。Adtranz 公司建立之后，其对外扩张的步伐并未就此止步，为了获得信号系统和列车控制系统的核心技术，其相继兼并了德国 IYY 公司、英国 Interlogic Control 公司，以及瑞士的信号厂商 SRSF 公司，以期与西门子和阿尔斯通公司相抗衡。1997 年之后，为了进一步强化机车车辆的开发制造能力，Adtranz 公司又兼并了瑞士的著名企业 SLM 公司和 Schindler 公司、波兰的 Pafawag 公司和匈牙利的多瑙凯西（Dunakeszi）公司。这种急剧扩张的政策，在某种程度上强化了公司的机车车辆开发能力，市场订单大幅度增加，但同时也产生了很大的负面影响，包括在缩小和关闭亏损的制造基地方面动作迟缓，以及出售给德国铁路的电动车组因为初期故障较多而延迟交付所发生的违约金问题等，这些问题导致公司经营情况持续恶化。2001 年，被庞巴迪公司所兼并。Adtranz 公司被庞巴迪所兼并的教训告诉我们，简单地扩张和做大并不一定能实现企业的规模经济和范围经济，关键在于如何通过规模获得效率，即"做大"之后如何真正实现"做强"。如果只是盲目做大，大企业就更容易出现内部层次多、关系复杂、机构庞大、企业制度安排不合理等问题，即出现企业的 X 非效率问题，从而企业费用最小化和利润最大化的经营目标难以实现，企业内部资源配置效率降低，企业产品的平均成本随着企业规模的扩大出现不降反升的状况，还会出现规模不经济、企业的国际竞争力减弱的问题。激烈的市场竞争意味着缺乏竞争力的企业将被"市场淘汰出局"，要么通过破产退出该行业，要么被有竞争力的企业所兼并或收购。因此对于机车车辆行业的改革与发展，我们强调基于竞争基础上的集中。但是，特别要注意在扩大企业规模的同时，注重生产的专业化、技术的核心化和网络化、企业管理效率的提升、协同作用的发挥、低成本制造业务的生产转移等，从而通过降低企业的管理费用和减少市场的交易费用，有效实现企业的规模经济与范围经济，提升企业的核心竞争力。

三、对我国机车车辆行业改革与发展的启示

1. 竞争是检验机车车辆企业效率的最佳法则

只有在激烈竞争和有效竞争的市场格局下，效率高的企业才能脱颖而出，而效率低的企业最终将被市场所淘汰，整个社会的成本才会达到最小，社会的整体福利从而达到最优。西门子和庞巴迪正是因为有了来自现有竞争对手以及潜在竞争对手的竞争压力，才有提高自身企业效率、促进技术创新与发展，实现以降低成本为核心的规模经济效益。企业最终在市场竞争中实现了"做大做强"，获得了企业的规模经济、范围经济、关联经济与网络经济效益。而

Adtranz 公司在盲目扩张的同时，忽略企业管理体制、协同效应的发挥，出现 X 非效率问题。同时，简单地购并企业获得核心技术，但不注重技术的消化、吸收和再创新，必然导致在以技术密集为特点的市场竞争中落败，从而不可避免地被竞争市场所"淘汰出局"。我们可以设想一下，假如 Adtranz 是完全垄断厂商，德国政府通过一系列手段实行垄断的市场结构，使得其可以免于国内外的市场竞争，那么在此种情况下，企业的低效率成本最终会转嫁给本国的消费者和政府，企业成本最终转化为社会成本。因此，为了避免社会成本问题，要优化资源配置，提高行业效率。我们在机车车辆行业改革中，务必要始终把行业改革的竞争模式和运营模式放在首要的位置，通过竞争模式和运营模式的改革，确立机车车辆行业的有效市场竞争格局，营造有效竞争的市场环境，从而实现基于有效竞争基础上的规模效益。

2. 科学设计改革的模式与路径，实现机车车辆行业技术的归核化与生产的集约化

在吸取德国 Adtranz 公司被兼并的教训和 Siemens 公司成功经验的基础上，结合我国机车车辆行业自身的特点和现状，处理和把握好规模、竞争与效率的关系，科学地设计机车车辆行业改革的模式与路径，实现机车车辆行业技术的归核化与生产的集约化。具体来说，在机车车辆制造核心技术领域，可以塑造由几家专注于核心技术企业组成的寡头竞争的市场结构，实现规模与效率的有效结合；在机车车辆制造的非核心技术领域，可以塑造由多家专注于生产的低成本和集约化的企业组成的有效竞争的市场格局，实现竞争与效率的有效结合。

3. 实施有效的产权模式和治理模式改革，在机制和制度上解决好规模与效率的问题

在确立有效竞争的市场格局下，必须实施有效的产权模式和治理模式改革，在机制和制度上解决好规模与效率的问题，真正意义上实现企业的规模经济、范围经济、关联经济与网络经济。通过产权模式改革，建立市场化的激励约束机制，构建专业化的核心技术网络，强化企业的核心竞争能力；通过治理模式改革，完善企业的治理结构，规范母子公司管控体系，建立符合市场竞争下的现代企业制度，发挥企业集团的协同效应，提高和改善企业的管理水平和管理效率，实现机车车辆行业改革的成本最小化与收益最大化。

第四节 自由竞争与经济保护
——法国阿尔斯通的经验与启示

　　法国阿尔斯通作为全球轨道交通基础设施领域的领先企业，其在世界轨道交通市场上拥有18%的市场份额。阿尔斯通开发出的"创新、环保"的领先技术成为全球轨道交通行业的基准，阿尔斯通的工程师建造出世界上速度最快的火车和运力最高的自动化地铁。阿尔斯通作为机车车辆行业的标杆企业，其发展无疑是成功的，然而其道路也并非是一帆风顺的，在其发展过程中，可以说阿尔斯通经历了"三重苦难"。

表3-5　法国阿尔斯通的"三重苦难"

时间（年）	事件	起因	代价
1999~2000	为同发电设备供应商龙头企业GE竞争，阿尔斯通与电力巨头ABB合资组建AAP公司，两者各占50%的比例。随后，AAP公司研发出技术性能突出、当时世界上功率最大（24万千瓦）、设计效率最高（54%）的燃气轮机发电机组GT24和GT26，短时间内销售量达76台。2000年，阿尔斯通从ABB手中花巨资买走ABB占AAP的全部股份	AAP研发生产的发电机组设备GT24和GT26被发现存在严重技术缺陷	50亿欧元股份收购费用和20亿欧元设备修理费用
2001	为了向加勒比海地区游船公司销售产品，作为世界大型豪华游轮的制造商，阿尔斯通设计出一个多赢的融资方案"欧洲之星"高速列车的英、法海底隧道修通	"9·11"事件预算失误导致高昂建造费用	加勒比海地区游船公司业务量骤减，遂停止向国际银团支付租赁费，国际银团转而向担保方阿尔斯通通债经济收益进一步亏损
2003	对公司进行的一项内部审计	发现其美国子公司在一个合同中实际发生的成本未受到正确的会计处理	亏损被严重低估，不得不在本年度财务报表中再计入5100万欧元的费用。随后阿尔斯通接受美国证交会和联邦调查局的"非正式询问"，公司股价在巴黎证券交易市场暴跌
"三重苦难"的预期后果		"三重苦难"的对策	
①财务出现严重危机 ②濒临破产 ③世界各地的11万名员工将失去工作 ④将导致数十家债权银行接连破产		①法国政府向阿尔斯通注入大笔资金，积极为该公司挑选有实力的合作伙伴，优化其资产 ②经过与债权银行的谈判，法国政府与债权银行达成筹措32亿欧元的协议，并得到欧盟批准 ③经过与欧盟的谈判，法国政府争取到一系列有利于阿尔斯通的国际优惠政策，阿尔斯通在4年内拥有与外国公司合作的自主选择权，并在此期间，法国政府仍可为其提供适当的保护和支持	

　　资料来源：作者整理。

一、法国阿尔斯通"三重苦难"的经验总结：制度安排与制度效率

制度安排决定效率这一命题，首先源自新制度经济学家对历史的观察。道格拉斯·C.诺思在分析西方世界兴起的原因时指出："有效率的经济组织是增长的关键因素；西方世界兴起的原因就在于发展一种有效率的经济组织。有效率的组织需要建立制度化的设施，并确立财产所有权，把个人的经济努力不断引向一种社会性的活动，使个人的收益率不断接近社会收益率。"① 诺思在此所言称的"制度化的设施"、"财产所有权"实际上指的都是这种或那种制度与制度安排。从历史发展看，不同的制度安排保证了"组织"的效率性。在相同的意义上，舒尔茨"将制度安排视为一种行为规则，这些规则涉及社会、政治及经济行为"。② 在舒尔茨看来，制度是为经济提供服务的："人们试图对可选择的制度变迁加以考虑来作出社会选择，以增进经济效率和经济福利的实绩。"③

以德国和法国为例，法国的国家实力有限，一旦本国大型和重点的"国宝"级企业出现重大问题或被外资兼并，法国多年经营的工业声誉便不复存在，经济安全就无从谈起。更何况经济不景气造成高失业率，法国政府就更加不能对大企业撒手不管。法国与德国的市场经济有很大的不同。法国非常注重社会安定和就业。而法国知名大企业又是法国吸引就业的主力，法国左右两派政党不管谁执政，是否降低企业国有化成分都成为其执政的敏感区，都不会轻易拿大企业开刀。因此，尽管法国公司的现代企业制度完善，也有竞争力，但在市场上的自由竞争并非如德国企业那样彻底。事实上，法国对资本主义竞争一直有着自己独到的见解：自由竞争只是一种手段，而非金科玉律。如果有必要，恰到好处的垄断和保护本国企业有时带来的竞争力反而更强。2003 年经过法国政府大力拯救的阿尔斯通公司，时至今日已成功扭亏为盈，它也因此成为法国政府成功实施"经济爱国主义"政策的榜样。

法国的"经济爱国主义"或"经济保护主义"似乎与经济全球化背景下的开放竞争格格不入，但是正是在法国"经济爱国主义"的行动下，法国政府造就了一批世界级的大企业，如达能、阿赛洛、苏伊士等。与此形成鲜明对比的是德国 Adtranz 公司的被兼并，一个是在政府经济保护之下获得重生，一个是在自由竞争条件下被市场淘汰出局。可以说自由竞争与经济保护是两种不同的

---

① 道格拉斯·C.诺思. 西方世界的兴起 [M].北京：学苑出版社，1988

②③ T.W. 舒尔茨. 制度与人的经济价值的不断提高. 财产权力与制度变迁 [M].上海：上海三联书店，1994

经济制度，不同的制度安排会产生不同的效率，在选择两种不同的制度时，要综合考虑国情、市场条件、发展环境等因素，不能简单地认为自由竞争一定优于经济保护，也不能以"经济爱国主义"为理由一味地强调保护而遏制竞争。

二、对我国机车车辆行业改革与发展的启示："四个标准、一个因素"制度选择标准

法国阿尔斯通的复活与德国 Adtranz 公司的被兼并注定将成为世界机车车辆业发展史上的重要事件。以法国政府对阿尔斯通的经济保护成功的案例出发，分析自由竞争与贸易保护这两种不同的经济制度安排对企业及社会整体效率的影响，从而确定两种制度安排的选择边界，对深化我国机车车辆业改革，乃至对我国自然垄断行业改革都有着重要而深远的理论与现实意义。

就如何在自由竞争与经济保护之间进行制度选择的问题。笔者认为，市场的根本、行业的发展、企业竞争力的提升，必须始终坚持以有效竞争为基石，始终把握"有效竞争"是经济体产生效率的根源；而经济保护的目的是为了最终提升社会的整体福利，是出于社会整体效率的考虑而实施的。具体而言，我们提出"四个标准、一个因素"的制度选择标准：

（1）社会的成本与收益标准。一项制度安排在获得社会收益的同时需要付出社会成本，只有当一种新的制度安排或制度设计所产生的收益大于其所需成本时，我们才说该种制度安排是一种有效率的帕累托改进，或者说是一种社会的进步。正如改革本身面临重大阻力和障碍一样，其成本与风险也是巨大的，只有当改革的收益大于改革的成本时，改革才是一种社会的进步，否则有可能成为社会的倒退。在有些时候，自由竞争未必是最佳的，当经济保护的制度政策使得本国企业受益，从而使得社会的整体收益大于为此所付出的成本时，此项制度则是较优的。我们此处所指的社会收益是以社会整体福利最大化为标准的，社会福利本身是由企业利益和消费者利益构成的，政府必须对两者的比例或权重做出选择。一般而言，相对于分散的消费者而言，企业居于优势地位，从而消费者利益更应该被看重一些。同时，社会收益还是一种狭义的范畴，是仅相对于实施该项政策的本国而言的。

（2）国家经济安全标准。当经济运行和发展所需资源的供给，经济体系独立稳定的运行或整体经济福利受到恶意侵害和非可抗力损害时，国家的经济安全就会受到威胁。为了保持国家经济主权的独立、保证正常的市场需求得到稳定供给、保障经济发展所必须依赖的市场，实现国家内部社会和谐和政治安定以及经济的稳定与持续增长，我们很多时候需要"经济爱国主义"性质的适度

保护。

（3）行业的产业竞争力标准。产业竞争力，亦称产业国际竞争力，指某国或某一地区的某个特定产业相对于他国或地区同一产业在生产效率、满足市场需求、持续获利等方面所体现的竞争能力。产业竞争力是基于产业竞争优势之上的，竞争优势是指各国或各地区相同产业在同一国际竞争环境下所表现出来的不同的市场竞争能力。产业竞争优势最终体现于产品、企业及产业的市场实现能力。而产业竞争力的实质则在于企业或产业能够以比其他竞争对手更有效的方式持续生产出消费者愿意接受的产品，并由此获得满意的经济收益的综合能力。我们应该认识到，自由竞争只是一种手段，而非金科玉律。当经济保护的政策相对于自由竞争更能使本国的行业获得更强的产业竞争力时，我们说保护是优于竞争的。事实上，以崇尚自由竞争为市场信条的经济学之父亚当·斯密也不是一个支持不变定律的教条主义者，他虽然拒绝支持保护幼稚产业的观点，但是赞成国防的观点，认为国防总是比富饶更为重要。他也赞同偶尔地使用报复性关税："如果打算消除关税，也应当逐步地实施而不是一步到位，因为这对于所有曾经投资于技术和资本的人是一种厄运。"①

（4）企业的核心能力标准。企业的核心能力是企业持续竞争的源泉和基础，是指企业在长期生产经营过程中的知识积累和特殊技能（包括技术的、管理的等）以及相关的资源（如人力资源、财务资源、品牌资源、企业文化等）组合成的一个综合体系，是企业独具的，与他人不同的一种能力。对机车车辆企业而言，企业核心能力的培育有利于企业对所拥有的资源、技能、知识的整合和协调，有利于管理效率的提升，是实现企业规模经济的必要条件。核心能力的培育还有利于"基于技术价值观系统和管理系统"的企业文化体系的构建。企业核心能力的培育使企业在战略性资源的识别、积累、储存和激活过程中能发挥独特的能力，从而提升自身的创新能力与技术水平，构建基于核心技术的企业网络。最为重要的是，诸如跨国企业集团类的大规模企业，其核心能力在于企业的技术核心能力，组织核心能力和文化核心能力的有机结合。企业在特定经营中的核心技术优势、互补性资产以及组织体系的运行机制的有机结合是企业制胜的法宝，它建筑于企业战略和结构之上，以具备特殊技能的人为载体，涉及众多层次的人员和组织的全部职能。当经济保护的政策相对于自由竞争更能使本国的企业获得更强的核心能力时，我们说保护是优于竞争的。

（5）国家的国情因素。国情是指一个国家的社会性质、政治、经济、文化等方面的基本情况和特点，也特指一个国家某一时期的基本情况和特点。我们

---

① 亚当·斯密. 国民财富的性质和原因的研究 [M].北京：商务印书馆，1981

在选择和制定经济政策时不可避免地要综合考虑本国的国情，特别是经济、政治文化特点。18世纪著名的苏格兰哲学家休谟就曾指出："经济社会的出现是演化进程的结果，而这一演化过程除赋予这些社会以共同的性质之外，还赋予每个社会以特定的性质。""历史是变化的，而对变化的观察可能会在对静止状态的观察者眼前打开一道林荫路景"。①

在自由竞争与适度保护之间，我们应该以上文提出的"四个标准、一个因素"为基准，综合分析和考虑，选择最优的制度安排和设计，为国家、社会、行业、企业等各个层面的改革与发展做出贡献。

第五节　技术创新与行业发展
——西班牙、韩国的经验与启示

一、西班牙、韩国高速列车的技术引进与再创新

20世纪80年代以前的韩国机车车辆工业尚处于起步阶段，不能自行生产铁路机车，其内燃机车和电力机车都是向国外购买。内燃机车完全是向美国通用汽车公司（GM）购买，电力机车则向欧洲购买。随着经济起飞，20世纪80年代开始自行制造机车，主要有大宇、现代、汉津（Hanjin）等厂商。20世纪80年代以来，韩国计划由韩国高速铁路建设管理局（KHRC）全权负责组织建设汉城—釜山高速铁路。在选择技术来源方面，韩国利用了日本新干线集团、德国ICE集团、法国TGV集团的激烈竞标，特别注重权衡"技术的先进性"、"财政援助和报价"以及"技术引进后自身创新能力的培养"等因素，实现了引进技术的技术性和经济性的较好统一。由于法国愿意向韩国提供更加优惠的援助和技术转让条件，韩国最终决定以GEC-Alston为首的法国集团作为最终的谈判对象。在技术引进的具体方式上，韩国将机车车辆、牵引供电系统以及列车控制系统捆绑在一起，以"国际合作生产"的方式引进国外现有的先进技术。同时还考虑用"合资公司"和"联合开发"的形式提高二次创新能力。经过谈判，KHRC与"韩国TGV联合体"（KTGVC）签订了核心合同。联合体内共有2家法国公司和7家韩国公司，它们是法国的CSEETransport（负责

---

① 亨利·威廉·斯皮格尔. 经济思想的成长 ［M］. 北京：中国社会科学出版社，1999

TVM430 列车自动控制系统）和 GEC–Alston 公司的 7 个分部（分别负责高速列车、调度集中、接触网等）。韩国方面的合作伙伴是大宇、现代和 Hanjin（负责高速列车），以及 Goldstar（金星，负责调度集中、列车自动控制）、三星（负责调度集中）、LG 电缆和 Iljing（负责接触网）、LG 工业系统和三星（负责信号及列车自动控制设备）。机车车辆、列车控制系统、接触网领域的核心技术由法国的核心承包者向韩国的合作伙伴转让。技术转让的内容不仅仅是图纸、技术说明书、软件等技术资料，还包括在法国对韩国的技术人员进行培训以及法国公司对韩国公司进行的技术支持。按照合同，法国允许韩国今后可以以法—韩合资企业的形式向欧洲以外的第三国出口韩国生产的 KTX 列车及其技术，韩国的工程师还将可以参与法国的下一代高速列车的开发项目，这为韩国将来独立开发自己的高速列车提供了可能。韩国 TGV 联合体总共将提供 46 列 KTX 列车，其中 2 列样车完全在法国制造，10 列采用部分韩国制造的部件在法国组装，34 列完全在韩国由大宇、现代、Hanjin 等公司负责制造。汉城—釜山高速铁路已开通。韩国成为亚洲继日本后第 2 个拥有高速铁路的国家，在短期内就达到 300 公里/小时的水平。不仅如此，由于韩国全面引进并掌握了 TGV 高速列车的技术，还参与法国的高速列车开发项目。因此，韩国铁路负责人认为，在 6~8 年内韩国有能力开发出具有自主知识产权的速度可达 350 公里/小时的高速列车，韩国将成为世界上既拥有 350 公里/小时高速列车装备，又掌握 350 公里/小时高速列车生产技术的少数国家之一。也就是说，在短短 10 多年时间内，韩国可以从一个铁路机车车辆技术在世界上处于中下游水平的国家跃升到处于技术顶峰的国家。

20 世纪 90 年代以前，西班牙铁路科技水平在西欧国家中处于下游。表现为：①电力机车、内燃机车、电动车组和内燃动车组或者完全由国外制造，或者其关键部分由国外厂商制造，国内厂商仅制造车体、车架、转向架等机械部分；②电力机车和电动车组的最高设计速度不超过 160 公里/小时，电力机车最大功率 4600 千瓦，内燃机车最大功率 2340 千瓦；③基本上没有掌握先进的交流异步传动技术，其电力机车技术水平仅相当于法国、德国等先进国家 20 世纪 60 年代水平。20 世纪 80 年代，为配合 1992 年的巴塞罗那奥运会和塞维利亚世博会，西班牙铁路当局决定以直接引进法国 TGV–A 高速列车和德国 S252 大功率交流异步传动电力机车技术的方式，建设马德里—塞维利亚高速铁路。在马德里—塞维利亚高速铁路，主要通过三家西班牙公司 Meinfesa、MTM、ATEINSA 与 Alston 建立合资公司的形式，引进高速列车技术。借此机会，西班牙政府对这三家公司进行了改组改造，成为 Alston 集团在西班牙的机车车辆生产基地。按照首批 24 列 AVE 高速列车的合同规定，前 4 列和后 4 列的 8 节动车在法国制造，其他动车及客车将分别由 Alston 和 CAF 在西班牙制造。与此同时，西班牙铁路还向以 Siemens 为首的"德国—瑞士—西班牙"跨国公司集团，订购了 75 台 S252 三相交流传动电力机车。15 台在德国制造，60 台在西班牙制造。在"马德里—巴塞罗那—西法边境"高速铁路，西班牙铁路采用"国际合作生产"的方式分别从 Bombardier、Siemens 和 Alston 三大公司引进机车制造技术：①由西班牙 Talgo 与德国组成的 Talgo-Adtranz 集团（后改称 Talgo-Bombardier 集团）和德国的 Siemens 公司各提供 16 列高速列车。Talgo-Bombardier 集团中是以 Talgo 为首的，它负责设计制造高速列车的客车，Bombardier 公司负责提供动车、IGBT 逆变器控制的三相交流异步传动设备、列车控制及通信设备等。16 列 Talgo350 列车将分别在西班牙 Talgo 工厂和德国的 Bombardier 工厂制造。其中 4 节动力车完全在德国制造，接下来的 6 节动力车将在德国和西班牙分别制造，但西班牙参与制造的比例逐渐增加。②西班牙国营铁路还与德国的 Siemens 公司签订合同，为该高速铁路提供 16 列 Velaro E 高速列车。这种列车是以德国铁路的 ICE3 高速列车为原型，经过适当改进而成。以"马德里—巴塞罗那—西法边境"高速铁路的通车为标志，西班牙于 1992 年一举成为世界上第 2 个具有最高速度 300 公里/小时高速铁路的国家。与此同时，通过引进德国 120 型电力机车的技术，并运用于马德里—塞维利亚高速铁路 S252 电力机车，西班牙实现了部分机车由西班牙 CAF 公司自行生产，从而掌握了世界上最先进的三相交流异步传动技术。从引进技术的时效上看，通过引进法国和德国的先进技术建成马德里—塞维利亚高速铁路，使得西班牙用大约 5 年的时间掌握了法国或德国花费几十年时间才掌握的技术，至少跨越了 20 年。

二、西、韩两国机车车辆行业改革与发展的经验与启示

同属亚洲的新经济体韩国以及在西欧处于下游的西班牙，两国机车车辆业发展的成功经验对我国机车车辆行业的改革与发展具有较强的可借鉴性。

1. 技术创新是机车车辆行业改革的内在目标

机车车辆行业是知识和技术密集的行业，行业竞争在本质上是人才和技术的竞争，西、韩两国机车车辆行业的成功发展都表明：技术的引进、吸收、消化与再创新是机车车辆行业改革的内在目标所在，而引进消化吸收再创新及原始创新的根本都在于提升自主创新能力。通过技术输出换取市场拓展，使得具有自主知识产权的领先创新者有可能获得技术垄断的利润。但选择原始创新的技术发展路径，需要强劲的资金支撑和长期的技术累积基础。同时，法国和德

国的经验也表明，政府调控下的相关优势技术资源整合，为高速铁路技术的原始创新提供了保障。正是在高投入以及先期技术研发累积的基础上，法国、德国、日本才得以通过原始创新发展了高速铁路技术，并主宰着当今高速铁路技术转移市场。这也说明，有经济效率的技术引进最终必然要归结为自主创新能力的提高。高速铁路技术先进国家的原始创新以及技术后进国家技术引进的成功经验都表明：①必须在自有技术基础和经济实力的基础上，并且在充分预见独创与引进的资金和时间价值的经济性的基础上，选择原始创新或技术引进；②技术累积基础的高低是选择原始创新路径与否的先决条件，西班牙引进高速铁路技术说明了经济实力并非原始创新的充分条件；③多数铁路技术后进国家应该以"引进基础上的创新"为主要路径。技术引进在多数铁路的未来发展进程中仍然是技术发展的重要途径，特别是经济发展的全球化也为铁路引进国外先进技术提供了更多的契机。铁路技术跨越式发展的首选路径必然是以提升自主创新能力为最终目的、以适应自有技术基础为条件的技术引进。并且，这种引进是应有相应的引进后配套投入，是归结为二次创新的一种引进。

2. 机车车辆业的技术创新模式需因地制宜，选择有效的技术引进方式，并加大二次创新投入力度，实现系统集成

由于不同国家或地区铁路技术水平以及技术引进目的不同，在原始创新与技术引进的具体方式上各具特点。西班牙和韩国在技术引进方式的选择上均注重与本国现有技术的融合，并以二次创新为主要目的，技术引进中的参与程度较高。由于现有技术基础不同，在对现有技术的融合以及引进过程中本国技术的参与程度上，西班牙和韩国存在明显差异：①西班牙的第一条高速铁路采用"合资公司"的形式（参与程度较强），而第二条则采用以本国 Talgo 公司为主的"国际合作生产"的形式（参与程度下降）。两条铁路的建设均注重将本国的 Talgo 摆式列车技术与所引进的技术相融合，为突出自有技术优势的二次创新埋下了伏笔。这在第二条高速铁路中表现得更为突出。②韩国则通过"国际合作生产"的方式，其参与程度的提高以及二次创新能力的提高主要表现在，一定条件下可向第三方出口产品及技术，直接参与法国未来的开发项目等方面。③两国在引进技术的同时，均对本国相关铁路企业进行了改组和再造，以提升竞争力。无论是采取"合资"还是采取"合作生产"都注重了国产化率的逐渐提高，国外的技术输出方必须与国内的对口企业（通常应该是技术输入方）建立合作关系（或成立合资企业）共同提供设备。前几套设备可在国外制造，随着技术引进的进展，越来越多的设备在国内企业生产。最终，全部设备都应在国内生产。

3. 以政府为主导，培育我国机车车辆企业基于技术创新的国际竞争力

在引进技术的消化吸收和再创新方面，韩国是世界上最为成功的国家之一。在高速列车技术的引进方面，经过对日本、法国和德国三个国家技术的比较论证，最终决定引进法国的技术。政府在此方面发挥了强势的组织、协调和干预作用。政府于1995年成立了韩国铁路科学研究院，并组织包括现代集团在内的22家企业参加，消化吸收和创新工作。1995年引进法国12辆时速达到300公里的高速列车时，政府就决定今后采用"以消化吸收为主"的国产化列车。2007年研制具有自主知识产权的、时速高达350公里的高速列车，甚至在其他的一些技术指标上超过法国，并力争向中国和美国等国家出口。

第四章 中国机车车辆业改革条件和初始动因

随着中国垄断行业改革的深化，在市场化、国际化进程加快的条件下，机车车辆行业的改革具备了相应的条件与动因。加入 WTO、能源危机与环境问题的国际关注、2008 年全球性金融危机的爆发等一系列国际环境和宏观背景下，机车车辆行业改革的深化具备了强大的外在驱动力。与此同时，机车车辆行业政企分离下寡头竞争市场结构的形成，中国南、北车集团整体上市的实现，国家路网规划和"十一五"规划对机车车辆产品的强大国内需求等，为机车车辆行业的改革提供了内在动力与初始条件。

第一节 中国机车车辆业改革的初始条件

一、中国机车车辆业改革与发展的 PEST 分析

1. 政治环境

政治环境综合反映了各种企业、组织与政府之间相互影响的结果，这种结果是非静态的，处于不断的变化之中，尤其是对行业中的企业来说，足以从根本上影响企业的生存与竞争。目前，政治环境总体上有利于机车车辆行业的发展。①全国人大十届一次会议确定继续实施积极的财政政策，继续加大基础设施建设的投入。党的十五届四中全会《决定》对国企改革与发展政策提出了 10 条纲领性指导，这些对铁路运输事业发展是十分有利的。从历史上看，发达国家铁路经历了"迅速兴起—衰退—复苏"的曲折历程，其间综合运输政策的变迁从某种程度上决定着铁路事业的兴衰。与发达国家曲折的发展轨迹相比，伴随着可持续发展理念的推广和普及，中国铁路置身于非常有利的政策环境之

中。特别是，党中央、国务院高度重视铁路工作，国务院领导多次听取铁路工作汇报，充分肯定了铁路跨越式发展的工作思路，反复强调铁路在我国具有不可替代的特殊地位和重要作用，若不加快铁路发展，没有一个发达的完善的铁路网，要实现现代化难以想象。②国家对铁路事业发展给予产业扶持的政策。国家提出了构建以"铁路为主的现代化交通运输体系"的目标，进一步强化铁路在中国交通运输体系中的主导地位。国家"十一五"规划纲要把轨道交通装备确定为振兴装备制造业的十个重点之一，要求"掌握时速 200 公里以上高速列车、新型地铁车辆等装备的核心技术，并实现产业化"。目前，中国政府在政策、体制、资金、税收等方面也对中国企业"走出去"提供了前所未有的支持力度。2005 年 10 月，党的十六届五中全会指出，要实施互利共赢的开放战略，支持有条件的企业"走出去"，开展对外直接投资和跨国经营。在 2006 年10 月 19 日召开的"2006 中国轨道世界大会"上，铁道部发展计划司副司长陈忠志介绍，按照我国《中长期铁路网规划》，到 2010 年我国铁路网营业里程将达到 8.5 万公里左右，比 2005 年增加 1 万公里。为了完成这一目标，过去 5 年我国对铁路建设的投资比"十五"期间大大增加。截止到 2010 年 10 月，"十一五"铁路建设目标已基本完成，总的投资规模达 1.5 万亿元，比"十五"时期翻一番，而其中机车购置从 2006 年铁路机车车辆购置和技术改造投资 440亿元的规模上升到 2500 亿元。①③西部大开发的国家战略对我国机车车辆行业来说，是一个发展的良机。西部开发是中央做出的对中国未来经济发展至关重要的战略性决策，开发必然会带来强大的市场需求。中央对西部开发的战略思路一是加大基础建设力度，二是给西部必要的政策优惠，各个地级市已通过国家发改委批准于 2006 年开始修建地铁。

2. 经济环境

国家的宏观经济状况，其变化和发展趋势以及蕴涵于其中的战略意义深刻影响着行业的改革和企业的发展。中国作为当今世界最大的发展中国家，国民经济一直保持着较快的发展速度。如图 4-1、图 4-2 所示，改革开放以来，中国保持了 30 多年的快速增长，GDP 的年平均增长率在 9.8% 左右。

根据中央提出的全面建设小康社会的宏伟目标，到 2020 年我国 GDP 将比2000 年翻两番，年均增速至少在 7.2% 以上，人均年收入达到 3000 美元以上，基本实现工业化。

---

① 资料来源：新华网."十一五"期间全国铁路建设大发展：中国昂首跨入高铁时代［EB/OL］.2010−10−11，http://hews.xinhuanet.com/politics/2010−10/11/c_12644085.htm

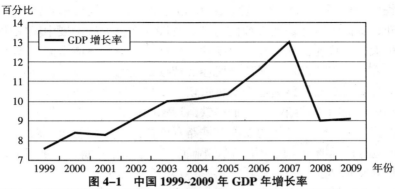

图 4-1　中国 1999~2009 年 GDP 年增长率

资料来源：根据国家统计局数据整理，http://www.stats.gov.cn/tjsj/ndsj/2009/indexch.htm

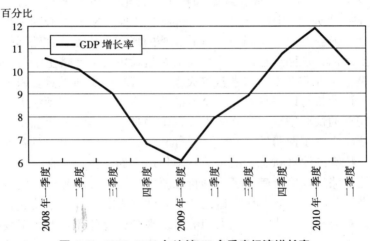

图 4-2　2008~2010 年连续 10 个季度经济增长率

资料来源：根据国家统计局数据整理，http://www.stats.gov.cn/tjsj/jidusj/

　　经济的持续增长，工业化进程的不断加快，对我国的交通运输业提出了更高的要求，对铁路运输业更是如此。铁路是我国国民经济和社会发展的大动脉，在我国五大交通运输方式（铁路、公路、航空、航运、管道）中一直处于首要地位。通过对改革开放 24 年来全社会货运量增长情况的统计分析，过去 24 年全国 GDP 年均增长 8.1%，铁路货物周转量年均增长 5.0%。铁路货物周转量增速与 GDP 增长率的相关度为 0.62。如果按这一相关度来计算，到 2020 年，铁路货物周转量将增长 118%，也就是说，要翻一番还要多。客运方面的需求增长潜力也非常大。据测算，到 2020 年，铁路旅客发送量将达 40 多亿人次，比现在 12.5 亿人次翻两番。即使达到这样一个发送量，我国每个公民每年乘坐火车的次数还不足 3 次。对比与我国人口数量接近、同属经济发展中国家的印度，其铁路运输目前每年旅客发送量为 45 亿人次，人均乘车 4 次左右。据此可以得知，我国铁路运输能力即便与经济发展水平相近的发展中国家比较，差距依然很大，不快速扩充运能，改变这种现状，就很难适应全面建设小康社会的需要。综合以上情况，要保证国民经济持续快速稳定的发展，满足全面建设小康社会日益增长的铁路运输需要，迫切需要加快铁路事业发展，大幅度提高机车车辆运输能力。铁路机车车辆是铁路运输的运载工具，承担着国家最多的客流和物资运输工作。经济的发展对铁路发展提出了更高要求，对机车车辆产品的需求也将持续增长。而对机车车辆业而言，是一个难得的发展机遇。

3. 社会文化环境

社会文化环境和一个社会的态度与价值有关。态度和价值是构建社会的基石，它们通常是人口、经济、政策和技术条件形成和变化的动力。从客运来说，中国是一个人口大国，有近 13 亿人口。长期以来，人们的观念中，铁路运输与公路、航空等其他交通方式有着显著的区别和特点：铁路运输的经济性要优于航空运输，铁路运输的安全性比公路运输可靠。经济上的考虑加上传统的观念，决定了人们在出行时常常将火车作为首选的交通工具。未来 5~10 年，我国流动人口数量将以平均每年 500 万的速度增长，人员流动性大大增加，对铁路运输需求的快速增加。从货运上看，中国是一个典型的大陆型国家，幅员辽阔，内陆深广，东西跨度 5400 公里，南北相距 5200 公里，且各地气候条件差异很大。特殊的地理状况，决定了我国货运交通必然会存在长距离、大运量的特点，而铁路运输恰恰满足了这种特殊要求。自然环境和气候的差异变化时常影响正常的公路、海运及航空运输，但对铁路影响较小，铁路具备全天候的运输优势，对运输保证能力强。人们的传统观念、地理和自然状况决定了铁路是大运量、中长距离客、货运运输的理想交通工具，这也决定了铁路客、货运量的不断增长。如图 4-3 与图 4-4 所示，2006 年全国铁路客、货运量在连续三年大幅度增长的高起点上再创新高，全国铁路完成货运总发送量比 2005 年增长 7.1%，全国铁路完成旅客发送量 125656 万人，比 2005 年增长 8.7%，由此也带来了铁路运输收入连续三年大幅度增长，这一切为机车车辆工业的发展创造了良好的外部条件。

此外，社会环境中还包含一个重要的因素：企业所处地理位置的自然资源和生态环境。对于机车车辆企业来说，主要表现在两个方面：对自然资源的消耗和对生态环境的破坏。首先，资料表明，在各种运输方式中，铁路所消耗的能源最少。在运量相等的条件下，铁路、公路、民航耗油量之比为 1:9.3:18.6。在各种运输方式中，航空、汽车、水运、铁路内燃机车都依靠石油资源，铁路电力机车则可以使用煤炭和其他能源。我国石油资源储量有限，产量也不能满

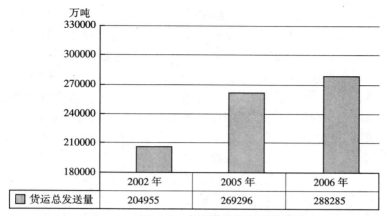

万吨	2002 年	2005 年	2006 年
货运总发送量	204955	269296	288285

图 4-3　全国铁路货运总发送量

资料来源：转引自谢孝君. CF 集团机车营销战略研究. 电子科技大学硕士论文，2007

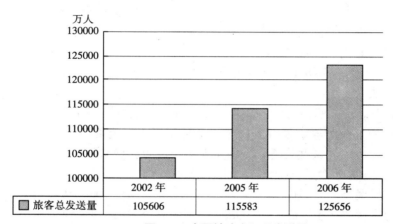

万人	2002 年	2005 年	2006 年
旅客总发送量	105606	115583	125656

图 4-4　全国铁路客运总发送量

资料来源：转引自谢孝君. CF 集团机车营销战略研究. 电子科技大学硕士论文，2007

足经济发展的需要，大力发展能源节约型或多种能源混合型的运输方式十分重要。其次，在占用土地资源方面铁路也大大低于公路。据估算，在完成同样运输量的情况下，公路占地是铁路的数倍。在对生态环境的破坏上，造成大气环境污染的各种因素中，交通运输排放的二氧化碳和氮氧化物等废物所占比例最大，日本对各种运输方式在运量相等条件下二氧化碳排放比例的调查显示：小轿车 52%，货车 31%，航运 6%，铁道 3%，航空 3%。统计资料还表明，同等运量的客运或货运，铁路所产生的平均噪声只有公路的一半或 3/4。所以，优先发展高效、环保、节能的铁路运输，是我国运输发展的最优选择，是符合我国国情的可持续发展之路。

4. 技术环境

从仿制起步、培育开发能力的产业发展幼稚期，到引进吸收、自主创新的产业发展成长期，再到适应铁路发展需要、全面提升产业技术水平的产业发展成熟期，我国在机车车辆技术的前沿领域已经开始融入国际发展大趋势。

目前，公路、民航等其他运输方式的飞速发展，使铁路运输市场份额受到了一定程度的挑战；中国机车技术和国外技术的差距也导致铁路机车产业升级势在必行。铁道部部长刘志军提出："我国铁路事业需要跨越式发展，要以运输能力的快速扩充和技术装备水平的快速提高为主线，以较短的时间、较少的环节和代价，实现与发达国家相同的目标，跳过他们经历过而我们不必再重复的一些过程，到 2020 年基本实现中国铁路现代化，运输能力适应国民经济发展的要求，主要技术装备达到发达国家水平。"[①] 采用新型机车车辆投入运营是铁路运输部门今后一个阶段内的必然选择，这为铁路机车工业的技术引进、产品更新换代提供了重大机遇。不过，刘志军部长提出通过大规模进口先进的机车，提高铁路装备水平，这对机车车辆工业来说，既是一个机遇，也是一个沉重的打击，如何消化、吸收国外的先进技术，提高国产机车车辆产品的生产制造水平，满足铁道部的需求，是目前我国机车制造业急需解决的问题。

5. 系统环境

机车车辆制造业是铁路运输和城市交通等相关部门的装备工业，生产过程涉及钢铁、机械、电子等诸多行业，集加工总装工业与装备制造工业于一身。机车车辆制造业产业关联度较高，受相关支持产业的影响作用较大，同时又反作用于其相关产业。作为装备制造产业的重要组成部分，机车车辆制造业对其他产业乃至国民经济有较强的带动作用。我国钢铁工业在 1979~1996 年，在短短的十几年间产量增加了三四倍，1996 年中国成为全球第一大钢铁生产国。到目前为止，中国已经连续九年保持钢铁产量世界第一的位置。我国钢铁工业迅速发展壮大，钢材总的自给率和国内市场占有率不断提高，使我国包括轨道交通装备业在内的装备制造业发展的能力迅速增强。

6. 外部环境

目前，国际机车车辆市场呈现出供过于求的状况，世界机车车辆行业生产力严重过剩。由于国际政治原因和政府坚持机车国产化，在内燃机车取代蒸汽机车的过程中，美、英等诸多国家纷纷建设机车车辆制造工厂，导致机车行业全球制造工厂过多。20 世纪 80 年代中期，全球就有 108 家机车制造厂，按目

---

① 刘志军. 用科学发展观指导铁路跨越式发展. 南方网. http://www.southcn.com/nflr/xxjl/200410270337.htm

前年需求总量 2500 台左右计算，每个工厂只要年产 25 台机车，就可满足市场需求。然而，不少制造厂规模庞大，年产能力均有几百台甚至上千台，必然有众多的工厂产量十分小，这充分说明建厂的合理化程度与市场的发展不同步，存在着严重的生产过剩。就英国而言，近几年先后关闭了 Adtranz 所属的 York 客车制造厂和 Hunslet 工厂，只保留了德比和伯明翰的两家工厂，而实际只要一家工厂就可满足英国市场的年需求量。根据资料统计分析，在 1994~2009 年国际机车市场供求关系如表 4-1 所示。

表 4-1 国际机车市场供需表

类　别	供应（生产）能力（台）	需求（台）	供需关系
电力机车	2700	1541	1∶0.57
内燃机车	5300	2253	1∶0.43
机车总计	8000	3794	1∶0.47

资料来源：转引自谢孝君. CF 集团机车营销战略研究 [D]. 电子科技大学硕士论文，2007

二、我国机车车辆业市场体系的初步建立

1. 行业企业独立法人的市场地位的形成

我国机车车辆工业管理体制的改革可以说是"政企分开、两权分离"的历史变迁。1986 年 3 月，为完善和转换企业经营机制，国务院转发《关于铁道部实行经济承包责任制的方案》，经济承包责任制在机车车辆工业实施，迈出了政企职责分开、所有权和经营权分离的第一步。1993~2000 年，经历了企业制度创新、国有经济布局调整与国有企业重组阶段后的机车车辆工业处于计划经济体制向社会主义市场经济体制转轨的时期。该时期的改革以探索建立国有资产管理体制，并以国有企业和国有经济为主体，不断创新企业制度为主要内容。1996 年 5 月，中国铁路机车车辆工业总公司（以下简称中车公司）改组为控股公司，这一改革是中国机车车辆工业一次划时代的变革，铁道部与中车公司由行政隶属关系转变为资产纽带关系，对公司负有限责任。总公司和各所属企业成为母子公司关系，各企业独立核算、自主经营，普遍建立了以国有资产保值增值率为考核指标的资产经营责任制。1998 年 9 月，按照铁道部《关于五大公司结构性调整的实施意见》，中车公司初步实现了与铁路运输系统的结构性分离，不再接受铁道部对生产的直接经营管理，成为具有独立的自主权和经营权，自主经营、自负盈亏、自我约束、自我发展的独立法人实体。

2. 行业寡头竞争市场结构的形成

2000 年 9 月，中车公司重组成立了中国南车集团和中国北车集团。前者于

2007 年 12 月联合北京铁工经贸公司共同发起设立中国南车股份有限公司，后者于 2008 年 6 月联合大同前进投资有限责任公司、中国诚通控股集团有限责任公司和中国华融资产管理公司共同发起设立中国北车股份有限公司。而以政府为主导的这次重组分立，确立了中国机车车辆行业双寡头竞争的市场格局。

3. 现代企业治理结构的初步规范与建立

1999 年 4 月，经过中国证监会批准，南方汇通股份有限公司在深交所上市，标志着中国机车车辆企业向"建立现代企业制度"进军取得突破性成果。2002 年 12 月，株洲时代新材料科技股份有限公司在上证所上市，成为国内第二家轨道交通装备制造业 A 股上市公司。2006 年 12 月，株洲南车时代电气股份有限公司在香港联交所交易大厅挂牌交易，成为中国轨道交通装备制造业第一家发行 H 股的企业。为了深化中央企业公司制股份制改革，进一步完善公司治理结构，优化集团组织管控模式，中国南车股份有限公司于 2008 年 8 月实现了 A+H 股同时上市，2009 年 12 月中国北车亦成功登陆 A 股市场，两家机车车辆制造集团企业都实现了整体上市的目标，初步建立了较为规范的公司治理结构。

4. 多层次政府监管体系的形成

目前，中国南车和中国北车均为国家绝对控股公司，国务院国有资产监督管理委员会作为国有出资人行使所有权。铁道部负责行业归口管理，包括机车车辆设备采购的招标与议标，并与工业和信息化部共同制定与设立机车车辆行业质量与技术标准。价格管制的职能则归属国家发展与改革委员会，但目前对机车车辆产品的价格调控较小。

5. 机车车辆行业仍然存在的问题

在企业生产的规模、方式和布局上，我国机车车辆行业系统结构不合理的问题十分突出。历史上形成的企业产品结构趋同、重复开发生产、相互压价竞争现象严重，主机企业大而全、小而全，影响了核心竞争力的发展；基础零部件生产点多、分散、重复，生产集中度达不到规模经济的批量标准，这些与国外同行业生产专业化、社会化、规模化的格局形成较大反差。国际 500 强中，交通运输和设备制造业的人均营业收入为 30.2 万元，西门子公司、庞巴迪公司的年人均销售收入分别为 128 万元和 112 万元，而我国机车车辆行业（含南车和北车集团）年人均销售收入保持在 11 万元左右，表明我国机车车辆行业的劳动生产率远远落后于国际同类企业。

第二节　中国机车车辆业改革的动因

一、日益增长的国内市场需求是机车车辆业改革的内在契机

1. 高速发展的铁路运输

（1）近年来，我国铁路每年投产新线都超过 1000 公里。

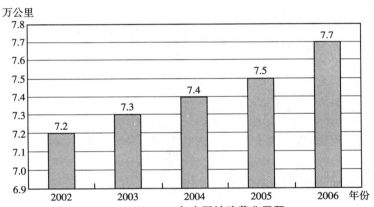

图 4-5　2002~2006 年中国铁路营业里程

资料来源：中国铁道年鉴。

（2）2002~2006 年，我国铁路基本建设投资逐年增长，2006 年达 1553 亿元。

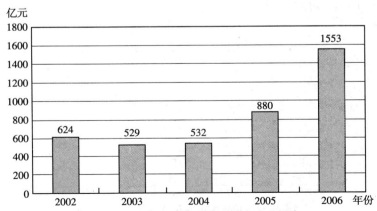

图 4-6　2002~2006 年中国铁路基本建设投资

资料来源：中国铁道年鉴。

（3）2006 年，我国铁路完成旅客发送量 12.6 亿人，旅客周转量 6622 亿人公里；完成货物发送量 28.7 亿吨，货物周转量 21715 亿吨公里。

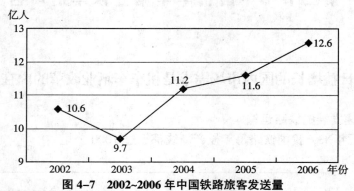

图 4-7　2002~2006 年中国铁路旅客发送量

资料来源：中国铁道年鉴。

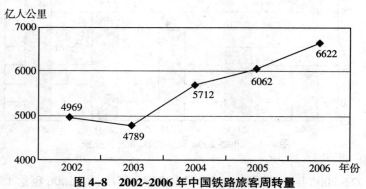

图 4-8　2002~2006 年中国铁路旅客周转量

资料来源：中国铁道年鉴。

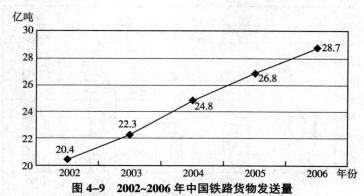

图 4-9　2002~2006 年中国铁路货物发送量

资料来源：中国铁道年鉴。

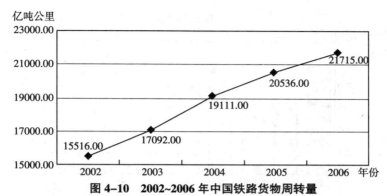

图 4-10　2002~2006 年中国铁路货物周转量

资料来源：中国铁道年鉴。

（4）2006 年，我国铁路运输密度为 3710 万换算吨公里/公里。

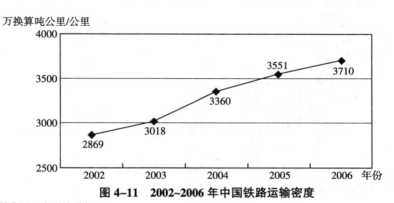

图 4-11　2002~2006 年中国铁路运输密度

资料来源：中国铁道年鉴。

（5）中国庞大的人口基数以及广阔的国土面积决定了铁路运输的重要性。重点发展铁路运输这种低耗能、低成本、长距离、大运力以及安全性好的运输方式具有现实意义。中长期铁路网规划明确了中国在铁路网建设上的方向，对比世界各主要经济体，我国的铁路网建设有巨大的发展空间。

（6）铁路"十一五"规划与中长期铁路网规划。为了打破铁路运输瓶颈，国家提出了大力发展铁路运输，并为此相应地制定了一系列的政策来鼓励铁路投资，其中就包括《中长期铁路网规划》以及铁路建设的"十一五"规划。在"十一五"规划期间，国家号召实施和谐铁路建设，铁路运输在"十一五"期间保持着高速发展的态势，中国铁路发展出现了前所未有的高潮。"十一五"期间，我国铁路投资将达到 1.5 万亿元，建设新线 17000 公里，其中客运专线7000 公里（包括京沪线等高速铁路）；建设既有线复线 8000 公里；既有线电气

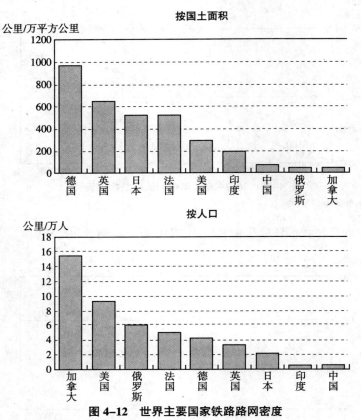

图 4-12 世界主要国家铁路路网密度

资料来源：CEIC 及中银国际研究。

表 4-2 铁路规划及中长期铁路网规划

项 目		单位	"九五"规划 1996~2000 年	"十五"规划 2001~2005 年	"十一五"规划 2006~2010 年	中长期铁路网规划 2006~2020 年
全国铁路 营业里程	期末总计	公里	68650	75000	90000	120000
	年均增加	公里	1252	1400	3000	3000
客运专线	期末总计	公里	—	—	7000	16000
	年均增加	公里	—	—	1400	1067
复线	期末总计	公里	21480	25000	40500	60000
	年均增加	公里	900	1000	3100	2333
电气化	期末总计	公里	14900	20000	40500	72000
	年均增加	公里	1032	1020	4100	3467

资料来源："九五"计划、"十五"计划、"十一五"规划、"中长期铁路网规划（2008 年调整）"。

表4-3 铁路"十一五"规划和中长期发展目标

	2005 年	2010 年	2020 年
铁路运营里程（万公里）	7.5	9.0	12.0
客运专线（万公里）	0	0.7	1.6
复线里程（万公里）	2.6	4.0	5.0
复线比率（%）	33.9	45.0	50.0
电气化里程（万公里）	2.0	4.0	5.0
电气化比率（%）	26.7	45.0	60.0

资料来源：铁道部及中银国际研究。

化改造 15000 公里。2010 年全国铁路营业里程将达到 9 万公里以上，复线比率、电气化比率均达到 45% 以上，快速客运网总规模达到 20000 公里以上，并形成覆盖全国的集装箱运输系统。2008 年 11 月，在 2007 年制订的《综合交通网中长期发展规划》的基础上进一步明确，到 2020 年铁路网总规模将达到 12 万公里以上，复线比率和电气化比率分别达到 50% 和 60% 以上。在 2009 年全球经济危机的背景下，国家准备在基础设施方面加大投资来保证国内经济增长，目前已批准的新建铁路里程有 2.3 万公里，投资规模超过 2 万亿元。

（7）快速发展的中国轨道交通。在铁路运输业高速发展的同时，城市化进程的加快对中国城轨地铁车辆的制造起到了积极的促进作用，中国正处于一个城市轨道建设的高潮时期。截至 2008 年底，我国已有北京、上海、广州、深圳等 10 个城市拥有已建成的轨道交通线路 30 条，运营总里程 813.7 公里。全国已有 19 个城市的轨道交通线网规划得到国家批准，到 2015 年前后，计划建设轨道交通线路总长约 2100 公里，总投资超过 8000 亿元，规划建设轨道交通网络的城市总数达到 28 个。另根据统计，至 2010 年，中国规划建设地铁和城市轻轨线路达 55 条，总长度约达 1500 公里，投资预算 5000 亿元，需配属车辆超过 6000 辆，年均需求量超过 1200 辆。

2. 高速增长的机车车辆投资

铁路建设为机车车辆制造业的发展提供了良好的发展环境。在中国经济、铁路建设、铁路运输大力发展的同时，国家也加大了铁路机车车辆的购置规模。按照"十一五"规划，国家在铁路方面的投资（包括基础设施建设和车辆投资）将达到 1.5 万亿元，是"十五"期间投资的约 4 倍，排在各类交通运输投资之首。从当前铁路的固定资产投资分类来看，轨道线路、机车车辆、桥梁隧道和建筑设施是铁路投资的四大方向。

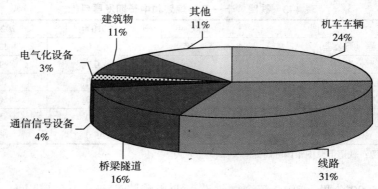

图 4-13 铁路固定资产投资分类

资料来源：中国铁道年鉴及中银国际研究。

"十一五"期间，在规划铁路固定资产总投资的 1.5 万亿元中，基本建设和更新改造投资规模为 1.25 万亿元，机车车辆购置和技术改造投资规模为 2500 亿元，年均复合增长 21.5%，相比"十五"期间的 950 亿元，增幅超过 160%。在全球经济陷入衰退的背景下，为拉动国内经济增长，政府将铁路建设作为重点投资方向。

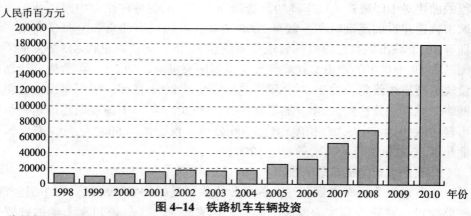

图 4-14 铁路机车车辆投资

资料来源：CEIC 及中银国际研究预测。

2008 年底，铁道部进一步表示，根据客货运输需要和新建铁路投产情况，未来四年计划共安排机车车辆购置投资约 5000 亿元，其中 2009 年和 2010 年约为 3000 亿元。按照新的投资计划，2008~2010 年铁路基本建设投资规模将比原"十一五"规划增加 91%。未来几年将是中国铁路历史上发展最快的时期，对机车车辆产品的购置规模将进一步加大。

表4-4　铁路"十一五"规划对机车车辆的购置规模

产品	2007年（辆）	2010年（辆）	增加比率（%）
机车	18459	19000	3
客车	42644	45000	6
货车	604594	700000	16
动车组	1133	8333	635
城轨	3875	12000	210

资料来源：铁道部及中银国际研究。

在车辆投资中，尽管每年销售机车的数量较少，但是由于技术含量最高，销售价格也非常高，因此市场容量非常大。虽然客车在车辆投资中比重不大，但是随着客运专线的建立以及大批动车组的采购，客车价值的比重将不断加大。货车占的比重最大，但是技术含量一般，竞争较为激烈。

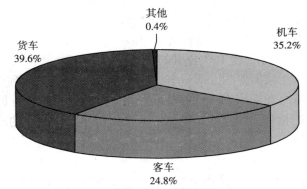

图4-15　车辆投资方面的分类

资料来源：中国铁道年鉴及中银国际研究。

另外，随着我国铁路第六次大提速，高速动车组和重载货车更新换代的需求旺盛，巨额投资带来的是对铁路设备需求的大幅增加，使得中国成为全球铁路产品需求增长率最高的国家。

3. 铁路设备的国产化要求

从国产化比率的角度出发，政府在采购过程中对国内机车车辆制造企业有较大的倾斜。根据国务院《研究铁路机车车辆装备有关问题的会议纪要》，铁道部制定了《加快铁路机车车辆装备现代化实施纲要》，明确了"通过以市场转换技术和自主创新的方式，切实提高我国机车车辆制造业研发、设计和制造水平，增强企业的国际竞争力"。《中长期铁路网规划》提出，我国要快速提升铁路装备水平，早日达到或接近发达国家水平，并要把提高装备国产化水平作为

"十一五"期间和今后铁路建设的一项重要内容来抓。因此，在高速铁路的建设中，铁道部有非常明确的国产化比率的要求，高速铁路的国产化率必须达到70%以上，30%的进口技术和产品将主要集中在动力系统和电控系统上。"十一五"期间铁道部大力发展电力牵引机车，电力机车承担运输工作量的比重将达到80%以上，并且实现交流传动机车的国产化。配套发展适应时速200公里的电力机车，大力发展轴重25吨重载货运机车。2010年机车保有量达到19000台。在研制开发时速200公里及以上动车组关键技术的基础上，结合少量动车组的引进，尽快实现时速200公里及以上动车组的国产化，积极推进时速300公里及以上动车组关键技术的开发、研制，"十一五"期末形成高速动车组制造、检修、运营国产化配套能力。2010年动车组配置达到1000列。由于新投资计划将远远超过原"十一五"规划的投资规模，因此实际的新增车辆以及车辆保有量将大幅度超过"十一五"规划的数量。同时，我国在"十一五"期间还发展适应不同层次旅客需求的新型客车，2010年客车保有量达到4.5万辆。此外，铁道部将大力提升货车整体技术水平，提高货车速度、货车载重量和安全可靠性，积极发展23吨轴重货车和最高时速120公里的新型通用货车，开发不同用途需要的时速160公里的快速货车，大力发展煤炭运输、集装箱运输、特种货物运输需要的专用货车。2010年货车保有量达到70万辆。

总之，铁路运输需求、铁路基础建设、城市发展规划等因素与机车车辆行业的发展密切相关，快速增长的国内需求为机车车辆行业的改革与发展提供了良好的契机与动力。

二、稳步增长的国外市场需求是机车车辆业改革的外在动力

从国际市场来看，轨道交通装备制造业在全球交通运输业的发展中具有举足轻重的地位。随着全球经济的复苏和城市化建设的不断提升，轨道交通运输的市场需求将保持稳健的增长势头，在各类运输方式中的份额将持续升高，并以此拉动未来轨道交通装备制造业市场的发展。根据德国 SCI Verkehr 铁路工业信息咨询公司的相关统计，2008 年全球铁路市场容量为 1255 亿欧元，其中轨道装备的市场容量为 740 亿欧元。亚太、西欧地区和北美自由贸易区是全球最大的三个市场，所占市场份额约为 80%。欧洲占了 38%的市场份额，北美和亚太分别约占 22%和 21%。根据欧洲铁路行业协会（UNIFE）的预测，2006~2015 年，国际市场对整车需求的年均增长率为 1.5%~2.0%，其中机车 2.2%，客车 1.8%，动车组 1.3%，货车 1.5%，城轨地铁车辆 3.3%；对修理服务的需求增长略高于整车，年均增长率约为 2.3%。UNIFE 同时预测，到 2016 年之前整

个铁路设备市场保持 2.5%~3%的年均增速，到 2016 年整个行业的规模将达到 1110 亿欧元，并预计亚太市场将超过北美成为全球第二大的铁路设备市场。

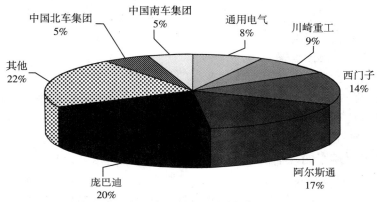

图 4-16　全球铁路设备制造商市场份额

资料来源：UNIFE 及中银国际研究。

　　全球轨道交通装备进入新一轮更新期，加之我国日益完善的制造产业链所带来的竞争优势，以及世界制造中心向中国转移，为中国机车车辆企业开展国际化经营提供了有利时机。然而，国外市场需求虽呈增长趋势，但其面临的是全球机车车辆行业的激烈竞争，只有掌握了核心技术硬实力和体制机制软实力、具有国际竞争力的企业才有可能在竞争中胜出。因此，相对于国内市场来说，我国机车车辆企业要想在国际市场争得一席之地，必须通过深化行业改革，增强企业活力，增加企业效益，增进企业竞争力，最终在国际机车车辆市场中占得一席之地。

三、日趋激烈的国际市场竞争环境是机车车辆业改革的本质要求

　　在国内机车车辆市场，铁路机车、客车、动车组、货车和城轨地铁车辆的新造，主要集中于中国南车和中国北车两集团内，少数其他国内企业涉及货车新造、车辆修理的少量业务。我国加入 WTO 后，铁路市场将在一定时期内逐步向外资开放。就货运而言，2002 年允许外资入股，2004 年允许外资控股，2006 年全面开放市场，铁路市场的开放为国外企业到中国来发展打开了方便之门。特别是近年来我国铁路提速计划的稳步实施和如火如荼的城市轨道交通建设更是吸引了许多外商的关注，并纷纷来华投资。来自国外的竞争者主要包括庞巴迪、阿尔斯通、西门子、通用电气、川崎重工等轨道交通运输装备整车和

零配件生产商。由于产业政策和技术准入壁垒的限制，目前国外轨道交通装备制造企业尚不能在中国国内独立开展整车生产业务，但以上企业通过合资设厂、技术输出、联合体投标等方式已经进入并拓展了中国市场，成为了国内轨道交通装备市场重要的参与者。当前已有 3 家世界知名企业与中国的机车车辆厂合资建厂，落户中国。

1. 加拿大庞巴迪运输公司

加拿大庞巴迪运输公司与长春客车厂共同出资，组建了长春长客庞巴迪轨道车辆有限公司（原长春安达轨道车辆有限公司），主要从事铁路客车、地铁车辆和城市轨道车辆的设计和生产。合资公司总投资 3.438 亿元人民币。现已获得广州地铁 1 号线 156 辆地铁车、深圳地铁 1 号线 114 辆地铁车和上海地铁 1 号线 60 辆增购车的订单。加拿大庞巴迪、加拿大鲍尔公司与四方机车车辆厂共同出资，组建了青岛四方庞巴迪鲍尔铁路运输设备有限公司，主要从事高档客车、普通客车车体、电动车组、豪华双层客车、高速客车及城市轨道车辆的设计制造。合资公司总投资为 6.0087 亿元，其中注册资金 3.662 亿元，中加双方各占股 50%。

2. 德国西门子

西门子（中国）有限公司与株洲电力机车厂、株洲电力机车研究所共同出资组建了株洲西门子牵引设备有限公司，主要从事铁路机车、地铁车辆和轻轨车辆用交流主传动系统的开发设计。公司总投资为 3.43 亿元人民币，注册资金 2.19 亿元人民币。其中，西门子（中国）有限公司出资 1.12 亿元，占 51%；株洲电力机车厂出资 0.7016 亿元，占 32%；株洲电力机车研究所出资 0.3726 亿元，占 17%。现已获得上海地铁 4 号线（明珠线二期）168 辆、广州市轨道交通 3 号线 120 辆地铁车辆的合同订单。

3. 日本株式会社东芝

日本株式会社东芝与大连机车厂共同出资组建了大连东芝机车电气设备有限公司，主要从事铁路机车、城市及城际轨道交通车辆牵引用主变流器、辅助电源装置、监控系统、车辆信息系统及其相关设备的设计制造。公司注册资金 2 亿日元，其中东芝占 50%，东芝（中国）占 10%，大连工厂占 40%。大连机车厂已经获得大连市快速轨道交通 64 辆轻轨车的合同订单。

通过以上合作可以看出，外资在合资企业中所占比例是很高的，在中国获得的成绩是显著的。在目前全球机车行业发展缓慢的情况下，外资进入中国，目的一是通过参股分享中国经济发展的成果，二是实现公司的全球战略布局。中国机车行业的进入壁垒正在被外资企业绕过，中国机车企业和国外机车的竞争在以后将不可避免，并越来越激烈。

四、深化机车车辆行业改革是引进、消化、吸收与再创新行业关键核心技术的根本出路

深化我国机车车辆行业改革的目的是为了增强企业的竞争能力，提高企业的经济效率，为社会创造效益，最终改进和提高社会的整体福利。而机车车辆业的核心能力在于产品关键技术的掌握及新产品、新技术的研发与创新。从"十一五"规划到中长期铁路网规划，我国制定了一系列的产业发展政策，鼓励行业增强自主创新能力、改进核心技术的引进消化吸收再创新能力，这为深化机车车辆行业改革指明了方向、提供了支持。①党的十六届五中全会通过的《中共中央关于制定国民经济和社会发展第十一个五年规划的建议》中指出，"发展制造业关键是全面增强自主创新能力，努力掌握核心技术和关键技术"，要"形成更多拥有自主知识产权的知名品牌"。②全国人大十届四次会议通过的《中华人民共和国国民经济和社会发展第十一个五年规划纲要》中提出，"大力提高原始创新能力、集成创新能力和引进，消化吸收再创新能力"，要"掌握时速 200 公里及以上高速铁路列车、新型地铁车辆等装备核心技术，实现产业化"。③国务院针对铁路运输装备技术引进，确定了"引进先进技术、联合设计生产、打造中国品牌"的原则，在制定的《关于加快振兴装备制造业的若干意见》中提出，"到 2010 年发展一批有较强竞争力的大型装备制造企业集团，增强具有自主知识产权重大技术装备的制造能力，建设和完善一批具有国际先进水平的国家级重大技术装备工程中心"。明确要求"以铁路客运专线、城市轨道交通等项目为依托，通过引进消化吸收先进技术和自主创新相结合，掌握时速 200 公里以上高速列车、新型地铁车辆等装备的核心技术，使我国轨道交通装备制造业在较短的时间内达到世界先进水平"。④《中长期铁路网规划（2008 年调整）》明确了到 2020 年"主要技术装备达到或接近国际先进水平"。⑤《国家中长期科技发展规划纲要 （2006~2020 年）》把交通运输业列为重点发展领域，并把高速轨道交通系统、高效运输技术装备列入了优先主题。明确指出要"重点研究开发高速轨道交通控制和调速系统、车辆制造、线路建设和系统集成等关键技术"，包括"重载列车、大马力机车、特种重型车辆、城市轨道交通等新型运载工具"，"形成系统成套技术"。⑥《铁路"十一五"规划》明确提出主要目标，要基本实现技术装备现代化，运输安全持续稳定，经济效益不断提升，投资主体多元化。

五、后危机时代机车车辆业改革面临的机遇与挑战

以 Bombardier、Alston、Siemens 为代表的全球轨道交通制造企业均在不同程度上受到 2008 年国际金融危机的冲击，资本市场股票面值的波动与走低从一定程度上反映出国际金融危机已经影响到全球轨道交通装备制造企业内部的实体经济。Bombardier 运输部作为全球铁路及高速铁路机车、城市轨道交通设备等的主要供应商之一，在欧洲、北美、亚太等地区具有广泛市场。Bombardier 披露的信息显示，2008 年 Bombardier 运输部季度自由现金流总量持续减少，2008 年全年机车车辆新造新增订单数量有一定程度回落。作为提供车辆、交通运输基础设施、信号、设备维修和全球轨道系统的专业供应商，Alston 运输部 2008 年 5~10 月对比 2007 年同期，在亚太地区的销售收入有所减少，由于部分国家政府面临政治和财务限制，不能大幅度增加税收和发债，导致对基础设施的支出比例下降。由于政府融资渠道问题，已由 Alston 中标的阿根廷地铁项目延迟。Siemens 运输部隶属于 Siemens 工业系统，2008 年第三季度的销售收入与 2007 年同期持平；新增订单有大幅度下降，2009 年第三季度较 2008 年下降 7 亿欧元；息税前利润从 2008 年同期盈利转为亏损 1.97 亿欧元，2008 年第三季度 Siemens 订单额对比 2007 年同期降低近 28%，与此同时，Siemens 运输部也在 2008 年出现利润的负增长。

面对由国际金融危机引发的全球经济放缓，以中国南、北车为代表的我国机车车辆制造企业也将受到由此带来的巨大冲击。然而，与国外大型装备制造企业不同，受中国本土产业发展政策及国际环境的影响，我国机车车辆制造企业在国际金融危机中机遇与风险并存。

1. 后危机时代机车车辆业改革面临的机遇

（1）金融危机背景下的扩大内需政策为机车车辆企业提供了市场保证。为了应对本次金融危机，中国政府已颁布十项扩大内需的发展政策，明确提出加快铁路、公路和机场等重大基础设施建设。铁道部为此对《铁路中长期发展规划》进行修订，明确将客运专线建设目标由 1.2 万公里调整为 1.6 万公里以上，加大繁忙干线客货分线的力度，在维持原"四纵四横"客运专线基础框架不变的情况下，增加 4000 公里客运专线。城际客运系统由环渤海、长江三角洲、珠江三角洲地区扩展到长株潭、成渝以及中原城市群、武汉城市圈、关中城镇群、海峡西岸城镇群等地区；完善路网布局和西部开发性新线，将规划建设新线由 1.6 万公里调整为 4.1 万公里；将增建二线建设规模由 1.3 万公里调整到 1.9 万公里，既有线电气化建设规模由 1.6 万公里调整为 2.5 万公里。中国铁路

建设速度的加快和对机车车辆需求的增大，对于中国轨道交通装备制造企业无疑是较大利好。加强生态环境建设是中国政府扩大内需的十项政策之一。城市轨道交通作为公共交通中最为经济环保的交通方式，是保证城市居民出行和改善生态环境的重要交通运输系统。目前，北京、上海、天津、重庆、广州、深圳、南京、杭州、武汉、成都、哈尔滨、长春、沈阳、西安、苏州等 15 个城市规划在 2015 年之前建成 2400 公里的城市轨道交通线路，总投资规模近 7000 亿元，目前已完成 1000 亿元投资。中国政府扩大内需的政策和中国城市轨道交通业的发展将是中国轨道交通装备制造企业难得的发展机遇。

　　（2）金融危机环境下的政策调整为中国机车车辆企业开展海外并购提供了新的机遇。国际方面，金融危机使一些欧美实体企业陷入资金困境，为缓解企业压力，欧美国家不得不制定政策降低国外企业的投资门槛，这为中国企业实施海外并购提供了难得的发展机遇。国内方面，中国证监会于 2008 年 11 月 11 日发布《关于破产重整上市公司重大资产重组股份发行定价的补充规定》，为相关各方在特定情况下并购重组的定价做出更为灵活的安排，有利于并购活动的开展；11 月 12 日《第一财经日报》报道，《贷款通则》关于借款人"不得用贷款从事股本权益性投资"的规定或将面临修改或废止，这说明央行、银监会积极研究的并购贷款政策可能已经有了实质性的进展，并购贷款这一新的融资方式的推行，将有效推动中国企业的兼并收购力度。

　　（3）后危机时代的经济全球化为机车车辆业的改革与发展提供了技术创新的良好环境。全球性金融危机的爆发使得我们对经济全球化的认识进一步加深，技术的归核化与生产的集约化深入人心。集约化生产向低成本地区的转移成为大势所趋，而机车车辆技术转移的加快，使得技术转让的成本比过去大为降低，这对我们引进先进技术是十分有利的。我国机车车辆业已经具备加快实现现代化的良好基础。不少企业已经具有较强的技术装备和消化能力，拥有一批优秀人才，并有一定的国际技术交流基础，具有技术引进和技贸结合的经验。

　　（4）后危机时代国家对中央企业的大力支持。最近，我国提出振兴装备制造业，将中国发展成为世界的制造中心。机车车辆企业作为我国装备制造业的重点领域之一，正在得到越来越多的重视和支持。温家宝总理在 2009 年《政府工作报告》中就指出，要做强做大装备制造业，落实自主研发重大装备国内依托工程和政府采购制度，着力发展重大成套设备、高技术装备和高技术产业所需装备，提高装备制造业集成创新和国产化水平。特别是中国北车集团公司，其半数所属企业地处东北地区。东北老工业基地的调整、振兴，把轨道交通装备制造业作为重点内容之一。后金融危机时代，中央对国有企业的大力支持和振兴东北老工业基地的战略决策，为中国机车车辆工业的长远发展创造了有利的条件。

2. 后危机时代机车车辆业改革将要迎接的挑战

（1）国际金融危机影响对外贸易市场，国际市场需求面临萎缩。受国际金融危机影响，铁路货运物流领域增速明显放缓，诸如能源、钢铁等初级产品运量下降，外运规模减小，铁路货运市场将受到一定影响，中国铁路路内和路外对货运机车车辆需求增速放缓，并局部出现下降趋势，大秦铁路机车交车时间已延迟，铁道部2009年货车需求量对比2008年明显减少。同时，受石油降价、矿石需求下降等因素影响，一些诸如澳大利亚、巴西和独联体国家等传统海外出口市场运输设备整车需求减少，导致客户需求从原来强调交货期改为要求延期交货；诸如俄罗斯、美国和欧洲等配件出口的主要国家和地区多处于本次金融风暴的中心，经济环境动荡，危机环境下卢布贬值，俄罗斯进口成本提高，注资俄罗斯的欧洲资本撤资，导致部分出口项目价格下调，产品订单需求下降，配件产品出口受到影响。

（2）国际金融危机加速国外企业进军中国市场步伐，国内市场的国际竞争愈演愈烈。发达国家的铁路发展已经进入成熟期，对机车车辆产品的需求相对稳定，而我国目前处于铁路建设与发展的高峰时期。国外机车车辆制造厂家看好中国铁路的发展前景，特别是在金融危机影响下，国外竞争者将注意力纷纷转向中国机车车辆市场，中国市场的争夺异常激烈。我国铁路在机车车辆方面今后的主要投资方向之一是高速和重载铁路及其装备，作为中国铁路轨道交通装备制造双寡头的中国南车和中国北车已与国外先进企业建立联系并成立合资企业，推动高速动车组和大功率机车等技术的引进和国产化。虽然金融危机尚无法撼动中国南、北车双寡头垄断的竞争格局，但国外竞争对手凭借其先进的技术优势和雄厚的资金实力，并动用各种手段参与中国市场竞争的过程，势必对中国民族轨道交通装备制造业造成一定影响。随着我国加入WTO和进一步深化改革，放开外商投资领域的限制，鼓励民营资本进入竞争行业，众多外资、民营企业开始涉足机车车辆行业，今后国有机车车辆工业企业面临的市场竞争环境将更为严峻。如果我国机车车辆企业的产品技术上不去，产品质量没有保证，就会在市场竞争中处于不利位置。市场的规则是无情的，市场的作用是巨大的，行业面临的挑战是相当严峻的。

（3）后危机时代技术创新的挑战：铁路的跨越式发展和技术装备水平的现代化。近年来，铁路连续实施"大提速"工程，并修建客运专线发展时速200公里客运、建设京沪高速铁路和发展重载运输，向国外引进技术、消化吸收并最终实现国内生产的新型内燃和电力机车、动车组和客车已经开始实施。金融危机背景下，为实现铁路运输技术装备水平的快速提升，要求机车车辆业必须加快引进技术和消化吸收的步伐，尽快研制、生产适应铁路客运高速、快速，货运快捷、重载的机车车辆产品，增强产品的可靠性、耐久性，实现技术水平与国际先进水平接轨。因此，机车车辆产品面临技术水平、质量和成本的严峻挑战。

第一，产品技术跨越的严峻挑战。在铁路的跨越式发展中，铁路的技术装备水平将发生重大变化。修建高速铁路，列车运行时速要达到300公里，预留350公里；修建客运专线和城际轨道交通系统，列车运行时速达到200公里以上；有条件的既有干线，提速将达到160~200公里时速；大秦线将开行20000吨重载单元列车；青藏铁路竣工后，采用的是世界一流的机车车辆。这些技术是过去没有掌握的，这样大的技术跨越，是我们面临的十分重大的课题。

第二，产品质量跨越的严峻挑战。随着客运高速、快速和货运重载的发展，对机车车辆产品质量的要求将越来越高，因此我们在产品质量上必须有大的提高。

第三，降低产品综合成本的严峻挑战。现在，铁路营运单位越来越重视机车车辆的综合成本问题，不仅考虑产品的购置价格，而且高度关注产品的维修成本。

第五章 中国机车车辆业改革的历史演变

"以史为鉴，可以知兴替"，机车车辆业的改革与发展是建立在过去改革成就的基础之上的，也是对改革历史的扬弃、完善和变革。深化机车车辆业改革、科学有效地制定机车车辆业改革的模式和路径，推进机车车辆业的振兴与持续快速发展，要求我们在总结过去的基础上开辟未来。本章从我国机车车辆业的历史发展进程、技术发展演变、管理体制变迁、产业政策演变等四个方面入手，以机车车辆业改革的历史发展特点为切入点，总结机车车辆业历史发展进程中的经验教训，分析机车车辆业改革已取得的成就和尚未解决的问题。

我国机车车辆业随着新中国的成立而复兴，随着社会主义建设的发展而成长，随着改革开放的深化而发展。自唐山机车车辆厂前身胥各庄机修厂诞生起，迄今已有130多年的历史。

第一节 中国机车车辆业的历史发展进程

新中国成立以来，中国机车车辆行业历经了五个历史发展阶段：①1949~1952年的生产恢复和发展阶段。据1950年统计，当时全国（不包括台湾省）共有铁路工厂35个，其分布地区是东北7个，华北7个，中南8个，华东8个，西北2个，西南3个。这些工厂管理分散，没有专业分工，装备落后。从20世纪50年代开始，为了调整布局，适当集中使用设备能力和技术力量，撤销合并了一些工厂，划转了少数工厂给其他工业部门，最后归铁道部领导的有20个工厂，分别属于机车车辆制造局和修理局管理。②1953~1980年的机车车辆工业体系的初步形成阶段。这个阶段主要是进行专业化分工的调整。这个阶段用了近30年，国家花了20多亿元，不断调整产业结构和产品结构，对20个老厂进行了多次改造，大大提高了机车车辆工业的生产能力，使这些厂中的大多数成为机车车辆工业的骨干企业；同时从 1954 年开始先后开工建设大同机车厂、长春客车厂和株洲车辆厂、成都机车厂、兰州机车厂等 10 多家工厂，到 1980 年铁道部直属的工厂已达 33 个，研究所 4 个，机车车辆工业体系基本建成。③1981~1990 年的强化改造，扩大能力的阶段。由于长期以来中国铁路运输能力的增长落后于国民经济的增长，铁路运输能力不足一直是制约国民经济快速发展的突出问题，而机车车辆工业又成为铁路内部突出的薄弱环节。从"六五"开始，铁道部逐步加大对机车车辆工业的投资，同时国家利用国内军工和机械行业的部分能力增加机车车辆生产。1986 年 2 月，铁道部召开全国铁路工作会议，做出了打好机车车辆工业翻身仗的战略决策和部署，大力发展机车车辆工业，大幅度提高生产能力和产品质量。机车车辆工业总公司制定了上能力、上质量、上品种、提高经济效益和提高职工队伍素质，为铁路运输服务的"三上、两提、一服务"的方针目标。这一过程，铁道部总投资 32 亿元，其中投资中车系统近 30 亿元，超过了 1985 年前 35 年国家对机车车辆工业投资的总和，机车车辆生产能力得到了极大的提高。④1991~2000 年适应市场经济发展，推进产品"三上"的阶段。在这个阶段，机车车辆系统适应铁路货运重载、客运提速的要求，进一步加强自主研发和技术引进，开展合资合作，实行重点投入，推进产品上质量、上档次、上水平。另外，在这个阶段，机车车辆工业开始在强化主业的同时，向多元化发展，并开始形成一定规模。⑤2000 年 9 月至今，管理体制发生重大变革，市场竞争格局重新划分的阶段。2000 年 9 月，铁道部与中国机车车辆工业总公司正式脱钩，并分立为中国北方机车车辆集团公司和中国南方机车车辆集团公司，行政上不再有隶属关系，从此市场格局与竞争形势发生了根本性变化，机车车辆行业进入一个崭新的发展阶段。

表 5-1   我国机车车辆行业改革与发展历史进程

时间（年）	发展阶段	市场结构	问题	改革与调整措施
1949~1952	生产恢复和发展阶段	全国（不包括台湾省）共有铁路工厂 35 个，其分布地区是东北 7 个，华北 7 个，中南 8 个，华东 8 个，西北 2 个，西南 3 个	工厂管理分散，没有专业分工，装备落后	为了调整布局，适当集中使用设备能力和技术力量，撤销合并了一些工厂，划转了少数工厂给其他工业部门，最后归铁道部领导的有 20 个工厂，分别属于机车车辆制造局和修理局管理
1953~1980	机车车辆工业体系的初步形成阶段	组建大同机车厂、长春客车厂和株洲车辆厂、成都机车厂、兰州机车厂等 10 多家工厂，到 1980 年铁道部直属工厂 33 个，研究所 4 个，机车车辆工业体系基本建成	专业化分工薄弱，行业结构和产品结构不合理	调整行业结构和产品结构，对 20 个老厂进行多次改造，提高机车车辆工业的生产能力，同时从 1954 年开始组建新的机车车辆工厂

续表

时间 （年）	发展阶段	市场结构	问题	改革与调整措施
1981~ 1990	强化改造、扩大产能的阶段	组建中国铁路机车车辆工业总公司	中国铁路运输能力的增长落后于国民经济的增长，铁路运输能力不足一直是制约国民经济快速发展的突出问题，而机车车辆工业又成为铁路内部突出的薄弱环节	铁道部逐步加大对机车车辆工业的投资，同时国家利用国内军工和机械行业的部分能力增加机车车辆生产。机车车辆工业总公司制定了上能力、上质量、上品种、提高经济效益和提高职工队伍素质，为铁路运输服务的"三上、两提、一服务"的方针目标。这一阶段，铁道部总投资 32 亿元，其中投资中车系统近 30 亿元，超过了 1985 年前 35 年国家对机车车辆工业投资的总和
1991~ 2000	适应市场经济发展、推进产品三上的阶段	组建中国铁路机车车辆工业总公司（控股（集团）公司）	机车车辆工业体系远不能适应铁路货运重载、客运提速发展的要求，国产技术以及自主研发能力较落后	开展合资合作，实行重点投入，推进产品上质量、上档次、上水平。同时，机车车辆工业开始在强化主业的同时，向多元化发展，并开始形成一定规模
2000 年 9 月至今	管理体制发生重大变革、市场竞争格局重新划分的阶段	铁道部与中国机车车辆工业总公司正式脱钩，并重组为中国北方机车车辆集团公司和中国南方机车车辆集团公司，行政上不再有隶属关系	管理体制僵化，政企不分，缺乏竞争	对中国机车车辆工业总公司横向拆分为中国南、北车，形成双寡头的竞争格局。中国南、北车制定了国内市场有序竞争、国际市场携手合作的战略原则，积极开拓国际市场，谋求发展空间

资料来源：作者整理。

第二节　中国机车车辆业的技术发展演变

　　我国机车车辆业经过新中国成立以来 50 多年的发展和进步，在机车车辆的技术发展上，大体可分为三个大的阶段，实现了三次历史性的重大技术突破。

　　第一阶段（20 世纪 50~60 年代）：由仅会维修和简单仿制到自行研制出第一代内燃、电力机车和车辆。

　　新中国成立前，我国没有一辆自己制造的机车，少数工厂只能担当维修任务。新中国成立后，从仿造国外机车着手，1952 年制造出第 1 台蒸汽机车，1956 年自行设计制造出和平型蒸汽机车；同时也有了自己生产的客车和货车。

从此，结束了我国自己不能制造机车车辆的历史。1958 年开始制造内燃机车和电力机车。通过仿制，培养了中国自己的技术力量，建立了自己的机车车辆制造业。20 世纪 60 年代初，相继成功开发制造出直流传动 1320 千瓦东风型内燃机车、液力传动 1470 千瓦东方红 1 型内燃机车和采用有级调压交直流传动的韶山 1 型电力机车。同时，研制生产了 21 型、22 型、25 型客车，30t、40t、50t、60t 的通用与专用货车及重型长大货物车。20 世纪 60 年代末，国产内燃、电力机车已经批量生产并投入运营。

第二阶段（20 世纪 70~80 年代）：实现机车车辆更新换代，结束蒸汽机车为主的历史，进入牵引动力内燃、电化的新时代。

伴随着我国改革开放，铁路机车车辆工业进入了成长期。20 世纪 70 年代，在引进、消化国外产品的基础上加强自主开发，研制了东风 4 型（2210 千瓦）及其系列产品东风 4B 型、东风 4C 型（2650 千瓦）、东风 4E 型（双节重载）、北京型（1990 千瓦）、东风 8 型（3310 千瓦）等客货内燃机车，以及东风 7 型、东方红 5 型调车内燃机车；研制成功了采用级间相控调压、交直流传动的韶山 3 型电力机车，采用相控无级调速技术的韶山 4 型及其改进型的电力机车系列。进入 20 世纪 80 年代，铁路抓住扩大开放的机遇，利用技贸结合的方式引进国外机车产品，通过消化吸收，自主创新，在内燃机车的柴油机、电力机车的控制技术、半导体技术等核心技术领域取得了突破，大幅度提高了国产电力、内燃机车的技术水平和工艺水平。1988 年 12 月 21 日最后一台为路用制造的蒸汽机车出厂，并从此停产，宣告我国铁路牵引动力以蒸汽机车为主的时代结束。与此同时，我国自行研制的东风 5、东风 6、东风 7、东风 8 型大功率内燃机车，韶山 4、韶山 6、韶山 7 型电力机车，以及应用新型转向架、制动机、车钩、缓冲器的客车和货车，技术含量不断提高，制造工艺日趋成熟，为铁路扩能重载，提供了急需的技术装备。在 25 型客车的基础上，又研发了空调客车和空调列车组客车，并于 20 世纪 80 年代末研制出了性能更好的 25A 型客车；货车也相继推出一批载重、运行速度、装卸机械化程度与制动性能更好的换代产品。

第三阶段（20 世纪 90 年代至今）：机车车辆产品开发进入高科技领域，开始步入当代以高速列车为标志的新进程。

20 世纪 90 年代初，为了支持铁路运输业应对日趋激烈的竞争形势，机车车辆工业着手研制提速机车车辆，取得了重大突破。与此同时，铁路机车车辆工厂通过密集投资，引进和自行研制了先进的工艺装备及生产线，进行了大规模的技术改造，制造工艺和开发能力上了一个新台阶。进入 20 世纪 90 年代中期，国民经济和社会发展对铁路运输提出了更高的要求，高速公路和航空运输的发展也使铁路面临严峻挑战。铁路必须加快现代化，实现"高速化、重载化"。一批采用了新技术、新材料、新工艺，在速度、性能方面取得重大突破的第三代机车车辆新产品相继问世。东风 9、东风 11、东风 10F、东风 4D 型内燃机车，以及韶山 5、韶山 8 型客运电力机车时速均达到 140~160km 的准高速；东风 6 型、东风 8B 型重载内燃机车，韶山 4 型、韶山 4C 型、韶山 7B 型等重载电力机车满足了铁路主要干线牵引 5000t 的需要。同时，研制出了提速客车、准高速空调客车、双层客车、高质客车与豪华客车以及多种新型快速动车与动车组。货车车辆也迅速向快速、重载发展，研制出了 25t 轴重、低动力作用、时速 90~100km 的敞车，P65 型时速 120km 的行包快运棚车，XIK 型集装箱快运平车等。1994 年 12 月 22 日广深线准高速列车正式通车，标志着我国铁路从此进入快速运输的新时代。从 1997 年 4 月 1 日开始到 2001 年 10 月 21日铁路连续四次大范围提速，全路已经形成了"四纵四横"的提速网络，提速延展里程达 13000km，覆盖了全国大部分地区和主要城市。与提速前相比，铁路客车平均速度提高了 25%，特快列车时速从 120km 提高到 140~160km，从根本上扭转了我国铁路列车速度长期在低水平徘徊、不适应市场需求的局面。经过计划中的 2003 年、2005 年两次大提速，提速延展里程达到 16000km。为了确保后两次大提速的成功，积极研发摆式列车和开展时速 120km 快运货车配套技术的研究。为西部大开发标志工程——青藏铁路提供的适应高海拔、高寒、缺氧环境的机车车辆也投入使用。目前，我国铁路机车车辆业正处于技术升级换代的关键时期。从 2000 年起，10 年内要完成内燃、电力机车的直流传动向交流传动的过渡，要从准高速发展到高速。1999 年 8 月 16 日开工建设的秦沈客运专线全线按时速 200km 设计，其中有 6618 km 的试验段要达到 300km/h。2002 年 9 月 10 日时速 200km 的"先锋号"动力分散型交流传动电动车组在秦沈专线创造了 292km/h 的最高纪录，不久，于 2002 年 11 月 27 日又被具有完全自主知识产权、时速 270km 的"中华之星"交流传动电动车组以 321km/h 打破。2003 年小批量生产上述两种动车为秦沈专线正式运营提供技术装备。同时，将着手时速 330km 动力分散型高速动车组和接触网系统的研究。

表 5-2　我国机车车辆业的主要技术成果

时间	技术水平	代表车型
20 世纪 50 年代	1952 年制造出第一台蒸汽机，1958 年开始制造内燃机车和电力机车	
20 世纪 60 年代	国产内燃、电力机车已经批量生产并投入运营	
20 世纪 70 年代	在引进消化基础上，自主研制了第二代内燃、电力机车	东风 4 型、韶山 3 型

续表

时间	技术水平	代表车型
20 世纪 80 年代	通过消化吸收，自主创新，在内燃机车的柴油机、电力机车的控制技术、半导体技术等核心技术领域取得了突破，大幅度提高了国产电力、内燃机车的技术水平和工艺水平	东风 5、东风 6、东风 7、东风 8 型大功率内燃机车和韶山 4、韶山 6、韶山 7 型电力机车，应用新型转向架、制动机、车钩、缓冲器的客车和货车
20 世纪 90 年代	以批量生产重载、提速机车车辆为标志，已形成较强开发制造能力的机车车辆工业体系。在研制生产满足重载需要的机车车辆后，又成功开发提速客车	东风 4D、东风 11、韶山 8、韶山 9 等提速机车和 25 型提速客车
2000~2002 年	具有自主知识产权的交流传动电力机车落成出厂。25 吨轴重的运煤专用货车在大秦线投入使用。载重 70 吨的通用货车投入批量生产	"奥星"、"先锋"、"中华之星"交流传动电力机车和电动车组动力车；C80、C76 型货车
2003 年以来	CRH1、CRH2 型 200km/h 及以上动车组成功研发，20000t 级货运重载列车技术、准高速内燃动车技术、高速交流传动机车技术达到世界先进水平。2010 年 9 月 28 日"和谐号"CRH380A 新一代高速动车组投入沪杭高铁运营，最高时速达 416.6 公里，刷新世界铁路运营试验最高速	"新曙光号"准高速内燃动车组、"先锋号"200km/h 动力分散型交流传动电动车组；"中华之星"270km/h 高速交流传动动车组；CRH1、CRH2 型 200km/h 系列动车组；"和谐号"CRH380 型新一代高速列车

资料来源：中国铁道部，中国铁道科学研究院。

第三节 中国机车车辆业的管理体制变迁

新中国成立之初，铁道部成立厂务局管理铁路工厂。1952 年 8 月，厂务局改组为机车车辆修理局管理修理工厂，另设机车车辆制造局管理制造工厂。1953 年，由于工业结构调整，机车车辆制造工厂划归第一机械工业部，一机部成立机车车辆工业管理局对这些工厂进行管理。1958 年，机车车辆制造厂回归铁道部，铁道部成立机车车辆工厂管理总局管理全部机车车辆制造和修理工厂。1970 年，铁道部与交通部合并，工业总局及其所属机车车辆工厂和研究所，都改由新组建的交通部管辖。1975 年 1 月，铁道部与交通部分开，隶属关系恢复。1949~1985 年，尽管机车车辆工业企业隶属关系不断发生变化，但企业的名称、性质及上下管理方式却没有发生改变。各厂厂名前都冠"铁道部"名，管辖者都是政府的行政部门。1986 年，"铁道部工业总局"正式改为纯企业性的"铁道部机车车辆工业总公司"，总公司对所属厂所不再是纯行政管理关系。1989 年，总公司更名"中国铁路机车车辆工业总公司"。1994 年 3 月，根据铁道部有关文件，中车公司所属工厂的名称前不再冠"铁道部"字样，并将"工厂"前的"工"字删除。1996年,中车公司正式改组为控股公司,接着齐齐哈尔厂改组为齐车(集团)公司,戚墅堰、资阳、成都三厂联合组建为南方(集团)公司,虽然隶属关系未变,上下关系及内部之间关系却发生了新的变化。2000年,按照国务院批准的铁道部、国家经贸委《关于铁路非运输企业政企分开方案的请示》精神,原中国铁路机车车辆工业总公司改组为中国北方机车车辆工业集团公司和中国南方机车车辆工业集团公司,并与铁道部脱钩,机车车辆市场形成双寡头垄断市场结构。国内北车集团包括:三个内燃、电力机车制造工厂,两个客车制造工厂,三个货车制造工厂;两个研究所以及部分机、客、货车修理厂、配件生产厂。南车集团包括:三个内燃、电力机车制造工厂,两个客车制造工厂,四个货车制造工厂;两个研究所以及部分机、客、货车修理工厂、配件生产厂。南、北两个机车车辆集团公司实力大体相当,从业人数均为10余万人,资产总额均超过200亿元,销售收入均在100亿元以上。

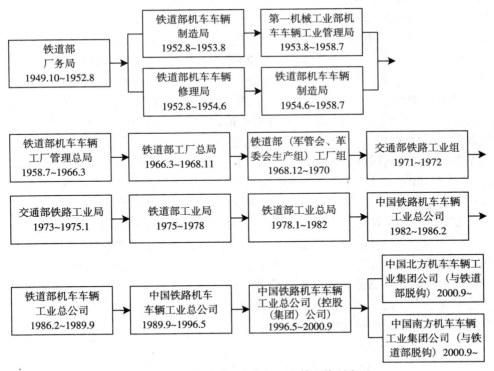

图5-1　中国铁路机车车辆工业管理体制变迁

资料来源:中国铁道科学研究院。

第四节　中国机车车辆业的产业政策演变

1999 年开始，为降低城市轨道交通建设投资，提高设备技术水平，促进轨道交通产业发展，国家先后发布了一系列有关城市轨道交通设备国产化文件，提出城市轨道交通设备国产化的目标、方针、政策以及组织和管理办法。1999年和 2001 年，国务院办公厅转发国家计划委员会《关于城市轨道交通设备国产化实施意见》〔国办发（1999）20 号〕和《关于城市轨道交通设备国产化实施方案》〔计产业（1999）428 号和计产业（2001）564 号〕，提出要确保城市轨道交通车辆和机电设备平均国产化率不低于 70%，其工作重点是车辆和信号系统，并确定了车辆和信号系统的定点生产企业。2002 年，国家计划委员会印发《加快城市轨道交通设备制造业发展的若干意见通知》〔计产业（2002）913号〕，要求深化城市轨道交通设备国产化工作，加强专家队伍建设。各相关企业要抓住机遇，注意引进和借鉴国外先进技术，培养产品研发和系统集成能力，降低产品成本，提高市场竞争力。2003 年，国务院办公厅发布《关于加强城市轨道交通建设管理的通知》〔国办发（2003）81 号〕，指出发展轨道交通应坚持"量力而行、有序发展"的方针。提出了轨道交通建设标准、安全管理、经营体制和国产化的具体要求。文件要求拟建城市要认真贯彻设备国产化的有关政策，积极采用国产设备，促进国内设备制造业发展。2005 年，国家发展和改革委员会印发《城市轨道交通建设项目机电设备采购规则的通知》〔发改办工业（2005）2084 号〕，提出城市轨道建设项目机电设备采购核定的范围、组织、程序、标准和相关责任，从而规范城市轨道建设项目机电设备的采购核定程序。2006 年，国务院发布《关于加快振兴装备制造业的若干意见》〔国发（2006）8 号〕，提出以城市轨道交通项目为依托，通过引进消化吸收先进技术和自主创新相结合，掌握新型地铁车辆装备等核心技术。要求以科技进步为支撑，大力提高装备制造业自主创新能力，以系统设计技术、控制技术与关键总成技术为重点，增加研发投入，加快提高企业自主创新能力和研发能力，对城市轨道交通设备国产化提出了新要求。

第五节 中国机车车辆业改革取得的初步成就

一、机车车辆主产品基本实现"三上"目标，达到国际 20 世纪 80 年代末、90 年代初先进水平

在"七五""八五"期间机车车辆产品生产能力以及工业翻身仗取得全面胜利的基础上，"九五"期间，按照重点投入、择优扶强的原则，铁道部对机车车辆工业重点企业、重点产品，加大集中投入的力度，加快技术改造的步伐。1996~2001 年，铁道部向机车车辆工业系统投入资金（含无偿投入和低息贷款）共计 363869 万元（共安排了 50 多个大型重点投入技改项目，以及若干低息贷款、节能环保和结构调整项目），促进了机车车辆产品"上质量、上档次、上水平"。我国机车车辆工业系统的生产规模和数量、产品水平和品种基本适应我国目前铁路运输发展的需要，为铁路运输提高能力、扩大市场份额、顺利实施五次"大面积提速"做出了贡献。

二、机车车辆产品研发能力显著增加，产品不断升级换代，新产品推出步伐加快

机车车辆工业系统在"九五"期间广泛采用计算机辅助设计技术，机车车辆产品实现了三维设计、模拟仿真、并行设计和关键部件优化分析，提高了产品设计开发水平，缩短了试制与试验周期，加快了新产品开发步伐。一批先进的试验、检测设施建成投用，自主研发、设计的能力明显增强。机车牵引动力全面淘汰了蒸汽机车的造修，实现了牵引动力的内燃和电气化，先后开发生产了东风 11、东风 4 系列，以及韶山 8、韶山 7 系列等多种提速机车；客车形成了提速客车、空调客车和普通客车等系列产品，并形成批量生产能力，产品档次和内装饰水平普遍提高，旅客乘车条件明显改善；新造货车通过消化吸收美国技术，推广采用交叉杆式新型转向架，提速、专用、新型车辆投入批量生产；高速受电弓、旅客列车集便系统产品通过引进技术、消化吸收和合资合作，已经实现产业化生产规模；通过国家计委高技术司批准立项的时速 270km 高速动车组研制项目圆满完成，试验速度超过时速 300km，为我国铁路发展客

运快速和高速列车进行了技术储备。

三、机车车辆关键生产工艺和装备水平改善，产品质量总体水平显著提高

通过"九五"期间重点投入技术改造，机车车辆产品生产的主要工艺和装备得到明显改善。树脂自硬砂铸造工艺逐步推广使用，提高了铸钢摇枕侧架、柴油机机体、曲轴、箱体、阀类等铸件的产品质量；钣金下料、切割、焊接等工艺采用数控设备、激光方式和焊接机械手，提高了板材下料、车体钢结构的水平；热处理工艺采用可控气氛炉、真空炉等先进工艺提高了产品内在质量；新型喷烘漆房、喷漆机械手的采用保证了产品外观质量，改善了工人作业环境，减轻了劳动强度；一大批数控、精密、柔性加工设备替代普通机床，高、精设备的比重提高 10% 左右，机车车辆转向架、钢结构、柴油机、齿轮、电机等关键部件及关键工序的加工基本采用具有国际先进水平的数控加工设备。货车检修完成了"十条工艺线"的建设，检修货车的质量明显提高。通过"装备保工艺、工艺保质量"，机车车辆产品的质量水平总体好转，适应了铁路运输"提速、重载"发展需要。电力机车厂修走行公里由 120 万公里提高到 200 万公里，内燃机车厂修走行公里由 80 万公里提高到 120 万公里，机破事故率由每 10 万公里 0.40 件降低到 0.15 件。连续五年杜绝了因产品质量而造成的行车重大责任事故。

四、机车车辆企业服务意识不断增强，市场开拓取得一定进展

为适应我国市场经济发展和市场竞争环境，我国机车车辆工业企业进一步转换机制、转变观念，不断强化服务意识，提高售后服务水平，大力开拓国内外市场。机车车辆工业企业各级领导定期走访铁路局、分局和基层站段用户，了解用户的意见、反映和建议。各机车车辆主机厂定期举办用户座谈会、操作使用和维护业务培训班，并在部分重点区域、重点客户单位设立维修服务中心，加强现场质量跟踪和售后服务。同时，加大国际市场的拓展、开发力度，部分机车车辆整车产品和关键配件已经打入国际市场，出口比重逐年增加，销售领域逐年扩宽。目前我国机车车辆产品（包括整车和零部件）已经销售到东南亚、中东、非洲及欧美等 30 多个国家和地区。特别是取得了出口伊朗地铁、伊朗内燃机车、坦赞铁路机车、美国 GE 公司电机配套件等大宗项目合同。

五、机车车辆业的改革和改制不断深入，企业综合实力普遍增强

中国铁路机车车辆工业系统 2000 年从铁道部"脱钩"后，改组为中国南方机车车辆工业集团公司和中国北方机车车辆工业集团公司，两者成为隶属国资委直接管理的大型国有集团公司。中国南、北车所属企业大部分都改制为有限责任或股份公司，初步建立了现代企业制度。通过落实中央 859 号文件精神，中国南、北车均进行了分离辅助、剥离后勤的改革，实现了减人增产、减员增效；工资分配和人事制度改革进一步深化，企业基本实现从计划经济向市场经济、从粗放管理向集约经营的转变。同时，企业管理基础工作逐步加强，一批企业成为厂区绿化整洁、现场文明有序的"花园式"工厂。企业文化建设、职工队伍建设、精神文明建设也都取得新硕果。

第六节　中国机车车辆业改革中尚未解决的问题

一、我国机车车辆业改革中存在的不足

（1）机车车辆行业尚未形成有效竞争的市场格局。机车车辆行业虽然形成了中国南、北车双寡头市场竞争结构，但是二者集中于不同的优势领域，中国南车在电力、内燃机车新造和内燃机车、客车修理等方面市场占有率较高，中国北车在客车新造和电力机车修理方面占有较高的市场份额，只是在货车新造和修理方面展开有限竞争。暂且不论二者是如何形成了自身相对优势市场地位的，单就目前的市场状况而言，相互进入对方市场难度较大，成本较高。而在货车制造、普通机车及客车的制造方面也只是存在有限竞争，且大企业大而不强，产业带动作用不大，不能实现规模化经营和集团化运作，难以面对跨国公司竞争；小企业小而不专，协作能力差。

（2）产权结构上仍然存在股权结构相对单一、国有股一股独大的问题。中国南方机车车辆工业集团公司持有中国南车股份有限公司 56.75% 的股份，北京铁工经贸公司持有中国南车股份有限公司 0.82% 的股份，境外法人 HKSCC NOMINEES LIMITED（香港中央结算有限公司）持股 17.03%，其他社会公众以

投资基金的形式持有 25.4%的股份,① 而中国北方机车车辆工业集团公司亦持有中国北车股份有限公司 61%的股份。② 由此可见,我国机车车辆行业存在股权构成相对单一,国有股权占据绝对控制地位,且一股独大现象严重的问题。产权结构的单一、国有股一股独大不可避免地会出现外部治理软弱、内部治理不完善等问题。

(3)公司治理上存在法人治理重结构轻系统、市场化的激励约束机制不健全、人力资源体系建设落后等问题。中国南、北车的先后上市保证了企业在治理结构形式上的完善,然而法人治理结构的完善并不一定意味着公司治理的有效性。有效的法人治理不但需要治理结构的完善,更重要的是法人治理的系统性、规范性和可执行性。系统的有效的法人治理应该表现在:董事会、监事会制度应健全且得到严格执行;董事会成员应行使产权代表的职责并予以严格考核;股东大会对经营层的有效监管,使经营者与股东的利益目标趋于一致;市场化方式进行证券化的监督。而重中之重则在于有效的激励约束机制的建立与健全。目前我国机车车辆企业普遍存在约束不力而激励不足的问题,同时机车车辆企业在法人治理的系统性和有效性方面做得还远远不够。另外,由于缺乏市场化的、流动的人力资源市场,如企业家市场、经理人市场、技术人员市场等,使得人才的进入与退出均较难,人才的选拔、使用、淘汰、退出等机制要么不存在,要么也较落后,从而使得机车车辆行业难以建立起支撑其发展的有效的人力资源体系。中国南、北车集团中,大专以上学历人员和各类专业技术人员各约占人员总数的 1/4,与国际机车车辆行业相比,我国机车车辆行业人力资源结构单一、专业技术人才总量少、比例低。

(4)行业规制上存在政出多门、多头审批、多头监管的问题,且规制部门独立性不强。中国南、北车集团隶属于国资委管辖,而铁道部与工信部共同对机车车辆业进行行业监管,发改委则行使价格管制的职能。规制部门分工过细,性质趋同,职责交叉,不可避免地将出现监管职能的越位、错位、不到位等问题。同时铁道部作为机车车辆产品最主要的买方,无法保证其作为规制部门的独立性,有可能出现政企同盟的"规制俘虏"③ 现象。

---

① 资料来源:中国南车 2009 年报。
② 资料来源:中国北车 2009 年报。
③ 规制俘虏理论作为规制实证分析学派对规制动机的一种解释,由斯蒂格勒于 20 世纪 70 年代初提出。规制俘虏理论认为:规制的提供正适应产业对规制的需求(即立法者被规制中的产业所控制和俘获),而且规制机构也逐渐被产业所控制(即规制者被产业所俘虏)。规制俘虏理论的基本观点:不管规制方案如何设计,规制机构对某个产业的规制实际是被这个产业"俘虏",其含义是规制提高了产业利润而不是社会福利。

（5）机车车辆产品价格形成机制不透明，市场化定价机制尚未形成。市场的资源配置功能本质上是价格机制的调节作用，相对价格体系的形成会使得稀缺的资源流向生产率更高的部门和企业，从而实现资源的有效配置，而这一切均源于市场的有效竞争。机车车辆业有效竞争的市场格局并未实现，且机车车辆产品的购买采用的是铁道部采购的方式进行的，从而经济学意义上的生产成本和交易成本均难以科学核算，这对产品的市场化定价产生困难，从而对资源配置的有效性、机车车辆行业的效率难以评价和估计。

二、我国机车车辆业发展中存在的差距

（1）与铁路跨越式发展的要求相比还有一定的差距。①在产品质量方面，机车车辆产品的可靠性、耐久性尚不适应铁路运输发展的要求。特别是关键零部件的质量不稳定，对行车安全存在威胁，一些"小而广"的质量问题没有彻底消除，对铁路运输的形象产生不利影响。随着铁路运输进一步发展提速、重载，对机车车辆产品的内在质量、性能水平、使用寿命、阻燃防火等提出了更新、更高的标准和要求。②在产品水平方面，机车车辆产品的整体性能水平还有待提高。目前我国铁路客运行驶速度偏低，特快列车的平均时速160公里，远低于欧洲、日本等国家和地区的行车速度。牵引动力的单机功率偏小，列车微机控制、信息网络等技术还没有广泛采用。货车自重大、载重小，现有货车钢结构、转向架尚不能满足货运进一步提速的发展需要。③在产品档次方面，普通旅客列车的乘车舒适性、功能完备性较差。列车运行过程中纵向冲动大，车内噪声大，中长途客车的饮水、空调、集便、通信、娱乐等服务配套设施功能不齐备。车体结构和材料的设计、选用不合理，内装饰水平不高。专用、新型货车的比重较小。

（2）与国际同行业相比还有较大的差距。①在关键技术的掌握、运用上：客车方面，日本新干线40年前已经运用了客运达到时速200公里的成套技术，目前商业运行速度已达到时速400公里，我国机车车辆产品目前只能适应客运时速160公里的需要；货运方面，美国运用了万吨重载列车的成套技术，我国机车车辆产品目前只能适应货运重载5000吨的运行需要；在机车传动方面，发达国家已经普遍采用交流传动技术，而在我国机车车辆上的应用刚刚处于试验开发阶段。②在开发试验的理念、手段上：我国机车车辆产品的开发、设计在标准化、系统化、模块化、信息化方面与国外相比还有较大差距。产品标准体系尚不完备，指标与国际水平有一定的差距；产品系列化开发缺乏统一规划，重复开发、浪费现象比较严重；产品模块化设计、生产刚刚起步；信息技

术运用不广泛，计算机辅助设计开发应用不够普及，特别是新产品的开发试验主要依靠线路考验的方式，缺乏先进、配套的试验手段。③在企业生产的规模、方式和布局上：我国铁路机车车辆工业系统结构不合理的问题十分突出。历史上形成的企业产品结构趋同、重复开发生产、相互压价竞争现象严重，主机企业大而全、小而全，影响了核心竞争力的发展；基础零部件生产点多、分散、重复，生产集中度达不到规模经济的批量标准。与国外同行业生产专业化、社会化、规模化的格局形成较大反差。

（3）与国内先进水平企业相比还有一些差距。①在经营发展的规模上：近年来，我国机车车辆工业（包括中国南车和中国北车）年销售收入保持在300亿~400亿元，与国资委管理的大型企业集团（如中石油、中石化、中国电信、中国移动）每年数千亿的销售规模相比，与国资委管理的其他大型机械行业企业集团每年数百亿的销售规模相比，都有一些差距。②在生产经营的效果上：机车车辆工业2000年从铁道部"脱钩"后隶属于国资委管理，在国资委管理的大型企业集团中，机车车辆行业的利润总额、资产收益率发展能力等经营效绩指标也略低于平均水平。表明机车车辆行业的资产运营效率已经接近社会平均利润率，需要通过努力在投资回报、扩大投资收益上有一个较大的提高。③在企业管理的体制上：我国机车车辆行业仍然是以国有资产为主体的国有企业，所属部分企业进行了改革、改制和建立现代企业制度，但上市公司（南车集团有时代新材橡塑、南方汇通两家）、合资企业的数量很少，存在一股独大、责权不清、企业办社会、包袱沉重等问题。④在人员素质和思想观念上：我国机车车辆行业作为比较传统的产业领域，在职工队伍培养、建设过程中还存在高层次人才缺乏、普通人员相对过剩的问题，从岗位结构来看，管理、后勤服务人员比重较大，工程技术人员比例明显偏小，高等级的技术工人后继乏人。⑤在人员思想观念上：传统的"等、靠、要"的观念比较严重，创新、开拓、服务的意识比较薄弱，特别是在"用户至上、售后服务、保证质量"等产品服务的意识方面与海尔、海信、联想、平安等知名公司相比还有一定差距。

（4）行业技术水平较低、标准化体系尚未形成、知识产权薄弱。我国机车车辆行业已经具备了向市场提供中等技术水平的机车车辆和成套产品的能力，但与国外先进水平相比，在技术水平、产品成熟程度和可靠性等方面还存在较明显的差距，系统集成能力不强。根据相关行业政策的规定，外国机车车辆企业必须与国内企业联合成立合资企业才具有招标资格。国外企业往往采取与国内最弱的企业合作且只提供最粗的加工技术的手法，来实现控制和占领我国市场的战略。在进行合作谈判时，往往将核心技术隐藏，并对所转让提供的基本技术限制改进，如果改进须报总部批准，从而实现对整个技术的控制。另外，目前我国机车车辆有关行业标准、规范滞后，并且不健全，导致不同城市机车、车辆和机电设备标准不统一，未能形成大规模的行业化生产，导致各地投入加大、重复研究工作较多、资源不能共享，阻碍了机车车辆行业整体水平的提高。

第一，产业总体技术能力不高。虽然我国机车车辆工业已取得了显著业绩，但与国民经济发展对铁路运输能力的要求和与世界先进水平相比，均有较大差距。其最主要原因是我国机车车辆工业技术创新能力不足，特别是与法国阿尔斯通、德国西门子、日本川崎重工、加拿大庞巴迪等世界著名机车车辆企业相比，技术创新能力存在明显差距。在机车车辆基础理论及技术研究和储备方面还存在不足，对机车车辆装备可靠性的研究基本处于萌芽阶段，且装备的可靠性几乎没有具体的定量指标；在可靠性评估理论与试验技术、可靠性标准体系等研究方面，同样存在严重不足。高速列车和重载运输机车车辆，是机车车辆技术水平的集中反映。在这两方面，我国机车车辆与世界发达国家存在明显差距。

表 5-3　中国机车车辆技术与国外先进水平的比较

	对比指标	先进国家	中国
高速列车技术	试验速度	515.3 公里/小时	321.5 公里/小时
	运营速度	300 公里/小时	200 公里/小时
	系统集成能力	很强	较弱，具备一定基础
	车体技术	车体结构型式趋于从普通钢制车体向不锈钢车体、铝合金车体发展	还缺乏深入的研究和成熟的经验
	转向架技术	高速列车转向架完成了从有摇动台——无摇动台——无摇枕——半主动或主动控制的技术发展过程	在主动、半主动振动控制技术方面，还处于研究、试验阶段
	交流传动技术	运用了技术先进、成熟可靠的交流传动系统，形成了"电压型交直交变流器+异步牵引电动机"的基本系统型式	少部分装车应用，但可靠性、耐久性有待提高
	列车网络控制技术	列车通信网络已成为列车控制的神经中枢	系统可靠性待验证
	制动技术	已经从自动制式向直通制式发展，且智能化程度不断提高	直通式电控制动技术还不成熟
重载运输技术	最大轴重	35 吨	25 吨
	最大牵引重量	99734 吨	20000 吨
	交流传动大功率机车技术	广泛应用	主要采用直流传动
	电控空气制动技术	成熟应用	引进使用
	机车同步操纵控制技术	成熟应用	刚刚起步

资料来源：转引自陈春阳，李学伟. 中国机车车辆业技术创新模式研究 [J]. 中国软科学，2006（12）

第二，引进消化吸收再创新能力薄弱。消化吸收本质上是对先进技术的学习过程，是后起国家追赶先进国家发展过程中积累和形成自有技术能力的一条捷径。从近年来我国机车车辆业发展历程来看，我国虽然引进了一些国外机车车辆关键部件和重要配件的先进技术，但消化吸收再创新，特别是在突破性再创新、形成具有国际竞争力的技术和产品方面，还存在严重不足；引进的交流传动技术还未全面掌握，甚至对有些技术问题还没有透彻认识，更谈不上突破性再创新。我国在高速动车组的设计中，对可靠性、可使用性、可维护性和安全性（RAMS）、模块化、人性化设计理念和方法的应用还处于起步阶段。从设计角度讲，缺乏对各子系统间相互作用的分析研究，产品的系统集成效果差。因此，尽管大规模的引进使我们的产业规模和制造能力有了大幅度提升，但产业技术能力和自主创新能力的成长速度与技术引进的大规模程度并不匹配，产业发展的关键技术依然受制于人。究其原因，对引进技术的消化吸收长期缺乏足够重视，只引进而不消化吸收，始终是影响我国机车车辆业技术进步的一个重要问题。配套消化吸收经费投入的不足，直接导致消化吸收能力薄弱，严重影响了产业自主创新能力的提高。

第三，以企业为主体、产学研结合的技术创新体系尚未形成。我国机车工业技术创新体系不健全，主要表现在：①机车车辆制造企业尚未真正成为技术创新的主体，自主创新能力不强；②铁路运输企业在推动机车车辆技术创新中的作用不足；③机车车辆制造业与铁道部脱钩后，铁道部在推动机车车辆技术创新中的作用定位不明确；④机车车辆制造企业与铁路科研院所（如铁科院）、高校（如西南交通大学、北京交通大学等）等科技资源尚未形成高效的以建立企业为主体、产学研结合的紧密型技术创新体系；⑤行业创新团队没有形成，人才资源分散，激励优秀人才、鼓励创新创业的机制还不完善。

第四，技术标准和知识产权管理体系不健全。对于铁路机车车辆装备，国际上有比较完善的标准体系：与机车有关的国际标准主要有150、IEC、UIC等，另外还有一些国外标准如 AAR、JIS 等；货车标准主要是 AAR 标准；与客车有关的国际标准主要有 UIC、150、IEC、JIS、NF（法国国家标准）等；机车车辆工艺标准主要是 150、AAR、ASTM 等国际国外标准。我国机车车辆标准的国际采标率较低，并且国内现有的技术标准体系仅能满足 160 公里/小时及以下动车组的要求，至今还没有形成可遵循的、完整的 200 公里/小时及以上动车组的设计制造、运用检修和试验检测的技术标准体系。在知识产权方面，我国机车车辆业的专利数量虽处于逐年上升的态势，但相比国外企业专利数量仍不多，且质量不高，大都是核心技术的外围产品和实用型专利。相反，国外竞争对手正在不断侵入我们的机车车辆产品市场，并在技术上形成了包围态势。截至 2005 年底，德国西门子公司、加拿大庞巴迪公司、日本东芝公司、日本三菱公司、荷兰 Ansaldo Signal NV 集团、瑞士 ABB 公司、法国阿尔斯通公司、法国阿尔卡特公司、美国通用电气公司等 9 家与机车车辆行业密切相关的企业共计在我国申请各类专利 21521 件，其中发明专利达 20155 件。

第六章　中国机车车辆业改革的指导思想和总体思路

中国机车车辆业是关系国计民生、在国民经济和社会发展中具有重要地位的国家支柱产业，对机车车辆业的改革应该慎重研究，对症下药。因此，有必要明确我国机车车辆业改革的指导思想、总体思路和目标模式，避免把改革导入错误的方向。

第一节　中国机车车辆业改革的指导思想

一、垄断行业改革的指导思想

1. 诺思：制度变迁理论

作为新制度经济学卓越的代表人物，道格拉斯·诺思教授对制度变迁理论作了详尽的阐述，并就制度变迁的推动作用进行了分析。他将制度作为内生变量进行经济史学研究，力求以制度变迁来解释经济增长。诺思认为制度变迁同"技术进步对于经济增长而言"有类似的作用，即"推动制度变迁和技术进步的行为主体都是追求利益最大化的"，"制度变迁的成本和收益比较对促进或推迟制度变迁起着关键的作用，只有在其收益大于预期成本的情形下，行为主体才会去推动直至最终实现制度的变迁，反之亦反，这就是制度变迁的原则"。[①]当这一原则得到满足时，创新者才有动力通过制度创新形成规模经济、使外部性内部化、规避风险和降低交易费用，才能使人们的总收入增加，创新者才能在不损失任何人利益的情况下获取收益。诺思将制度变迁的一般过程分为五个

---

① 道格拉斯·C.诺思. 制度、制度变迁与经济绩效 [M].上海：上海三联书店，2008

步骤：①形成推动制度变迁的第一行动集团；②提出有关制度变迁的方案；③根据制度变迁的原则对方案进行评估和选择；④形成推动制度变迁的第二行动集团；⑤两个集团共同努力去实现制度变迁。同时他还指出，制度创新的主体分为三种不同的层次，即由个人、团体、政府来分别承担创新职责的制度创新。诺思的理论奠定了制度变迁理论模型的基础，关于制度变迁的五个步骤理论基本符合我国经济制度变迁的轨迹。

2. 拉坦：诱致性制度变迁

拉坦教授最突出的贡献在于对制度作用的强调以及对诱致性制度变迁模型的详细分析。在拉坦的制度变迁模型中，他认为之前的论述都是将制度作为外生变量，或者索性将制度抽象来研究经济发展，而实际上制度变迁本身就是经济发展的推动力量。他将制度定义为一套用来支配特定行为的模式和相互关系。而且，他认为制度的变革是技术创新推动了社会生产力发展的必然要求和结果。拉坦在他的诱致性制度变迁模型中，论证了制度变迁、技术变迁、经济发展三者之间错综复杂的关系。他举例说明了这一关系："在土地与劳动力相对价格提高的前提下，会导致相应的技术变迁以实现尽可能更多的劳动力代替土地，而且提高更为稀缺的土地的使用效率，与此同时，也会导致相应的制度变迁以提高土地产权配置效率；由于技术变迁所形成的新的收入流以及制度变迁形成的收益变化会使得产品相对需求产生变化，这就形成了进一步制度与技术变迁的基础；同时，消费模式会更加多样化，而且新的制度或技术变迁形成的新收入流会导致收入在要素所有者之间新的分配关系，这又会进一步导致收入制度变迁……经济发展在这种制约与创新之间错综复杂的演进"。[①] 拉坦强调了制度变迁的诱因——要素与产品市场的相对价格变动，他的理论立足于市场自发的调节机制，开辟了诱致性制度变迁的研究路径，他因为对制度作用的强调而被称为"制度决定论"者。但拉坦在其所关注的领域内并没有深入研究公有及私有产权制度变迁的经济绩效，因此对经济转型国家尤其是中国垄断行业改革的借鉴意义显得不够充分。

3. 林毅夫：强制性制度变迁

林毅夫借鉴了前人研究的理论，综合了新制度经济学的基本概念与家庭经济学、公共选择理论与国家理论等的研究成果，在分析制度供给的不足时，划分了诱致性制度变迁与强制性制度变迁。他认为，"因为制度安排是一种公共货品而'搭便车'问题又是创新过程中所固有的问题，所以如果诱致性创新是新制度安排的唯一来源的话，那么一个社会中制度安排的供给将少于社会最

---

① V.W. 拉坦. 诱致性制度变迁理论. 财产权力与制度变迁 [M]. 上海：上海三联书店，1994

优"。① 他定义了诱致性制度变迁与强制性制度变迁：前者是指现行制度安排的变更或替代，或者是新制度安排的创造，它由个人或一群人，在响应获利机会时自发倡导、组织和实行；后者是由政府命令和法律引入和实行的。在林毅夫的论述中，国家这一核心概念得到了强化，推动经济体制改革这样的大事件很难由个人或组织完成，诱致性制度变迁本身有着不可忽略的局限。当然，出于自由主义传统的"自发型构理性主义"对这种"建构理性主义"的批判也相当猛烈与苛刻，林毅夫在实证的基础上论证了后者是前者不可或缺的补充，甚至至少在某些领域，强制性的制度变迁意义很大。总之，林毅夫教授发展了制度变迁理论，这种思想丰富了转轨经济学的理论，对中国的经济发展，特别是自然垄断行业改革的脉络有着强有力的现实解释力。

4. 杨瑞龙："中间扩散型"制度变迁

杨瑞龙通过实证分析的方法，结合制度变迁的理论，开创性地提出了我国制度变迁方式的"三阶段论"，并且将中国经济制度转型的重要环节放在了地方政府身上，开创了"中间扩散型制度变迁"的理论。杨瑞龙认为，改革之初我国的制度变迁方式是"自上而下"的，权力中心凭借行政命令、法律规范与利益刺激，在一个金字塔形的行政系统内自上而下地规划、组织和实施制度变迁，这期间权力中心为制度创新设置了严格的进入壁垒，以实现自身的垄断租金利益最大化。这一过程实际上也就是林毅夫的强制性制度变迁，即第一阶段。第二阶段的引入导因于诺思的"国家悖论"，中央集权的权力中心会因为自身利益而容忍低效率制度的存在，不具备制度创新的充分动力。杨瑞龙经过实证分析得出结论，在原有制度依赖以及权力中心的作用下，微观主体会千方百计出于自身的利益而寻求限制壁垒的突破口，最终这个承担者落在了地方政府的肩上；权力的一部分下放使得地方政府有部分财政与政策制度方面的独立性，它会努力寻求既满足微观主体利益需要又满足权力中心利益需要的方式，同时也满足了它自身的利益最大化动机，因此他将地方政府定义为体制转轨时期制度变迁的"第一行动集团"，认为地方政府起到了关键性的作用——这就是他的"中间扩散型制度变迁方式"。② 第三阶段，随着排他性产权的逐步建立，与市场经济内在要求相一致的需求诱致型制度变迁方式最终会成为主要的方式，体制模式的转换得以顺利完成。杨瑞龙的研究为制度变迁的具体模式提供了补充发展，并且丰富了中国的转轨经济理论，突出强调了地方政府在体制转

---

① 林毅夫. 诱致性制度变迁与强制性制度变迁 [J]. 现代制度经济学（第二版），2009
② 杨瑞龙. 我国制度变迁方式转换的三阶段论——兼论地方政府的制度创新行为 [J]. 经济研究，1998（1）

轨时期制度变迁过程中的作用。对于新制度经济学的制度变迁理论来讲，他所做的工作在方法论上具有更大的意义，即用实证的方式来总结具体的变迁路径，这对于中国国有经济的发展及垄断行业改革的研究具有重要的参考价值。

5. 垄断行业改革应遵循的准则①

（1）发展是硬道理——发展准则。没有垄断行业快速发展的支撑，中国经济就不可能有被称为"世界奇迹"的增长和发展，这是认识中国垄断行业一切问题的前提。为此，凡是有助于垄断行业发展的体制和做法，必须予以坚持；改革只是针对束缚生产力进一步发展的体制和做法。

（2）着眼于国际竞争——国家利益至上准则。经济全球化的背景下，在后金融危机时代，国内市场国际化的态势已经非常明显，我们正面临自己走出去和跨国公司走进来的高度竞争。在这种情况下，我们急需通过立足于制度创新和加快体制改革，使行政性和半行政性的国家级公司尽快改造成真正意义上的大公司，积极打造国家的国际竞争力，从而应付来自国际竞争的挑战。

（3）促进资源优化配置——效率准则。垄断行业改革的历史可以说是制度变迁的进程，而制度的变革是否有利于提高资源配置的效率，是否有利于提高社会福利，是判断制度变迁效率的一般标准，亦是判断改革成败得失的基本标准。产业组织芝加哥学派早已指出：反垄断的首要目标在于促进经济效益，并以此来评价企业行为。

（4）培育统一大市场——有效竞争准则。目前，中国一方面经济集中型垄断不足，另一方面又面临着行政垄断过度的局面；一方面产业国际竞争力严重不足，另一方面国内又面临过度竞争和过剩局面。因此，如何把竞争的基本优势和垄断的有限优势结合起来，塑造有效竞争的市场结构，是中国垄断行业改革面临的一个重要课题。

（5）消费者利益与厂商利益兼容——双赢准则。消费者的利益需要保护，而生产者的利益同样也需要保护。实际上，市场是由供求双方组成的，供求双方是平等的利益主体。在市场经济活动中，供求双方都要追逐各自的利益最大化，即消费者要追求消费者剩余最大化，而厂商要追求生产者剩余最大化。努力满足消费者利益是厂商为实现自身利益而做的理性选择，这是经济学的基本出发点。据此，我国在垄断行业改革过程中，不能顾此失彼，偏袒一方。

---

① 戚聿东. 中国经济运行中的垄断与竞争 [M]. 北京：人民出版社，2004

二、机车车辆业改革的指导思想："四项基本原则"

对机车车辆业而言，机车车辆行业有其自身的特点，行业改革亦有其自身的要求。具体来说，机车车辆行业的改革应贯彻好以下"四项基本原则"：

（1）应坚持行业技术经济特征是机车车辆行业改革出发点的基本原则。18世纪的经济思想家加里安尼从理性主义者有关他们"能够找到所有时代和地点都适用的原则"的断言中找到了错误："人类有巨大的弱点让他们自己受到例证与推理的支配，而这些例证与推理根本就不适于他们自身所处的环境"。① 我国著名经济学家林毅夫曾明确指出："由于各社会政治历史的不同，不同社会中最有效率的制度安排是不一样的。……制度移植可能比技术移植更困难，因为一个制度安排的效率极大地依赖于其他有关制度安排的存在……已经移植过来的制度安排要实现其功能，需要做更大的适应性调整"。② 因此，在机车车辆行业改革的实施过程中，对于国际国内的经验和教训，我们可以学习和借鉴，但不可以全盘照搬，没有一个现成的行业改革模式和路径可以完全地"植入"进来，我们更多地需要考虑政治、经济、社会、文化等多方面的条件差异。机车车辆行业的技术经济特征是我国政治、经济、文化等多方因素在机车车辆行业发展中的概括和总结，于是，机车车辆行业的改革必然要以机车车辆行业的技术经济特征为出发点，系统设计和规划行业改革的实施模式与路径。

（2）应坚持有效竞争是机车车辆行业改革的市场目标的基本原则。1986年诺贝尔经济学奖获得者布坎南在《实证经济学、福利经济学与政治经济学》一文中提出了著名的"布坎南定理"，即"只要在相互关系中所有交易者都能自由地进行交易，并且所有的交易者的权利都是明晰的，那么，资源就会按其最有价值的用途进行配置，而根本不需要什么修正条件"。③ 他同时指出："在给定的体制结构下，通过一种对所有进入者都开放的交易——契约过程达到配置结果，这个事实本身就是检验上述结果是否有效率的尺度，并且这是唯一可用的尺度，而用不着诉诸别的客观主义者的标准"。④ 因此基于有效竞争基础上的自由交易可以认为是检验效率的"尺度"，且是"唯一可用的尺度"。

（3）应坚持政府是机车车辆行业改革主要推动力量的基本原则。林毅夫在

---

① 亨利·威廉·斯皮格尔. 经济思想的成长 [M]. 北京：中国社会科学出版社，1999
② 林毅夫. 诱致性制度变迁与强制性制度变迁 [J]. 现代制度经济学（第二版），2009
③ 詹姆斯·M. 布坎南. 自由、市场和国家 [M]. 北京：北京经济学院出版社，1998
④ 根据上下文的含义，此处"上述结果"指的是"搭便车这种一致同意的有效规则下的不能一致同意的特殊结果"。

《诱致性制度变迁与强制性制度变迁》一文中指出："对一个民族的经济增长来说，比文化素质更为重要的是政府的政策。由于政府提供的是经济剩余赖以建立的秩序架构，而如果没有由政府提供的这种秩序稳定性，理性行为也不可能发生，所以政府政策对经济增长的重要性是怎么强调也不为过分的。正如刘易斯所说：'没有一个国家不是在明智政府的积极刺激下取得经济进步的……另一方面，经济生活中也存在着这么多由政府弄出来的祸害，以致很容易就训诫政府参与经济生活一事写上满满的一页。'……为了一个经济的发展，有必要冒超一般化的风险去建立一种鼓励个人生动活泼地寻求并创造新的可获利的生产收入流的系统，和一种允许用时间、努力和金钱进行投资并让个人收获他应得好处的系统……没有政府的一心一意地支持，社会上不会存在这样的制度安排。"在实现机车车辆行业的改革目标时，在机车车辆行业改革的具体实施过程中，竞争模式、运营模式、价格模式以及规制模式的改革，可以说都带有"强制性制度变迁"的特点，都离不开政府力量的推动和政府政策的支持。

（4）应坚持提升企业效率和国际竞争力是机车车辆行业改革的内在目标的基本原则。改革的最终目标是为了发展，而提升效率则是发展的第一要义，因此，深化机车车辆业改革的内在目标必然在于提升机车车辆企业的效率、打造机车车辆企业的国际竞争力。

第二节 中国机车车辆业改革的总体思路

一、整体渐进改革观①

"因为制度安排'嵌在'制度结构中，所以它的效率还取决于其他制度安排实现它们功能的完善程度。……某个制度结构中制度安排的实施是彼此依存的。因此，某个特定制度安排的变迁，可能引起对其他制度安排的服务需求。正如刘易斯所说的那样，'一旦制度开始变迁，它们会以一种自动强制实施的方式发生变迁。老的信念和制度在变化，新的信念和制度彼此之间，以及新的信念和制度与相同方向上的未来变迁之间都逐渐变得调和一致'"。② 垄断行业改

---

① 戚聿东，柳学信. 深化垄断行业改革的模式与路径：整体渐进改革观 [J]. 中国工业经济，2008（6）
② 林毅夫. 诱致性制度变迁与强制性制度变迁 [J]. 现代制度经济学（第二版），2009

革是一个系统工程，涉及政府、行业、企业、公众等多个层面和主体，涉及产权、治理、竞争、运营、价格、规制等多种内容，涉及众多外部约束条件和配套措施。而且这些主体、内容、条件与措施之间又是彼此相互联系，互补性和制约性非常强。对中国垄断行业改革的目标模式，既不能简单冠以"民营化"，也不能完全理解为"放松规制"。在面临国情、基本政治经济制度、产业技术经济特征、社会历史文化等众多约束条件下，我们认为以"市场化"来概括中国垄断行业改革的目标模式是比较恰当的。

时下，关于市场化垄断行业的改革思路，为数不少的经济学家仍主张"竞争优先论"，如林毅夫、杨小凯、田国强、徐滇庆、江小涓、刘芍佳等；也有不少经济学家主张"产权优先论"，如吴敬琏、厉以宁、刘伟、张维迎、魏杰等；同时，绝大多数产业经济学家似乎更倾向于政府"规制优先"，这一点从国内外有关垄断行业改革的理论文献几乎是"规制一边倒"的现象中就可看得出来；而中央政策则似乎更强调"治理优先论"。系统论的观点要求我们在自然垄断行业改革的进程中，必须把产权模式、治理模式、竞争模式、运营模式、价格模式、规制模式等六大方面系统设计，形成"六位一体"的整体改革思路，具体思路和框架见图6-1。

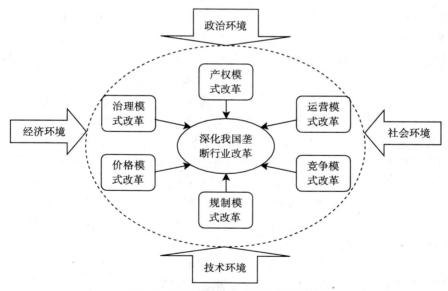

图6-1　我国垄断行业系统改革的框架

资料来源：转引自戚聿东，柳学信. 深化垄断行业改革的模式与路径：整体渐进改革观 [J]. 中国工业经济，2008（6）

二、机车车辆业改革的总体思路和发展逻辑

机车车辆行业改革的总体思路和发展逻辑可以归纳为：在现有双寡头垄断的市场结构下，通过纵向拆分和构建开放式的运营模式，形成机车车辆行业纵向运营分离的竞争模式，并逐步过渡到纵向产权分离的竞争模式；在可竞争性领域培育新的竞争者，在自然垄断业务或环节展开有效竞争，同时各自发挥自身优势，形成差异化的既竞争又合作的态势。在竞争模式和运营模式改革方面，要想引入竞争，减少利益集团的阻挠，政府是该阶段改革能否成功的关键所在，是改革的第一推动力，此阶段需要政府严格的规制，以及过渡制度的良好设计。竞争模式和运营模式的改革在某种程度上可以认为是由外在力量推动的"强制性制度变迁"，而产权模式和治理模式的改革则是"化改革的外在鞭策为改革的内在激励"，是改革由外向内推动的诱导和自发过程，是"诱致性制度变迁"过程。因此，产权模式和治理模式是在构建有效竞争的市场结构基础上，机车车辆企业为了提升自身竞争力以市场为导向而自发实施的改革过程。股权多元化、股份的分散化以及所有者类型的多样化是机车车辆行业产权模式改革的主要内容，要将中国南、北车公司逐步改制为国家相对控股公司，建立有效的民营资本进入和国有资本退出的通道和机制，取消所有制歧视的进入壁垒，在国有资本、民营资本和外商资本之间实行统一的进入机制。成功的产权模式改革本身将为机车车辆企业提供有效的外部治理机制，而机车车辆企业的内部治理在于有效的约束机制与激励机制的建立。加强董事会制度的建设、构建有利于技术创新的新型人力资源体系、建立适应于改革与发展的企业文化是机车车辆企业治理模式改革的应有之义。价格模式和规制模式的改革是政府对市场的"校准"和"监管"，其目标是为了避免市场失灵、减少垄断损失和交易成本、贯彻实施国有机车车辆企业的普遍服务义务并增进社会整体福利。价格模式的改革在于深化机车车辆招标采购制度改革，保证标底价格的保密性和科学性，促进机车车辆企业之间的公平竞争，形成差异化的价格竞争格局。而实现规制机构的独立性、成立综合性的规制部门、加强社会性规制、减少经济性规制是规制模式改革的基本要求。

总之，机车车辆行业改革的实施亦需"系统设计，整体推进，渐进实施"，改革的重点在于构建有效竞争的市场格局，改革的难点则在于如何实现"垄断环节的规制"与"可竞争性领域的竞争"这两者之间的有效结合。妥善地处理好改革的重点与难点，有效地控制好改革的风险与成本，是改革成功的关键所在。

第三节　中国机车车辆业改革的目标模式

一、自然垄断行业的"六化"改革目标

　　自然垄断行业的改革是为了实现国家的经济发展、提高国家的经济效率、增强产业的国际竞争力，从而最终达到增进国家整体福利、实现最大多数人的最大幸福的根本目标。而中国自然垄断行业改革的目标模式，既不能简单冠以"民营化"，也不能完全理解为"放松规制"。在面临国情、基本政治经济制度、产业技术经济特征、社会历史文化等众多约束条件下，我们认为以"市场化"来概括中国垄断行业改革的目标模式是比较恰当的。具体而言，我们在实施自然垄断产业改革的过程中，应始终贯彻自然垄断产业的"六化"改革目标，即产权民营化、治理民主化、市场竞争化、运营多样化、价格自由化以及规制放松化。我们认为，从产权、治理、竞争、运营、价格、规制六个方面的模式转换（六化）来概括自然垄断产业改革的目标，不仅符合发达国家的改革实际，具有内在的逻辑一致性，更重要的是，这样的概括有助于正确把握自然垄断产业的改革目的和目标，更好地指导我国自然垄断产业改革的实践。

二、机车车辆业改革的具体目标

1. 运用市场机制推动机车车辆业在竞争中发展壮大

　　我国机车车辆工业是在长期计划经济体制下形成和发展起来的，传统体制的影响比较突出。针对这种情况，铁道部从管理体制改革和经营机制转换两个方面进行了积极的探索创新。20世纪80年代，铁道部对机车车辆工业企业实行了经济承包责任制，20世纪90年代中期，将机车车辆工业总公司改组为控股公司，全面推行资产经营责任制，扩大企业自主权。2000年，机车车辆工业与铁道部脱钩并改组为南方和北方两个机车车辆企业集团，彼此开展有序竞争。1996年以后，铁道部逐步扩大实行机车车辆招标采购，生产制造企业平等参与竞标。从1999年起，铁道部对各铁路局全面实行资产经营责任制，明确了运输企业的市场主体地位，逐步扩大铁路局对机车车辆设备的采购权，进一步规范和发展了机车车辆购销市场。通过引入竞争机制，有力地激发了企业活

力，各工厂积极开发新技术、新产品，大力提高产品质量，降低成本。在市场机制的推动下，铁路局与机车车辆制造厂联合研制开发新产品，推出了一批新型机车车辆。机车车辆工业走上了一条"在竞争中求发展，通过发展来赢得市场、占领市场的新的发展道路"。因此，在机车车辆业改革的目标模式中，与管理体制改革相适应，通过引进市场竞争机制，促使机车车辆生产制造企业加快技术开发，不断提高产品质量，更好地适应市场需求，具有非常重要的意义。

2. 以技术自主创新战略为核心，提高中国机车车辆业整体技术水平

（1）自主创新战略及现有选择方法。我国机车车辆企业要将技术引进战略与原始开发战略相结合，技术集成战略与技术突破战略相结合，通过关键重点零部件的合资合作，引进和消化吸收国外先进技术，提高整车整机产品的技术水平，加速产品技术与国际水平接轨。对于一些关键产品的跃迁技术，技术突破的手段只能通过原始创新。因此，我国机车车辆企业要走原始创新、消化吸收集成创新和二次创新相结合的道路，研发覆盖国内市场需求的、具有自主知识产权的时速 300 公里高速动车组、高速客车和客运机车、货运大功率机车和重载货车等各项产品，形成标准化、系列化、模块化的产品开发平台，以交流传动系统、制动、网络控制系统、转向架、车体轻量化、柴油机、机电一体化液力传动、客车电气与信息系统等关键零部件和关键技术为突破口，加大自主创新力度，提高企业核心竞争力。

在不同的国家或一个国家的不同发展阶段、不同地区，需要从实际出发选择最佳创新模式或创新模式组合。战后的日本是世界引进技术最多且收效最为显著的国家，日本企业把引进技术的重点放在消化吸收和再创新上，最终建立起自己的技术创新体系。韩国处于人均 GDP1000~3000 美元时也主要采取引进、消化、创新的方式，并随着社会经济发展水平的提升，其创新模式的重点也逐步演进。

表 6-1　韩国创新方式与经济社会发展水平（人均 GDP）的关系

20 世纪	60 年代	70 年代	80 年代	90 年代
人均 GDP 水平	1000 美元	3000 美元	5000 美元	10000 美元
主要创新方式	全面引进、消化	引进、消化与集成	集成与原始创新	原始创新为主

资料来源：转引自刘岩. 辽宁装备制造业自主创新战略的理论分析 [J]. 财经问题研究，2008（2）

增强自主创新能力，已成为我国抓住和用好 21 世纪头 20 年发展的重要战略机遇期，全面提升国家竞争力，实现中华民族伟大复兴的重要战略抉择。企业是技术创新的主体，也是增强自主创新能力的关键环节。自主创新是以自身的力量实现科技突破，强调自主原则，做到以我为主，包括三个方面的含义：

①加强原始性创新，努力获得更多的科学发现和技术发明；②加强集成创新，使各种相关技术有机融合，形成具有市场竞争力的产品和产业；③要在引进国外先进技术的基础上，积极地促进消化吸收和再创新。

自主创新是一个复杂的系统工程。一般认为，自主创新具有三个关键因素：①自有知识产权，即创新成果是属于自己的；②创新的，只有将技术上的首创性作为自主创新追求的目标，才有望获得成功；③市场需要的，技术开发成果的尽快商品化，才能带来丰厚的利润，表现为创新成果在经济效益上的显著性。上述三个特征在创新实现过程中表现为：技术突破上的内生性、技术方面的首创性以及知识和能力支持上的内生性。在创新成果上则表现为在市场方面的率先性以及高收益性。

表 6–2　自主创新的三种基本方式

方式	基本概念	主体	关键措施
原始创新	指创造新的知识并为其创造新的应用，是科技进步的先导和源泉	以大学和研究院所为主	加强基础研究
集成创新	指在特定的系统内集成相关的成熟技术和创新成果，整合为新的系统以实现创新	以企业为主，产学研合作	选择具有较强技术关联性和产业带动性的重大战略产品，促进各种相关技术的有机融合
引进消化吸收再创新	指引进、消化、吸收他人的创新，在此基础上突破引进的科学与技术成果	以企业为主，产学研合作	在加大更深层次的技术引进以及开辟更广泛的科技合作与交流基础上，完善引进技术的消化吸收和再创新机制

资料来源：转引自陈春阳，李学伟.中国机车车辆业技术创新模式研究［J］.中国软科学，2006（12）

（2）建立以用户为中心，"产学研用"相结合的技术开发体系。与一般产品开发不同，铁路机车车辆产品的技术开发具有明显的特殊性。机车车辆产品的用户是确定的、有限的，不像其他很多面向全社会不特定消费群体的最终产品，而且铁路是一个技术装备高度关联、依赖网络完成位移的运输产业，机车车辆、通信信号、供电系统、轨道基础等装备之间必须合理匹配。因此，机车车辆产品的开发必须在铁路运输业的支持下，不断进行调整试验，做到统筹协调。这些特点决定了机车车辆产品的开发必然是一个运输企业和开发单位互联互动的过程。

3. 以结构调整战略为主线，全面提高我国机车车辆业产业组织能力

机车车辆产品具有较强的规模经济特征，而我国机车车辆制造方面的规模效益未能很好地得以体现。我国机车车辆制造产业内的集团企业要树立大行业管理的观念，建立以产品为对象的行业管理体制与机制，集团之间以优化发展环境、应对国际竞争为基础加大联合力度，在同类产品上实现差异化发展。同时积极与业务相关联的产业联合，寻找新的业务结合点，以寻找和开发技术及原理相似的机电装备产品为手段，循序渐进地实现技术的扩散与渗透，拓展经营范围，实现范围经济。集团企业内部产品生产方面，在考虑综合业务、经营、费用和地域等因素的基础上，确定集团内产品大类的纵向划分标准与边界，对通用性较强的产品生产实行横向兼并与组合；重新界定企业生产范围，联合同质生产企业，转移部分产品生产，拓展生产能力，使一些设备先进、基础和潜力较好、整机生产能力和零部件生产能力较强的企业优先达到规模经济的要求，实施"整机产品集约化、主要零部件专业化、一般零部件市场化、后勤辅助社会化"的战略调整目标，提升企业集团整体竞争实力。加快形成集团整体合力，实现优势互补，是适应铁路提速发展形势，以此应对技术引进带来冲击的迫切要求，也是整合资源优势、增强竞争能力的现实需要。改变集团企业发展与小企业发展的对立局面，建立以大企业为主、众多零部件供应商共生的企业网络，推动以大企业为供应链核心的大中小企业协作网络的形成，发挥产业集群优势。

4. 实现机车车辆业的专业分工、规模经营，促使机车车辆企业广泛参与国际分工协作

我国铁路机车车辆工业，目前已完成的两大集团公司重组，其关键是调整布局，在公司内部进行资产重组，按产品、部件或工艺进行专业化分工，实现规模经营。这种调整要放在全国乃至全球范围内进行，参与国内国际专业化分工体系，实现资源的优化配置。近20年来，在国际经济技术交流与合作方面，我国铁路机车车辆工业走的是一条"西进东出"的路子，即通过从西方发达国家引进技术、设备、装备壮大自己，增强实力，从而实现产品出口。而出口市场又集中在东南亚、非洲等欠发达国家。加入WTO之后作为世贸组织成员，可广泛参与国际分工与协作。一方面，变单纯的技术、设备引进为引进技术、资金、管理，乃至进行合资合作生产；另一方面，发挥比较优势，参与国际分工。我国机车车辆企业应从零部件生产制造起步，以参与全球轨道交通装备产业链分工为契机，融入世界轨道交通装备制造体系。庞巴迪、阿尔斯通、西门子、GE及原GM-EMD，作为世界铁路设备五大供应商，近年来占据了全球近3/4的市场销售份额。以这五家企业为代表的世界轨道交通装备制造寡头，凭借其先进的技术水平、雄厚的资金实力等优势，在牢牢把持本国市场的同时，通过产品出口、对外投资、跨国生产许可等多种形式积极拓展国际市场。

5. 建立完整的机车车辆产业链与专业性的机车车辆产品质量安全监督检测中心

我国的机车车辆业发展迅速，正在逐步形成一个完整的产业链，管理体系也在逐步完善。以上海的城市轨道交通装备制造业为例，上海目前已从各个环节着手，初步形成了一个城市轨道交通业的发展平台，是发展相对比较好的：①研究开发，有同济大学铁道与城市轨道交通研究院；②线路设计，有上海隧道工程轨道交通设计研究院；③人才教育，有上海工程技术大学轨道交通研究院；④制造，有上海电气集团与法国阿尔斯通公司的合资企业；⑤运营，有上海地铁营运公司。但是，尚有缺失的一个重要环节是没有一个政府授权的、第三方的、专业性城市轨道交通设备质量检测机构。无论是从管理上，还是从技术上，这都是一个令人遗憾和担忧的现状。从全国其他城市来讲，则缺失更多的环节，要加快步伐系统性地规划城市轨道交通产业链和管理体制。

随着城轨交通装备国产化和铁路机车车辆需求的不断增长，铁路建设和城市轨道交通建设的高峰已经迎面而来。在全国蓬勃发展铁路和轨道交通的重要关头，建立国家机车车辆和城市轨道交通设备质量监督检测中心，加强国家对机车车辆产品的质量管理，确保人民生命安全，确保经济和社会的和谐发展是十分迫切的。以城市轨道交通装备为例，完善城市轨道交通及设备标准化，提高产品可靠性、安全性，使各地的建设单位和设计部门对城市轨道交通的发展目标和要求都能建立在一个相对统一认识的基础上，做到有法可依、有章可循，可避免在强调建设必要性的同时出现建设标准导向失误、装备质量失控、监管不力等不良后果。建立一个法定的技术机构，是提高机车车辆和城市轨道交通设备标准化水平和质量水平的有效措施，是保障人民生命安全和国家财产安全、促进我国城市轨道交通健康发展的重要举措。政府有关规制部门，应未雨绸缪，对建立机车车辆和城市轨道交通设备的技术监督检测机构早做规划。

6. 改善机车车辆企业经营管理能力，变资源优势为竞争优势

就劳动生产率而言，我国机车车辆业的劳动力资源的优势并未体现出来。我国机车车辆行业的劳动产出为人民币 5 万~6 万元/人，人工成本占 1/5；看国际几大跨国公司，其人均劳动生产率为 10 多万美元/年，高的达 20 万美元/年，其人均工资 3 万美元/年，人工成本比例跟我们相等甚至更低。究其原因是我们的管理效率低，企业办社会以及用工制度僵化，造成劳动力资源的极大浪费。唯有加速国企改革、加强企业内部管理，尤其是推进用工制度改革，才能发挥我们的本土优势，变资源优势为竞争优势，更好地进入国内国际市场。特别值得强调的是，以人力资源战略为重点，推进机车车辆产业技术管理水平的升级，在现阶段具有非常重要的意义。我国机车车辆制造业的发展离不开人力资源的开发，应牢固树立人才资源是第一资源的观念，促进人才总量、人才结构和人才培养机制同机车车辆制造业发展相适应。进一步建立健全人才市场化选拔任用机制，建立以公开、平等、竞争、择优为导向，有利于优秀人才脱颖而出、施展才能的选人用人机制。培养一批具有现代科学意识、掌握轨道交通装备最新技术发展趋势、科技开发能力强、善于将科技成果转化为生产力和能够解决企业生产和管理难题的科技人才，加速机车车辆制造业技术水平的升级。

7. 以积极的产业金融政策为保障，拓宽产业资金来源渠道

机车车辆制造业属于技术密集型、资金密集型和劳动密集型的"三密集"型产业，科技含量高是该产业的显著特点。因此，无论在研发体系建设，还是在制造水平提升方面的资金需求，都具有集中性和规模性的特征。我国机车车辆制造业的需求市场主要集中在政府、社会公共事业以及国家主导的企业部门，社会效益远远大于装备制造业的经济效益，投资回报率不高。在研发方面，我国机车车辆制造业要取得重大技术创新成果，所需的投资较之其他多数行业为高，单纯依靠企业自己筹措经费，是远远不够的。因此，我国机车车辆制造业迫切需要国家在与 WTO 规则相容的前提下，制定积极的产业投资政策，从财政方面加大对装备制造业的投资力度。国家在增加整体研究开发经费的同时，应对企业参与国家重点技术领域和重大研究开发项目给予更多的支持；对于有潜在市场需求和技术前景的重要研究开发，以及企业利用高新技术改造传统产业、科技成果的产业化给予适当比例的支持。机车车辆制造业还亟须国家充分发挥税制作用，对装备制造企业给予多方面的支持。需要国家进一步改革税制，在企业研究开发、经营结构调整、国际市场拓展、企业信息化建设等多个方面，对企业给予一定的税制优惠。目前，国家已对铁路货车修理企业按照服务类企业纳税标准将增值税改为营业税，如果国家能对铁路机车修理和客车修理企业的机、客车修理产品也将增值税改为营业税，允许机车、客车、货车新造企业新购机器设备所含增值税予以抵扣，机车车辆制造企业集团用于技术改造和新产品开发的资金积累将会更为充裕。

第七章 中国机车车辆业改革的产权模式

现代产权经济学认为，产权制度是一个经济运行体制的根本基础。产权的界定、转让以及不同产权结构的差异会对资源配置产生影响。因此，有什么样的产权制度，就会有与之相应的组织、技术和效率。

中国机车车辆业的产权改革已经取得了一定的成果，但产权国有、单一的局面并没有发生根本性转变。政企不分、国有绝对控股的机车车辆企业由于产权功能的不明晰、产权结构的单一化以及产权权利的不完整，不可避免地会出现法人治理结构不完善、对经营者考核标准官员化、企业预算软约束以及代理成本较高等问题。机车车辆业产权改革问题不解决的话，我们就无法彻底解决政企职能分开问题，无法杜绝政府官员凭借行政权能的"寻租"行为，无法形成对企业经营者的有效约束，进而也就无法在真正意义上打破行政垄断。因此，基于机车车辆业改革的系统性和科学性，就中国机车车辆业产权现状而言，产权改革确有其必要性与现实性。

第一节 中国机车车辆业产权改革的现状

1993年党的十四届三中全会明确指出，国有企业改革的目标是建立产权清晰、权责明确、政企分开、管理科学的现代企业制度。2003年党的十六届三中全会第一次提出了建立归属清晰、权责明确、保护严格、流转顺畅的现代产权制度。在这一背景下，我国机车车辆业的产权改革在2000年正式拉开了帷幕。2000年9月中国铁路机车车辆工业总公司与铁道部正式脱钩，分立为中国南方机车车辆集团公司和中国北方机车车辆集团公司，机车车辆制造企业行政上与铁道部不再有上下级的隶属关系，初步实现了"政企分开"。随后，中国南方机车车辆集团公司于2007年12月联合北京铁工经贸公司共同发起设立中国南车股份有限公司，中国北方机车车辆集团公司于 2008 年 6 月联合大同前进投资有限责任公司、中国诚通控股集团有限责任公司和中国华融资产管理公司共同发起设立中国北车股份有限公司，至此，中国机车车辆业的股份制改造宣告完成。为了进一步建立中国南车股份有限公司与中国北车股份有限公司归属清晰、权责明确的现代产权制度，规范中国南、北车的公司治理结构，2008 年 8 月，中国南车在上海证券交易所和香港联合交易所实现 A+H 股整体上市，中国北车则于 2009 年 12 月在上海证券交易所实现整体上市，标志着中国南、北车由国有独资的国有企业走向了国有控股的上市公司。伴随着国有资产监督管理委员会的建立，国有资产管理体系的趋于健全，我国机车车辆业在政企分开、建立现代企业制度、企业内部改革、分离企业办社会职能、分流企业富余人员等重要环节上取得重要进展，机车车辆企业的产权改革的创新与实践得到有序推进，机车车辆业国有经济的布局和结构得到了一定程度上的改善，股份制改革取得一定的成效，现代企业制度建设正逐步推进，企业整体素质有了较为明显的提高，经济效益也有了一定的增长。

下面我们从中国南、北车的股权结构，前十位股东的持股情况，母子公司的产权控制关系三个方面对机车车辆业的产权现状进行分析。

一、中国南、北车的股权结构现状

表 7-1　中国南、北车股权结构现状

股权结构	中国南车（%）	中国北车（%）
1. 有限售条件股份	57.57	80.42
①国家及国有法人持股	57.57	69.88
②其他内资持股	0	10.54
其中：境内非国有法人持股	0	10.54
境内自然人持股	0	0
2. 无限售条件流通股份	42.43	19.58
①人民币普通股	25.34	19.58
②境内上市的外资股	0	0
③境外上市的外资股	17.09	0
④其他	0	0
3. 股份总数	100	100

资料来源：中国南、北车 2009 年年报。

如表 7-1 所示，中国南车和中国北车的股权结构中，国家持股分别为 57.57%和 69.88%，内资持股分别为 0 和 10.54%，人民币普通股分别为 25.34%

和 19.58%，外资持股分别为 17.09% 和 0。

二、中国南、北车的前十位股东持股情况

表 7-2　中国南、北车前十位股东情况

中国南车			中国北车		
股东名称	股东性质	持股比例(%)	股东名称	股东性质	持股比例(%)
南车集团	国有法人	54.25	北车集团	国有法人	61.00
HKSCC NOMINEES LIMITED	境外法人	17.04	前进投资	国有法人	5.20
全国社会保障基金理事会转持二户	国有法人	2.50	全国社会保障基金理事会转持三户	国有法人	3.01
铁工经贸	国有法人	0.82	中国工商银行—南方绩优成长股票型证券投资基金	其他	0.82
中国建设银行—长城品牌优选股票型证券投资基金	其他	0.55	中国诚通控股集团有限公司	国有法人	0.39
中国工商银行—南方绩优成长股票型证券投资基金	其他	0.53	东海证券有限责任公司	其他	0.37
中国建设银行—泰达荷银市值优选股票型证券投资基金	其他	0.40	泰康人寿保险股份有限公司—万能—个险万能	其他	0.35
东海证券有限责任公司	其他	0.37	全国社保基金—零—组合	其他	0.33
中国工商银行—南方隆元产业主题股票型证券投资基金	其他	0.33	泰康人寿保险股份有限公司—分红—个人分红—019LFH002沪	其他	0.31
华润深国投信托有限责任公司—重阳3期证券投资集合资金信托计划	其他	0.33	中国石油天然气集团公司企业年金计划—中国工商银行	其他	0.28

资料来源：中国南、北车 2009 年年报。

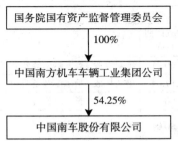

图 7-1　中国南车股份公司与实际控制人之间的产权及控制关系图

资料来源：中国南、北车 2009 年年报。

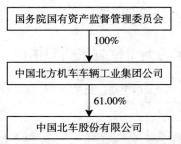

图 7-2　中国北车股份公司与实际控制人之间的产权及控制关系图

资料来源：中国南、北车 2009 年年报。

如表 7-2 及图 7-1、图 7-2 所示，中国南车集团是中国南车的第一大股东，持有其 54.25%的股份；中国北车集团则是中国北车的第一大股东，持有其 61.00%的股份。中国南车集团和中国北车集团都是国资委全资设立的中央企业，中国南、北车的实际控制人都是国资委。而在中国南车的前十大股东中，全国社会保障基金理事会转持二户及铁工经贸作为国有法人，持有中国南车 3.32%的股份，在中国北车的前十大股东中，前进投资、全国社会保障基金理事会转持三户、中国诚通控股集团有限公司作为国有法人，持有中国北车 8.60%的股份。因此，在中国南车的股权结构中，国有资本的比重达到 57.57%，而中国北车的股权结构中，国有资本的比重则更高，达到 69.60%。可以说，中国南、北车虽然都已完成整体上市，但是股权结构都存在一个共同特点，那就是国有股权占据绝对控制的地位（控股比例达到 50%以上），一股独大的现象严重。

三、中国南、北车的母子公司产权控制关系

表 7-3　中国南、北车母子公司产权控制关系情况

中国南车			中国北车		
子公司名称	持股比例 (%)	性质	子公司名称	持股比例 (%)	性质
南车株洲电力机车有限公司	69.01	绝对控股	齐齐哈尔装备公司	100	全资
南车资阳机车有限公司	81.04	绝对控股	哈尔滨装备公司	100	全资
南车戚墅堰机车有限公司	100	全资	长客装备公司	100	全资
南车四方机车车辆股份有限公司	90.04	绝对控股	长客股份公司	73.70	绝对控股
南车四方车辆有限公司	100	全资	大连机辆公司	100	全资
南车南京浦镇车辆有限公司	100	全资	唐山客车公司	100	全资

续表

中国南车			中国北车		
子公司名称	持股比例(%)	性质	子公司名称	持股比例(%)	性质
南车长江车辆有限公司	100	全资	唐山装备公司	100	全资
南车眉山车辆有限公司	100	全资	天津装备公司	100	全资
南车成都机车车辆有限公司	100	全资	二七装备公司	100	全资
南车洛阳机车有限公司	100	全资	南口机械公司	100	全资
南车襄樊机车有限公司	100	全资	同车公司	100	全资
南车二七车辆有限公司	100	全资	太原装备公司	100	全资
南车石家庄车辆有限公司	100	全资	永济电机公司	100	全资
南车株洲电力机车研究所有限公司	100	全资	济南装备公司	100	全资
南车戚墅堰机车车辆工艺研究所有限公司	100	全资	西安装备公司	100	全资
新力搏交通装备投资租赁有限公司	100	全资	兰州装备公司	100	全资
			大连所公司	100	全资
			四方所公司	100	全资
			北车物流公司	69.77	绝对控股
			中车进出口公司	100	全资

资料来源：中国南车 2008 招股意向书、中国北车 2009 招股说明书。

由表 7-3 可知，中国南车下属的 16 家子公司中，除株洲电力机车有限公司、资阳机车有限公司及四方机车车辆股份有限公司三家子公司是中国南车绝对控股之外，其余 13 家都是全资子公司。中国北车下属的 20 家子公司中，除长客股份公司及北车物流公司是中国北车绝对控股之外，其余 18 家都是全资子公司。因此，中国南、北车都在产权上拥有对子公司的完全控制权。基于此，中国南、北车在母、子公司之间以及子公司与子公司之间都相互签订了避免同业竞争的协议，从而在最大程度上实现母公司与子公司收益的最大化。

第二节　中国机车车辆业产权改革中的问题

机车车辆业的产权改革虽然取得了一定的成果，但是与国外的机车车辆企业相比，各方面的差距都比较大。在产权上仍然存在产权功能不明晰和产权结构单一的问题。具体来说，机车车辆企业在产权改革上主要存在以下三个方面的问题：

一、中国机车车辆业产权权利不完整、产权功能不明晰

产权，总的来说，乃指对一切稀缺资源利用的权利。就企业层面而言，产权是指企业在市场运行过程中所享有的一切权利的总称，包括所有权及与所有权有关的财产权、债权、管理权、人身权、股权等。产权可以降低市场平等主体之间的交易成本，可以降低政府与企业之间的管理成本，可以降低公司治理制度安排的内部机构协调成本。通过各类成本的降低，提高资源的使用效率。因此，一个企业在市场中有效率，其产权权利的属性必须完整，要具有各方面的法律权利。从我国机车车辆企业的历史发展演变来看，机车车辆企业产生与发展的基础与阿尔斯通、庞巴迪、西门子等国外企业不同，甚至与通常意义上的一般企业都不同，其生长发育条件与一般意义上的企业都存在很大的差别。我国机车车辆企业是在外部商品经济不发达、市场发育不健全的情况下，由国家根据当时社会发展需要而建立起来的，是一个受命于上级组织即铁道部的生产单位，政府对企业是"企业应该干什么，必须干什么"。虽然从历史的角度而言，机车车辆企业建立的本身符合当时的经济发展的需要，为国家的经济建设做出了一定的贡献，但是机车车辆企业事实上不具备应变市场的内外部条件，与本来意义上的企业相比，它带有明显的先天缺陷和后天不足。企业一开始就不是面向市场，是独立经营的商品生产者，根本不具有在市场运行中的权利。随着社会生产力的发展，市场经济的日趋完善，庞大的国民经济网络依靠政府去事无巨细地计划和组织实施，这必然带来高昂的运行成本。因此，顺应国有企业改革的历史潮流，实施机车车辆企业产权改革，还机车车辆企业的"现代意义上的企业"面目，焕发机车车辆企业的活力与效益，是机车车辆业改革与发展的时代要求。在当前的机车车辆企业产权改革中，我们初步完成了机车车辆企业的公司制和股份制改造，并实现了中国南、北车的分别整体上市。但是从改革的实质上来说，我们仅仅完成了企业所有制的变性，即由完全的政府部门、国有企业转变为国有绝对控股的上市公司，但仅仅界定在财产所有权层面上的产权改革是不完整的，把股权等同于所有权，而忽视了产权的其他内涵，忽视了产权对于企业的统一性和完整性，忽视了产权的本质意义。由此，虽然机车车辆企业在企业的组织法律形态上与真正意义上的企业没有区别，但是在经营管理上不能创造辉煌。现代意义上的企业是商品经济发展的产物，是适应社会化大生产要求而产生的，具有法律所赋予的、在市场运行过程

中的一切权利，具有法律上独立的人格。因此，机车车辆企业产权改革必须解决企业产权权利的完整性问题。机车车辆企业的弊端是不具有在市场大潮中搏击的权利。而在后危机时代资源主要依靠市场进行基础性配置的条件下，权利是企业在市场生存和发展的基础。产权改革就是要从法律上赋予机车车辆企业相应的完整的产权权利。

同时，国有股一股独大的机车车辆企业的产权实质是一种"公共产权"，其所有权主体分散。由于权责分散，国有资产的所有者"缺位"，实际上造成所有者"虚置"。国有资产的所有者"缺位"，以及相关所有权代表者与经营者的权、责、利关系界定不清，导致国有资产的相关所有权代表者和经营者缺乏有效的监督管理和经营的积极性，从而使得产权的激励约束功能、资源配置功能等难以实现。

二、中国机车车辆业产权结构单一化，国有产权比重高

所谓企业产权结构是指企业资本的终极产权主体的结构，即投资主体的结构。由图 7-1 与图 7-2 可知，我国机车车辆行业的产权结构从整体上看仍然是以国家所有占主导地位。无论是中国南车还是中国北车，虽然都采用了股份制的形式，但两者在股权结构上都存在股权结构单一、国有股权占据绝对控制地位、一股独大的问题。中国南、北车在股权上的单一性与缺乏流动性不可避免地会产生法人治理结构不完善、对经营者考核标准官员化、企业预算软约束以及代理成本较高等问题。国内学者汪新波就曾指出："规范的股份制企业并不多见，在很多人的观念中，股份制只是一种形式，只要发发股票就可以了，而股份制产生的客观条件往往被忽视。如果把股份制改革仅仅当做是形式主义的改革，其结果将是可悲的……不改变所有权结构和经营结构是不可能由传统企业变为现代股份企业的……硬性规定各种所谓的集体股应当是多少是没有充分根据的。"[①]

三、中国机车车辆业存在产权上的"超弱控制"和行政上"超强控制"

我国机车车辆企业实行公司制改革后，由于国有资本投资主体的不确定性，所有者主体往往被肢解，分散到各个不同的行政机构中，2000 年以前的中

---

① 汪新波. 对企业性质的重新思考——现代股份公司的启示 [J]. 经济研究，1992（9）

国机车车辆企业在行政上和产权上都归属铁道部，2000年以后经过重组分立改革，划归国资委管辖。在"政企不分"和"政资不分"的情况下，政府同机车车辆企业的关系不是以资本为纽带的出资人同企业的产权关系，而是一种行政的授权关系。其结果是一方面使得政府同企业在行政上表现为"超强控制"，如政府对企业委派经营者，而不是由市场来选择经营者，企业的重大决策（资产重组、兼并、重大投资项目）不是市场行为，而是政府行为等；另一方面表现为产权上的"超弱控制"。经理人员同政府博弈的结果是一部分经理利用国有产权超弱控制形成了事实上的内部人控制来谋取自己的利益，同时又利用政府行政上的超强控制推脱责任，转嫁自己的风险。无论是行政上的超强控制，还是产权上的超弱控制，其结果都导致了权利和责任的不对等，承担风险和享受的利益不匹配，是一种畸形和低效率的产权结构。产权上的"超弱控制"和行政上的"超强控制"的产生，根源在于国有资本产权主体"虚置"，从而出现资产的所有、占有、支配和受益权的不确定性，引起"寻租"行为。公元前400年的古希腊哲学家德谟克里特就赞成财产私有而不是公有，因为私有财产在激励人民进取、节俭及使人愉快方面有好得多的效果："得自公有财产的收入只能带来较少的快乐，而花费它时却较少珍惜。"因此，国有资本相对于私有财产而言，在资产的使用效率上往往具有天生的劣势。

第三节 德国企业产权改革的经验借鉴

德国实行的是社会市场经济体制，其基本特征：以私人企业制度和竞争为基础，以国家的适度干预和总体调节为补充，以社会保障为重要条件。这种体制对德国第二次世界大战后经济的恢复和发展起了重要作用。尤其是21世纪80年代以后，德国对原有的企业制度进行了一系列的卓有成效的改革，取得了一些成功经验，很值得我们借鉴。

一、德国企业制度的特征

（1）德国企业的所有制形式以私人垄断所有制为主，同时存在着多种所有制形式。德国像西门子这样的大型私人垄断企业约有20余家，销售总额却占全国销售总额的41.6%，工人人数占全国工人总人数的34.4%。国家垄断所有制企业的产值、就业人数和投资额，分别占全国总量的12%、9%、15%。国家所有制的主要职能是为整个社会经济正常运转提供必要的条件，如交通通信网、水电供应网、教育科研网和社会福利网等。除此之外，德国社会经济中还存在小私有制、合作社所有制、工会所有制等。

（2）德国企业的组织形式以股份制企业为主。企业总数中股份制企业虽然所占比重不大，但其资本额和销售额却占国内资本总额和销售总额的70%以上。从股权结构上看，企业以法人持股为主，其中最大的股东是融资公司、创业家族、保险公司和银行等。公司间交叉持股较为普遍，目前约有70%的股份公司正逐步发展成为规模较大的康采恩组织。在德国的企业中，政府持股率相对持高不下，这在世界各国企业中所少见，这也是德国企业制度的一大特色。

（3）德国企业的生产资金以银行借贷为主。企业比较重视外部融资，其中银行借款占整个外部融资的90%以上。德国的银行业十分发达，因此，企业对银行贷款的依赖性较强，银行相应地扮演起全能银行的角色，它不仅为企业提供数额较大和期限较长的贷款，而且也是债券和企业的投资者。

（4）德国企业的经营决策由企业自己做主。德国企业在管理机构上，设有股东大会、董事会、经理人员三个层次，分别代表所有权、决策权和经营权。即使有政府参股的企业，决策也不受政府指令的影响。

（5）职工参与企业重大问题的决策是德国企业的一大特色。德国的《共同决定法》规定，在钢铁和煤炭行业，拥有1000人的企业要设立由劳资双方同等数量的代表组成的监事会，负责审查和批准企业的重大决策。德国的《企业法》规定，500人以下的中小企业实行"工厂委员会"制度，其成员由工厂的全体职工选举产生。这些法规使德国企业工人参与管理的制度得以建立和逐步完善。此外，还通过职工购买本公司的股票来更加关注本公司的生产和经营状况。

二、德国企业的产权改革

德国国有企业产权改革始于20世纪50年代末，前后经历了40多年，大致分为三个阶段：

（1）企业民营化阶段（20世纪50年代末至20世纪80年代末）。第二次世界大战后，德国为了迅速恢复国内经济，实行了经济领域的国家垄断，这无疑对德国的经济恢复和发展起了重要的作用，但也随之出现了政府对企业干预过多、经济效益低下等弊端。当时的联邦政府经济部长艾哈德提出了民营化的理论，主张通过民营化来改造国有企业。其目的在于改变政府与企业的关系，并使两者分离，从而使国有企业能够真正进入市场，参与竞争。与此相应，企业的管理体制发生变革，形成独立于政府的经理集团，并置于众多股东的有效监督之下。到 1987 年，联邦政府已全部售出所持有的大众汽车公司、煤炭电力股份联合公司和普鲁士矿冶股份公司等主要国有企业的股份。通过对国有企业的民营化改革，提高了企业经营效率。

（2）对原民主德国的国有企业进行托管改造阶段（20 世纪 80 年代末）。两德统一后，对原民主德国一大批设备落后、效益低下的国有企业进行改造，其方法是：成立"托管局"，利用"托管"的形式对其"注资改造"。对负债十分严重的企业采取对职工队伍、企业环境等方面加以包装后再出售的办法。值得一提的是，德国对国有企业的托管改造不是将国有资产全部变为私有财产，而是调整改变国家对企业的控制方式，改变过去国有企业单一化的管理形式为多样化的管理。

（3）企业再造阶段（20 世纪 90 年代以来）。企业再造是从系统角度重新认识企业、规划企业，它追求企业整体的合理有效以及企业系统内部各要素组合的优化。它是对企业组织整体所进行的变革。具体表现在：

● 它以顾客满意度代替顾客至上论，从顾客的需要出发，决定企业业务，并以服务的标准化及最优化为核心。

● 对企业整个生产工艺流程、管理组织系统，实施优化设计、重组及再造，追求企业经营的高效率。

● 尽可能缩短产品的生产周期，以应付市场变化，同时也是为了降低成本、提高服务效率，从而获得竞争优势。

● 建立员工自主管理小组，使员工从被控制转变为有决策权。同时，将生产线上的管理人员由监督者转变为教练。

● 改变传统的对员工的评价方法及奖励办法。将上级领导对员工的评价，改为由小组内的同事或部下来执行；评价的依据是顾客的满意度；奖励办法也从过去"以奖励个人为主"向"奖励管理小组为主"转变，以此来增强企业的团队协作精神及创新精神。

● 重视企业外部中间商的信息反馈，并将其纳入企业内部市场营销决策的重要环节来加以管理。

三、德国企业产权改革的经验借鉴

（1）政府分级所有。德国财政实行分税制，相应地，国有企业也为中央（联邦政府）、省（州）、市三级政府所有。每一级政府都可以作为国有股权的代表，拥有一定范围内的公共企业。三级政府所拥有的国有企业基本上是涉及经济发展、居民生活的基础设施或公用事业部门。

（2）政府分类管理。政府主要根据国有企业是否具有竞争性、行业是否存在规模效益、企业是否需要大量基础设施的投资这三个基本标准，把国有企业分为垄断性企业和竞争性企业两大类，并以此确定国有股所占比重的大小，由政府部门或国有金融机构进行分类管理。

（3）政府参与控股。国有企业大多采用股份制，国家与企业的关系，主要表现为股份持有者和企业经营者的关系。

（4）职工参与管理。国有企业的管理机构中一般采取比例代表制。例如，在德国国有企业的董事会中，实行国家代表、专家、知名人士和企业职工代表各占 1/3 的"三分代表制"。

（5）建立监督体系。在德国，一方面国有企业能够自主经营、自主管理；另一方面政府也相应地建立起一套行之有效的监督机制。其具体做法：明确指定国有股权的管理部门；向国有企业派驻国家稽查员、审计院代表和主管部门代表，负责监督企业的财务状况、规章制度执行情况以及企业账目。在企业监事会中，既包括国有股权代表，也包括私人股东代表和职工代表。这在保证国有股权对企业约束作用的前提下，也体现了企业的民主管理和民主监督特色。

第四节　中国机车车辆业产权改革的思路

一、产权权利的完整与产权功能的明晰

1. 产权权利的完整

产权经济学家认为产权是一组权利束，是一个复数名词：Property Rights。对特定财产完整的产权不是单项的权利，而是一组权利或一个权利体系。产权由终极所有权、占有权、支配权、使用权、处置权和收益权等构成。它的权能是否完整，主要可以从所有者对它具有的排他性和可转让性来衡量，完备的产权允许行为主体（即所有者）在权利所允许的范围内以各种方式使用该种资源的权利，即使用权；在不损坏他人利益的情况下可以享受从事物中所获得的各种利益，即收益权；改变事物的形状和内容，即决策权；通过出租可以把收益权转让给别人或把使用权出售给别人，即让渡权。产权包括所有权但又不同于所有权。产权是以所有权为基础的，包括由所有权派生的各种不同的财产权。而所有权是产权的核心和基础，是一种法权，拥有所有权的所有者可在法律规

定的范围内随心所欲地使用和处置所有物，所有权是行使其他各项权利的基础，任何产权最终都是所有制的问题。但产权是所有权赖以取得和实现的手段，由所有权派生出的其他权利并不是所有权所能涵盖的，在实际的经济生活中，权利一旦由于交易与所有人分离分割时，所有权在经济学意义上只能是形式，具体运作财产的非所有者（经营代理人）则是实际意义上的占有者和使用者，在一定程度上依法享有收益和处置的权利。

2. 产权功能的明晰

由于产权具有非常丰富的含义，它触及人们之间关系的方方面面，因此，产权与生俱来具有调整人们经济关系、约束人们经济行为、实现资源的优化配置、保障收益的合理分配等基本功能。具体说来如下：

（1）外部性的内部化。德姆塞茨指出，"产权的一个主要功能是引导人们实现将外部性较大地内部化的激励"，外部效应源于"稀缺性导致的对资源使用的竞争性需求"。[1] 由于交易中当事人太多，难以达成大家都满意的协议，组织谈判的实施监督的费用太高，与收益相比显得不值得，或在一个法制的社会由于对自愿谈判的禁止等法律的原因，使得交易成本无穷大，由一个或多个相互联系的决策者来承担外部效应的影响，以至于不值得这样做。外部性的存在意味着一些费用和收益不会被资源利用者所考虑，因而缺乏有效利用资源的动力，导致资源浪费和效率的损失。于是，需要外部性的内部化，使那些与外部效应相关的成本和收益被有关主体考虑进去，形成他们的合理预期。而内部化的基本途径就是确立产权，产权确立后，人们便可据此确定各自的行为利益边界，对自己拥有的权利进行交易。通过交易使资源向那些最有效的使用者集中，最大限度地内部化了外部性。产权之所以具有这种功能，是因为明晰和界定产权可以节省交易费用，提高资源配置效率。

（2）产权的激励和约束功能。只有在相互交往的社会里，人们才必须相互尊重产权。产权作为一种社会工具，它规范和制约着个人的自利行为，如果没有产权，也就意味着个人没有约束，这时个人的自利行为就失去社会规范，不仅不能达到社会福利的最大化，反而造成整个社会经济生活的严重混乱。产权实质上是一套约束和激励机制，它决定和规范人们的行为。它决定人们拥有什么和不能拥有什么；可以做什么和不可以做什么。如果在行使产权的过程中，损害了他人利益，损害者必须进行补偿。产权也是一种个人选择的集合。个人根据社会安排给他的权利，在权衡成本和收益之后而采取行动。所以，有什么样的产权安排，也就有什么样的激励效果、行为方式和资源配置效率。产权安

---

[1] 德姆塞茨. 关于产权的理论 [A]. 财产权力与制度变迁 [M]. 上海：上海三联书店，1994

排也是对人们行为的约束和规范，当产权没有明确界定时，个人就无法形成与他人进行交易的合理预期，社会就会失去分工和协作带来的效应。同样，当产权得不到社会保障时，个人就无法在经济上做出长期规划，甚至拥有的产权也会失去，资源得不到充分的利用，也不具有充分利用资源的动力，反而会破坏和浪费资源。

（3）产权的资源配置功能。产权的资源配置功能主要缘于产权的排他性的使用权、让渡权和收益权三个重要要素。有了排他性的使用权，所有者便有权决定财产的使用方式，他获得剩余索取权，并对他的行为和决策承担全部责任，这就保证了所有者激励自己把资源配置到使用效率最高的地方。而让渡权则可使不善于生产的产权所有者将产权转让给善于运用这些资产的人，从而提高整个社会的资产使用效率。产权的排他性的使用权、让渡权和收益权这三个要素说明了产权具有资源配置的功能，而要实现这一功能则靠产权界定和产权交易这两个环节来实现。没有产权的界定，产权不明晰，产权就无法进行交易。而产权无法进行交易（让渡），资源就不能实现最有效率的配置。无论是产权的上述三个要素，还是资源得到有效配置的两个环节，都是产权本身所固有的，否则就不能称为产权。所以说，产权具有资源配置的功能。

（4）产权的收益分配功能。产权之所以有收益分配功能，是因为产权的每项权能都包含有一定的收益，或者拥有的产权可转化为供人们享用的各种物品和服务，或者是取得收益的依据。所以产权的界定也必须是利益的划分。在科斯的"零交易费用"的假设中，虽然权利的初始安排对资源配置的效率没有影响，但对收入分配的影响是显然的。例如，在产权经济学家的"牛吃麦苗"的故事中，当牛吃麦苗的权利安排给养牛人时，养牛人也就获得了一定收益权，他无须为牛吃麦苗而给种麦苗者造成的外部损失支付费用。而种麦苗者由于一开始失去了保护麦苗不被侵害的权利，结果损失就由他来承担。如果他要保证自己的麦苗不被牛吃，他就必须出资修筑篱笆，防止牛的侵害。权利的这种安排就减少了种麦苗的收益。相反，将牛吃麦苗的权利不安排给养牛人，养牛人就必须对种麦苗者的外部损失支付补偿费用，这样，收入分配发生了向种麦苗者有利的变化。经济活动中每项产权的界定都会影响分配的变化，这是经济活动中的常识，无须做理论上的论证。

（5）减少不确定性的功能。现代经济生活变得日益复杂多变，人们面临的经济环境和财产权利也愈加复杂多变。对于未来，总是充满了不确定性，不确定性给人们的选择和决策带来困难，增加了人们经济交往中的交易费用。因此，人们总是力图减少这种不确定性，以降低交易费用。如何减少不确定性，产权的设置和产权规则的制定对减少不确定性具有重要作用。诺思指出："制度通过向人们提供一个日常生活的结构来减少不确定性……用经济学的行话来说，制度确定和限制了人们选择的集合，""制度在一个社会中的主要作用是通过建立一个人们相互作用的稳定的（但不一定是有效的）结构来减少不确定性。"① 这里讲的制度主要是指产权制度。产权可以减少不确定性表现在两个方面：①新的或人们过去没有发现或不知其具有使用价值的物种，人们发现这种物种，这时它尚没有产权，是无主之物，人们对它的权利还是不确定的，谁都有可能占有它，使用它，人们就会对其进行不合理的利用。但通过设置产权，将其产权界定给某个主体，人们对它的权利就确定了。②已设置了产权，但不同产权主体之间权利不明确，呈现出混沌状态。不同产权主体对其权利的选择也是不确定的（当然产权不明确，从某种意义上讲，也可说是无产权）。通过界定不同产权主体之间的权利，使不明晰的产权变得明晰起来，从而不同产权主体拥有的权利就确定了，从而减少了不确定性。上述两方面减少的不确定性，都是产权所固有的功能。减少了不确定性，人们就会对产权形成合理预期，对权利选择变得清晰和容易了。

二、产权结构的多元化

现代企业制度具有三个最基本的特征，即产权结构的多元化、责权的有限性和公司治理的法人性。从系统论的角度来看，产权本身就是一个具有显著结构性特征的系统。产权结构是指企业内部的产权结合状况或企业内部的财产关系结构，是影响企业公司治理和竞争力的重要因素。当产权与特定的经济主体联系在一起时，就产生了产权结构多元化的问题。在本书中，产权结构多元化不是指企业的各种权利被分散在多元主体身上，而是狭义的产权结构多元化，通俗地说就是指投资主体的多元化，非国有企业与非国有企业结合、国有企业与非国有企业结合、国有企业与国有企业结合都属于产权结构多元化。针对以国有资本绝对控股的机车车辆企业而言，产权结构多元化包括：①同一所有权不同投资主体的多元化，即国有企业与国有企业结合，主要指的是具有相对独立的经营主体共同参与到一个经济实体或项目中去的状态，企业的所有制形式没有发生任何改变，通过交叉持股方式改变的仅仅是企业的治理结构。②所有权的多元化，即国有企业与非国有企业结合，也就是通常所说的混合所有制经济形式，企业实际是从单一所有制演化到了多种所有制的联合体。从效果上看，两种多元化都能够有效地打破原国有企业内部人控制的局面，并通过改变

---

① 道格拉斯·C. 诺思. 制度、制度变迁与经济绩效 [M]. 上海：上海三联书店，2008

企业内的激励结构实现企业生产效率和竞争力的提高。

在多元化投资主体存在的前提下，只有股东会、董事会、经理层相互制衡的法人治理机构有了良好的运转基础，公司治理的法人性才能真正体现出来。企业管理结构的变革是伴随着所有权结构变革的自然而然的过程，所有者必然会试图寻找最好的代理人，经营者也必然会创造最有效的管理结构来实现所有者的目标。可以肯定地说，伴随着所有权结构的合理化，不合理的企业组织结构会大大改善，企业规模也趋向大型化，内部组织走向多层次和多样化。但是，产权的调整如果没有相应地调整公司治理结构，只是做表面的文章，为了产权结构多元化而多元化，是无法提高企业的效率的。既然产权结构的多元化有助于政企分开，有助于法人财产权的建立，有助于形成真正规范的法人治理结构和企业内部的制衡约束机制提高企业的治理效率，那么，它也就有助于企业家的职业化，有助于优秀的企业家更多地利用别人的资本，有助于出资人在全社会范围内选择优秀的企业家运营自己的资本以增进社会产出，形成有效的激励和竞争机制，增强国有企业的活力和竞争力。必须指出的是，将产权结构多元化极端化也是不科学的，产权结构是否合理对企业治理效率是十分关键的，产权过于分散或过于集中都有可能降低企业的经营效益。同时，投资主体多元化应以产权主体明晰为前提，这样产权主体就会在交易中既有权利，也有责任。

产权结构的多元化的实现模式主要有国有企业法人交叉持股和国有资本相对控股或参股两种方式。

1. 国有企业法人交叉持股

国有企业法人交叉持股就是在国有独资企业中，引入国有股东，变单一国有股东为多元国有法人股东，搞多个国有单位联合投资的形式，建立多元化的产权结构，将国有独资企业改制为具有多个相对独立利益的国有股东组成的公司。这种产权结构多元化实质上是在国有经济内部发生的，是社会资本发育不足，且国有资产只能由国家一家拥有的条件下，实现投资多元化的一个比较"简便易行"的办法。国有企业法人交叉持股是通过股权互换实现的。股权互换即假设有两家或几家国有企业（其他类型企业亦可）准备同时进行公司化改制，在各自进行了资产评估的基础上，彼此间以等额资产作为股权互换，形成所谓"互相持股"。它不是公司法中的新设合并，因此，不是几个出资人将原有企业资产作为出资而形成一个新的有限责任公司，而是通过"换股"实现原各企业的资产多元化，从而在不增资扩股的条件下，使原企业改制为股份公司。如国有企业 A，经研究国有资本管理部门只需保留一定比例的股权（假定为 40%），则将剩余的股权（60%）作为换股股权，而国有企业 B、企业 C 也同样分别分离出一定比例的换股股权（假定分别为 50%、60%），在两家企业自愿的基础上，可以实施换股。对 A 而言，其股权结构为国有资本管理部门 40%，企业 B25%，企业 C35%，企业 A 已经不再是国有独资公司了。

国有企业法人交叉持股主要有以下几个方面的优点：①能够加强企业的联合。首先是业务联合，单纯的企业业务关系，有可能由于价格、质量、服务等交易条件改变而改变业务对象，而相互持有股票则使得即使上述交易条件发生变化也不会轻易改变业务对象。其次是人事联合，企业之间可以互派高级管理人员，能够更强地加强企业间的联系，所以它是持续不断的结合。②信息共享，形成长期稳定的市场关系，相互避免风险。由于信息化的发展，企业与企业之间共享资源对双方都有好处。在完全的市场经济中，各种交易一般是分别独立进行的，产品和劳务的买卖一般不与其他交易相混同，这样企业就会存在采取非诚实或反叛行为获取超额利润的动机。为了不让对方了解这种行为和动机，交易过程必须保留一定的信息量，即必须使交易双方信息非对称，信息分享程度低。而相互持股使原来的市场交易转变为组织化的市场交易，不但克服了机会主义动机，而且还提高了交易双方的信息分享程度，进一步扩大了信息共享度和范围的效果，使交易双方的协调机制顺畅运行，降低了经营交易中的不确定性，形成以追求长远利益为核心的企业经营理念。双方能够采取协调行动使交易关系长期化、稳定化，把分散的竞争、合作企业凝结成一个比较密切的大企业集团系列，形成长期稳定的"以交易关系为核心"的市场关系，使交易双方避免风险。同时为了避免被持股公司对本公司的不良影响，当一方持股公司业绩不良或发生其他困难时，常常会得到他方持股公司提供的帮助或来自整个企业集团的干涉，可以使企业间形成相互监督控制的机制。这是企业法人持股下形成的企业间的"相互保险体制"或"风险分担体制"。③能有效地防止敌意收购。在日本，兼并收购是很难成功的，国外的资本也很难进入日本企业，这主要来自于日本法人交叉持股制度。这种制度通过稳定股东的工作，控制了股票市场的供给，使股价维持在较高水平上。股价高不但使想兼并的企业因成本太高难以下手，而且为相互持股的企业带来了高收益。一般来说，稳定持股比例和相互持股比例高的企业，PER（股价收益率）水平也较多，即相互持股具有提高 PER 的功效。另外，即使相互持股削弱了直接筹资的功能，但却增加了持股双方各自的资本金，提高了企业自有资金的比率，无疑它还有降低财务风险的效果。这种机制对于现阶段我国机车车辆企业应对以庞巴迪和阿尔斯通为代表的世界大企业的竞争具有特别的优势。

与此同时，国有企业法人交叉持股亦具有其自身无法避免的缺陷：①法人相互持股形成经营者对股东的排斥。假定 A 公司的经营者代表本公司持有 B 公司的控制股票，而 B 公司的经营者也代表本公司持有 A 公司的控制股票，则没有出资的经营者排斥了真正出资的股东对公司的控制力。因此，法人相互持股造就出了不负责任的企业家，股东无法规避经营者的道德风险。②法人相互持股给竞争带来限制。相互持股的企业互相为对方提供利益，对企业集团外的企业实行差别贸易。这样就会形成新的垄断，对非国有企业进入市场设置了无形的障碍，无法真正成为市场经济。③交叉持股后的国有企业虽然通过不同目标和利益的国有股东的引入建立了公司治理机构，但在公司法律形式上仍然是国有独资公司，存在着改革不彻底的弊端。同时在改革的过程中，有的国有企业为了迎合政府产权结构多元化的方针人为凑数，在多大范围内互换并没有强调完全自愿。我国著名经济学家张维迎先生就曾经把国有企业法人交叉持股比喻为"斑马现象"，国企互相参股，形式上实现产权多元化、股份化了，国有企业本来存在的所有权虚置的问题却依然存在。

实行法人交叉持股容易操作，受到利益相关者的阻碍小，国有资本管理部门可以在对企业价值评估的基础上，分离出部分国有股权实行换股，以达到各企业相互持股的局面。作为机车车辆企业渐进式产权改革的第一步，中国南、北车经过重组分立、设立股份有限公司、整体上市等股权改革措施后，中国南、北车的股权结构中，除了中国南车集团和中国北车集团两大国有企业之外，铁工经贸、前进投资、诚通集团、社保理事会等国有企业亦有持股，初步实现了国有企业的交叉持股。但是，其他国有企业的持股比例太低，一股独大、一股独霸的问题仍然没有解决。从交叉持股的弊端看，对于机车车辆业来说其不会成为最终模式，还需要进行后续阶段的改革。

2. 国有资本相对控股或参股

通过引入境外投资者或国内民营企业等非国有股东，建立有效的民营资本和外商资本进入及国有资本退出的通道和机制，可以使我国机车车辆企业组建成国家相对控股或参股企业。

（1）引入境外投资者或国内民营企业。近年来，中国非公有制经济保持高速、持续、全面增长，一大批有实力的外资企业、合资企业和民营企业已经发展壮大起来，成为我国新的经济发展支柱。随着国有企业产权制度改革的深入，引入境外投资者和国内民营企业直接进入国有企业，成为国有企业产权组合的构成部分已是大势所趋。机车车辆业的产权改革可以考虑与国有经济布局的战略性改组结合起来，通过引入境外投资者与国内民营企业，提高国有资本的控制力和影响力。例如，可采用国有民营的方式，在保障国家对国有固定资产产权关系不变的前提下，将国有企业在转制中通过租赁、承包等形式向信任的外资企业和民营企业出让经营权，让有能力的外资企业和民营企业来搞活国有资产，重新配置生产要素，实现企业自身发展和经营方式的内在调整，由经营者自筹经营资金、费用自担、自主经营、自负盈亏、确保上缴，促进现有存量资产实现优化组合。

（2）建立民营资本和外商资本进入及国有资本退出的通道和机制。实证研究表明，通过中国独资企业、合作合伙企业、有限责任公司与股份有限公司相比，股份有限公司的整体绩效最好；国有企业、集体企业、私营独资企业、港澳台独资经营企业、外资企业五个具体形式的独资企业比较，国有企业的整体绩效最低；国有独资公司和其他有限责任公司比较的结果是国有独资公司整体绩效最低；国有企业、国有独资公司和国有控股公司相比，国有控股公司整体绩效最好；而国有控股公司中，国有相对控股公司的整体财务绩效好于国有绝对控股公司。我国机车车辆业的产权结构改革有必要从以中国南、北车为代表的中央企业改起，而且从母公司改制入手，将现有母公司的国家绝对控股公司（国家持股 50%以上），逐步改制为国家相对控股公司。而实现国有资本相对控股的关键则在于建立有效的民营资本和外商资本进入及国有资本退出的通道和机制，取消所有制歧视的进入壁垒，坚定不移地实行国有资本减持的方针。在竞争性业务和环节，加大国有资本减持的力度，加大民营资本和外商资本在企业产权中所占比重，实现民间资本的控股。在自然垄断业务和环节，本着渐进的原则，不断减持国有资本的比重，以实现国有资本的相对控股为目标。

三、避免产权改革的"全盘西化"：私有化与民营化的误区

在我国，为了解决国有资本存在的产权上"超弱控制"和行政上"超强控制"的问题，理论界和实务界曾掀起一股民营化与私有化的改革浪潮。然而，一些国有企业在不科学的"维护"中垮掉，大量的国有资产在被动的固守中流失。2004 年 6 月，香港经济学家郎咸平教授连连在媒体上痛斥国有企业领导人或经理人借国企改革之机大肆化公为私，从国家银行借钱，自己定价，收购不能流通的国有股，大量侵吞国有资产造成国有资产流失，在中国的法制化条件不成熟的情况下应该严格禁止管理者收购（以下简称 MBO）。2004 年 8 月 9 日，郎咸平教授在复旦大学以"格林柯尔：在'国退民进'的盛宴中狂欢"为题发表演讲，明确指出格林柯尔及其董事长顾雏军以"安营扎寨、乘虚而入、反客为主、投桃报李、洗个大澡、相貌迎人、借鸡生蛋"七种手法先后"巧取豪夺"科龙、美菱、亚星客车及 ST 襄轴四家公司，强烈建议停止以民营化为导向的产权改革。接着其又炮轰海尔"曲线 MBO"、质疑 TCL 产权改革。郎咸平反对国有企业民营化即"国退民进"，认为政府主导产权改革应以民为本，

以老百姓的福利为前提而不应当是以无法量化、衡量的效率为本，以效率为本的国有企业产权改革的道路走错了。效率要考虑到两方面的问题：①对企业正面经营的正效率；②对国民和对金融市场剥削的负效率。如果负效率明显地大过正效率，那就是菲律宾，如果负效率小于正效率，那就是美国。郎咸平认为目前的国有企业产权改革有两大特点：①法律缺位下的合法性；②买卖双方自定价格的交易。走入了两个误区：①认为民营化、自由经济就能够解决国有企业改革所有的问题，即国有企业产权问题是唯一的问题；②常常强调国有企业的所有人缺位。郎咸平提出应该是国家退出市场，而不是国有企业退出市场，"政府应该退出国有企业，国有企业不存在产权不明问题，国有企业的产权并不需要改变，政府需要做的只是推动人事改革；完全从市场招聘经营者机制，以个人财产抵押为基础的经营者年薪制，规范的委托代理制度和公司治理结构，以及严格的奖惩规定，建立一套激励机制与信托责任并重的职业经理人制度；政府通过股东会、董事会来监管职业经理人，这才是建立良性的国企改革进步的合适途径"。

在机车车辆业的产权改革上，我们也应该认识到产权改革不等同于私有化。如果通过"一退了之"的方法就能够迅速解决所有问题的话，我们就不必辛勤努力这么多年，俄罗斯经济也不会苦苦挣扎这么多年了。不能把产权改革简单地理解为私有化或者民营化过程，私有化或者国退民进只是产权改革的一种方式，市场经济也不一定意味着一定要以私有制为基础。从现代企业制度的发展趋势来看，已经表明了产权关系的变化，西方国家建立了股份制形式，使资本主义所有制变成不是纯粹的、单一的私有制。这种趋势在当代资本主义社会越来越明显。这也说明市场经济、产权理论的基础不一定完全是"私有化"。产权改革的目的不是推行"全盘西化"，而是要改变以国有资本为主导的机车车辆企业业绩落后、效率低下的问题和局面，提高国有资本的运营效率。在中国搞"全盘西化"，不仅违背历史的实践，而且不符合经济发展的需要。以一个模式或者一种方式来驾驭机车车辆企业的产权改革是不现实的，我们应该广开思路，以机车车辆企业的自身技术经济特征为出发点，探索符合我国机车车辆企业实际的产权改革模式。

总之，中国机车车辆业的产权改革应该循着"产权功能明晰化"和"产权结构多元化"的思路进行合理的规划和设计。同时特别值得注意的是，应该在产权改革的具体实施过程之中，要求事先建立起比较完善的法律机制来控制改革过程，避免政府在减少股份后得不到应有的回报以及国有资产流失。

第五节 中国机车车辆业产权改革的设计

机车车辆业的产权模式的改革应分三个层次和步骤进行。

一、产权功能的明晰：完善"三个主体"、抓住"三个环节"、完成"三个转变"、实现"三个分离"

有学者认为，产权明晰化的内在含义是产权的人格化，是找到一个人格化的主体，使他们能像人那样运动，像用自己的钱一样用别人的钱、用社会的钱。认为在我国目前的国有企业的产权关系下，很难找到这样的主体。[①] 笔者认为，我国的国有企业不能等同于各个国家都有的公营企业。公有制下的国有企业是社会主义制度建立的经济基础，体现的是社会主义经济的特性。我们在探讨和研究国有企业产权改革的问题时，必须认识到我们的改革是在社会主义市场经济条件下实施的。正是由于社会制度的不同，我们改革的出发点始终在于通过一定的制度安排，使法律赋予国有企业在市场中的生存和发展权利得到有效落实，实现国有资产的保值增值，从而巩固我们的社会制度。在我国目前社会主义市场经济体制下，所有者主体分散条件下的"所有者虚置"或"所有者缺位"并不必然导致产权功能的模糊，关键在于，在现行的国有资产三级管理体制下如何实现国有资产管理的明确定位、管理职能的明确归属以及管理方式的有效转变，从而在经济意义上实现产权功能的明晰化。

我们可以从完善"三个主体"、抓住"三个环节"、完成"三个转变"以及实现"三个分离"四个方面入手，促进产权功能的明晰化。"三个主体"，主要是指行使国有资产所有权的国资委、具备监管职能的铁道部和发改委等管理部门以及机车车辆企业这三个层次的行为主体，三个行为主体都应该在国有资产管理体系中有一个明确的功能定位和有效的作用发挥；不仅要明确它们各自应该做些什么，可以做些什么，而且应该明确它们如何才能把自己应该做的事情做好。"三个环节"，主要是强调在国有资产管理体系中有三个关键点：国资委、产权代表人和企业经理人，他们是国有资产三个层面管理职能的人格化，每个

[①] 韩志国. 国有企业产权改革中的八个焦点问题，http://hwq219.blog.163.com/blog/static/78637023200922310233**6**270/

环节都直接影响到国有资产管理体制的运行效率和运行成败。"三个转变"主要是指：①国有资产管理方式应该从原先那种实物形态管理为主向价值形态管理为主的转变，从实物型管理转向财务投资型的资本运作；②应该从静态的、凝固的管理为主，向动态的、流动的管理为主转变；③应该从建立在行政管理权与资产管理权两权合一基础上的条条管理，向分层次的专司管理或专职管理转变。"三个分离"，主要是指在国有资产管理体系过程中：从宏观层面上，应该实现政府社会经济管理职能与资产所有者职能的分离；从中观层面上，应该实现国有资产管理职能与国有资产经营职能的分离；从微观层面上，应该实现国家终极所有权与企业法人财产权的分离。

二、产权结构的多元化：实现机车车辆企业国有资本的相对控股或参股

为了避免股份制流于形式，实现机车车辆业的有效竞争，必须大力培育多元化的投资主体，将中国南、北车公司逐步改制为国家相对控股公司，建立有效的民营资本进入和国有资本退出的通道和机制，取消所有制歧视的进入壁垒，在国有资本、民营资本和外商资本之间实行统一的进入机制。

（1）依据我国国情和机车车辆行业的发展状况及自身特点，考虑到技术的引进、吸收、消化与再创新需要以国家和政府为主导，因此以核心技术的掌握和创新为根本的大型机车车辆企业仍然应该确定为以国有资本为主体的相对控股股份公司。在这一国有资本必须表现控制力的领域，通过制度性约束，确立民间资本所占比例以实现国有资本的相对控股。国有资本控股的"相对性"，把相对虚位的国有资本所有者和直接到位的其他资本所有者捆在一起，有利于发挥其他持股者的利益驱动，形成合理化的监督制衡机制，从外部形成有效而完善的约束激励机制；同时也使国有股权在内部竞争、制衡态势下，具备强化营运、监管的动力。另外，国有资本的相对"控股性"，有利于以国家和政府为主导进行技术的引进、消化、吸收与再创新，从而提高机车车辆企业的技术竞争力和机车车辆行业的整体国际竞争力。控股公司作为母公司拥有下列八个具体职能：①确定集团的发展战略；②审查子公司的经营计划；③协调子公司之间的活动；④进行公司内部审计；⑤为下属公司提供服务；⑥进行公司外部联络；⑦建立公司标准、方针和程序；⑧任命子公司董事会成员等。国有相对控股有利于形成有效的企业法人治理结构。非国有资本进入后建立起了董事会，董事会授权法人经营，并与经营者签订授权经营责任书，实现了所有权和经营权的分离，授权的合约化使国有与私有股东的利益在法律上得到保证。国

有相对控股体现在董事会的决策权和资产的保值增值以及优先的收益权上，企业的经营权则全部归属经营者。在企业中，企业的最高决策层不再由行政机关直接任命，而是由各股东单位派出的董事组建公司董事会。公司董事会严格按照《公司法》规定，享有对企业重要人事、重大资产决策和利益分配的控制权，以及对公司进行战略性指导的权力，明确公司人、财、物的经营权全部归经营者，董事会不干预企业日常经营决策。公司董事长由来自国有企业的代表担任，不是专职的，不在企业领取报酬。企业的战略经营管理活动不允许少数经理人员的自行决策，而是采取由董事会负责战略决策和企业经理人员负责经营管理决策的协调。具体参股比例以单个法人和个人的持股比例不超过国家股比例为限。允许非国有的法人和个人较大量地参股，以较少的国有资产推动较大的资产运营，加快企业的技术进步，从而有利于增强国有资产的实力和运营效率，实现技术和制度的同步创新。

（2）对技术含量低和标准化技术产品的生产与制造企业而言，这是国有资本应当退出的领域。因此，必须加快民营资本进入的步伐，逐步完善国有资本退出、民营资本进入的机制，加大民间资本在企业产权中所占比重，最终实现技术含量低和标准化技术产品的生产与制造企业以民营资本为主导，实现民间资本的控股，国有资本实行参股或完全退出。参股的国有资本要遵循资本保值、增值的原则，以在企业资本中所占的比例承担相应的权利和义务，不过多干涉企业的具体经营事项，争取实现社会、企业双方均获利的"双赢"局面。同时，国家要制定相应的政策和法规，控制国有资本的参股比例，防止民营资本在发展过程中过分依赖于国有资本的支持，从而造成不平等竞争。除了吸引外资进入国有企业外，国有资本还可以以"参与制"的形式主动参股于外资企业，以形成与外资联营的混合经济形式，最终实现该领域充分有效的竞争，优化行业资源配置。

三、产权权利的完整：实现机车车辆企业的产权分离与相互独立

在以技术创新的竞争为本质特征的机车车辆业，随着机车车辆核心技术的不断创新与演进，机车车辆企业之间的竞争将日益加剧。而机车车辆企业竞争力的源泉来自于机车车辆市场运行的效率。因此，在机车车辆业产权改革的深化阶段，必须深化资源在机车车辆市场的有效配置，使市场机制充分发挥其资源配置的功能和作用。市场机制本身的这种特性，决定了资源在机车车辆市场配置的高效率必须依赖于机车车辆企业充分的活力和自主性。只有机车车辆市场的自发性与机车车辆企业的自主性相融合，才能共同构架出机车车辆业的产

业竞争力，机车车辆企业才能面对来自于国外强大竞争对手的竞争，实现在竞争中成长的企业发展之路。

要使机车车辆市场运行有效率，解决机车车辆企业的活力问题，就必须实现机车车辆企业的自主性和独立性，实现机车车辆企业在产权权利上的完整性。因此，在产权改革的深化阶段，必须实现机车车辆企业在产权上的相互独立，成为具有独立的财产权和经营权、自主经营、自负盈亏、自担风险的法人实体。

最后，我们仍需强调的是，考虑到我国国情和社会发展状况、国家经济安全、社会公共利益、技术创新的规模经济要求，社会普遍服务的义务等因素，掌握核心技术、具备技术研发与创新能力的大型机车车辆企业可以考虑实行国有相对控股。与此相对应，技术含量低和标准化技术产品的生产与制造企业则应该放开所有制进入壁垒，民营资本的高效率相对于国有资本而言能够促进市场充分竞争，从而使得低成本的生产企业脱颖而出，满足技术含量低和标准化技术产品高质量和低价格的要求。

第八章　中国机车车辆业改革的治理模式

1999 年，党的十五届四中全会指出："公司制是现代企业制度的有效形式，公司治理结构是公司制的核心。"在我国，公司制度是国有资本与市场经济结合的基本形式，公司治理是微观经济领域最重要的制度建设，公司治理的有效性关系到国有企业改革的成败。

当前，中国机车车辆业的治理模式改革已经取得了一定的成果，但由于机车车辆企业传统上一直由国家拥有和经营，政企分开改革启动较晚，因此机车车辆企业在公司治理还存在很多问题。以中国南、北车为例，二者在公司治理上都还存在着董事会与监事会"失灵"、独立董事制度"局限性"、"老三会"与"新三会"冲突与矛盾、人力资源体系建设落后等问题，这些问题仍然是影响企业有效运转的主要因素。

对中国机车车辆业改革来讲，公司治理模式的选择既要遵循国际惯例，同时又要体现中国特色，除了需要体现竞争性领域普遍适用的一般性治理要求外，更需要考虑中国国情、机车车辆业的技术经济特征以及国有制等特殊情况。

第一节　中国机车车辆业公司治理的现状

公司治理是一个多角度、多层次的概念，从公司治理这一问题的产生与发展来看，可以从狭义和广义两方面去理解。狭义的公司治理，是指所有者，主要是股东对经营者的一种监督、约束、制衡与激励机制。即通过一种制度安排，来合理地配置所有者与经营者之间的权利与责任关系。具体来说，狭义的公司治理是指由所有者、董事会和高级执行人员即高级经理人员三者组成的一种组织结构，在这种结构中，上述三者之间形成一定的制衡关系。通过这一结构，所有者将自己的资产交由公司董事会托管；公司董事会是公司的最高决策机构，拥有对高级经理人员的聘用、奖惩以及解雇权力；高级经理人员受雇于董事会，组成在董事会领导下的执行机构，在董事会的授权范围内经营企业。广义的公司治理则不局限于股东对经营者的制衡，而是涉及广泛的利益相关者，包括股东、债权人、供应商、公司员工、政府和社区等与公司有利害关系的集团。公司治理是通过一套包括正式或非正式的、内部的或外部的制度或机制来协调公司与所有利害相关者之间的利益关系，以保证公司决策的科学化，从而最终维护公司各方面的利益。

我们将公司治理分为公司治理结构和公司治理机制两个层次。从法学的角度来讲，公司治理结构是关于公司权力分配和行使关系，尤其是调整关于消极股东与作为公司法律上的控制者——董事会之间的权力分配和行使关系。从法理上讲，股东是公司的所有者，因此，股东应在公司治理中发挥重要作用。从经济学的角度来讲公司治理结构本质上是指在公司法人财产的委托代理制的框架下，规范不同治理机关之间责、权、利关系的一个结构化安排。我国公司的治理结构一般包括股东大会、董事会、监事会、经理层四个方面。公司治理结构是公司治理的前提和基础。而公司治理机制既包含了狭义的有关公司董事会的功能、结构、董事长或经理权利及监督方面的制度安排，同时也概括了公司的各项收益分配激励制度、经理聘选与人事管理制度、财务制度、公司管理结构、企业战略发展决策管理系统、企业文化和一切与企业高层管控有关的其他制度。

公司治理结构是公司治理的外在形式和组织基础，而公司治理机制则是公司治理的本质内容和公司科学决策的效率基础。建立在决策科学观念上的公司治理不仅需要一套完备有效的公司治理结构，更需要若干具体的超越结构的治理机制。公司的有效运行和决策科学不仅需要通过股东大会、董事会和监事会将发挥作用的内部监控机制，而且需要一系列通过证券市场、产品市场和经理市场来发挥作用的外部治理机制，如公司法、证券法、信息披露、会计准则、社会审计和社会舆论等。因此，我们在机车车辆业的治理模式改革中，不仅要注重公司治理结构的完整，更加要注重公司治理机制的设计。在保证公司治理结构形式上完整的基础上，科学地规划和实施公司的有效治理机制。

下面以中国南、北车为例，从公司治理的基本情况、独立董事履行职责情况、公司在资产等方面的独立情况、公司内部控制制度的建立健全情况、高管考评与激励情况五个方面对机车车辆企业的治理现状进行分析。

一、中国南车的公司治理现状①

中国南车于 2007 年 12 月 28 日召开了 2007 年第一次临时股东大会，审议通过了《公司章程》。根据《公司法》等相关法律法规规定，公司设立了股东大会、董事会、监事会、独立董事和董事会秘书等制度。制定了《中国南车股份有限公司股东大会议事规则》、《中国南车股份有限公司董事会议事规则》、《中国南车股份有限公司监事会议事规则》、《中国南车股份有限公司独立董事工作细则》及《中国南车股份有限公司总裁工作细则》等规章制度，明确了股东大会、董事会、监事会、独立董事及总裁的权责范围和工作程序。在此基础上，公司董事会设置了 4 个专门委员会：战略委员会、审计与风险管理委员会、薪酬与考核委员会和提名委员会，并制定了相应的工作细则，明确了各个专门委员会的权责、决策程序和议事规则。董事会专门委员会为董事会重大决策提供咨询、建议，保证董事会议事、决事的专业化、高效化。

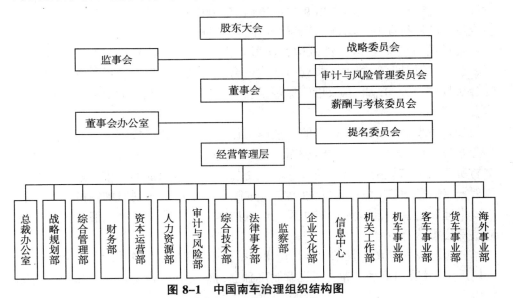

图 8-1　中国南车治理组织结构图
资料来源：中国南车 2008 年招股意向书。

1. 公司治理的基本情况

截至 2009 年 12 月 31 日，中国南车已发行 11840000000 份股票。

---

① 资料来源：中国南车 2009 年年报。

中国南车积极培育"饮水思源，股东利益至高无上；用户第一，客户需求永远是我们前进的动力；以人为本，每位员工与中国南车共享成功"的核心价值观，倡导"诚信、敬业、创新、超越"的企业精神，建立完善的公司治理结构，形成良好的公司治理环境。公司严格按照境内外上市地的法律、法规及规范性文件的要求，完善公司法人治理结构。

公司依据《公司法》、《证券法》等法律法规、规范性文件以及香港地区的有关法律法规和规范性文件的规定，制定了《公司章程》、《股东大会议事规则》，进一步规范了股东大会的召开、审议和表决程序，以及类别股东表决的特别程序；公司高度重视投资者关系管理工作，设立了较为完善的与股东沟通的有效渠道，确保所有股东，尤其是中小股东能够充分行使自己的权利。

公司与控股股东能够实现人员、资产、财务、机构、业务方面的独立，公司董事会、监事会和内部机构能够独立运作。

公司严格按照有关上市公司治理的规范性文件和《公司章程》的规定选举产生董事、建立董事会；董事会的人数及人员构成完全符合法律、法规和《公司章程》的规定；公司董事会由9名董事组成，其中独立非执行董事5人；董事会成员具备履行职务所必需的知识、技能和素质。

公司监事会是公司监督机构，向股东大会负责，对公司财务以及公司董事、总裁和其他高级管理人员履行职责的合法合规进行监督，维护公司及股东的合法权益。公司采取有效措施保障了监事的知情权，及时向监事提供必要的信息和资料。

公司董事会秘书具体负责信息披露工作，公司设置了投资者关系部门（董事会办公室），接待股东来访与咨询，加强与股东的交流。公司按照《上海证券交易所股票上市规则》、《中国香港联合交易所有限公司证券上市规则》、《公司章程》、《信息披露管理办法》的规定，按照多地上市公司同时披露的原则，在中国内地和中国香港两地均依法履行信息披露义务，确保了公司股东能够平等地获得公司信息。

公司自成立以来，股东大会、董事会、监事会均按照《公司法》等相关法律法规规定、《公司章程》等公司规章制度独立有效运作，没有违法、违规的情况发生。

2. 独立董事履行职责情况

中国南车建立了独立董事工作制度，主要包括《独立董事工作细则》、《独立董事年报工作制度》、《独立董事沟通制度》和《独立董事调研考察工作管理办法》等。公司董事会现有5名独立董事，超过董事会总人数的半数。董事会审计与风险管理委员会、提名委员会、薪酬与考核委员会中独立董事占多数，董事会审计与风险管理委员会、提名委员会、薪酬与考核委员会主席均由独立董事担任。各独立董事本着客观、独立、审慎的原则，充分发挥专业特长，从维护投资者和各利益相关者的利益出发，积极参加董事会及董事会各专门委员会会议，认真履行职责，依法对相关重要事项发表独立意见，为提高董事会决策的科学性、促进公司业务的持续健康发展发挥了应有作用。独立董事结合公司重大生产经营和重大活动安排，进行了有关的调研考察，2009 年境内 11 次，境外 2 次，共计 13 人次。通过调研考察，独立董事加深了对公司各项业务的了解，为企业的改革发展提出了许多好的意见和建议。公司独立董事未对公司的董事会议案及其他非董事会议案事项提出异议。

3. 公司相对于控股股东在业务、人员、资产、机构、财务等方面的独立情况

中国南车在资产、人员、财务、机构和业务方面均与控股股东南车集团及其控制的其他企业相互独立。

公司拥有独立、完整的生产经营所需的资产，包括土地房产、机器设备、商标等知识产权以及电子信息设备等，与南车集团资产完全分离。不存在南车集团违规占用本公司资金、资产及其他资源的情况。

公司的生产经营和行政管理完全独立于南车集团及其控制的其他企业，与公司经营业务相关的人员全部进入本公司。全部员工与本公司签订了劳动合同，员工工资单独造册，单独发放。公司设有独立的劳动、人事、工资管理体系，设立了人事管理部门，独立履行人事职责。

公司总裁、副总裁、财务总监、董事会秘书等高级管理人员和核心技术人员均专职在公司工作并领取薪酬，未在股东单位及其他关联方担任除董事、监事以外的任何职务，也未在与公司业务相同或相似、或存在其他利益冲突的企业任职。公司的董事、监事及高级管理人员均按照《公司法》、《公司章程》等有关规定产生，履行了合法的程序，不存在控股股东利用其控股地位干预本公司股东大会和董事会做出人事任免决定的情况。公司已建立了规范的法人治理结构，健全了相关的决策规则，保证公司及中小股东的利益不受侵害。

公司设立了独立的财务会计部门，配备了独立的财务人员，建立了独立的会计核算体系、财务会计管理制度和会计政策，依法独立纳税。公司按照《公司章程》规定独立进行财务决策，建立独立的财会账簿，独立对外签订合同，不存在南车集团及其控制的其他企业干预公司资金使用的情况。公司在银行单独开立账户，不存在与南车集团及其控制的其他企业共用银行账户的情况，不存在控股股东或其他关联方占用本公司货币资金或其他资产的情形，也没有为控股股东南车集团、南车集团的控股子公司或附属企业、个人提供担保的情况。

公司成立以后，按照法律法规及相关规定建立了股东大会、董事会及其下属各专门委员会、监事会、经营管理层等决策、监督及经营管理机构，明确了职权范围，建立了规范有效的法人治理结构。公司的生产经营和办公机构与控股股东完全分开，不存在控股股东直接干预本公司机构设置及经营活动的情况。

公司通过下属公司主要从事铁路机车、客车、货车、动车组、城轨地铁车辆及重要零部件的研发、制造、销售、修理和租赁，以及轨道交通装备专有技术延伸产业等业务，独立自主地开展业务，拥有独立的经营决策权和决策实施权。当前，公司独立从事业务，业务体系完全独立。公司拥有独立的生产、供应、销售系统，具备独立面向市场的能力。公司持有从事本公司业务的全部必要的相关证照、资质，并拥有相应的资金、设备及员工以独立经营本公司业务。

具体如表 8-1 所示。

表 8-1　中国南车相对于控股股东在业务、人员、资产、机构、财务等方面的独立情况

	是否独立完整	情况说明
业务方面独立完整情况	是	公司业务独立于控股股东，可全权进行决策并独立经营自身业务
人员方面独立完整情况	是	公司员工均由公司独立聘用；公司自主制定薪酬制度，独立发放薪金。公司高级管理人员未在公司控股股东南车集团担任任何行政管理性职务，未在南车集团及其控制的其他企业领薪
资产方面独立完整情况	是	公司拥有独立、完整的生产经营所需的资产，包括土地房产、机器设备、商标等知识产权以及电子信息设备等，与南车集团资产完全分离
机构方面独立完整情况	是	公司设有股东大会、董事会和经营管理层，公司的运营决策由公司股东大会、董事会及管理层根据各自权限做出，机构完整并完全独立于控股股东。公司已建立了由各部门组成的一套组织架构
财务方面独立完整情况	是	公司设有财务部门，并配备足够的专职财务会计人员负责公司账目的财务核算和审核；建立了独立的会计核算体系、财务会计管理制度和会计政策，建立了独立的财会账簿，在银行单独开立账户，依法独立纳税

资料来源：中国南车 2009 年年报。

4. 公司内部控制制度的建立健全情况

中国南车建立了法人治理结构及管控制度。董事会由 9 名董事组成，其中独立非执行董事 5 人。董事会下设战略委员会、审计与风险管理委员会、薪酬与考核委员会、提名委员会四个专门委员会。公司监事共有 3 人，其中包括职工监事 1 人。董事会审查公司内控制度及其运行情况，董事会审计与风险管理委员会听取公司内部控制检查监督部门报告风险管理和内部控制检查监督工作，督促公司加强内部控制问题。在对公司内部控制评估过程中，审计与风险管理委员会的委员与公司财务总监、财务部门负责人及报表编制人员进行沟通，并就年报审计问题与会计师事务所进行沟通。

公司内部控制检查监督部门包括内部审计、监察和法律部门，公司总部设审计与风险部、监察部和法律事务部，公司下属各一级子公司均设置了独立的审计、监察部门，并配备了法律管理人员。

公司制定了《公司章程》、《股东大会议事规则》、《董事会议事规则》、《监事会议事规则》、《独立董事工作细则》、《董事会战略委员会工作细则》、《董事会审计与风险管理委员会工作细则》、《董事会提名委员会工作细则》、《董事会薪酬与考核委员会工作细则》、《总裁工作细则》、《募集资金使用管理办法》、《关联交易管理办法》、《信息披露管理办法》、《投资者关系管理办法》、《对外担保管理制度》等规章制度。此外，公司还制定了《合同管理办法》、《投资管理办法》、各项财务制度和审计制度，编制了《员工手册》、《规章制度汇编》、《风险管理手册》、《内部控制手册》和《审计制度体系手册》等手册，规范公司各项内部控制活动。

公司严格按照上海证券交易所《股票上市规则》、《上市公司内部控制指引》、《公司章程》、《股东大会议事规则》、《董事会议事规则》、《关联方资金往来管理制度》及《关联交易内部控制制度》等有关文件规定，对公司关联交易行为包括交易原则、关联人和关联关系、关联交易、关联交易的决策程序、关联交易的披露等进行全方位管理和控制，保证公司及全体股东的合法权益。公司发生的关联交易均履行了相关审批程序和披露义务，公司对关联交易的内部控制较为严格、充分、有效。

公司制定了《对外担保管理制度》，明确了对外担保的对象、事前审查、审批权限、审批程序、订立合同及风险管理等各项控制环节。公司对外担保管理实行多层审核监督，并由股东大会和董事会作为对外担保的决策机构。公司严格按照相关法律法规的要求，对对外担保进行从严从紧的控制。

公司制定了《投资管理办法》及其配套制度，确定了公司投资的基本原则，即坚持以市场为导向，以效益为中心，以回报股东为责任，以提升中国南车核心竞争力和实现集约化、专业化生产为目标，逐步形成了主业突出、特点鲜明的产业体系。公司还对投资的管理职责、决策权限及程序、年度投资预算、项目实施与管理、责任监督与考核，以及风险管理等控制环节进行了严格要求，投资管理部门依照这些要求进行投资管理。

公司制定了《信息披露管理办法》，对信息披露进行了具体规定，明确了信息披露的基本原则、信息披露具体内容、信息披露管理事务、信息披露中相关主体的职责、记录和保管制度，以及与投资者、分析师及媒体的信息沟通、信息披露的保密措施以及违规处罚等，确保公司信息公开、公正、公平披露。

公司总部设立了独立的内部审计部门，并在所有一级子公司和重要二级子公司设立了独立的内部审计机构。内部审计部门定期向公司董事会和总裁报告内部审计工作，对公司及下属子公司经营管理、财务状况、经济责任、内控执行等情况进行审计，定期检查评估公司内部控制状况，并及时提出改进建议。审计部门制定了《审计工作规定》等 20 个制度以及《财务收支审计模板》等 61 个工作模板。

公司制定并下发了《内部控制手册》，公司依照财政部等五部委颁布的《企业内部控制基本规范》、上海证券交易所《上市公司内部控制指引》、中国香港联合交易所《企业管治常规守则》等法律法规，结合公司自身情况建立了公司内部控制体系，并在实际工作中严格遵循。

5. 高级管理人员的考评及激励情况

根据《公司章程》和《中国南车股份有限公司董事会议事规则》，中国南车设立了薪酬与考核委员会。薪酬与考核委员会的主要职责：研究董事与总裁人员考核的标准，进行考核并提出建议；研究和审查董事、总裁和其他高级管理人员的薪酬政策与方案。薪酬与考核委员会成员由 4 名董事组成，其中独立董事 3 名。薪酬与考核委员会设主席 1 名，由独立董事委员担任，负责主持委员会工作。公司对高级管理人员实行年度绩效考核评价。高级管理人员薪酬中包括绩效薪金，依据公司业绩考核结果计算。

二、中国北车的公司治理现状①

中国北车按照我国的法律法规和相关监管规定，建立了比较完善的公司法人治理结构，设立了股东大会、董事会及其专门委员会和监事会，制定了相应的议事规则。公司根据相关法律、法规及规范性文件和《公司章程》的要求，结合本公司的实际情况，设置了董事会办公室、办公室、战略规划部、运营管理部、财务部等职能部门。

1. 公司治理的基本情况

中国北车严格按照国家法律、法规及监管机构规范性文件的要求，逐步建立和完善公司法人治理结构、规范公司运作，提高公司经营管理水平，依法做好公司信息披露、投资者关系管理和投资者服务工作，致力于打造优质上市公司典范。

公司有效地执行了《公司章程》、《股东大会议事规则》、《董事会议事规则》、《独立董事工作规则》、《监事会议事规则》、《总裁工作细则》等规章制度。

---

① 资料来源：中国北车 2009 年年报。

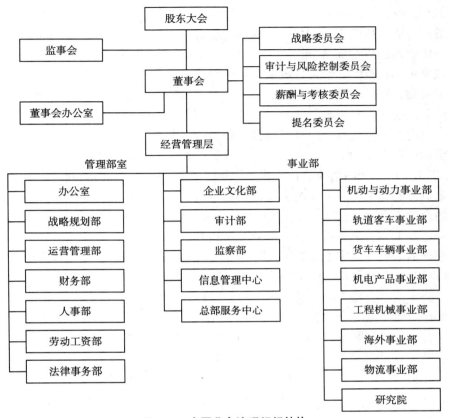

图 8-2 中国北车治理组织结构

资料来源：中国北车 2009 年招股说明书。

股东大会、董事会、监事会独立运行，依法履行了各自的权利和义务。

公司依据《公司法》、《证券法》等法律法规、规范性文件的规定，制定了《公司章程》、《股东大会议事规则》，规范了股东大会的召开、审议和表决程序；公司高度重视投资者关系管理工作，设立了较为完善的与股东沟通的有效渠道，认真、热情接待股东的来访、来电，确保所有股东，尤其是中小股东能够充分行使自己的权利。公司控股股东能规范运作，按照法律法规及《公司章程》的规定行使其享有的权利，未出现超越股东大会直接或间接干预公司决策和经营活动的情况，未出现占用公司资金或要求为其担保或为他人担保的情况，在人员、资产、财务、机构和业务方面与公司做到明确分开。

公司严格按照有关上市公司治理的规范性文件和《公司章程》的规定选举产生董事、建立董事会；董事会的人数及人员构成完全符合法律、法规和《公司章程》的规定。公司董事会由 9 名董事组成，其中独立董事 5 人；董事会成员具备履行职务所必须的知识、技能和素质。在报告期内，各位董事均能够以认真、负责的态度出席董事会，积极参加培训，能够按照《公司章程》和《董事会议事规则》的规定忠实、诚信、勤勉地独立履行相应的职责。董事会下设战略委员会、审计与风险控制委员会、薪酬与考核委员会、提名委员会四个专门委员会，报告期内，各委员会工作均正常开展，有效保证了公司决策的科学性。

公司监事会共有 3 位监事，其中包括职工监事 1 人，公司监事会的人数和人员构成符合法律、法规和《公司章程》的规定。公司监事能够按照《公司章程》规定的职权和《监事会议事规则》等认真履行职责，能够本着为公司及公司股东负责的态度，对公司财务及对公司董事、总裁和其他高级管理人员履行职责的合法、合规性进行有效监督。截至报告期末，公司高级管理人员共 6 名，其中总裁 1 名，副总裁 2 名，副总裁兼财务总监 1 名，总工程师 1 名，董事会秘书 1 名。公司制定了《总裁工作细则》，公司经营班子在日常经营管理中严格执行股东大会和董事会的决定，诚实守信、勤勉尽责。

公司董事会秘书具体负责信息披露工作，公司设置了专门负责投资者关系的部门（董事会办公室），接待股东来访与咨询，加强与股东的交流。报告期内，公司严格按照《上海证券交易所股票上市规则》、《公司章程》、《信息披露管理制度》、《董事会秘书工作规则》的要求，依法履行信息披露义务，真实、准确、完整、及时、有效地通过指定报刊、网站等法定方式披露信息，确保了所有股东，尤其是中小股东享有平等地获取公司相关信息的权利，保证公司的透明度。

2. 独立董事履行职责情况

中国北车独立董事在报告期内严格按照《公司法》、《证券法》、《上海证券交易所股票上市规则》和《关于在上市公司建立独立董事制度的指导意见》等法律法规及《公司章程》、《独立董事工作规则》等规定，忠实、勤勉地履行了独立董事应尽的义务和职责。召开董事会前，独立董事认真阅读公司提交的各次会议文件，了解并获取了做出决策前所需要的情况和资料，了解了公司的生产经营情况。在会议召开过程中，独立董事认真审议每一项议案，积极参与讨论，并对具体议案充分发表个人意见，为董事会科学决策起到了积极的促进作用。独立董事对 2009 年度提交四次董事会审议的相关议案全部投赞成票，并按照法律法规和《公司章程》的规定，依照法定程序对四次董事会中共计 10 项议案发表了独立意见，为维护公司及中小股东的合法权益，保证公司健康持续发展起到了积极的作用。公司独立董事未对公司本年度的董事会议案及其他非董事会议案事项提出异议。

3. 公司相对于控股股东在业务、人员、资产、机构、财务等方面的独立情况

中国北车在资产、人员、财务、机构、业务方面均与北车集团及其控制的其他企业相互独立，具有完整的业务体系及独立面向市场经营的能力。

公司拥有与生产经营有关的生产系统、辅助生产系统和配套设施。公司合法拥有与生产经营有关的土地、厂房、机器设备以及商标、专利、非专利技术的所有权，具有独立的原料采购和产品销售系统。本公司目前没有以资产和权益为控股股东及其控制的其他企业提供担保的情形，也不存在资产、资金被控股股东及其控制的其他企业违规占用而损害本公司利益的情形。

公司的生产经营和行政管理完全独立于北车集团及其控制的其他企业，与公司经营业务相关的人员全部进入公司。全部员工与公司签订了劳动合同，员工工资单独造册，单独发放。公司设有独立的劳动、人事、工资管理体系，设立了人事劳资管理部门，独立履行人事劳资职责。公司总裁、副总裁、财务总监、董事会秘书等高级管理人员未在控股股东及其控制的其他企业中担任除董事、监事以外的其他职务，未在控股股东及其控制的其他企业领薪，公司的财务人员未在其他企业兼职。

公司设立了独立的财务部门，建立了独立的财务核算体系；按照《公司章程》规定独立进行财务决策；建立了规范的财务会计制度和对分公司、子公司的财务管理制度；建立独立的财会账簿；独立对外签订合同；在银行单独开立账户，不存在与北车集团及其控制的其他企业共用银行账户的情况；公司作为独立纳税人，依法独立纳税。

公司成立以后，按照法律法规及相关规定建立股东大会、董事会及其下属各专门委员会、监事会、经营管理层等决策、监督及经营管理机构，设置了办公室、法律事务部、战略规划部、运营管理部、财务部、人事部、劳动工资部、企业文化部、审计部、监察部、信息管理中心、总部服务中心等12个管理部室；另外，还设有机车与动力事业部、轨道客车事业部、货车车辆事业部、机电产品事业部、工程机械事业部、海外事业部、物流事业部、研究院等8个事业部。本公司各职能部门具有明确的职权范围，公司依法建立了有效的法人治理结构。公司的生产经营和办公机构与控股股东及其控制的其他企业间完全分开，不存在控股股东直接干预公司机构设置及经营活动的情况。

公司从事的经营业务独立于北车集团及其控制的其他企业。公司通过下属公司主要从事铁路机车车辆（含动车组）、城市轨道车辆、工程机械、机电设备、环保设备、相关部件等产品的开发设计、制造、修理业务及技术服务、设备租赁等业务，独立自主地开展业务和作出经营决策，拥有独立完整的生产、供应、销售和管理系统，具备独立面向市场的能力。公司及其控股子公司拥有从事其各自业务所必需的相应资质。在公司设立时，由于沈车公司正处于搬迁改造，北车集团未将沈车公司股权投入公司。除与沈车公司在货车的新造和修理存在同业竞争外，公司与北车集团及其控制的其他企业不存在同业竞争，也不存在显失公平的关联交易。北车集团通过与公司出具《不竞争承诺函》和签订《避免同业竞争协议》的方式避免与公司的同业竞争。

表8–2　中国北车相对于控股股东在业务、人员、资产、机构、财务等方面的独立情况

	是否独立完整	情况说明
业务方面独立完整情况	是	公司业务独立于控股股东，公司通过下属公司主要从事铁路机车车辆（含动车组）、城市轨道车辆、工程机械、机电设备、环保设备、相关部件等产品的开发设计、制造、修理业务及技术服务、设备租赁等业务，独立自主地开展业务和作出经营决策，拥有独立完整的生产、供应、销售和管理系统，具备独立面向市场的能力。公司及其控股子公司拥有从事其各自业务所必需的相应资质
人员方面独立完整情况	是	公司的生产经营和行政管理完全独立于控股股东及其控制的其他企业。全部员工与公司签订了劳动合同，员工工资单独立册，单独发放。公司设有独立的劳动、人事、工资管理体系，设立了人事劳资管理部门，独立履行人事劳资职责。公司总裁、副总裁、财务总监、总工程师、董事会秘书等高级管理人员未在控股股东及其控制的其他企业中担任董事、监事以外的其他职务，未在控股股东及其控制的其他企业领薪，公司的财务人员未在其他企业兼职
资产方面独立完整情况	是	公司拥有独立、完整的生产经营所需的资产，包括土地房产、机器设备、商标等知识产权以及电子信息设备等，与北车集团资产完全分离。不存在北车集团违规占用公司资金、资产及其他资源的情况
机构方面独立完整情况	是	公司设有股东大会、董事会和经营管理层，公司的运营决策由公司股东大会、董事会及管理层根据各自权限作出，机构完整并完全独立于控股股东。公司已建立了由各部门组成的一套组织架构，各部门有明确的责任分工。公司亦已建立了一套内部控制系统，以促进公司业务的有效运作
财务方面独立完整情况	是	公司设有独立的财务部门，并配备足够的专职财务会计人员负责公司账目的财务核算和审核。建立了独立的会计核算体系、财务会计管理制度和会计政策，建立了独立的财会账簿，在银行单独开立账户，依法独立纳税

资料来源：中国北车2009年年报。

4. 公司内部控制制度的建立健全情况

表8–3　中国北车内部控制制度的建立健全情况

内部控制建设的总体方案	根据财政部《关于印发〈企业内部控制基本规范〉的通知》、《中国北车股份有限公司章程》和有关法律法规，公司制定了《内部控制基本规范》，明确了内部控制的原则、内容和方法及相关要求。公司制定了《内控制度管理办法》，规定了管理标准编写的基本要求、构成、格式、编写细则及编号原则。明确了各职能部门的分工与管理范围，涵盖了经济活动的所有方面

续表

内部控制制度建立健全的工作计划及其实施情况	公司成立以来，根据《内部控制基本规范》、《内控制度管理办法》和《公司章程》等，制定了《股东大会议事规则》、《董事会议事规则》、《监事会议事规则》、《总裁工作细则》等公司治理方面的内控基本制度及专项规章制度 130 余项
内部控制检查监督部门的设置情况	公司设置审计部，负责内部控制制度的检查监督；公司全系统审计人员 138 人，负责各子公司的内部控制制度检查监督工作
内部监督和内部控制自我评价工作开展情况	2009 年公司审计部共完成审计项目 12 个。公司内部控制制度在重大方面遵守了有关监管部门的要求。在重大风险失控、严重管理舞弊、重要流程错误等方面，具有控制与防范的作用。在执行内部控制制度过程中，没有发现重大风险失控、严重管理舞弊、重要流程错误，也未发现公司存在内部控制设计或执行方面的重大缺陷
董事会对内部控制有关工作的安排	董事会按照《董事会议事规则》，确定由公司审计部负责内部控制制度的检查监督，每年出具内部控制制度自我评价报告，由总裁办公会会议讨论审议，再由董事会审计与风险控制委员会审议，最后提交董事会审议通过
与财务核算相关的内部控制制度的完善情况	公司于 2009 年 12 月 29 日上市后，严格按照中国证监会和北京证监局的有关要求，不断完善有关财务核算制度
内部控制存在的缺陷及整改情况	报告期内，公司尚未发现在内部控制制度方面存在重大缺陷

资料来源：中国北车 2009 年年报。

5. 高级管理人员的考评及激励情况

中国北车建立了对高级管理人员的考评和激励机制，对高级管理人员的考评按照国资委《中央企业负责人经营业绩考核暂行办法》和公司《员工绩效考核办法》执行，高级管理人员的薪酬根据考评结果确定。

第二节　中国机车车辆业公司治理存在的问题

总体来看，中国南、北车都设置了股东大会、董事会、监事会、经理层的二元治理结构，从而保证了公司治理结构形式上的完整性，但在公司治理机制的内容和效果上仍存在一定的问题。

一、公司内部治理机制的问题

1. 董事会与监事会的"失灵"

董事会是公司内部治理的关键环节。对于上市公司，公司内部治理水平的高低主要体现在董事会上。事实上，中国南、北车作为上市公司，其董事会并没有发挥出关键性的治理作用。

公司的多数治理权能被赋予了股东大会，而不是董事会。股东大会具有通过公司决议、选举董事、表决公司战略交易、表决公司预算、表决董事薪酬、发行债券和利润分配的权力。之所以把一些关键的治理权能交由股东大会，其根本原因可能在于国家想维持对企业的最终控制权。因为在中国南、北车的股权结构上，国有股的比重都超过了50%，二者都是国有绝对控股的上市公司。把与企业直接相关的关键决策权保留在股东大会手中，就是控制在了国家手中。虽然国家作为控股股东，可以通过股东大会选派董事控制公司的关键决策，但在"内部人控制"问题无法有效解决的背景下，通过董事这一代理人来控制企业，毕竟存在风险及潜在的高额代理成本。

董事会没能发挥关键的公司治理作用，而移植自德国的监事会制度，其有效治理作用更是微弱。中国南、北车的监事会成员不仅无权任免董事会和经理人员，也无权否决董事会与经理层的决策，更无权决定公司的战略。监事会的首要职责是财务监督。更为重要的是，监事会监事几乎全是公司的内部人。中国南车监事会主席王研先生现任南车集团总经理助理；监事李建国先生任中国南车副总经济师兼审计与风险部部长；职工监事邱伟先生1997年12月~2000年12月任中国铁路机车车辆总公司党委办公室副主任，2000年12月~2005年4月任南车集团办公室综合处处长，2001年2月~2005年4月兼任行政处处长，2005年4月~2007年12月任南车集团公司办公室（党委办公室）副主任兼综合处处长，自2008年1月起任中国南车工会工作委员会副主任。中国北车监事会主席刘克鲜先生现任北车集团总经济师、总法律顾问；监事朱三华先生2000年12月以来历任北车集团财务部副部长、部长、总会计师助理、总会计师助理兼审计部部长；职工监事陈方平先生2000年12月以来历任北车集团干部（人事部）部长、纪委副书记。由此可见，无论是中国南车还是中国北车，特定的身份决定了监事在公司中必然受到董事长或总经理的制约。监事虽然有权列席董事会会议，但不拥有董事会决议事项的表决权，使得监事会对于董事会决策过程中的监督缺乏有效的手段。而且因为不是董事会成员，所以监事无法获得董事同样的信息，影响了监督的效力。可以这么认为，如果上市公司股权结构没有出现应有的变革，监事会更多起到的是装饰作用，无论是过去、现在，还是在将来都是如此。监事会公告已经表明它们很少对董事会和公司执行董事做出的决定表示不同意见。与董事和经理相比，监事的低水平和较少的职业经历使得监事事实上没有能力监督董事和经理层。

董事会与监事会的"失灵"，使企业可能存在的内部人控制和所有者缺位问题变得更为突出。当前，政府依然依靠对国有企业管理人员的任免权这一传统方式来发挥控制作用。也正是因为国家还保留着人事任命上的决定权，所以政府才敢于把更多的决策权力直接下放给经理（钱颖一，1999）。然而，这种传统的反"内部人控制"的机制早已被证明是低效率的了。

2. 独立董事制度的"局限性"

与现有的监事会机制相比，独立董事制度确实能在监督方面发挥更有效的作用。这源于它相对完善的制度设计。首先，监事会采取的是合议制，而独立董事可以单独以个人形式进行监督，因此增加了监督力度；其次，现有监事会监事都是实际受制于董事长或总经理的内部监事，而独立董事是与公司无利益关系、具有相当独立性的外部人士，所以增强了监督的独立性；再次，从监督的范围看，监事会以监督公司的财务为主，而独立董事可以对公司整体活动的各个方面展开监督，而且在董事会决策时具有表决权；最后，监事会的监督即便有效，往往也是事后的监督，而独立董事监督可以是事前或事中的监督（王保树，2003）。

尽管独立董事制度与监事会制度相比具有优势，但这一优势并不必然意味着独立董事就一定能发挥良好的监督作用。因为作为独立董事（或非执行董事）的起源国，无论是英国还是美国，其公司股权结构都是相对分散的，而且具备成熟的独立董事市场，社会诚信机制也更为健全，而这些适合独立董事制度发挥作用的前提条件当前在我国尚不存在。因此，独立董事制度在中国南、北车发挥的实际效用无疑地具有"局限性"。

3. "老三会"与"新三会"的冲突与协调

中国南、北车在确立股东大会、董事会与监事会（新三会）的公司治理基本架构的同时，也延续了党委会、职工代表大会与工会（老三会）在企业治理机制中的相应权能。但就"新三会"与"老三会"之间的责权关系并没有做出清晰的定位。这种模糊机制对上市公司建立良好的公司内部治理产生了一些现实的负面影响。

总体来看，工会与职工代表大会在公司治理中的作用在不断弱化。以中国北车为例，"中国北车工会坚持把促进企业生产经营作为维护职工的最大权益，融入中心，服务大局。主动配合促进生产经营，有针对性地抓好职工思想引导和稳定工作。坚持把深化民主管理、发展和谐劳动关系作为工作主线。全面推动落实职代会五项职权，审议行政报告，确立年度目标；审议通过职工福利计划、职工培训计划、劳动保护费和业务招待费收支报告；评议企业领导人员；选举和更换职工董事、职工监事；坚持把职代会作为厂务公开主渠道，探索推行厂务公开管理标准化。深入学习贯彻《劳动合同法》，强化《集体合同》和

《劳动合同》的管理，积极参与修订企业管理制度"。① 然而，"民主管理"表现在两个关键方面：一是职工可以民主选举厂长；二是职工可以通过职工代表大会、小组或选举的代表直接参与企业的管理。然而，这些条款都用的"可以"，而且界定也是很含糊的。所以职工的权力在法律上具有相当的弹性，可以很强也可以很弱。事实上，厂长一般都由上级党组织任命，职工在企业管理中也基本没有发言权，因此职工的参与是很弱的。所以职工们评价："过去厂长还只是个厂长，而改革后他们却像是企业的老板。"（Han，1996）因此有学者认为，职工代表大会在企业中的作用在很大程度上是咨询性的（钱颖一，1999）。

与弱化的工会与职工代表大会不同，党委会在公司治理中发挥的作用要微妙得多，也具有更强的模糊性。主要表现在三个方面：首先，党委会在企业的公司治理中发挥着不同的作用。而以党委会的领导党委书记在公司中担任的职务为例，中国南车董事长赵小刚兼任公司党委书记，同时兼任南车集团总经理，党委副书记；中国南车副董事长、总裁郑昌泓兼任公司党委副书记，同时兼任南车集团党委书记。而中国北车董事长崔殿国兼任公司党委副书记，同时兼任北车集团总经理，党委副书记；中国北车副董事长王立刚兼任公司党委书记，同时兼任北车集团党委书记。其次，指导党委会发挥治理作用的政策存在一定的模糊。从 20 世纪 80 年代起，企业改革的主导思想就是要实现"政企分开"，但在这一过程中，经常会出现一些与此指导思路有一定偏离的政策。以中国北车为例，中国北车各级党委牢牢把握企业改革发展稳定大局，主动适应公司法人治理结构和建立现代企业制度的要求，不断优化组织设置，健全完善党建工作机制，积极参与重大问题决策，把方向议大事，谋全局出思路，抓推进保落实，发挥了党委的政治核心作用。② 再次，党委会发挥作用所具体凭借的机制存在一定的模糊性。根据组织部门和国有资产监管部门的政策，要坚持和完善"双向进入、交叉任职"的企业领导体制；党委会和法人治理结构要通过建立健全议事规则，来完善党组织参与重大问题决策的程序和工作机制。由于党委会与董事会、监事会、经理层之间的关系较为模糊，因而难以判断究竟是新的公司治理机制在发挥作用，还是老的党委会在实施对企业的控制。有学者认为，很多公司由董事长兼任党委书记的做法反而使情况变得更为复杂。其结果是，关键的决策权力往往通过非正式机制发挥作用。可以说，党委会在公司治理中的作用，关键体现在人事任命方面党委会所发挥的重要作用。

---

①② 中国北车网站．http://www.chinacnr.com/LISTS/article/_MAINPAGE/dongshihui/default2.aspx?classid=403

4. 人力资源体系建设的落后

截至 2008 年 3 月 31 日，中国南车共有员工 79575 人。截至 2009 年 6 月 30 日，中国北车员工人数为 80072 名。

表 8-4　中国南车员工专业分布

分　　工	人　　数	占员工总数的比例（%）
生产人员	53698	67.48
工程技术人员	9423	11.84
经营管理人员	7164	9.00
其他人员	9290	11.67
合　　计	79575	100.00

资料来源：中国南车 2008 招股意向书。

表 8-5　中国南车员工受教育程度

学　　历	人　　数	占员工总数的比例（%）
博士	14	0.02
研究生	620	0.78
大学	9302	11.69
大专	13698	17.21
中专	15707	19.74
高中及以下	40234	50.56
合　　计	79575	100.00

资料来源：中国南车 2008 招股意向书。

表 8-6　中国南车员工技术职称分布

职　　称	人　　数	占员工总数的比例（%）
高级职称	2908	3.65
中级职称（含技师）	7912	9.94
初级职称	39386	49.50
其　　他	29369	36.91
合　　计	79575	100.00

资料来源：中国南车 2008 招股意向书。

表 8-7　中国南车员工年龄分布

年龄区间	人　　数	占员工总数份额比例（%）
35 岁以下	23985	30.14
36~40 岁	17430	21.90
41~50 岁	26049	32.74
51 岁以上	12111	15.22
合　　计	79575	100.00

资料来源：中国南车 2008 招股意向书。

表 8-8　中国北车员工专业分布

分　　工	人　　数	占员工总数的比例（%）
生产人员	54344	67.87
工程技术人员	9268	11.57
经营管理人员	9815	12.26
其他人员	6645	8.30
合　　计	80072	100.00

资料来源：中国北车 2009 招股说明书。

表 8-9　中国北车员工受教育程度

学　　历	人　　数	占员工总数的比例（%）
博士	22	0.03
研究生	854	1.07
大学	10554	13.18
大专	16957	21.18
中专	12289	15.35
高中及以下	39396	49.20
合　　计	80072	100.00

资料来源：中国北车 2009 招股说明书。

表 8-10　中国北车员工技术职称分布

职　　称	人　　数	占员工总数的比例（%）
高级职称	3922	4.90
中级职称（含技师）	8425	10.52
初级职称	44040	55.00
其他	23685	29.58
合　　计	80072	100.00

资料来源：中国北车 2009 招股说明书。

表 8-11　中国北车员工年龄分布

年龄区间	人　　数	占员工总数份额比例（%）
35 岁以下	23532	29.39
36~40 岁	14213	17.75
41~50 岁	26995	33.71
51 岁以上	15332	19.15
合　　计	80072	100.00

资料来源：中国北车 2009 招股说明书。

如表 8-4~表 8-11 所示，从员工专业结构、员工受教育程度、员工技术职称分布、员工年龄分布四个维度来看，中国南、北车的人力资源体系的建设明显较为落后，中国南、北车中大专以上学历人员和各类专业技术人员各约占人员总数的 1/4，与国际机车车辆行业相比，存在人力资源结构单一，专业技术人才总量少、比例低等问题。

二、公司治理的外部环境与条件

营造一个公司治理机制良好运行的外部环境，是实现有效公司治理的必要前提。一个良好的外部环境应该包括以下六方面基本要素：

（1）一个适当的上市公司股权结构。

（2）包括经理人市场在内的相关要素市场。

（3）发挥积极作用的机构投资者。

（4）硬的财务约束机制。

（5）完善的法律与执法环境。

（6）一个更为开放的市场，特别是更为开放的监管市场。

以上这些要素共同组成了公司治理良好运行的外部运行环境。每一项要素都具有自身的特点，发挥着独立的作用。从机车车辆业当前运行的制度条件来看，中国南、北车公司治理机制有效运行的上述外部环境与条件是非常缺乏的。

值得指出的是，公司治理机制在孤立状态下是不可能完善的，只有通过各种机制的相互协调，公司治理机制才能发挥功效，形成一个有力的制度结构。中国南、北车公司治理机制存在的种种缺陷，一方面是由于机制内部的原因；另一方面也是由于缺乏机制发挥作用所必需的外部条件。因此，我们必须重视两方面的问题：一是完善公司的内部法人治理结构，建立健全良好的内部治理机制；二是为公司治理机制有效运作营造良好的外部条件。

第三节　中国机车车辆业治理模式改革的思路

一、股权结构与公司治理

从一般意义上，股权集中度与公司绩效存在一定的关联：即在公司股权过于分散时，由于股权分散所导致的代理成本高昂，如内部人控制，所以公司绩效并不理想。随着股权集中度的上升，公司绩效逐渐提高。然而，一旦股权集中度超过一定比例，由于控股股东可能给公司利益与其他中小投资者利益带来损害的几率上升，公司绩效又走低。因此必须使股权结构维持在一个合理的区间，才能激活公司治理的良好运作，以此提高公司绩效。

有学者就上市公司与内部人控制之间所做的实证调查发现，上市公司的内部人控制问题与股权向国家股股东或法人股股东集中有关。而国有股在公司总股本中的比例越高，则公司内部人控制越严重（何浚，1998）。因此，产生内部人控制问题的关键原因是现有的股权结构。国家过度控股的一个弊端，就是容易导致侵害公司与其他投资人的利益（唐宗明、蒋位，2002）。因为国家通过对企业的控制，有可能希望实现除价值最大化之外的其他社会公共目标。这就会造成大股东目标与小股东目标的冲突，在国家控股的前提条件下，往往导致对小股东利益的侵害（郭丹青，2005）。另外，国家控股方式下，企业不容易摆脱传统的行政治理机制而步入健康的公司治理机制。青木昌彦就曾指出，国家控股方式可能导致纯粹另一种行政体制替代旧的部门控制（青木昌彦，1999）。

鉴于中国南、北车的国有绝对控股的产权性质，从提高公司绩效的角度看，必须对中国南、北车现有国家控股的股权结构做出变革，才有助于提升中国南、北车的公司治理水平。

需要指出的是，股权结构改革不应导致过于分散的股权结构。理论研究表明，在所有权与经营权出现分离的企业中，为防止企业过于偏离利润最大化目标、追求一方利益相关者利益而牺牲其他利益相关者利益的最重要机制，就是企业金融权益的相对集中（Stigliz，1985）。因为既要看到控股股东可能侵害少数股东权益的一面，也应看到控股股东发挥积极监督作用的另一面。与股权分散的情况相比，控股股东能够对经理人实施有效的监督，减少代理成本，因此需要在两者之间做出一种权衡（吴敬琏、钱颖一；1999）。

二、人力资源体系与公司治理

机车车辆业是劳动密集、资本密集和知识密集的三密集型行业，机车车辆企业之间的竞争本质上是技术创新的竞争，而技术创新的根本在于人才，因此，人力资源体系的科学建立是机车车辆企业公司治理机制有效运行的重要内容之一。人力资源体系是以企业文化、企业战略、企业执行系统为核心，结合企业实际情况而设计出来的管理体系。它以构筑企业"人性化管理"为基础，通过企业文化的导入和企业竞争机制的建立，形成企业人性化管理、企业内实行升迁淘汰机制、按劳分配原则，为企业人才建设提供平台，最终成为实现企业战略规划的有力武器。机车车辆企业人力资源体系的建设应围绕企业的招聘、任用、培训、绩效、薪酬、劳资关系处理、传统人事基础管理，建设适合企业外部和内部有竞争价值的人力资源系统模式混合式管理。其最突出的特征应是，以企业文化、企业战略、企业执行系统为核心来设计和运作，在员工的工作过程中灌输企业文化和企业战略思想，形成企业合力和员工的凝聚力，降低企业管理成本和实现企业不同时期需要不同的人员，最终实现企业战略目标。

三、企业文化与公司治理

汪丁丁曾指出："事实上中国的市场是依托于人际关系的网络而发展的，价格并不反映真实成本，进入每个人的成本核算的也不仅仅是经济成本，企业办社会（就业、子弟就业、托儿所、食堂、交通、澡堂、婚姻介绍……），政府包企业（除亚当·斯密的政府职责、监督游戏规则和提供公共产品之外，中国的政府还有大家长的职责）"，[①] 并提出改革的"道路依赖性"，即发展所走过的道路对未来的发展产生影响，也就是韦伯的"历史时间"。因此，为了增强机车车辆企业的核心竞争能力，建立机车车辆企业完善的约束与激励机制，同时也为了减少改革的阻力，降低改革的成本和风险，我们有必要建立起与改革与发展相适应的机车车辆企业文化。

1. 企业文化的理论阐释

（1）文化。早在 18 世纪，经济思想家亚当·斯密就曾指出，最不相同的性格之间的差异，比如，一个哲学家和街上的一个普通的挑夫之间的差异，看来多半并非起因于天性，而是来自习惯、风俗和教育。包义德与李查森（1985）对文化的定义为："文化是一代人通过教育和示范传授给下一代人知识、价值，或其他影响人们行为的因素的过程。"这里，文化被定义为一种过程，可以认为是一种人类知识积累和筛选的过程。"习惯"于是可以被理解成由文化过程和个人在某时刻以前所积累的经验所决定的标准行为。熊彼特（1934）认为，若没有习惯的帮助，无人能应付得了每日必须干的工作，无人能生存哪怕是一天。尼尔森和温特尔（1982）认为，一种行为若能成功地应付反复出现的某种环境，就可能被人类理性（工具理性）固定下来成为习惯，诺思（1990）称这种过程为"习惯性行为"。诺思声称，正是制度在边际上连续的演变造成了制

① 汪丁丁.制度创新的一般理论 [J].经济研究，1992（5）

度中正式的也是可见的规则的变迁。边际的演化于是就是习惯的演化。文化，作为一个主角开始发生作用。汪丁丁也曾指出，契约关系中诸种规则，尤其是非正式规则，与该社会所由以生长的文化有密切联系。在规则没有定义的场合，通常只能表现为前人或多数人或年长的人的榜样式的行为。汪丁丁将之称为"习惯"和"标准行为"。

（2）企业文化。对于企业文化这一概念有很多不同的说法，国内外学者有许多不同的认识和表达。Terenee. E. Deal（特伦斯）和 Allan. A. Kermedy（阿伦）合著的《企业文化》(Corporate Culture) 一书中的定义是"用以规范企业人多数情况下行为的一个强有力的不成文规则体系"。清华大学魏杰教授认为，企业文化就是企业信奉并付诸实践的价值理念。中国企业文化研究会常务理事长兼秘书长孟凡驰对企业文化的定义是："运用文化的特点和规律，以人的管理为中心，以提高人的文化素质为主要途径，以培育企业经营哲学、企业价值观、企业精神和行为方式为主要内容，以形成企业全面竞争力为目的的管理理论、管理思想、管理方式。"这一定义虽长，但涵盖了企业文化理论的主要内容。

我们认为，企业文化是企业在长期生产经营实践中形成的管理思想、管理方式、群体意识和行为规范，是现代企业管理的科学理论和文化资源。它主张：人处于现代企业生产经营活动的中心地位。所以，应当在完善对"物"的管理上，突出对"人"的管理，使这两者有机结合起来。在对"人"的管理中，既要重视制度和纪律的规范作用，又要充分发挥人的精神因素和能动作用，把"硬管理"与"软管理"有机结合起来，以"软管理"为主。这样就可以促使管理内部的物质、制度、精神三大要素协调发展，达到管理功能的整体优化。

2. 中国机车车辆企业文化的特点

中国文化，影响中国人行为的知识、价值和其他行为因素，通过教育和模仿，代代相传了几千年。这一个巨大而深厚的存量，使过去十几年在这块土地上发生的变革相形之下如此渺小。它是实实在在的边际性的变革。庞朴认为中国文化的特点是"不把人从人际关系中孤立出来"，因此可以认为有着一种社会的人格。这与日本和韩国一些经济学家声称的"集体主义精神在该经济发展中的作用"不无关系。中国的体制改革碰到的最大障碍来自传统的计划经济体制及与之适应的文化，企业被"推向"市场，没有事先周密地、如同资本主义企业在进入一个新市场之前必定要做的那样，准备应付大量的不确定性事件，更没有长期积累的市场经验。结果多数企业仍按照习惯行事。"市场"于是成了对计划体制的补充，即科尔奈的"双重依赖"。中国机车车辆企业在长期的计划体制下，形成了很多与市场经济不相适应的不良文化，诸如"不患寡而患不均"的平均主义思想，不思进取的"等靠要"思想，"没有功劳也有苦劳"的不讲效益观念，"领导说了算"的官本位、人治大于法治的观念，"当官有权不用，过期作废"的寻租意识，"少管闲事，明哲保身"，怕担风险、不敢冒险的消极保守思想，墨守成规、因循守旧的中庸哲学，以及满足于"进步不大年年有"的小富即安思想等。这是在市场经济条件下建设现代企业文化的沉重包袱。

3. 中国机车车辆企业文化的重塑

林毅夫曾指出，"由于害怕受到社会的羞辱和排斥，尽管得自'违犯非正式制度安排'的收益看起来非常之大，个人还是不情愿违犯非正式制度安排。正因为这个缘故，非正式制度安排显示出一种比正式制度安排更难以变迁的趋势。……当制度不均衡所带来的预期收益大到足以抵消潜在费用时，个人会努力接受新的价值观、道德和习惯而不管这些规则看上去是如何地根深蒂固。……民族习性……的改变……关键是使努力工作并创造新工作态度、价值观以及其他正式和非正式制度安排的个人得到好处。文化素质没有束缚任何一个人去寻求改善他自己的命运，束缚他的只是在承受变迁时有希望得到足够多好处的机会的缺乏"。①

因此，机车车辆企业文化的建设必须从其设计者的"习惯了的思想"开始，构建一种在组织的成员中"共享的知识"，建立一套习惯而共享一种企业文化。事实上，改革不仅仅在于形式上的变革，关键在于内容上的、实质性的改革，同样，机车车辆企业文化的建设不能停留在形式上的、表面上的层次，应该注重企业内习惯的养成，通过时间的积累过程，逐渐演变成一种能够带来企业发展合力的文化，一种专属于企业的核心的非正式规则。

四、科学界定政府作为市场监管者在公司治理中的权限与作用

中国南、北车的实际控制人是国资委，国有股处于绝对控股的地位，在仍处于关键的经济转轨阶段的中国，市场经济体制尚不完善，这就导致了我们经常面临一些艰难选择。

第一，企业自主经营与"内部人控制"之间的选择。为使企业运行更有效率，政府不得不赋予企业更多的自主权，就会使企业"内部人"控制问题进一步突出。第二，控股股东利益最大化与保护中小投资者利益的选择。作为控股股东，政府一般没有动力去推动对控股股东的监管；但作为监管者，政府又应

---

① 林毅夫. 诱致性制度变迁与强制性制度变迁 [J]. 现代制度经济学（第二版），2009

该把保护中小投资者利益作为监管的核心目标。第三，政府从公共利益的角度出发，会鼓励公司更多地考虑职工、债权人的利益，让这些利益相关者参与公司治理；但作为已经掌握公司控制权的控股股东，政府又醉心于控股股东的单边治理模式。

客观地说，中国监管者在推动公司内部治理改进过程中，面临的问题更多的是与作为所有者的政府之间的利益冲突。事实上，政府也明白必须厘定所有者与监管者的角色，但在面临做一位独立公正的监管者还是一位对企业拥有最深控制权的所有者决策时，坚定地选择前者并坚持前者必须要让政府"在灵魂深处爆发一次革命"。[①]

第四节　中国机车车辆业治理模式改革的设计

法人治理的核心是实现分权制衡，通过科学地配置法人内部各个机构的职权，在公司内部建立起相互独立、相互制约、相互配合的机制，形成一种规范股东、董事会和经理层在内的公司内部参与者之间的权力配置机制和权力制衡机制。它包括经营机制、约束机制、激励机制、用人机制等。当前我国机车车辆企业普遍存在约束不力而激励不足的问题，同时机车车辆企业在法人治理的系统性和有效性方面做得还远远不够。机车车辆行业治理模式的改革应从三个层面入手，分三个步骤实施：

一、制衡机制的建立：董事会制度的建设

"为了更有效地降低代理费用，要在企业内部建立保护机制，作为市场约束的一种补充，这个机制具体表现为董事会的存在……董事会的作用是监督总经理的行为，参与重大的战略决策，董事会能够起到所有者与经营者信息沟通的桥梁作用，在信息不对称的状态下防止企业家向所有者提供虚假信息。……董事会在企业中的作用是对市场机制的一种补充，一级市场、二级市场越不发达，董事会的作用越明显，对管理权的直接参与程度越高，甚至大股东往往自身成为管理者。……两权分离是有限度的，没有一定的约束机制，两权分离的

[①] 焦津洪，丁丁，徐菁. 证券监管与公司治理 [J]. 比较，Vol. 22

关系难以存在，企业的规模也难以扩大。"①

（1）进一步规范和完善董事会结构。要在董事会中引入职工董事，通过有效选举或选拔制度，推举那些能代表广大职工利益、具有一定治理能力的人员加入董事会。这不仅能有效缓解公司治理中的信息不对称问题，而且能在一定程度上调动员工积极性。在企业银行贷款数额巨大的情况下，为保护债权人利益，可以参照日本机车车辆行业的董事会制度，设置银行董事，这一做法还能为公司提供有关投融资方面的知识和经验。

（2）提高董事会的效率、强化董事会的权力。对于国有绝对控股的机车车辆企业来说，除了强化董事会的战略决策权、经营管理权、机构和制度设定权，董事会要拥有经理人员的任免权、考核权。经理人员的任免权和考核应由董事会行使，国有资产监督管理部门或组织部门不能越权行使。另外，董事会作为公司的决策机构，重大问题的决策和其他属于董事会决定的事项，应严格按照程序进行。按程序决策是现代企业制度的优越之处，使企业的决策具有权威性、科学性。

（3）建立对董事有效的激励机制。可考虑采取组合的激励方式，即将年薪制、职务消费的合理额度、奖励一定数额的公司股份、股票期权等多种分配形式结合起来，合理扩大管理人员与职工收入的差距，使董事和股东的利益趋于一致，形成董事会成员监督经营行为的激励机制。

（4）加强对国有董事会的监管。要扩充监事会的权力，建立名副其实的监事会制度。德国机车车辆企业的监事会有权聘任和解聘董事，有权监督董事会的业务经营，有权审查董事会制作的年度财务报表、资产负债表、损益表、财务报表附注、财务状况表，并批准董事会的年度报告，即实际上行使了传统股东会的职权。我国《公司法》主要是从消极方面赋予监事会对董事、经理违章违法行为和损害公司利益行为的监督权，而缺少从积极方面的职权赋予，容易使监事会形同虚设。因此有必要扩充监事会的权力，比如将部分董事的提名权交给监事会；由监事会主席主持召开股东会；由监事会决定会计师事务所的聘任或解聘；财务报告由董事会编制交监事会审核并由监事会提交股东会审议；监事会代表公司起诉违法董事和高级管理人员等。

（5）鉴于监事会制度与独立董事制度在上市公司中都已经建立，所以从加强监督效率，减少监督成本、明确监督责任的角度出发，应该进一步实现两种监督制度的有效整合。从监事会监督机制设计与具体功能发挥看，监事会的监督范围与独立性都不及独立董事。因此，我们认为，从长远来看，应在独立董

---

① 汪新波. 对企业性质的重新思考——现代股份公司的启示 [J]. 经济研究，1992（9）

事的基础上，实现两种制度的取长补短，整合成为一项监督机制。

二、激励机制的建立：人力资源体系的建设

机车车辆行业具有知识密集、技术密集的特点。机车车辆企业之间的竞争是技术与服务的竞争，在本质上是人才的竞争。因此，为了增强机车车辆行业的国际竞争力，实现机车车辆行业改革的目标，必须加强机车车辆企业人力资源体系的建设。从五个"建立"入手，即"建立长远务实的人力资源战略规划体系、建立完整规范的人员招聘录用体系、建立全员的学习教育体系、建立公平合理的薪酬福利体系以及建立开放公正的绩效考核体系"，同时重点处理和把握好两个方面的问题：第一，注重人才微观结构的合理性。机车车辆企业在引进人才时，必须在考虑企业对人力资源需求的同时，慎重地考虑人力资源体系的合理性：既要引进中、青年骨干人才，又要引进"老龄"的核心人才，做到老、中、青相结合，新旧知识相互补充，干劲和经验相统一；既要引进专项能力很强的"专才"，又要引进多才多艺的"全才"；既要引进各类基础专业人才，又要引进开发、应用专业人才。第二，完善人才激励机制。在对员工充分的人格尊重的基础上，提供优厚的资薪和福利待遇，建立开放的沟通渠道与合理的考核制度及奖惩制度。值得指出的是，现行干部制度与公司治理结构建立原则存在矛盾。虽然可以通过董事会来发挥作用，更关键是聘任的标准应该是市场标准，而不是组织标准（吴敬琏，1994）。由于党对干部选拔任用标准不全是经济绩效，评价方法很大程度上也比较原始，所以，党的继续控制很明显不会带有非常有效的治理结构（钱颖一，1999）。

三、约束与激励机制的结合与完善：企业文化的建设

企业文化力是企业发展的强大的内在驱动力。企业文化热已经在全球范围内产生了深刻影响，全球企业发展的一个重要趋势就是——企业文化对企业健康持续发展、对企业经营业绩所起的作用越来越大、越来越突出，企业文化成为现代企业获取成功的重要因素和走向成熟的显著标志。

沿袭多年的计划经济管理模式、"铁老大"身份等给职工思想和行为留下了深刻的烙印。与形势要求相比，职工思想观念等"文化软件"明显不适应，企业不得不开展"解放思想、更新观念、转变作风"活动，进行一次全面的企业文化再造成为当务之急。

机车车辆企业文化的建设可以从三个方面着手：

1. 建立机车车辆业改革与发展的市场文化

表 8-12　市场文化与计划文化的比较

	主导型	资源配置	属性	一位	形态	特点
计划	政府主导型	行政手段	倡奴性	顺从	计划经济	封闭保守
市场	市场主导型	经济手段	倡人性	选择	市场经济	开明开放
	表现	文化底蕴	本位	法理	政治	结果
计划	自我陶醉	史官文化	官本位	善人治	专制	贫困破败
市场	自知之明	以人为本	人本位	崇法治	民主	富民兴企

资料来源：转引自杨金生. 关于唐山机车车辆厂企业文化再造的研究. 天津大学硕士论文，2005。

2. 把握好企业文化与政治思想工作的关系

企业文化不同于目前机车车辆企业所存在的思想政治工作。二者既有相同之处，又有不同之处，是相互交叉、互为依存的关系（见图 8-3）。

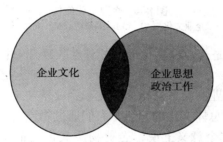

图 8-3　企业文化与企业思想政治工作

资料来源：转引自杨金生. 关于唐山机车车辆厂企业文化再造的研究. 天津大学硕士论文，2005。

多年来，由于受政治影响，我国机车车辆企业强调思想政治工作，而且十分强调党的领导，强调党委的核心作用。企业文化与企业思想政治工作有共同点，比如，目标基本一致，都是调动职工积极性，增强企业凝聚力，为实现企业目标服务；对象完全相同，都是企业的全体职工；内容相似，企业文化强调以人为中心，重视人的价值，思想政治工作强调职工的企业主人翁地位，都提倡尊重人、理解人、关心人、爱护人。企业文化精神层的内容属于思想政治工作的范围，制度层的形成和贯彻也离不开思想政治工作的保证和促进。二者的本质区别：企业文化属于经济文化范畴，思想政治工作属于政治文化范畴。有些思想政治工作，如计划生育、纯粹的党务工作等与企业文化没有直接关系。总之，思想政治工作是培育企业精神、建设企业文化的主要手段，企业文化为企业思想政治工作与管理工作的密切结合提供了一个最好的形式。

3. 三个层次企业文化的构建

企业文化主要是通过精神和文化的力量，从管理思想和管理方式上规范企业行为，促进管理创新，为实现企业目标服务。对于企业文化来讲，可以将其划分为三个层次：物质层、制度层、精神层（见图8-4）。

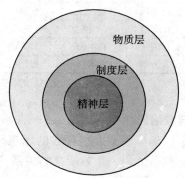

图8-4　企业文化结构

资料来源：张德，吴建平. 企业文化与 CI 策划（第三版）[M]. 北京：清华大学出版社，2008

（1）物质层。它是企业的物化形象的外在表现和对社会的影响。包括企业生产经营的物质基础（厂房、机器、设备等）和生产经营的产品。它是一种以物质为形态的表层企业文化，是行为文化和企业精神文化的显现和外化。它对社会而言是评价企业总体文化的起点，人们通过物质文化来了解企业的行为文化和精神文化。从这个意义上说，企业物质文化是企业文化中的浅层基础文化。它主要包括企业环境、企业器物、企业标识三个方面的内容。

（2）制度层。它是企业文化的第二层或中介层。它构成了各个企业在管理上的文化个性特征，是在企业的生产经营和管理活动中，反映出企业的生产经营特色、组织特色、管理特色等一系列活动。制度层主要包括人际关系、企业领导体制和为进行正常生产经营活动而制定的规章制度等。

（3）精神层。企业精神文化是整个企业文化系统的核心。它是指企业全体职工的共同行为模式，以及指导和支配行为共同持有的价值标准、信念、态度、行为准则、规范等。它渗透在企业的一切活动中，是企业的精神支柱和灵魂。它主要包括企业哲学、企业价值观、企业精神、企业道德等方面。企业价值观是企业文化的核心。

这三个层次是密不可分、相辅相成、相互促进、相互发展、相互制约的。物质层是企业文化的外在表现和载体，是制度层和精神层的物质基础；制度层则约束和规范着物质层及精神层的建设，没有严格的规章制度，企业文化建设无从谈起；精神层是形成物质层和制度层的思想基础，也是企业文化的核心和灵魂。

第九章　中国机车车辆业改革的运营模式

机车车辆行业的运营涉及投资、开发、生产、采购、销售、服务和维护等产业链上的各个环节，运营模式的选择对行业的效率、市场的绩效以及产品的服务和水平有着巨大的影响。当前，中国机车车辆业采取的是"横向拆分后纵向一体化"的运营模式，中国南、北车之间虽然存在一定程度上的竞争，但是竞争很不充分，双方各自构建和形成了基于地域性质的维修与服务网络，各自"画地为牢"，由全国性综合垄断商变成了区域性综合垄断商，限制了范围经济和规模经济效应，使得垄断低效率的问题并没有从根本上得到解决。因此，机车车辆行业运营模式的改革势在必行。

第一节　机车车辆业的模块化与运营模式选择

20世纪90年代以来，随着电子、通信、计算机等信息技术的不断创新和发展，模块化的理念和方法逐渐引入制造业企业的生产和管理中，进而成为推动制造业产业结构调整和升级的革命性力量。模块化战略正从本质上改变着现存产业和产业结构，重塑着社会经济的微观基础和基本结构，以至于当今先进制造业已经进入模块化设计、模块化生产、模块化消费的模块化大发展时期（Baldwin & Clark，1997）。

一、机车车辆业的模块化

在国际机车车辆业的发展进程中，随着轨道运输装备的知识含量和技术复杂性的不断提高，以阿尔斯通、庞巴迪、西门子等为代表的发达国家的轨道运输产品已建立了清晰的模块化结构，模块化思想已深入到产品研发生产的实践中。200年来，轨道运输装备技术呈现出加速发展的过程与趋势，特别是近几十年成绩显赫，模块化思想在设计、制造中的应用有力地推动了轨道运输装备技术的进一步发展。

切斯布鲁（Chesbrough，2003）通过对许多国家半导体产业组织的研究后，得出产业组织演进的路径是从技术模块化到市场模块化再到组织模块化，尽管这其中包含着三者之间相互依存的互动关系，但始终是围绕着产品模块化不断发生演变的，最终导致了模块化产业组织的形成。

一般来说，模块化包括产品（业务）模块化、能力要素和价值模块化及组织结构模块化。产品（业务）模块化就是把复杂的产品系统拆分成各个模块，使这些模块之间能够在标准结构中通过标准化接口实现即插即用。能力要素和价值模块化就是将产品价值链上的业务能力要素（产品开发、设计、制造、配送、市场网络管理等）独立出来，形成具有核心竞争力和自组织特性的价值模块的过程。组织结构的模块化就是将一个企业组织解构成若干个小的模块化单位，并使这些模块化单位之间实现关系契约化。

产品（业务）模块化、能力要素和价值模块化以及组织结构的模块化是一个依次替进的过程，产品（业务）的模块化直接导致了企业能力要素和价值的模块化，价值模块的研发、重用和整合推动了传统价值链的分解和重建。不同企业的价值模块或价值链按照一定的界面标准相互交叉、融合，形成企业价值网络。

随着产品和价值的模块化，一体化的层级组织将被非层级的实体所取代，这些实体表现出可渗透、内部化和模块化等特性，形成模块化的组织形式（Schil-ling & Steensma，2001）。模块化组织适应于模块化产品的生产，产品设计中的模块化也要求组织设计的模块化（Sanchez & Mahoney，1996），模块化的生产方式导致模块化的组织结构。

模块化理论突出的是以产品模块化和核心竞争能力来重组企业内部的组织结构，追求速度、灵活性和创新是模块化组织的三大理念，模块化组织的精髓是构建一个具有高度自律性、灵活性、创新性的自组织经营实体。在企业内部，组织模块化的过程，表现为：围绕产品或功能的模块化来进行部门或分公司的模块化；企业价值链的分解过程，其实就是模块化的过程。在企业外部，组织模块化的过程，表现为：企业之间通过外包、代工、联盟等形式组成模块集群化网络组织的过程。

1. 产品的模块化

企业是一个由若干不同业务构成的集合体。约翰·哈格尔与马克·辛格通过大量的分析后认为，大部分企业中都存在三种业务：客户关系业务、产品创新业务和基础支持业务。无论是传统制造业还是当今的先进制造业，其企业本质仍然是在其边界内确定业务的集合。今天，国外先进的机车车辆制造企业在铁路机车、客车、动车组及地铁等产品上均不同程度地实现了模块化设计与制造。以动车组为例，已发展出了运行速度达350公里/小时的高速动车组，实现了高度模块化，产品呈现层级模块结构，每个上层模块由数个下层模块组成，如整列动车组由车体、转向架、内饰、车间风挡联结、制动系统、牵引系统、控制系统、辅助供电系统、空调系统、供水系统、卫生系统、车内设备和信息系统等顶层模块组成。其中，动车组牵引传动系统由数个相对独立的基本动力单元模块组成，一个基本动力单元主要由主变压器、牵引变流器和牵引电机等组成，当基本动力单元中的电器设备发生故障时，可全部或部分切除该动力单元，不会影响到其他动力单元的运用；牵引变流器采用结构紧凑，易于运用和检修的模块化结构，它由多重四象限变流器、直流电压中间环节和电机逆变器组成，牵引变流器的模块具有良好的标准化和互换性；动车组制动系统由制动控制模块、动力制动模块（如再生制动等）、空气制动模块（包括风源）、电子防滑器和基础制动模块等组成，系统提供常用制动、紧急制动、停放制动等功能，制动系统设有与列车运行控制系统的车载设备控制系统连接的接口，并受其控制，其中的空气制动系统采用模块化、集成化的微机控制的直通式电控制动和防滑装置；动车组同时设有监测与诊断系统，系统是由网络连接在一起的基于微处理器的分布式智能控制与诊断系统，用以检测各模块的工作状态。

模块化产品的国际机车车辆企业是在模块化产业组织架构内生产的。这里，模块化可以使传统的竞争对手通过一个价值网络来共享供应链平台和规模经济的好处。企业核心竞争能力是要通过业务核心化、业务模块化反映出来的，这是当今机车车辆企业组织形态发展变化的一个重要趋势。

2. 能力要素和价值的模块化

能力要素和价值模块是企业价值链中一组可以为企业带来特定产出的能力要素集合，是构成价值链的价值元素，这些价值元素基于一定的资源基础，如知识、资产或流程。能力要素和价值的模块化是指对企业能力要素进行分解和整合，形成具有半独立性、半自律性的价值子系统的动态过程。传统价值链的解构和新价值链的形成，都是建立在价值模块化的基础上。

能力要素和价值的模块化取决于产品价值链上的某一种业务能力要素能否独立出来，使其能力边界进一步扩大。一般来说，业务能力要素包括产品开发、设计、制造、配送、市场网络管理等。每一个价值链实际上都是由许多单个能力要素组合而成的，能力要素模块化就是要将其中的某种能力独立出来，使其更好地实现客户服务。这里，需要注意的是，价值链并不仅仅是迈克尔·

波特的"物质价值链"。价值链是由一系列最基本的、可以识别的和可以增值的能力要素组合而成的。这包括了主要由生产流程组成的物质价值链，由所有交易流程组成的交易价值链和主要由创新元素、隐性知识和无形资产组成的知识价值链。因此，任何一个企业的价值链是由能够自由释放出核心竞争能力的、独立模块的、自组织的业务结构实体所构成的。

3. 组织结构的模块化

组织结构的模块化就是将一个大型企业组织分割成若干个小的模块化单位，它们之间只有契约化的关系。假如某一个模块化单位需要某个产品或服务，组织内外就有几个模块化单位能够提供此产品或服务，每个模块化单位基于其技能、交易记录、产品或服务获得的难易、竞争动态提出自己的竞价，供购买单位选择。在我们看来，经营单位的模块化就是把企业的各种能力基因重新组合成为具有极强市场竞争能力的企业基因组，使企业在隐性知识、资源、产品、顾客和服务等方面更为集中，以此重新定义或创新企业的商业模式。组织结构的模块化突出的是低信息成本和单项核心能力，它更倾向于选择市场配置资源方式。因此，许多企业内部的各种经营活动采取了市场化配置资源方式。

表 9-1　传统产业组织与模块化产业组织的特征比较

方面	传统产业组织	模块化产业组织
公司增长	依赖于现有市场的增长	通过差异化、创新及划分更细的价值取向获得发展
竞争	定义在战略业务单元层次	定义在能力要素层次，所有的能力要素都必须是世界领先的
战略	基于各业务单元的需要而有所妥协的公司战略	基于能力要素制定和实施
生产	基于组织内部价值链	基于伙伴关系价值网络
创新	基于内部有限的资源	基于整合的伙伴间互补性资源
定价策略	价值载体被固定化地绑定在各项产业或服务上	柔性化的价格载体成为公司调控价格的有效工具
合并与收购	苛刻的实施需求使能力要素的协同效应得以发挥	通过合资、新业务的合作开发或建立企业联盟的方式来对能力要素进行重新组合
资本	围绕低效能力要素所进行的次优的资本配置	围绕绩效表现水平最高的能力要素所进行的更有效的资本配置
文化	由公司总部强加的单一的全球企业文化	企业文化自然地围绕能力要素而建，是一种更为松散的企业文化
领导	强调要具备多样化专业技能	强调对某项能力要素的相关知识的深刻把握
关系网络管理	静止的关系	柔性化的关系网络管理，且关系网络具有易变性
评估	难以实施	有更有效的评估指标

资料来源：作者根据相关资料整理。

　　发达国家的机车车辆制造业主要集中在西门子、阿尔斯通、庞巴迪、GE、川崎等几大集团，其产业组织已实现了模块化，各模块均由相应的模块化企业生产，而整车企业从事整车研发、制造与模块化系统集成，拥有其核心能力的子公司专业化从事关键模块的研发制造。以西门子为例，其动车组的研发制造由西门子整车制造企业完成，整车制造企业只进行车体的生产和整车的系统集成工作，转向架、牵引系统、控制系统、辅助供电系统等核心模块由其相应的模块化子公司制造，这些模块化的子公司同时为集团内的多个整车厂商生产模块，如奥地利格拉茨转向架公司集中研发制造西门子公司所有的各类轨道运输装备用的转向架，包括客车、机车、动车组等各类车的转向架。再如法国阿尔斯通公司，它由交通运输事业部、动力事业部、动力传输事业部和海船事业部组成，它的交通运输事业部由整车制造企业和核心模块制造企业构成，它的不同的整车制造企业分类制造包括机车、货车、地铁、动车组和高速列车等全系列产品，这些整车企业仅是系统集成，核心模块由专业化子公司研发制造，如转向架子公司研发制造包括机车、货车、地铁、动车组和高速列车等全系列整车所需的各类转向架，同时还向阿尔斯通之外的 60 多个国家的整车企业提供转向架。其他模块则外包给集团外的企业，如车钩、风挡、制动系统、空调系统、卫生系统、车门、车窗、行李架等由独立的专业化厂商制造，它们同时供应不同的企业与整车产品，如科诺尔公司生产的制动系统供应轨道运输装备产业内的各大集团公司，包括中国的整车制造企业；日本成田公司生产的风挡同时供应新干线列车、普通列车和城市轻轨及地铁。模块化供应商同时又是模块集成商，如空调系统供应商要将空调机模块、控制系统模块和同时构成车内顶的风道模块集成后提供给整车企业。主机厂不进行小部件的组装，模块在模块化的供应商那里预组装好，提高效率，降低主机厂的成本。在模块化产业组织中，模块制造商在服从系统的设计规则下，独立自主的确定模块内部的设计规则并自由地发挥对本模块的研发设计，系统集成商与模块制造商之间需要高频率和较大强度的基于设计规则和界面要求的沟通，模块制造商之间的沟通则相对较少。

　　模块化产业组织使原来由纵向一体化企业所从事的生产经营活动，变成由多个模块化企业通过横向协调来完成。在模块化产业组织中，企业没必要从事每一个环节的生产，也没必要从事各个模块的生产，企业可以把自己非专长的业务外包给专业化的模块供应商，将外包模块集成嵌入到自己的模块化产品中，这样，企业可以把注意力放在自己的专长上，将业务范围收缩到自己的核心领域，使其更具竞争力。根据"能力聚集效应"（Capacity Poolin Effect）理论，有竞争优势的模块系统集成商能与优质的模块供应商结合起来，把自己的创意转化为产品；而模块供应者也会选择有品牌优势的模块系统集成商进行合作，于是在品牌竞争中获胜的模块系统集成商就可以形成较高的产业组织利润。

4. 企业价值网络

产品（业务）的模块化直接导致了企业能力要素和价值的模块化，价值模块的研发、重用和整合推动了传统价值链的分解和重建。不同企业的价值模块或价值链按照一定的界面标准相互交叉、融合，形成企业价值网络。

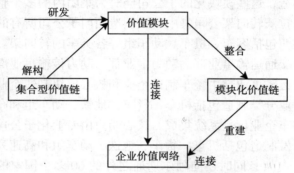

图 9-1　企业价值网络的形成过程

资料来源：转引自余东华，芮明杰. 模块化、企业价值网络与企业边界变动 [J]. 中国工业经济，2005（10）

如图 9-1 所示，具有不同价值链的企业通过采取合作战略，把各自的价值链连接起来，转化为企业之间的价值星系，进而演变成包含供应商、渠道伙伴、服务提供商以及竞争者的企业价值网络。企业价值网络将各种要素能力协同在一个无形的网络平台上，通过不同组织模块之间的协作、创新和竞争，全面满足用户的差异化需求，从而更好地适应环境的变化。

价值网络明确主张企业无边界，认为"即使在'核心'业务领域也能够获得专业服务"，主张"在研究、设计、制造和客户服务几个方面创造新的协作"，与利益相关者共同成长等。而随之发生的，必然是企业科层制的进一步瓦解，企业结构向着类似市场扁平化的方向演变。应该指出，价值网络不是市场本身，不是否定企业回到市场，而是在更高阶段，回到一种既具有市场的扁平化特征，又具有企业的结构化特征的第三组织状态。价值网络与市场的最主要区别在于，市场本身并不能实现标准化、组件化，它只能进行桑福德反对的"商品化"，而价值网络可以将商品和要素无限分解，差异化地为客户创造价值。在价值网络结构中，企业仍然可以存在，但它将不再是一种独立主体，而是兼具企业和人（如公民）的特点的利益相关型主体。[①]

企业价值网络包括两个层次：企业内部价值网络和企业外部价值网络。企业的能力要素分为核心能力要素和一般能力要素，企业内部价值网络就是以某一（某些）核心能力要素为中心，由企业内部不同的价值链和价值模块组合而成的网络系统。一般而言，企业在规模变大的同时，将市场关系引入企业内部模块组织之间，使核算单元逐渐变小，形成各个独立的战略业务单位，并将企业内部价值链进行延伸、分解和网络化，形成企业内部价值网络。企业外部价值网络是利益相关者之间相互影响而形成的价值生成、分配、转移和使用的关系及其结构，不同的企业价值链和价值模块相互交织组成价值系统，形成企业外部价值网络。企业外部价值网络是在企业价值链和价值模块的基础上形成的，当合作企业发现可以找到共同使用彼此的资源和能力的方法，使彼此都能够创造出自身的、新的、极难为其他企业所理解和模仿的核心能力时，合作企业就会主动对自身价值链进行分解，并与其他企业一起进行重新组合，形成价值网络。企业外部价值网络将模块供应商、业务流程与系统等合作伙伴结合在一起，在最短时间内开发出最适合用户需要的产品，全面提升企业的竞争能力。企业内部价值网络与企业外部价值网络共同构成企业价值网络（见图9-2）。

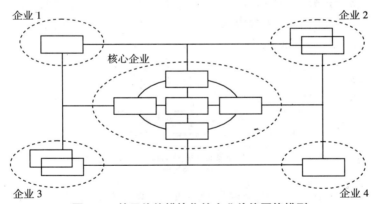

图9-2 基于价值模块化的企业价值网络模型

注：图中，小长方形表示价值模块，价值模块整合形成价值链，价值链与价值模块一起构成企业内部价值网络（见图中核心企业）；虚线椭圆形表示企业，企业之间进行价值模块和价值链的整合，形成企业外部价值网络；企业内部价值网络与外部价值网络一起构成企业价值网络。图中企业1和企业4是价值模块型企业，企业2和企业3是价值链条型企业，处于中心位置的核心企业则是价值网络型企业。不同类型的企业以模块化为基础，以核心能力要素为纽带连接在一起，共同构成企业价值网络。

资料来源：转引自余东华，芮明杰. 模块化、企业价值网络与企业边界变动 [J]. 中国工业经济，2005（10）

---

① 姜奇平. 从价值链到价值网络——兼论企业的消亡 [J]. 互联网周刊，2009（3）

企业价值网络的形成过程包括企业内部价值网络的解构与整合、企业外部价值网络的形成与扩展、企业内部价值网络与企业外部价值网络的连接与融合等。在模块化时代，由于"业务归核"战略逐渐取代"纵向一体化"战略，企业内部价值网络趋于分解，业务组合有所缩减，企业的主要战略资源逐渐聚焦于核心业务，将一些非核心业务通过外包等形式转移到企业外部。同时，随着业务、价值和组织结构等复杂系统的模块化，不同企业的核心能力要素相互连接，形成一个开放的企业外部价值网络，相关企业价值的创造、交换和共享分布在整个网络之中。企业内部价值网络的模块化整合，为企业融入企业外部价值网络提供了大量"接口"，通过这些精心设计的"接口"，企业内外价值网络相互连接、融合形成企业价值网络。

二、机车车辆业的运营模式选择

机车车辆行业的运营涉及投资、开发、生产、采购、销售、服务和维护等产业链上的各个环节，运营模式的选择对行业的效率、市场的绩效以及产品的服务和水平有着巨大的影响。一般来说，机车车辆业的运营模式分为传统全业务一体化、横向拆分、纵向拆分、引入新运营商及开放式五种类型。

1. 传统全业务一体化运营模式

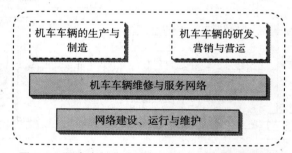

图9-3 机车车辆业传统全业务一体化的运营模式
资料来源：作者整理。

如图9-3所示，机车车辆业的传统全业务一体化的运营模式的基本特征：机车车辆维修与服务网络的建设、运行与维护集中于一个单一企业，机车、动车组、城轨地铁车辆的生产与制造；客车、货车及零部件等的生产与制造；机车车辆的研发、营销与营运等机车车辆的所有业务都被纳入该企业。

图9-3中以矩形框表示全业务一体化的运营模式，框图边界是实体，其他企业不可能进入；维持网络运行的各个环节之间和基于服务网络的产品之间浑

然一体，不需要发生交易关系，彼此间容易协调，有利于关联经济效应的顺利实现，能够达到规模经济、范围经济。不足之处是效率低下、服务质量差、价格高等。

2. 横向拆分运营模式

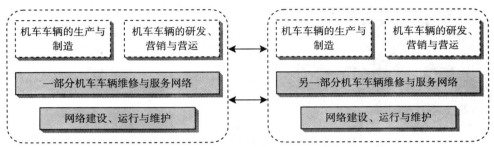

图 9-4　机车车辆业横向拆分的运营模式

资料来源：作者整理。

　　横向拆分是将原有机车车辆服务网络、研发、营销与运营商及制造部门按照区域或市场需求分割为新的运营主体，各个主体一般仍采用全业务一体化运营模式，横向拆分的目的是希望在分拆后运营主体彼此间形成有效竞争的态势，如图 9-4 所示。

　　横向拆分运营模式的基本特征：网络设备先行分离出去，其余的网络建设、网络运行、网络维护及服务则被纳入纵向一体化经营的范围，横向分拆后所形成的市场主体与原有的市场主体之间展开竞争，因此图 9-4 中以虚线矩形框表示纵向一体化运营模式，相互间可以彼此自由进入，其他企业也可以自由进入；激烈的竞争格局和市场需求的变化，迫使企业服务、开发、营销并重，提高了产业效率、服务质量得到改善、服务价格下降。这种模式也有明显的不足，拆分的网络间或新旧网络间虽然存在竞争，但是实力强大的经营方压制弱小一方，排斥新进入者，或者为网络间的联通设置障碍，使得竞争并不充分，同时由于各自很可能画地为牢，从而形成不同网络和区域的新的垄断。这种模式有可能限制范围经济和密度经济效应的发挥。

3. 引入新运营商运营模式

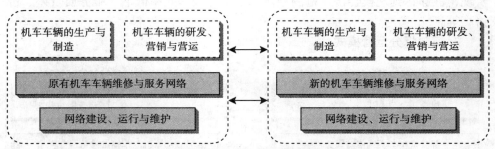

图 9-5 机车车辆业引入新运营商的运营模式
资料来源：作者整理。

如图 9-5 所示，引入新运营商的运营模式类似于横向拆分的运营模式，二者的区别仅在于前者需塑造一个纵向一体化经营的新市场主体，而后者则将原有市场主体一分为二或更多。直接引入新运营商的运营模式需要建立新的机车车辆维修与服务网络，需要的投资数额较大，成本较高。相比较而言，此种模式并不多见，更多的是采用拆分方式构建竞争主体。

4. 纵向拆分运营模式

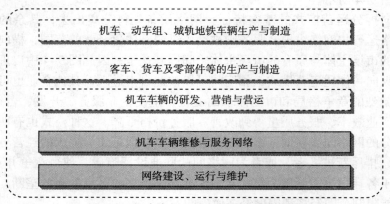

图 9-6 机车车辆业纵向拆分的运营模式
资料来源：作者整理。

纵向拆分指的是按行业的业务领域划分经营范围，拆分后的企业能经营所在领域的全部业务。纵向拆分的运营模式下，机车车辆企业从全业务一体化经营变为维修与服务网络独立，机车、动车组、城轨地铁车辆制造商与客车、货车及零部件等的制造商及机车车辆研发、营销、营运部门彼此分离，分业经营。维修与服务基础网络维持垄断，机车车辆制造商和机车车辆研发、营销与营运部门之间引入竞争，如图9-6所示。

纵向拆分运营模式的基本特征：基于维修与服务网络的服务运营商从原来的企业中分离出来，形成独立运作环节，同时引入竞争成分，所经营的业务出现双寡头竞争或多家竞争的局面。这是发达国家机车车辆业改革过程中运营模式的一种重要形式。图9-6中以实体矩形框表示网络的一体化垄断运营状况（部分国家、部分行业对网络同样进行了拆分，甚至进行私有化），虚线框边界说明竞争领域允许其他企业进入，民营化、私有化、股份制改造渐行渐远，由于技术进步和消费需求越来越高，品种单一或者功能简单的服务产品已经不能满足市场需求，同时加上来自竞争对手的压力，企业从产品的供应商向商品的运营商转变，不但要提供服务，而且要进行服务产品的开发和市场营销，保持和增加客户数量，提高盈利能力；相互分离的各个环节需要发生交易关系，彼此间需要以贸易合同的方式来实现关联经济效应，网络资源利用率高，规模经济、范围经济明显，部分地解决了垄断经营的效率低下、服务质量差、价格高等问题。产生的新问题是拆分后的众多环节间的交易复杂、贸易合同量大，交易费用的增加抵消了竞争所带来的部分收益，使规模经济、关联经济受到影响。

5. 开放式运营模式

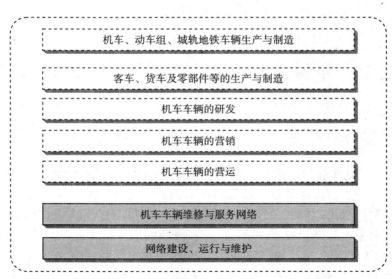

图9-7　机车车辆业的开放式运营模式

资料来源：作者整理。

在信息技术的不断创新和发展的带动下，模块化的理念和方法逐渐引入机车车辆企业，机车车辆业的运营模式也逐渐演变为开放式的运营模式。如图9-7所示。

开放式运营模式的基本特征：机车车辆维修与服务网络、机车车辆产品的制造、研发、营销与营运因信息传递速度加快、相互间信息透明度增加而变成分工合作的关系，各自发挥各自的优势，形成差异化的既竞争又合作的态势。随着机车车辆产业价值链的解构与重组，从产品模块化到价值模块化再到组织结构模块化的交替深入，无边界合作急速改变传统经济规律，使分工进一步细化、产业链继续延伸，模块化组织形成，企业价值网络得以构建，每一个企业都需要在机车车辆的企业价值网络中找到其恰当的位置，企业价值网络中的每个环节有其市场需求和技术经济优势，各个环节之间需要合作、共赢。国际机车车辆业经过充分的竞争洗礼后，当前大都采用开放式的运营模式，形成了以阿尔斯通、庞巴迪等为核心的企业价值网络，构建了强大的产业竞争力和国际竞争力，并最终融合形成了寡头垄断的市场结构。

以上五种类型的运营模式的演变趋势是横向一体化运营模式和纵向一体化运营模式替代完全一体化垄断运营模式，开放式的运营模式又逐步取代简单的横向一体化运营模式和纵向一体化运营模式。不同运营模式在特定国家、特定行业是并存的或是混合的，在时间上则是循序渐进的。

第二节　中国机车车辆业的运营模式现状与问题

中国机车车辆业经历了100多年的发展历史，其运营模式大体经历了三个阶段。

20世纪80年代以前的机车车辆企业是政企不分的指令性机车车辆计划生产部门。从铁道部厂务局到铁道部机车车辆制造局再到铁道部工业局，铁路机车车辆的制造都由政府的计划部门进行微观指导和调节，机车车辆制造企业没有任何的自主权和经营权，该阶段机车车辆业的运营模式是计划经济模式。

20世纪80年代初至90年代末期的中国机车车辆业采用的是如图9-3所示的传统全业务一体化运营模式，机车车辆销售、维修与服务网络的建设、运行与维护集中于中国铁路机车车辆工业总公司。机车、动车组、城轨地铁车辆的生产与制造，客车、货车及零部件等的生产与制造，机车车辆的研发、营销与营运等机车车辆的所有业务都被纳入中国铁路机车车辆工业总公司的纵向一体化经营范围。

进入 21 世纪以来，中国机车车辆业采用如图 9-8 所示的横向拆分的运营模式。中国铁路机车车辆总公司在 2000 年 9 月分立为中国南车和中国北车，二者构成了中国机车车辆制造业的主体。

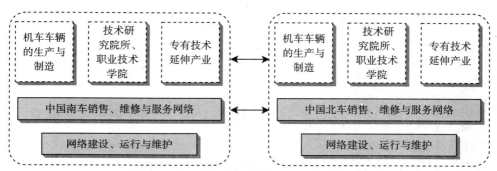

图 9-8　中国机车车辆业横向拆分的运营模式

资料来源：作者整理。

中国南、北车的所属企业共分四大类：整车制造企业、整车修理企业、整车制造兼修理企业和配件制造企业。整车制造企业的资源和内部组织都是按照纵向一体化的生产方式配置的，无论企业产量规模大小，功能都相对齐全，例如木工制造、铸造、锻造、机加工、热处理、金属表面处理等生产制造环节。

中国南、北车纵向一体化的产业组织远远落后于以阿尔斯通、庞巴迪等为代表的模块化产业组织。尽管在我们的一体化企业内部存在着相对独立的功能性组织，如按专业分工设置的职能部门和车间等，但它们与模块化企业有着本质区别。在一体化企业中，不同的产品模块是由不同的专业化车间进行生产的；而在模块化产业组织中，不同的产品模块则是由独立的模块化企业生产的，各企业在统一的产品设计规则下，在给定的模块产品界面下，自主创新，自主研发，拥有自主的知识产权，并能实现规模经济。

一体化企业中的专业化车间有着与模块化企业不同的特征，主要表现在：①它们具有很强的封闭性，被封闭在企业内部，与市场隔绝，它们仅是生产链中的一个环节，各车间生产的产品及产量是由企业决定的，车间没有产品研发及产量决定自主权，生产什么、生产多少要按企业的指令进行。②车间生产的模块产品只供应企业内部的其他车间，当其中一个车间出现产量"瓶颈"时，其他车间可能还有能力富余，不能通过开拓市场自主性来达到其规模经济。③为寻求企业整体能力的平衡，企业的资源（包括人力和物质资源）会在各个生产车间之间分配，这样就不可能集中在某一个车间，同模块化企业相比，得到的资源要少，一体化企业内的车间仅是生产制造单元，缺少自主创新的能力，它是照图生产，不具有独立的自主知识产权，没有自己的核心竞争力。在我国的机车车辆制造企业中，每个整车制造企业均具备较完整的转向架生产能力，转向架的研发设计人员归属于企业技术中心或设计部门，工艺人员归属于工艺部门，生产过程在车间，生产的转向架主要供自己使用，很少供应其他企业，每一个企业的转向架研发及生产能力都未必能实现规模经济，如果将这些资源与能力整合在一起，在每个环节上的资源（包括人力资源）的配备都能加强，研发设计可以进一步细化，创新能力会因资源的集中和专业化程度的提高而提高。④由于车间被封闭在企业内部，没有自主权，没有足够的资源，缺乏创新能力，因而不能独立的发展。而模块化产业组织中的企业以模块为产品，直接面对市场，在产品模块化框架下，自主研发生产，拥有独立的知识产权，即便是在企业集团内部各模块化子公司也拥有独立的知识产权。模块化使企业有能力把产品做得更精细，精细的产品使其赢得了更多的市场，带来更多的利润，企业就有更多的资源投入到产品创新中去，企业能力越来越强，能够不断创新发展。

进入 21 世纪以来，随着产品技术复杂性的提高，发达国家关键技术的逐步引进，同时伴随着市场对分包商的激励，零部件外包不断扩大与深化。如卫生间变成整体外包卫生间，车窗变成中空铝框整体外包车窗，风挡由钢制磨耗板风挡变成折棚和橡胶风挡，车门由钢制折页门变成塞拉门，诸如此类的许多产品原来都由整车企业自制。随着产品升级和技术复杂性提高，原整车制造企业不具备充足的能力来支持这些新产品，都实现了外包。中间产品的标准化与模块化动摇了纵向一体化的基础，原来的专用性资产不再仅为某一个企业和某个主产品服务，而是能够为多种主产品和多个企业提供模块，具有自主知识产权与创新能力的模块化企业已开始出现。同过去相比，我国机车车辆业取得了较大的发展，但同发达国家相比仍然存在着差距。

如果我们在实现模块化技术和产品的转让过程中仍维持既有的一体化产业组织、纵向一体化的产业组织，将不能有效地支持模块化产品的创新与发展。主要表现在：①纵向一体化的组织内部多采用的是科层制，内部机构按功能划分，内部组织和资源不是围绕模块配置的，而是服务于整个一体化组织，同专业化企业相比，不能将资源都集中到一种模块上，没有形成模块化创新的最佳环境；②模块被封闭在纵向一体化的组织内，大多数模块缺少相对独立的组织环境，模块化创新带来的租金被纵向一体化组织中的其他成员分享，当然它们也会分享到企业其他活动产生的租金，模块化创新活动缺少直接的正向激励；③由于模块被封闭在企业内部，模块对象本身的模块化进程受到阻力，它不能直接利用市场化的模块资源，最终会传导至影响主产品的创新进程。不同的产品结构需要相应不同的产业组织形式来支持，企业生产了产品，但反过来产品也决定了产业组织形式，有什么样的产品就需要什么样的产业组织，一体化的产品决定了一体化的产业组织，模块化的产品需要模块化的产业组织。机车车辆产品在向模块化演变过程中，其产业组织也需要向模块化产业组织演变，才能有助于模块化产品的创新与发展。

为快速提升我国机车车辆业的装备制造水平，在政府主导下，国内整车制造企业与西门子、阿尔斯通、庞巴迪、川崎、GE 等国际先进企业就 200 公里/小时及以上动车组和大功率机车制造技术进行全面合作，引进先进技术，实现自主创新，联合设计生产自主品牌的铁路运输装备。随着机车车辆的知识含量和技术复杂性的不断提高，发达国家机车车辆产业组织模块化的进一步发展，我国既有的纵向一体化的产业组织远不能适应国际机车车辆市场的发展要求。因此，我们必须认识到效率较高的经济组织形式取代效率较低的经济组织形式是社会经济发展的规律，实现我国机车车辆产业组织的模块化是必然趋势。产业组织的模块化变迁会带来潜在的利益，并能补偿因组织变迁所花的成本，潜在的利润将有助于推动模块化组织的发展，有助于科技成果的转化与技术引进。模块化企业更有能力吸收新的科技成果与引进新技术来实现产品创新，同时这对于实现从发达国家引进先进技术提供了组织载体，同由一个专业化模块化厂商向纵向一体化企业实现技术转移相比，两个相同的专业化模块化厂商间的技术转移会更容易、更有效地实现。模块化产品是开放式的产品，它既能包容嵌入符合界面要求的外来模块，也能嵌入到其他模块化产品中去。模块化产品间能形成模块化网络结构，模块化开放程度越高，网络范围越广，模块化产品间相互促进、创新发展越快。模块化产业组织是开放式的产业组织，它接受产业内或产业外独立模块化企业符合要求的模块化产品，模块化企业也向产业内或产业外其他企业提供满足要求的模块化产品。模块化企业间通过模块产品的交流以及对模块化企业知识产权的保护，能促进模块产业组织的发展壮大。

总之，我们必须立即着手机车车辆业运营模式的改革，使机车车辆业朝着产品模块化、价值模块化与组织结构模块化的方向发展，最终建立我国机车车辆业的企业价值网络，形成机车车辆业的国际竞争能力。

第三节　横向拆分运营模式下的产品模块化

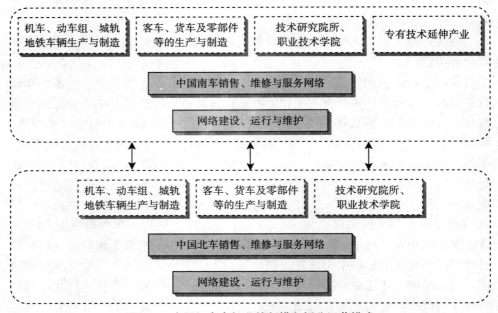

图 9-9　中国机车车辆业的新横向拆分运营模式
资料来源：作者整理。

　　作为机车车辆业运营模式改革的初始阶段，为减少改革的阻力，推进改革的渐进性开展，我们仍采用横向拆分的运营模式。但是如图 9-9 所示的新横向拆分运营模式与图 9-8 所示的当前所采用的横向拆分后纵向一体化的运营模式有着本质的区别，新横向拆分运营模式是对原有模式的扬弃。原有的横向拆分运营模式下，企业的投融资、技术的研发、原材料的采购、产品的生产、销售、服务与维修都实现企业的纵向一体化。纵向一体化的经营范围包括服务与维修网络、机车、动车组、城轨地铁车辆的生产与制造、客车、货车及零部件等的生产与制造、技术研究院所以及专有技术延伸产业。由于拆分后的纵向一体化经营企业之间未能实现彼此之间的自由进入，技术的引进和创新基本上都是在政府主导下开展的，机车车辆企业之间的竞争行为尚未市场化，缺少外部对手和竞争环境，因此机车车辆业缺乏技术创新的动力和压力，不利于机车车辆企业的快速成长。

可以说，机车车辆业前期的改革虽然形成了中国南、北车双寡头垄断的市场格局，但中国南、北车自身的创新动力不足，没有超越市场、超越自己的热情和激情，机车车辆业未形成有效竞争的市场环境。因此，在机车车辆业运营模式改革的第一阶段，我们营造新的横向拆分的运营模式：一要实现中国南、北车两者之间的有效竞争；二要实现机车车辆产品的模块化，即通过机车、动车组、城轨地铁车辆制造企业与客车、货车及零部件等制造企业的分离，实现机车车辆业技术的归核化与生产的集约化。

一、实现中国南、北车两者之间有效竞争的市场格局

本阶段改革的目标之一是构建机车车辆行业有效竞争的市场格局，既保持机车车辆行业的相对集中度，满足该行业的规模经济要求，又形成企业改善经营、提高效率和技术创新的压力和动力机制。营造机车车辆行业有效竞争的市场环境的关键在于打破行业的地域垄断性和产品竞争的非交叉性。

第一，机车车辆企业要在观念和意识上树立"有效竞争"的科学的改革思路和理念，政府必须发挥先行的引导作用，在机车车辆行业改革进程中确立分阶段分层次的奋斗目标，要让机车车辆企业在意识、行动等各个方面认识到竞争是市场运行的常态，企业存在不可能依靠行政或者自然垄断来获取市场优势，而要选择合适的市场位置，在市场行为、制度建设、人力资源、投融资等方面展开全方位的竞争。

第二，实现机车车辆的"管采分离"，打破铁道部集机车车辆购置主体与监管主体于一身的格局，从体制上确立机车车辆供需的市场化有效竞争环境。铁道部以政府和企业双重身份组织、参与、决策与监管机、客、货车购置，委托招投标代理机构，集运动员、裁判员和规则制订者于一身，并参与中介咨询活动，不能保证机车车辆购置过程的客观公正性。

第三，改革现行的机车车辆招投标制度。现行的机车车辆招标、投标过程中，存在许多行为不规范的现象，难以保证招投标的公开、公平与公正。招投标工作必须按市场规范要求进行，规范市场行为要有明确的法规；要提高招投标管理工作的透明度，严格地规定招投标工作的程序和格式；要提高招投标管理的公正性、科学性；要科学地选择和推荐评标方法，使评标由定性转向定量化；要规定公证和监督制度，有效地杜绝招投标工作中可能出现的不正之风，提高招投标的社会信誉。

第四，逐步建立企业价格成本台账，在价格非调整期，按照每月或每季度的期限，由企业上报工资状况、人员构成、各种支出等成本构成因素，由物价

部门进行审核认定，剔除虚置成本，约束企业自觉降低成本，提高效益。

第五，从企业、行业、政府三个层面建立机车车辆行业良性有序的竞争环境，从注重产品的销量，转变到注重产品的质量与信誉，同时在控制成本、提高效率的基础上降低产品的价格，增强企业的国际竞争力。

二、从躯体合一走向躯体分离：技术归核化与生产集约化

对于制造业生产企业而言，一条完整的价值链由研发、制造、营销、营运构成。企业价值链可以分解为脑袋产业区段和躯体产业区段，研发、营销、营运构成了脑袋产业区段，制造构成了躯体产业区段，一个企业只做某一区段。随着模块化的进一步深化，脑袋产业区段和躯体产业区段的各个环节进行再分离。脑袋产业区段再分离为研发、营销和营运三个独立环节；躯体产业区段再分离为核心部件制造、一般部件制造和组装三个独立环节。在模块化的组织结构中，企业只独立做其中的某一个环节。①

中国南、北车作为纵向一体化的机车车辆企业涵盖了全部脑袋产业和躯体产业，而模块化的企业价值网络要求通过躯体产业分离、脑体产业分离、脑袋产业分离，形成产品模块化、价值模块化与组织结构的模块化，最终实现资源的最优配置。因此，在运营模式改革的初始阶段，我们必须通过生产制造环节的躯体产业分离，实现机车车辆业产品的模块化。

在躯体产业分离的具体操作上，我们可以将技术含量高的机车车辆生产部门从纵向一体化的经营企业中分离出来，形成专业化的机车、动车组、城轨地铁车辆生产和制造企业。考虑到中国南车的专有技术延伸产业涉及创新和核心技术的开发利用，因此将专有技术延伸产业一并并入机车、动车组、城轨地铁车辆生产和制造企业中。同时，将技术含量低的机车车辆生产部门从纵向一体化的经营企业中分离出来，形成专业化的客车、货车和零部件等的生产和制造厂商。形成机车、动车组、城轨地铁车辆的生产与制造企业之间直接的有效竞争，强化技术创新的机制和动力，实现技术的归核化；形成客车、货车及零部件等的生产与制造企业之间直接的有效竞争，降低生产企业成本，实现生产的集约化。

此阶段的改革我们可以借鉴日本轨道交通装备制造业改革与发展的经验。日本机车车辆行业采用的是专业化厂商之间竞争的模式，日本政府制定了多种

---

① 李海舰，郭树民. 从经营企业到经营社会——从经营社会的视角经营企业 [J]. 中国工业经济，2008（5）

政策和制度，完善市场机制，建立健全促进机车车辆行业有效竞争的法律体系，如制定《特定城市铁道建设促进特别措施法》等，各个专业化的制造厂商之间展开有效竞争，各自形成了自身的优势和长处。日本轨道装备业经过有效竞争的市场过程形成了完备的制造行业体系，几乎所有的车辆和部件都是由日本国内制造的，轨道车辆制造主要集中在日立、近畿、东急、川崎、东日本和日本车辆等公司，主要轨道交通零部件制造商有京三制作所、三菱电机公司等。其中，日立公司是世界上领先的轨道车辆和电气设备生产公司之一，提供高速动车组、通勤动车组、摆式动车组、直线电机地铁系统、单轨系统、信号系统、电子连锁系统、交通管理系统和子站系统等；川崎重工集团铁路车辆产品包括电气列车、内燃机车、单轨列车、站台屏蔽门系统等；京三制作所是日本最大的信号厂商之一，是一个以信号系统为主，在半导体电源、无障碍安全系统等领域内全方位展开的企业，当前，已有 300 个以上的车站使用它们的系统；三菱电机公司的工程技术、产品生产、产品测试和检查及其维护和培训技术是构成新干线的重要支柱，还为轨道交通事业提供牵引控制装置、电动机和传动装置、变压器、信息控制管理系统、空调系统，以及其他更多广泛应用于电气化列车、机车和沿线地面系统的装置。

第四节　纵向拆分运营模式下的价值模块化

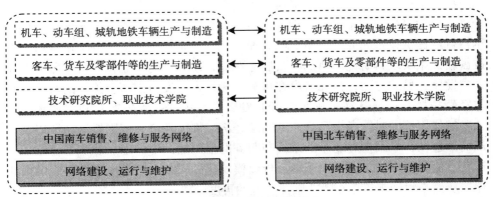

图 9-10　纵向拆分运营模式

资料来源：作者整理。

以上阶段运营模式改革的目标是营造机车车辆行业实质上的双寡头竞争格局，实现机车车辆业技术的归核化与生产的集约化。如图 9-10 所示，本阶段纵向拆分运营模式是在第一阶段改革的基础上进行的，其目标：一是将机车车辆业的脑袋产业分离出来，实现机车车辆业基于能力要素的价值模块化；二是在实现机车车辆脑体产业分离的基础上，打造脑袋产业的自主创新能力。

一、从脑体合一走向脑体分离：基于能力要素的价值模块化

实现组织资源配置，最重要的就是根据战略需要，根据要素资源最优化的导向，将企业的各类组织资源分拆并填充到各个环节中去。机车车辆企业的制造环节是企业的"躯体"，机车车辆企业的研发环节、营销环节和营运管理中心（决策总部）是企业的"脑袋"。机车车辆业的纵向拆分就是要将机车车辆企业的"脑体合一"变为"脑体分离"，实现机车车辆业要素资源配置的最优化。由于要素禀赋的差异，企业"脑"、"体"在不同的地方和不同的企业必然有不同的运行成本，这就要求机车车辆企业对自身组织资源进行合理分工，科学地实现"脑体分离"。"脑体分离"的实质是机车车辆企业基于能力要素的价值模块化，是企业价值链的重构。脑体产业分离后，企业配合要素的最优分布是将制造部门和研发、营销、营运管理部门分开（见图9-10）。机车车辆业的"脑体分离"意味着制造环节将交给具有比较优势的其他企业去承担，这就是"外包"，而营销环节、研发环节和营运环节将由具有该方面能力要素的企业独立承担。企业采取何种方式进行分离，取决于企业的具体发展战略和运营成本。具体来说，我们可以将机车车辆技术研究院所及职业技术学院从纵向一体化的经营企业中分离出来，技术研究院所在业务上与机车车辆的生产与制造相分离，成为完全的技术研发与创新的科学研究院所，其基本职能演变成为机车车辆行业提供技术服务的院所。一方面，依靠机车车辆市场化的"产学研"科技创新体系实现其研究院所的科技服务职能，使得其向专业化的科技服务企业方向发展；另一方面，依靠政府在机车车辆技术研发与创新上给予的政策支持与经费扶持，使得其在机车车辆行业发展中发挥"技术先锋"和"技术领路人"的作用。同时，考虑到行业的网络经济、规模经济和范围经济特征以及改革的渐进性，中国南、北车的维修与服务网络仍然由中国南、北车各自维护和运营。值得指出的是，机车车辆业价值模块化的实现必然带来产业组织的模块化，从而必然带来机车车辆业脑体产业的再度分离。

二、脑体产业分离下的企业自主创新能力的构建

中国机车车辆企业的技术水平和技术创新能力远远落后于国际上先进的机

车车辆制造企业，这已经成为中国机车车辆业改革与发展的最大隐患。据德国出版的《欧览》杂志2005年第9期报道，2004年德国巴登符滕堡州机械行业委托一家研究机构在中国进行一项调查，报告称，中国机械制造企业几乎都没有类似德国的企业研发中心，没有专业试验设备进行基础研究，甚至从策略上也不认为有必要成为技术创新者。企业普遍缺乏高质量研发人员和工程师，能承担研发任务的优秀人才往往被用来开发市场和扩张业务，大部分企业认为西方企业的技术优势自己无法突破。被调查企业的研发领域，其水平和欧洲比大约相差一到两代。调查的结论：中国机械制造业薄弱的技术开发水平，使它们在近期内不会成为自己的对手。美国科尔尼（中国）公司的一位顾问说，中国的汽车制造商宁愿花钱雇佣外国的设计和工程咨询公司，而不愿花时间培养自己的研发队伍。2006年，韩国一位驻京记者写了《以新中国的速度前进》一书。书中说，"中国成为世界工厂，那么我们应该做什么？""我们只管开发这座工厂里制造产品的技术就可以了。如果说中国是世界工厂，就应该把我们的国家培育成庞大的研究开发中心。""只要我们保持高档次的技术优势，只要我们保持'韩国的产品价格虽贵但质量好'的形象，中国就永远是我们的黄金市场。"①

　　由此，我们应该充分认识到，中国机车车辆制造业的改革与发展必须有技术支持，中国机车车辆业企业价值网络的构建必须有强大的技术创新能力，必须培育国际领先的机车车辆核心技术。因此，本阶段运营模式改革的一个中心任务就是在实现机车车辆业脑体产业分离的前提下，将机车车辆业的研发、营销、营运等脑袋部门独立出来，让脑袋产业独立运营和发展，培育和构建其自主创新能力。

1. 培育"以市场换技术"条件下的技术消化能力

　　当前，我国与国外先进机车车辆制造企业的技术差距还很大。因此，为了使我国机车车辆企业走上技术追赶的快车道，实现机车车辆业的技术跨越，铁道部和中国南、北车都提出和制定了"引进、消化、吸收、再创新"的技术发展路线，并提出"以市场换技术"的发展思路，这是一项非常重要的技术跨越战略。但当我们回顾"以市场换技术"的历程时，发现我们尽管出让了市场，甚至让渡了部分所有权，但并没有换来更强大的技术开发能力，也没有建立起自己的核心技术。有资料表明，日本引进技术的时期，平均花1美元引进技术，要花约7美元进行消化吸收和创新。目的是把引进的技术嚼碎吃透，彻底完成一个技术学习的过程，登上新的技术平台。改革开放以来，中国引进技术的项目数和总支出可能比日本与韩国之和还要多，但用于消化吸收的费用只相

---

① 陈清泰. 企业自主创新的几个政策性问题 [J]. 比较，Vol.28

当于引进费用的 7%，与日本差了 100 倍。这一点费用只能解释图纸、对引进技术的效果做必要的验证、仅能保证引进的设备可以使用，不可能吃透、消化，更不可能再创新。在这一点上，我国机车车辆制造业也不例外。很明显，当技术差距很大的时候，跨国公司是愿意"以技术换市场"的，引进技术是迅速提高技术水平的捷径，但当我们企业的发展威胁到对方竞争地位的时候，实际上就成了竞争关系，它们就不会再向我们转让技术。因此，企业完全依赖引进构造自己的核心技术，进而打造国际竞争力，几乎是不可能的。需要澄清的概念是，引进了技术，并不等于就有了技术能力；引进技术的水平，更不能代表自己技术创新的水平。即便可以通过委托开发等"买断"技术，但如果没有完成技术学习的过程，那也只落得"有产权，无知识；有技术，无能力"。因此，机车车辆"脑袋产业"部门分离出来之后，成为独立的实体，就有了机制上的创新激励和动力，可以采取差异化的竞争战略，探索通过创新、品牌和服务提高"脑袋产业"自身的效益，在企业的经济动机驱动下，完成技术学习过程，培育技术消化能力。

2. 构建"脑袋产业"的自主创新能力

一个复杂的机车车辆产品涉及研发、工艺、材料、配套、测试、装备等技术难题，以及投资、供应链、市场、营销等众多领域。"脑体合一"的纵向一体化企业由于内部资源与要素的难以协调性，很难将优势集中于产品的技术创新上，而分离后的"脑袋产业"不仅在原始性技术创新中可以发挥作用，而且强大的产业能力和在复杂的"技术集成"中的重要地位是其他机构无法替代的。"脑袋产业"的核心竞争力往往表现在把复杂的技术汇集在一起，将先进技术成果集成并转化为面向千家万户、有品牌支持的市场主流终端产品。因此，"脑袋产业"必须拥有强大的核心技术和自主创新能力，更重要的是能敏锐地捕捉价值网络内相关技术信息，善于发现新技术的市场价值，具有从整个价值网络获取技术资源的本领，并具有将新技术集成于特定产品的能力。

技术创新具有高风险的性质，有效的创新机制往往需要强烈的产权激励、敏锐的价值发现能力、灵活的决策机制、尊重个人的制度安排和既勇于冒险，又有利于分散风险的组织和机制。纵向拆分运营模式"脑体分离"下的"脑袋产业"更符合这些特质，可以成为技术自主创新的核心力量。

第五节　开放式运营模式下的组织模块化

通过前两轮运营模式的改革，逐步形成机车车辆行业垄断环节有效竞争、可竞争领域充分竞争的市场格局。由于改革初始时所设计的拆分方案在实施过程中往往会遇到管理体制、交易关系、技术进步、市场需求等多方面的问题，因此需要不断调整以适应实际需求，原始的拆分方案最终在经过市场机制的作用后，拆分后的企业之间往往会重新组合、兼并收购，从而形成全新的市场格局。此时的行业市场是全面开放的，机车车辆业的运营模式进一步演变为竞争较充分条件下的开放式运营模式。

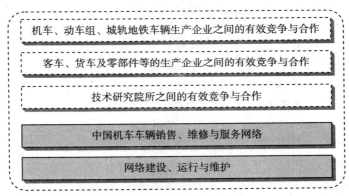

机车、动车组、城轨地铁车辆生产企业之间的有效竞争与合作

客车、货车及零部件等的生产企业之间的有效竞争与合作

技术研究院所之间的有效竞争与合作

中国机车车辆销售、维修与服务网络

网络建设、运行与维护

图 9-11　开放式运营模式

资料来源：作者整理。

如图 9-11 所示，机车车辆业开放式运营模式的基本特征：在市场竞争机制的带动下，在核心技术的"产学研用"创新机制的运用下，机车车辆行业发展表现出竞争性、技术密集性以及知识密集性的特点，企业之间的竞争更多地表现为技术创新的竞争。在技术化、信息化、知识化带动下，机车车辆行业的运营模式表现出新的趋势。机车车辆维修与服务网络由于技术的升级、创新和应用以及信息传递速度的加快、相互间信息透明度的增加，大大减少了交易成本和运营成本，使得维修与服务网络之间互联互通的成本降低。多增加一个维修与服务网络带来的竞争性效率收益有可能要大于因此而增加的投资成本、运营成本、组织成本及交易成本，竞争性的多网络的运行成为可能。机车车辆维修与服务网络最终将向既具有商务服务性又具有科技服务性特点的"机车车辆

生产性服务企业"转变。也就是说，随着信息、技术和知识在机车车辆行业的日益渗透和发展，机车车辆维修服务网络将从机车车辆行业产业链的末端分离出来，成为满足机车车辆生产与制造企业的维修与服务需要，为机车车辆生产制造活动提供高附加值、高层次、知识型消费服务的"生产性服务企业"。技术和知识密集型的专业性服务，是"机车车辆生产性服务企业"与传统的机车车辆维修与服务网络相区别的重要特征，将渗透和改造整个机车车辆行业的各个生产与制造部门。同时，机车、动车组、城轨地铁车辆生产企业之间，客车、货车及零部件等的生产企业之间，以及机车、动车组、城轨地铁车辆生产企业与客车、货车及零部件等的生产企业之间演变成既竞争又合作的关系，这是竞争的深化与专业化分工的结果。机车车辆企业各自发挥各自的优势，形成差异化的既竞争又合作的态势。无边界合作将急速改变传统的机车车辆行业经济，分工将进一步深化，机车车辆业向产业组织模块化发展，继而形成机车车辆业的企业价值网络，每一个企业在价值网络上都找到自己相应的合适的位置。

机车车辆企业之间通过合作、共赢与竞争，将有可能经过竞争、融合形成基于竞争基础上的寡头垄断的市场结构。值得指出的是，基于竞争基础上的寡头垄断市场结构正是各国机车车辆行业发展的经验所在，是竞争市场优胜劣汰的实现过程，是"适者生存"、"强者恒强"的市场经济基本原理的充分体现，经历了这一过程，才能有效实现综合性机车车辆企业大而强、专业性机车车辆企业小而专的目标。这种通过竞争的行为获得的垄断市场结构，是优于完全竞争的市场结构的，是经济效率的实现和体现，可以实现资源的最优配置，是在真正经济意义上实现机车车辆行业的规模经济、范围经济和关联经济。

在运营模式改革的该阶段，"脑袋产业"再分离为研发环节、营销环节、营运中心三个独立的部门。机车车辆业在全社会甚至在全球进行资源的优化配置，哪里成本最低，就把哪个区段、环节配置在哪里，由此构成一个价值网络。"脑袋产业"再分离后，研发环节通过将研发业务进行切块，然后根据成本最低原则进行外包，最后由主导企业进行整合，充分利用社会资源，降低成本。研发再也不需要将所有的研发人员以及相关设备都纳入企业内部，只求所用，不求所有。营销环节则在全社会搭建营销平台，将供应商、消费者和其他利益相关者纳入到平台当中，从外部来降低营销成本，从外部获取利润。而营运环节则在全球织网，将全球、全社会的资源纳入到营运体系当中，通过规则的设计和体系的打造，整合外部资源，降低营运成本，从全球、全社会获取利润，其最高境界是"零物质"营运。融入价值网络以后，不同的企业根据其核心能力的不同，最终分化为规则设计商、系统集成商和模块供应商，而这三者构成了整个价值网络的价值创造和实现系统。

开放式运行模式下企业价值网络的构建重点在于把握和处理好以下六个方面的关系：

1. 封闭式发展与开放式发展

纵向一体化的企业是一个封闭系统，注重等级观念，讲究忠诚，以经营内部为主，进行部门化运作；而开放式运营的企业是一个开放系统，注重契约精神，讲究诚信，以经营外部为主，进行社会化运作。纵向一体化的企业是从头做到尾，之所以会有这种情况，就是企业之间没有建立一种诚信机制，缺乏契约精神，导致企业进行开放经营的成本高、风险大，只能由企业内部来做全部，一旦其中一个环节出现问题，则会导致企业整体运作的瘫痪，企业风险要从内部化解；而开放式发展要求每一个企业都要与外部进行合作构建价值网络，只有第一才能"入围"，这样既有竞争又有合作，企业风险通过融入价值网络从外部进行化解。在开放式发展的条件下，一旦某一个企业违背契约精神或缺乏诚信，那么该企业就会被排除在价值网络之外，无从实现其价值，最终自取灭亡。同时，单个企业的违约行为并不会对整个系统集成产生太大的影响，很快会找到其替代者，整个开放经营系统的抗风险能力不但没有降低反而大大提高。

2. 内部求解与外部求解

纵向一体化的企业是一个价值创造的整体，经营的环节多，企业内部问题也多，与社会联系少，只能就内部来解决内部，就内部发展内部。开放式运营的企业融入价值网络，成为一个节点，经营的环节少了，企业内部问题也少了，节点中的问题不仅可从企业内部进行解决，还可利用整个价值网络进行解决，利用外部解决内部，利用外部发展内部。纵向一体化企业经营眼睛向内，专注于企业内部，关注把事做好，遇到问题首先从企业内部寻求解决方案，最终要么无解，要么小解，即使用传统的方式可以奏效，也是有极限的，效果越做越差，内部求解满足"小数点以后的思维"，即使做到最好也不过接近于"1"，事倍功半；开放式运营的企业经营眼睛向外，专注于企业外部，关注把事情做对，遇到问题首先从企业外部寻求解决方案，最终获得大解，从根本上解决问题，企业利用外部来发展内部，跳出企业来分析问题的根本所在，是无极限的，效果也是越做越好，外部求解满足"小数点以前的思维"，即使最差也不会低于"1"，事半功倍。从关注内部到关注外部是对企业认知的一场重大革命。开放式运营的企业要关注外部，在关注外部的基础上再关注内部，内外结合，才能实现更大的发展。

3. 有极限发展与无极限发展

纵向一体化的企业是封闭式经营，有多少资源办多少事情，企业的成长空间是封闭的，这意味着企业在资源选择、能力选择、创新选择、成本降低选择、风险降低选择、时间节约选择以及利润选择上是有限的。当内部资源的利用程度趋于极致时，企业的成本降低空间越来越小，利润水平越来越低，市场份额也越来越小，企业最终走向了发展的极限。开放式运营的企业从经营社会的视角经营企业，企业的成长空间是开放的，这意味着企业在资源选择、能力选择、创新选择、成本降低选择、风险降低选择、时间节约选择以及利润选择上是无限的，选择范围的无限性可以创造价值，而且选择本身也可以创造价值。开放式运营的企业通过融入价值网络，充分从外部吸收和利用资源，降低生产成本，扩大市场份额，从社会中找利润。在利用社会资源的同时积极主动地回馈社会，实现有形资源向无形资源的转化，再用边际收益递增、边际成本递减的无形资源去整合更多的有形资源，实现企业的永续发展。这样，企业的发展就会形成一个正反馈的良性循环发展系统，企业的发展将是无极限的。

4. 固定成本与可变成本

传统运营模式下，整个社会的资源是有限的，企业要想进行生产，就要自建生产能力，进行固定资产投资，形成企业固定成本，有多大能力进行多大规模生产。开放式运营模式下，企业可以充分利用外部的生产资源，全世界、全社会到处都有工厂，到处都有车间，企业进行生产，不再必须自建生产能力，企业完全可以根据客户的需求，灵活地选择外部的生产能力，把固定成本转化为可变成本，而且要多大规模有多大规模，只要整合能力足够强大。可变成本的资源配置效率要高于固定成本的资源配置效率，而可变成本的资产专用性低于固定成本的资产专用性。把企业内部的固定成本变为企业外部的可变成本，把自己的固定成本变成别人的固定成本。进一步，企业通过平台打造和标准制定，在价值网络内把成本环节做成利润环节，用别人的可变成本替代自己的可变成本，置换出自己的可变成本集中于最核心业务的经营上。这样一来，没有有形资产也能够实现企业的快速发展，而拥有有形资产的企业可以用同样的资源实现比原来更大的发展。

5. 行政关系、产权关系与契约关系、市场关系

要想实现开放式的运营模式，把企业打造成一个能够无限融入价值网络的组织，就需要配置好企业内部与企业外部之间的关系。传统的运营模式下，计划经济时期，企业内部是行政关系，讲究服从，注重过程，而不注重结果。企业进行现代企业制度改革，使得企业内部行政关系和产权关系并存，产权关系既注重过程又注重结果，而对过程的注重必定增加企业成本，降低企业经营的灵活性，产权关系和行政关系受到内部资源限制，是有极限的。而契约关系和市场关系则只注重结果，不注重过程，这会大大降低企业成本、增强企业经营

的灵活性，契约关系和市场关系不受企业资源的限制，是无极限的，只要具有强大的整合能力，从理论上就可以整合无限的资源为己所用。随着外部交易成本的降低，企业应当最大限度降低行政关系，适度保留产权关系。而充分利用契约关系和市场关系，一则可以分享动态利益，而且免费获取，保证最好的资源为己所用；二则只要结果不要过程，管理越少越好，体系打造好了，甚至不用管理，成本大大降低。

6. 做大规模与做大网络

企业的规模是指企业的实体边界，而网络是指企业的虚拟边界。传统运营模式下，我们做企业，封闭经营，追求把规模做大，靠规模取胜，企业发展是有极限的；开放式运营模式下，我们做企业，开放经营，追求把网络做大，靠网络取胜，网络有多大，企业就有多大，企业的发展是无极限的。国内机车车辆企业当前是把企业的实体边界做大，追求大核心、小网络；而国外机车车辆企业正在将实体边界做小，把虚拟边界做大，追求小核心、大网络。规模是有限的，而网络是无限的。传统运营模式下，大量的业务是在企业内完成的，是靠企业行政机制来协调和运转的，因为企业内部的行政关系是有限的，所以，企业的实体规模应该是有限的；而开放式运营模式下，大量的交易是在市场上完成的，是靠市场价格机制来协调和运转的，而市场关系是无限的，这样企业的实体规模就可以无限小，而企业的虚拟规模就可以无限大，即企业构建的价值网络可以无限大。企业的规模越大，相应的管理费用和运营成本就越高，内部资源的有限性使企业最终不堪重负，企业发展达到一个极限；而企业通过打造核心能力，缩小实体边界，不仅企业内部的经营管理费用降低，而且通过构筑更大的价值网络整合外部资源为己所用，随着网络的扩大，企业打造核心能力的成本会在更大的范围内得到分摊，网络越大，成本越低。

第十章 中国机车车辆业改革的竞争模式

长久以来，我国的机车车辆制造业以自然垄断行业自居，极力显示自己的自然垄断性，并以此为借口拖延改革。但无论是从规模经济、范围经济、关联经济还是从网络经济来看，机车车辆业都没有任何的自然垄断诉求，机车车辆业的自然垄断属性完全不能成为阻止竞争的借口。实际上，机车车辆业的进入壁垒是政府为保护机车车辆企业利益而实行的不恰当的行政管制。国际机车车辆业改革与发展的历程一再证明，机车车辆业从一开始就是可竞争性行业，而且当前国际机车车辆业寡头垄断的市场结构是经过竞争洗礼的经济集中型垄断结构，是有效竞争的效率体现。我们坚信，只要引入竞争，放松管制，实施科学而适当的竞争模式改革，中国机车车辆业就一定可以回归到竞争性行业的本位，从而提升行业绩效，构建我国机车车辆业的国际竞争力。

第一节 机车车辆业的竞争方式与竞争模式选择

竞争是与稀缺性相伴随而且总是存在的，对竞争的正确认识，我们有必要指出，并不是所有竞争都是好的——有的竞争是生产性的、价值增值的竞争，有的竞争是非生产性的、价值消散的竞争，竞争是需要进行筛选和限制的，因而重要的不是竞争本身，而是竞争的方式。很多时候，垄断并不是消除竞争，只是改变竞争的方式——被导向是为了能在该领域经营而竞争，而不是在该领域内进行代价高昂的竞争。作为一种市场结构的竞争与竞争本身是有区别的，作为一种市场结构的垄断与垄断本身也是有区别的。垄断并不必然与竞争相对立，垄断结构并不必然导致垄断行为。在某些具备成本次可加性、规模经济、网络经济、关联经济的市场中，垄断性的行为可以降低总平均成本，从而实现成本最小化规模效率，社会整体福利从而最优，所以并不一定所有的垄断行为都是有害的。重要的是，要把握竞争活动的真实过程，重视时间和交易费用在竞争进程中的重要性。

一、完全竞争与有效竞争

经济理论界有一种根深蒂固的观念，即认为竞争出效率，强化竞争强度可以增进经济效率和社会福利。这几乎已成为一个不可争辩的定论。从经济学鼻祖亚当·斯密的"看不见的手"理论，到"帕累托效率"社会福利标准，乃至阿罗、德布鲁的"阿罗—德布鲁一般均衡模型"等，在古典经济学家眼中，完全竞争无疑是最理想的市场结构模式。然而，完全竞争是经济学家构建的一种理想的市场结构模型，是系统化、形式化的不受任何阻碍和干扰的完全竞争方式。其标准的四个基本条件是：①市场上存在众多的买者和卖者。由于卖者众多，任何一位都只是价格的接受者，而不是价格的制定者。②产品的同质性，即在一种产品市场上所买卖的产品是完全没有差别的。这意味着买者不会对任何一家卖者的产品产生偏好。③进退市场无壁垒。也就是说，新进入的企业无须承担额外的费用，退出的企业没有沉没成本。④完备的信息。完全竞争的内含寓意于四个基本条件中。然而，即使我们假定以上四个假设条件完全成立，完全竞争可能也是低效的，因为不同的市场结构下，厂商所面临的生产成本曲线可能完全不同。同时，在某种需求的条件下，完全竞争的市场结构可能会导致过度供给，从而引发过度竞争。即使按照原假设转移成本为零，也可能无法避免上述情况，因为当行业供给普遍趋于饱和时，不仅有转移成本的约束，还有转移空间的约束。在没有转移空间时，即使转移成本为零，完全市场结构也可能引发过度竞争。从动态来看，完全竞争更难以实现最佳的效率。由此看来，传统的"完全竞争实现最优效率"的逻辑存在着严重的缺陷。可以说，完全竞争并非像传统的经济学家所宣称的那样，能够实现"帕累托"效率，是最为理想的市场结构模式。

因此，仅仅以完全竞争为标尺，而忽视成本以及经济效率的条件依存性质，来判断市场的优劣以及市场的效率是不可取的，至少是不全面的。

有效竞争的概念是由美国经济学家 J.M.克拉克针对完全竞争方式的非现实性而提出来的。在克拉克看来，有效竞争的实质在于，它确信"需求与成本的长期曲线不仅较之短期平缓，也比人们通常用图表述的要更为平缓"，他还指出"所谓有效竞争，就是指规模经济和竞争活力两者有效协调起来，从而有利于长期均衡的格局"。具体而言，我们可以从企业规模经济、市场交易成本、自由市场契约三个层面来分析和认识有效竞争。

以维克塞尔为代表的契约论的效率观认为，只要交易是公开的，只要没有发现强制与欺骗，并在这种交易上达成一致协议，那么，根据定义，这种状态就属于有效的。这就是"维克塞尔"效率，即"一致性是效率的最终尺度"。布坎南则在1959年的《实证经济学、福利经济学与政治经济学》中，在一致性效率标准的基础上，指出："只要在相互关系中所有交易者都能自由地进行交易，并且所有的交易者的权利都是明晰的，那么，资源就会按其最有价值的用途进行配置，而根本不需要什么修正条件。"即所谓的"布坎南定理"。布坎南接着阐述了三种公认的阻碍资源有效配置的障碍，即信息交流制约、无票乘车者约束以及谋略性行为等如何与契约论的观点内在一致。"如果认为是由于交易成本的障碍使得初始的隔绝环境下的资源利用达不到有效性，这就错了。自愿交易的定义必须包含这样的内容，即企业家的交易努力会保证使得从打破信息交流方面的约束的过程中所得到的贸易利益得以穷尽。""在给定的体制结构下，通过一种对所有进入者都开放的交易——契约过程达到配置结果，这个事实本身就是检验上述结果是否有效率的尺度，并且这是唯一可用的尺度，而用不着诉诸别的客观主义者的标准"，"如果所有与某种政治共同体相关的全体成员都认识到，有时他们会处于一种人数不多的讨价还价环境中，会成为一种潜在的交易中的卖方或者买方，那么，他们也许会就某种'政治—立法'规则的确立达成一致的协议，因为这种'政治—立法'规则会大大减低人们对谋略进行投资的盈利性。这样一类规则也许会包含着推动竞争性的交易环境发展的内容，因为不论是实际的竞争还是潜在的竞争，都会大大限制谋略性行为的范围和活动空间"。对布坎南来说，只有非自愿交易或非明确产权的交易才构成对效率的影响，交易费用、搭便车、谋略行为、不同的产权界定和不同的产权调整都与效率无关。因此，从市场效率的角度来看，有效竞争方式的本质在于竞争主体之间彼此的自由进入，在于市场契约的自由签订与履行，在于交易的自由性。

科斯在《企业的性质》一文中指出，市场交易是有成本代价的，交易活动本身因而也像其他经济问题一样具有稀缺的特性；当市场交易费用高到一定程度时，采用按等级原则集中化起来的企业组织取代市场机制便是合算的；企业协调投入要素去进行生产需要付出一定的管理费用，企业的管理费用与市场交易费用的权衡决定了企业规模的限度。因此，交易成本的权衡以及规模经济的特征在某种程度上决定了企业之间应该是有效竞争，而不能是完全竞争。

总之，完全竞争是相对于完全竞争的市场结构而言的，忽略了资产的专用性及企业规模经济、范围经济、关联经济、网络经济等实现的。而有效竞争则强调基于自由市场契约之上的适度而非代价高昂的竞争。我们认为，市场的有效竞争才是衡量市场是否具备效率的客观标准。

二、垄断竞争与差异化竞争

垄断竞争是指许多厂商生产并出售相近但不同质商品的市场现象。在一般意义上，垄断竞争更多地指的是一种市场结构，并在以下条件下产生：市场中具有众多的生产者和消费者；消费者具有明确的偏好，商品和服务是"非同质的"；自由进入。在垄断竞争市场上，企业的数量多而规模较小，同时产品的替代性很强，因而企业间的竞争很激烈。但是，每个企业生产的又都是差别产品，这又使企业有能力控制自己的产品产量及其价格，从而就对自己的产品拥有了一定程度的垄断能力。垄断竞争市场的这种特征有利于企业不断提高其市场竞争能力，使企业能够在激烈的竞争中取胜。这是因为，差别产品使企业拥有一定程度的垄断能力，产品的差别越大，其需求弹性就越小，不同消费者对自己偏好的产品依赖程度就越高。生产差别产品的企业对该产品市场的控制能力就越强，其竞争能力也就越强。因此，垄断竞争企业就会在激烈的竞争中通过提高产品的质量和服务水平，来满足消费者的不同需求，吸引更多的消费者购买自己的产品，扩大自己产品的市场占有份额，开拓更大的市场，从而战胜竞争对手，在竞争中立于不败之地。在垄断竞争市场条件下，每个企业必须生产出与其他企业有差别的新产品，才能得以生存和发展。而差别产品的生产本身就是一个创新的过程：其一是产品设计创新，设计或引进与其他企业有差别的新产品；其二是服务创新，向消费者提供与其他企业不同的服务，如提供更便利、更周到、更细致的服务；其三是技术创新，采用新的生产技术生产出新产品，如引进新的生产技术或新的生产线。总的来看，垄断竞争市场有利于激发企业创新的积极性，新企业只有创新才能进入垄断竞争市场。

所谓差异化竞争，就是通过市场细分和个性化服务来获得差异化竞争优势。差异化竞争是企业间的一种重要的竞争方式和手段，并导致了竞争形式的多样化。企业在生产经营过程中，通过差异化竞争，充分发挥和运用其产品或服务不同于其他企业的产品或服务的优势，以此作为指导企业持续稳定发展的方向。企业生产经营过程中的所有环节，都或多或少地存在各种差异。就机车车辆产品而言，差异存在于产品内部构造工艺，以及外部的价格体系、市场渠道、广告宣传、消费群体定位等诸多方面，从而造就市场差异无所不在。企业实现差异化，应以满足消费需要为导向为其提供他们真正想要的东西和更多的附加值，从而形成强大的核心竞争优势。差异化不能不考虑成本。差异化有可能带来成本的上涨，但差异化也可以带来溢价收益，当溢价收益大于成本上升幅度时，企业效益就会增加。差异化也可能使相对成本更低，比如在某一细分市场做到领先，则会带来规模效益。当然，如果因为差异化而导致成本超出了消费者的承受能力，则没有任何价值，必须马上停止。真正地实现企业差异化是一项极具挑战性的工作，但却是企业生存和发展的必然选择。

可以说，垄断竞争与差异化竞争是相辅相成的，如果说垄断竞争是市场的表现形式的话，那么差异化竞争则是企业间在竞争内容和方式上的体现。

三、寡头竞争与合作竞争

可竞争市场理论指出，即使行业内只有一家企业，只要该行业的进入壁垒为零或极低，即行业外的资本可以随时进入该行业，则潜在的竞争压力会迫使这家企业不敢像独家垄断企业那样行事，而是如同处在完全竞争市场中那样经营，由此该行业会产生令人满意的绩效。根据该理论，只要通过技术革新和管理手段的改进，同时不断降低自然垄断行业的进入壁垒，那么，自然垄断行业完全可以成为竞争性行业，市场竞争将促使行业绩效得到提高。

查尔斯·沃尔夫曾指出：由于潜在的进入者所造成的市场竞争性的影响，能够给垄断者很大的威胁，强迫其保持一个高水平的发展和研究，并且维持快速的革新，从而保护其对当前市场的垄断，这样，潜在的竞争可能与实际的竞争具有相同的作用。[①] 可竞争市场理论的核心思想是通过来自潜在进入者的竞争压力，对当前市场上的在位者的行为施加一定程度的约束。一个市场是可竞争的，就必定不存在显著的进入障碍。这样，为不再给潜在进入者盈利的机会，均衡状态下该市场必须具备无明显的超额利润、现有在位者之间的要素配置和定价是有效率的等特点。不论市场上是仅有一个垄断者还是有若干个厂商，可竞争市场总是具有这些特性，因为是来自潜在进入者的潜在竞争，而不是当前市场上厂商之间的竞争，对在位者的均衡行为形成了有效约束。

因此，要提高机车车辆业的行业绩效，并不一定非得增加该行业内的厂商数目，以便使众多厂商展开传统意义上的自由竞争；只要尽可能降低该行业的进入壁垒，让行业外的资本保持随时可以进入的态势，则垄断行业的在位者由于受到潜在竞争者的压力，必然会千方百计地提高绩效，垄断利润也会随之减少，社会福利相应增加。由于机车车辆业市场化改革的历史趋势不可逆转，而机车车辆业的高沉没成本的特点决定了行业内企业数量有限，那么，我国机车车辆业改革的方向必然是"逐步演进为竞争性大为增强的寡头垄断市场"，这样既提高了行业绩效，又没有因过多的企业导致不必要的竞争而造成社会资源

---

① 查尔斯·沃尔夫. 市场或政府——权衡两种不完善的选择 [M]. 北京：中国发展出版社，1994

的浪费。

经济学意义上的合作竞争是一种高层次的竞争，合作竞争并不意味着消灭了竞争，它只是从企业自身发展的角度和社会资源优化配置的角度出发，促使企业间的关系发生新的调整，从单纯的对抗竞争走向了一定程度的合作。竞争是指经济主体在市场上为实现自身的经济利益和既定目标而不断进行的角逐过程；合作是指经济主体之间为实现共同的目标而建立起来的某种形式的伙伴关系的过程。随着经济环境的变化，尤其是经济全球化浪潮的兴起，越来越多的企业开始采取竞争与合作的战略，以求实现"双赢"或"多赢"。

竞争与合作的关系是模块化企业价值网络中企业与企业之间的基本关系。模块化企业价值网络是基于企业成员核心能力或资源的异质性而形成的，共享优质资源的过程就是企业合作的过程。在模块化企业价值网络内部，合作竞争是同一关系的两个方面，合作是手段，竞争是目的，成员企业通过合作获得最大收益并保持和扩大自己的竞争优势。模块化企业价值网络中的竞争是合作性的竞争，竞争的目的是增强网络竞争优势，从整体优势中赢得个性竞争力。模块化企业价值网络中的合作是竞争性的合作，成员企业只有具有网络组织中的战略资源，才能参与合作，共享其他企业的优势资源、共同创造市场。在模块化企业价值网络中，合作和竞争同时创造价值。竞争提升企业创造价值的能力，合作使成员企业的能力转化为网络的竞争优势，从而更多、更好地创造和实现企业价值。

可以说，合作竞争是基于企业价值网络之上的最高层次的竞争，合作竞争是与寡头竞争相辅相成的。在企业价值网络内部，竞争的形式更多地表现为寡头竞争，而在内容上则表现为合作竞争。

四、机车车辆业的竞争模式选择

机车车辆业竞争模式改革的主要表现形式是政府对具有市场垄断力量的主导性垄断企业实行纵向、横向分割政策或采取放松进入管制等重要管制政策。机车车辆业实行市场结构重组的基本目标是形成规模经济与竞争活力兼容的有效竞争的基本格局，以提高机车车辆业的经济效率。一般来说，机车车辆业可以采取四种模式建立有效竞争的市场结构。

1. 横向拆分的全业务经营模式

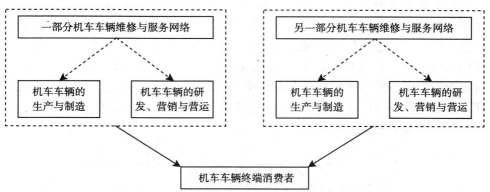

图 10-1　机车车辆业横向拆分的全业务经营模式
资料来源：作者整理。

　　如图 10-1 所示，横向拆分的全业务经营模式的特点是政府将机车车辆业务分割为机车车辆的生产与制造（即躯体产业）以及机车车辆的研发、营销、营运（即脑袋产业）两大部分。政府将原有垂直一体化垄断企业分割成几个独立的企业，每一个企业在各自的范围内同时经营躯体产业和脑袋产业。这种竞争模式的主要优点是有利于打破一家企业垄断经营的格局，有利于促进企业在机车车辆相关业务领域内的竞争。同时，这种市场结构模式不会破坏产业各环节的协调，各环节的协调在企业内部完成，效率较高。但是，由于这种横向拆分是在原有企业之间的拆分，由于它们的长期关系，可能会形成拆分后的串谋，会弱化它们之间的竞争。

2. 纵向经营分离模式

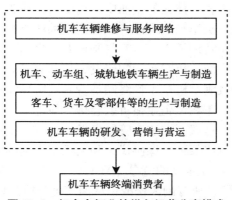

图 10-2　机车车辆业的纵向经营分离模式
资料来源：作者整理。

如图 10-2 所示，纵向经营分离模式的特点：从所有权方面保持原有垂直一体化垄断企业的完整性，但其躯体产业分离为机车、动车组、城轨地铁车辆生产与制造以及客车、货车及零部件等的生产与制造两大部分，脑袋产业保持不变，机车车辆维修与服务网络由垂直一体化的企业负责维护和建设。这种竞争模式的优点是有利于形成机车车辆业躯体产业的垄断竞争市场结构，机车车辆企业可以通过差异化的竞争方式实现技术的归核化与生产的集约化，其缺陷在于企业间的竞争局限于垂直一体化的垄断企业内部，竞争是有限和低效的。

3. 纵向联合持股模式

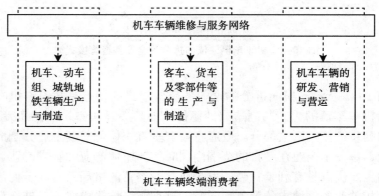

图 10-3　机车车辆业的纵向联合持股模式

资料来源：作者整理。

如图 10-3 所示，纵向联合持股模式的特点：机车、动车组、城轨地铁车辆生产与制造，客车、货车及零部件等的生产与制造，机车车辆的研发、营销与营运部门均从原有垂直一体化的企业中分离出来，成为所有权独立的自主法人企业，三者共同拥有机车车辆维修与服务网络的所有权。这种竞争模式的优点是机车、动车组、城轨地铁车辆生产与制造企业之间，客车、货车及零部件等的生产与制造企业之间，机车车辆的研发、营销与营运部门之间可以实现有效而充分的竞争，有效满足机车车辆终端消费者的市场需求。该种竞争模式也有其无法避免的缺陷：①在位企业很可能会排斥新进入企业使用和占有机车车辆的维修与服务网络，这就要求政府管制者做出行政协调；②这些具有共同利益的在位企业可能会达成某种合谋协议，利用机车车辆维修与服务网络对局外企业采取歧视政策，以排斥新的竞争企业；③假如联合持股中的企业数量很多，就可能导致这种联合所有制太松散，从而产生公司治理结构问题。

4. 纵向产权分离模式

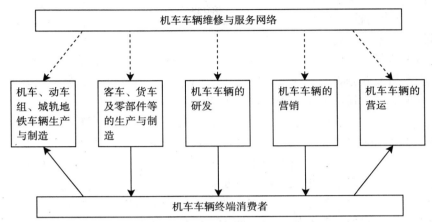

图 10-4 机车车辆业的纵向产权分离模式

资料来源：作者整理。

如图 10-4 所示，纵向产权分离模式的特点：机车车辆维修与服务网络，机车、动车组、城轨地铁车辆生产与制造企业，客车、货车及零部件等的生产与制造企业，机车车辆研发企业，机车车辆营销企业，机车车辆营运企业之间互相独立，成为在所有权上独立经营的法人实体。机车车辆业实现分工的极度深化和细化，在躯体产业分离、脑体产业分离的基础上，脑袋产业进一步分离为机车车辆的研发、机车车辆的营销以及机车车辆的营运三个区段，每个区段内部以及区段与区段之间表现为既竞争又合作的"竞合关系"，整个机车车辆市场呈现较为充分的市场竞争格局。

第二节 机车车辆业的竞争战略选择

一、竞争战略的概念

1980 年，迈克尔·波特在其著作《竞争战略》一书中把竞争战略描述为：采取进攻性或防守性行动，在产业中建立起进退有据的地位，成功地对付五种竞争作用力，从而为公司赢得超常的投资收益。波特为此还提出了三种具有内部一致性的基本战略：成本领先战略、产品差异化战略、集中战略。

1990 年，普拉哈拉德和哈默尔在《哈佛商业评论上》发表了划时代的论文——《公司的核心竞争力》（The Core Competence of the Corporation），从企业内部分析了企业的竞争战略是基于核心能力的不断获取竞争优势的过程。

国内学者周三多在《战略管理思想史》一书中则提出，企业竞争战略主要是指企业产品或服务参与市场竞争的方向、目标、方针及策略。竞争战略的选择是参与竞争的基础，也是竞争成败与否的关键。

从学术研究的角度来看，企业竞争战略通常分为两个层次：公司战略和业务战略。公司战略主要关注公司经营什么业务和总部如何管理多个业务单位来创造企业价值的问题；而业务战略则主要是关注各个业务单元如何获取竞争优势的问题。因而，经营单位战略通常也称为竞争战略。但是，如果一个公司仅有一个经营单位或其只经营固定的产业和市场，从事单一业务和经营管理，那么公司战略与竞争战略实质上是合而为一的。实际上，竞争战略和公司的总体战略在某个阶段会趋向一体化。譬如当在某一个产业或经营单位获得足够强的竞争优势以后，企业可以逐渐向其他的产业或业务单元进军，这时企业的竞争战略也会考虑到经营什么业务和如何管理业务的问题。

二、竞争战略的要素

企业参与市场竞争如果没有组织资源、能力作为支撑，战略目标只能是空中楼阁，可望而不可及；同样，如果没有对市场、竞争格局清晰的洞察并在明晰的公司方向和产业先见的指导下，组织资源、能力都会因迷失发展方向而无所适从；而且，除非组织架构、文化体现了公司战略目标及能力，否则竞争优势将是缺乏生命力的。因此，企业竞争的战略要素主要包括以下几个基本方面：

（1）战略目标。是指企业对现今以及将来企业在市场结构中的位置的期望，它是在特定时间内业务单位希望实现的或所需的业绩成果。它包括两个方面：其一，描述经营单位拟进入的市场领域，获取竞争优势的活动范围和规模以及途径等；其二，将公司的战略目标加以细化并明晰地归纳表达出来，表明业务单位如何获得和保持竞争优势。

（2）市场/产品。市场在某种程度上直接决定了公司服务的目标市场以及与之相应的产品、服务以及营销方式。毋庸置疑，竞争优势的直接来源是在一个合适的细分市场中，通过比竞争对手更有效的方式去满足它。市场是企业直接展开较量的场所，而产品是企业实施竞争战略的载体。市场/产品是由顾客、竞争者、产品、价格、服务以及其他要素构成的综合体。

（3）组织/文化。组织/文化包括组织架构、领导方式、合作氛围、业务流程、权力分配、激励方式等要素。组织氛围的形成受公司方向、运营能力的制约，但形成之后，又作用于其他要素。凝聚力强且积极向上的企业文化、获得广泛认同的领导方式、充满激情的员工能产生一种生机勃勃的企业氛围，在这种氛围中，能高效地将各种资源进行有机的整合，并使运营能力发挥到最大程度，从而实现竞争的战略目标。

（4）企业资源。企业资源包括企业的声誉、知识、人力资源、技术和有形资产，乃至它与其他公司的战略联盟、长期形成的协作伙伴关系等。相对竞争优势而言，尤为重要的是那些竞争对手无法或难以获得的独特性资源、稀缺性资源。

（5）运营能力。指企业开发和利用资源创造价值的能力，它是企业在研发、生产、营销等各项职能活动及其管理领域所拥有的技能。运营能力包括企业创造和满足需求的能力、研究开发能力、市场营销能力、生产制造能力以及风险管理能力等。

企业之所以能长盛不衰，能在竞争中立于不败之地，在很大程度上就是因为它们能够巧妙地运用系统及相互作用的观点将战略目标、资源、能力、组织/文化、市场等战略要素进行比竞争对手更有效的整合和创新，从而创造、保持了企业的竞争优势。

三、竞争战略的模式

根据迈克尔·波特的竞争战略理论，企业的利润取决于：同行业的竞争；行业与替代行业的竞争；供应方与客户的讨价还价；潜在竞争者。企业竞争战略主要包括产品差异化战略、成本领先战略、集中战略等。

（1）产品差异化战略。产品差异化战略是通过提供与竞争对手不同的产品，满足顾客需求，从而形成一种独特的优势。其核心是获得某种对顾客有独特性的价值，并且这种独特性能给企业带来极强的竞争优势。该战略的指导思想是企业提供的产品在行业中具有特色，这些特色可以表现在设计产品、产品形象、产品名牌、销售方式、促销手段、服务方式等某一方面，也可以同时体现在几个方面。该战略的优点是利用顾客对其特色的关注和信任，从而对产品价格的敏感度下降，使企业避开竞争，在某一特定领域形成独家经营的市场，保持优越的竞争地位。

（2）成本领先战略。成本领先战略又叫做低成本战略，即企业产品成本低于竞争对手的成本，甚至低于同行业中的最低成本。其关键是加强内部成本控制，在研发、生产、广告、销售和服务等方面把成本降到最低，从而获得竞争优势。该战略的指导思想是要在较长时期内保持企业产品成本处于同行业中的领先水平，并按照这一目标采取一系列措施，使企业获得同行业平均水平以上的利润。该战略在与竞争对手的竞争中，具有进行价格战的绝对优势，即企业利用低价格从竞争对手手中夺取市场份额，扩大销售量，获得高额利润。

（3）集中战略。集中战略是指企业把经营活动集中在某个特定的购买者群体、产品线的某个部分或某个地区市场上的战略。该战略通过满足特定消费群体的特殊需要，或者集中服务于某一有限的区域市场，建立企业的竞争优势与其市场地位。其最为突出的特征是企业专门服务于总体市场的一部分，即对某一类型的顾客或某一地区性市场作密集型的经营。实施这种战略企业能够控制一定的产品势力范围，在此势力范围内，其他竞争者不易与之竞争，故其竞争优势地位较为稳定。因为：其经营目标集中，可以集中利用企业的人、财、物等资源；有条件深入钻研以至于精通有关的专门技术；生产高度专业化，能够获得规模经济效益，降低成本，增加收益。

三种竞争战略模式的比较见表 10-1 和表 10-2。

表 10-1　三种竞争战略模式与其追求的市场目标和竞争优势

三种竞争战略模式		追求的市场目标		追求的竞争优势	
		整体市场	细分市场	低成本	差异化
成本领先战略		√		√	
产品差异化战略		√			√
集中战略	基于低成本		√	√	
	基于差异化		√		√

资料来源：作者根据有关资料整理而成。

表 10-2　三种竞争战略模式的比较

	环境	优势	劣势	影响
成本领先战略	要求积极地建立起达到有效规模的生产设施，在经验基础上全力降低成本，抓紧成本与管理费用的控制，最大限度地减少费用	①可获高的收益 ②对供方威胁的防卫 ③在五种作用力中保护公司	①需较高的市场份额 ②对竞争对手的成本要非常了解 ③对公司后续发展不是很有利	①有时可引起整个产业的革命 ②可能造成企业间的恶性竞争
产品差异化战略	对创新意识有很高的要求，在产品革新的技术和其他方面都要求取得较好的成果，包括设计或品牌形象、技术、外观特点、客户服务、经销网络等	①高产品价格的回报 ②竞争对手难以模仿 ③产品的可持续发展	①常与高的市场份额相矛盾 ②投入费用较高 ③不是所有的客户都认同	①引导产业的变革 ②促进整个行业的发展

续表

	环境	优势	劣势	影响
集中战略	主攻某特定客户群体、某产品系列的一个细分区段或某一地区市场，公司能以更好的效果为某一狭窄的战略对象服务	①在某一市场或地区可获优势 ②关注的范围相对较小，具有灵活性	①规模成本降低的可能性小 ②经营风险大，受外界影响大	产品分工的细化

资料来源：作者根据有关资料整理而成。

可以看出，每一种竞争战略模式都将获得一个与其他战略不同的市场定位。由于它们所谋求的市场地位不同，每种竞争战略采取的参与竞争和业务运作的途径有明显的区别，如表10-3所示。

表10-3 三种竞争战略参与竞争和业务运作的途径

战略模式	成本领先战略	产品差异化战略	集中战略
竞争优势基础	比竞争对手更低的成本	提供与竞争对手不同的产品或服务	狭窄市场
产品线	好的基本产品，附加的特色不多	产品变形多，选择余地大	按目标市场的特定需要提供定制的产品或服务
产品设计及生产重点	不断地寻求在不牺牲质量和特色的前提下努力降低成本	寻求各种途径为购买者创造价值；寻求产品卓越性	为狭窄的市场进行产品或服务的定制
市场营销重点	高效率、低成本运作	营造购买者愿意支付的特色；实施高价以显示产品的特色并补偿差异化成本	传播企业能够满足购买者特殊需要的能力
对战略的维持	经济的价格；所有的战略要素均以获得低成本为目的	创造产品的差别特点；不断改善和革新	致力于提供比竞争对手更好的服务；力争进入更多细分市场

资料来源：黄庆波. 跨国公司的竞争战略. 对外经济贸易大学博士学位论文，2002

四、竞争战略的选择

企业间的竞争是动态发展的，企业的竞争优势或劣势不是绝对持久的，优势企业可能变为劣势企业甚至消亡。国际机车车辆市场上大批企业的兴衰存亡对企业竞争的动态性做了最好的诠释，如阿尔斯通、庞巴迪、西门子、GE等企业。为了获得或保持市场优势地位，竞争厂商需要不断地改变它们的行为变量。因此，竞争表现为一个周期性的、波浪式的动态发展过程。德国经济学家霍伊斯认为，在每一个市场阶段上竞争形式都有所不同，市场阶段的变化伴之而来的是竞争形式的变化。在不同的阶段，顾客需求的差异性以及企业发展的目的不同决定了竞争战略的差异性。因而，在激烈的市场竞争中，有针对性地选择适合自身的竞争战略，是机车车辆企业获取竞争优势的关键。一般说来，企业竞争战略的选择应遵循以下几个基本原则：

（1）重点突出的原则。随着顾客需求的变化，市场上各竞争要素的权重不同，因而，选择竞争战略时企业必须从多个战略中选择一个或两个具有较强针对性且具有互补效应的战略。由于各种竞争战略之间的交叉性和融合性，企业需要结合自身的实力和市场的特点，选择当前使得企业能获取最具竞争优势的战略模式。例如，对于拥有机车车辆核心技术的制造企业而言，技术领先战略比成本领先战略更适宜，为了开发高技术的产品，成本往往不是最重要的考虑因素。

（2）符合实际的原则。主要从两个方面考虑：①从企业的角度来看，选用的竞争战略必须是能为企业所执行的战略。比如，集中战略是一个可以同时兼顾低成本与个性化的竞争战略，它能使得大规模和定制化同时实现，但如果没有相对应的市场需求，该战略是无法实施的。②从外界的条件来看，选择的竞争战略必须具有适用性。在不同的时代，由于企业内外环境的不同，企业实施竞争战略的手段和方式也不同。在规模经济时代，企业之间的竞争主要是"学习曲线"和"规模经济"之间的竞争；而在信息时代，信息战略成了现代企业参与竞争的重要战略之一。

（3）系统匹配性原则。企业的竞争战略，是企业总体战略的一部分，是为了实现企业的使命而进行的有系统的、有组织的、有目的的活动过程。因而，尽管在不同的阶段、不同的时机，企业会选用不同的竞争战略，但这些战略必须是在总体战略的指导思想下，选择有利于增强企业竞争优势、获取更大利润、实现企业价值最大化的竞争战略。一个经营单位可以在不同的产品线上采取不同的竞争战略，如庞巴迪公司在机车、动车组产品线上实行品种多样化的策略，而在客、货车辆上则采取成本领先战略。而且，经营单位可以在价值链的不同活动上采取不同的竞争战略，如可以在制造环节采取基于质量的创新战略，而在销售环节则可以采取基于速度的时间竞争战略。此外，企业处于不同的时期，也可选择不同的竞争战略。但是，不管在哪种情形下，企业所采取的各种竞争战略应是相得益彰的，为获得整体竞争优势而采取的统一性行动。

（4）动态创新性原则。在外界环境相对稳定的情况下，企业的战略具有一定的路径依赖性，但在动态的经营环境中，企业的竞争战略则可以突破原有的路径依赖，在特殊情形下采用创新性的竞争战略。企业的竞争是竞争主体内在动力、外有压力的持续不断的市场较量过程，在多个影响竞争战略的因素中，企业可以根据环境的变化，权衡利弊，趋利避害，改变原有的竞争路径，选择新的战略。如在生产力和科技发展水平突变的情况下，企业可以突破原有的业务范围，从事超越现有业务界限的相关战略经营活动。当然，在这种情况下，战略的改变具有一定的风险性，因而企业需要注重战略之间的平衡与协同，正确运用企业的能力，实现企业和外部环境的不断整合。

第三节　中国机车车辆业的五力竞争模型分析

根据哈佛大学商学院迈克尔·波特教授的竞争分析模式，机车车辆业的发展是受到来自五个方面的竞争力量共同作用的结果，如图 10-5 所示。

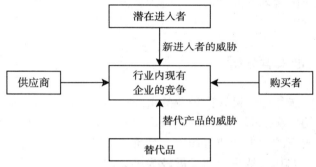

图 10-5　五力竞争模型分析图

资料来源：迈克尔·波特. 竞争战略 [M]. 北京：华夏出版社，2005

一、行业内现有企业的竞争分析

行业中现有企业之间的竞争是最直接、最直观也是最重要的威胁因素。在机车车辆业中，各企业都是相互依存的，对于每个企业的竞争行动，其他竞争者都会预期到它的影响而采取对策，进行还击。这种竞争可以分为两个层次：高层次的是个别生产厂垄断着某种产品的整个市场，垄断者依靠其产品性能的难以替代性、技术、资源占有优势或品牌优势，几乎占有了市场全部份额，如电力机车、城轨车辆等；低层次是一些掌握一定技术和专业人才的企业之间的竞争，但它们的技术可模仿性较强，不易带来高的附加值，如普通机车、客车、货车制造。

（1）与本土参与者的竞争情况。一直以来，南车集团和北车集团是国内主要的两大机车车辆制造企业，占有整个国内市场 95% 以上的市场份额，承担着促进我国轨道交通装备技术进步和铁路运输现代化的重担，代表着我国轨道交通装备业在国际市场的竞争力。在国内机车车辆市场上，电力机车、内燃机车、客车、动车组和城轨地铁车辆的新造，主要集中于南车集团、北车集团两个集团内；货车新造以南车集团、北车集团两个集团为主，另有重庆重型铸锻厂、晋西铁路车辆有限责任公司、包头北方创业股份有限公司三家企业参与；货车修理除了两个集团外，也有广州铁道车辆厂、柳州机车车辆厂参与其中；机车修理除两个集团外，另有柳州机车车辆厂等参与；客车修理除两个集团外，另有柳州机车车辆厂、沈阳局沈阳客车厂参与。

（2）与海外参与者的竞争情况。中国机车车辆业的海外业务竞争者主要包括庞巴迪、阿尔斯通、西门子、通用电气和川崎重工等轨道交通运输装备业务部门。由于产业政策和一些技术准入壁垒的限制，当前国外轨道交通装备制造企业尚不能在我国国内独立开展整车生产业务，对机车车辆企业在国内市场没有形成正面的竞争。

二、潜在进入者分析

行业外有可能并准备进入该行业的企业称为潜在进入者。通常情况下，其进入会带来新的生产能力、新的物质资源，对已有的市场份额格局提出重新分配的要求，造成新的冲击，使行业内产品价格下跌或行业内在成本增加，行业获利能力下降。尤其当某一行业发展较为迅速的时候，不可避免地会吸引更多竞争对手加入其中，有时这种冲击可以影响整个行业的发展。潜在竞争者进入与否主要取决于三个因素：进入该行业的可能性、进入壁垒的强弱程度和预期的报复。

机车车辆制造业是资本密集型产业，存在着巨大的资本需求和最小的有效经济规模、现代化生产技术进入壁垒，巨额沉淀成本造成很高的退出壁垒，普通经营者很难贸然加入。对于机车车辆业的潜在进入者来说，进入机车行业的可能性主要取决于进入壁垒。决定进入壁垒强弱程度的主要因素包括：经济规模、技术专利、资本密集度、品牌知名度、成本优势的巩固度、供应商的支持度、获得分销渠道的难易度，以及顾客转变成本等。在我国，铁路机车车辆制造业表现出如下特性：

（1）铁道部一定的行业保护性，新加入者有进入障碍：由于铁路运输的安全性要求极高，为此国家制定了相应的政策法规来保障其安全运营。在机车车辆产品的设计制造上，有着严格的从项目立项、图纸审批、试制鉴定、静态试验、动态试验、运行考验、小批量试制到批量生产等一整套程序，往往一个部件新产品从开发到投入运用要几年时间，原隶属于铁道部的企业尤感过程的复杂，其他想进入机车车辆生产，或者想获得配件生产许可的厂家进入这一市场，其难度可想而知。

（2）显著的规模经济性：初期投入成本较大，加上其资本密集属性，无论是机、客、货车中的任何一种，要达到经济批量，其投资至少在几亿元。关键还在于：当前行业整体利润率极低；现有机、客车生产能力饱和，货车生产能力已严重过剩造成当前供过于求的市场形势，使得该行业进入门槛很高。

（3）原有企业具有的特殊的销售渠道、特殊的消费群体及品牌声誉：机车行业的主要客户是铁道部，铁道部对国内新进入者的认同感不高；对于购买机车的企业群来说，购买进入者的产品将产生昂贵的转换成本；而且对新行业内的机车产品已经形成了品牌购买倾向，很难接受新进入者。潜在进入者在进入新行业前，还要考虑该行业的发展前景，如果该行业增长速度快，盈利潜力大，那么潜在竞争对手进入该行业的意愿就越强。相反，进入的可能性就低。当前对于机车行业来说，该行业增长潜力已经很好确定，盈利能力不强，面临外资强有力的冲击，机车行业从整体上已步入成熟期。

预期的报复是指潜在竞争对手在进入该行业之前应该对行业内现有公司的反应有所预期。预料到现有公司的反应越激烈，潜在竞争对手成功进入该行业的阻力就越大。现有公司的反应激烈程度与利益相关度、资源占有量和行业增长速度有关。所以，潜在竞争对手进入能力越强，该行业的盈利风险就相对越高。机车行业中，多数企业是大型国有企业，我们可以预期的报复具有以下三个鲜明的特点：反应速度缓慢；反应不成系统；反应将是进入者难以应付的长期消耗战。

综合以上分析，在当前看来，就国内而言，潜在进入的壁垒是很高的。首先是必须有大量的投资，其次是必须有政府的支持。正如同行业竞争者中很多企业面临退出障碍一样，在潜在的进入者面前，也横亘着难以克服的进入障碍。机车行业的生命周期已经处于成熟阶段，进入的吸引力也很有限。预期的报复面临着很大的风险。所以国内潜在进入者给国内机车车辆企业的竞争压力极其有限。能够潜在进入的无外乎是几家外国的知名公司，如：GE、西门子、庞巴迪、阿尔斯通等，通过进口整车与国内机车车辆企业竞争，或通过与现有行业内的厂家进行合资，打破现有行业的竞争格局，使竞争更加激烈。

三、替代品分析

如果机车车辆企业对自身的定位是而且只是生产销售机车产品，那么关注相同档次的品牌或者同行业的产品竞争就可以了，对其替代品是没有必要关注的。不过这样一来，机车车辆产品的短视和机车车辆企业缺乏竞争力是不可避免的。产品的竞争是有层次的，机车车辆企业在机车车辆产品上的竞争既需要关注品牌定位类似的或者同行业的竞争者，同时也要关注不同行业的形式竞争。所谓替代品是指其他行业的产品与本行业的产品有同样功能、以另外的方式去满足与现有产品大致相同的顾客需求的产品。机车车辆产品是专业化极强的产品，对其替代者研究分析时，应将产品纳入到整个运输业体系，中国铁路运输业在当前虽然被评为"铁老大"，但是仍要面对公路运输、航空业、航运等的竞争，机车企业面临的替代品包括汽车、飞机、轮船等。

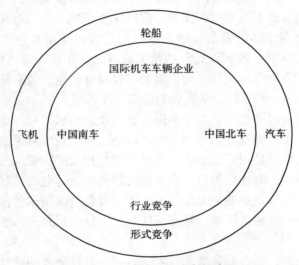

图 10-6　机车车辆业竞争层次图

资料来源：作者整理。

　　分析替代品时，主要考虑的是形式竞争，无论是汽车、飞机还是轮船，它们都有着与机车车辆相同的核心利益，即运输。来自这些替代品的竞争压力的强度大小取决于三个方面的因素：价值、转换成本和顾客使用替代品的倾向。

　　（1）价值。一般来说，人们倾向于把价值理解为替代品相对价格的表现，即价格上有吸引力的替代品往往会给行业带来竞争压力，所以替代品会给行业中的产品无形地定出一个最高价，超过这个最高价，顾客就有可能转向替代品。然而，价格只是价值表现的一个方面，我们认为，价值更多地表现为顾客让渡价值，即总的顾客价值与总的顾客成本的差值。对于购买者来说，总的顾客价值包括了产品价值、服务价值、人员价值和形象价值；总的顾客成本包括顾客要支付的货币成本、使用成本、时间成本、精力成本和体力成本。理性的顾客都倾向于选择顾客让渡价值最大的交易，即总的价值最大或总的成本最小。例如，成都十陵附近的出行者准备去资阳，有两个选择，坐 2 元公交车经一个小时到火车站，乘 20 元的火车两个小时到资阳；直接在十陵汽车站坐 25 元的汽车一个小时后到资阳，出行者很多选择了直接坐汽车，因为乘火车耗去大量的时间成本。

（2）转换成本。即不使用原来的产品而使用替代产品的成本和难度。最常见的转换成本：可能的额外价格；可能的设备成本；测试替代品质量和可靠性的时间和成本；断绝老供应关系建立新供应关系的成本；转换时获得技术帮助的成本；职员培训成本；等等。转换成本的存在导致很多客户不会轻易接受替代品。大型矿山、港口在已经购买机车的情况下，要转向卡车运输的可能性几乎没有；甚至对很多企业来说，在购买了某一机车车辆企业的特定品牌机车后，以后需要机车而转向竞争对手购买的概率也非常小。

（3）顾客使用替代品的倾向。顾客使用替代品的倾向取决于两个方面：产品适用性；客户关系。已购买产品能够满足需要时，顾客使用替代品的可能性不高；即便已购买产品存在某些缺陷，如果能够通过服务进行弥补，顾客也能够在一定程度上承受；做好客户关系的维护对顾客购买新产品的决定具有很大的影响。

在常见的四种交通运输方式中，公路在运价、运速方面具备一定的优势，具备机动灵活的特点，只是运量太小，略显"先天不足"；水运方面，运量较大、运价较低，但运速太慢，且受自然条件影响太大；而航空运输速度最快，但运输成本太高，且运量受限制，同时也受天气等自然条件的影响；铁路在运量、运速、运价等方面具有比较明显的优势，适应我国人口众多、地域宽广的自然特点，同时还具备全天候的运输优势。通过与替代品综合比较可知，铁路运输的替代方式在目前形成的压力并不是很大，替代品构成的威胁较小，这也为机车车辆工业的发展创造了良好的条件与优势（见表 10-4）。

表 10-4　四种常见交通运输方式的比较

	水　运	航　空	铁　路	公　路
运载工具	轮船	飞机	火车	汽车
运速	最慢	最快	较快	较快
运量	大	最小	较大	较小
运价	最低	最高	较低	较低
货运的最佳选择	运输时间不受限制的大宗或笨重货物、客运	客运为主，轻型、贵重或急需的药品	大宗货物运输和长途客运	各种运量小的短途货运和客运
其他	受自然条件影响大	造价高，要求设备、技术条件高，受气候影响大	连续运输，运货量大	机动性强，灵活

资料来源：作者根据相关资料整理。

四、供应商分析

供应商是一个企业生产经营所需投入品的提供者。供应商有狭义的供应商和广义的供应商之分。狭义的供应商是指原材料、零部件和转售商品的供应企业，广义的供应商还应该包括资金、劳动、技术等要素的提供者。供应商与生产企业之间总的来说是一种买卖关系，双方总是力图通过谈判和讨价还价取得对自己有利的交易条件。

1. 从狭义层面上看

（1）机车车辆企业的供应商所供应的产品主要是钢材、铁矿石、电器元件等原料部件，供应品的差异化程度不高，由于国家"六五"、"七五"期间的重点投入而获得超前发展，当前基本上能力过剩，即便是机车车辆产品的专用部件，行业内生产企业也非常多，不但构不成威胁，反而提高了机车车辆行业的讨价还价能力。

（2）由于机车车辆行业长期以来的"大而全"，在很多配件（如轴承、电机乃至轮、轴）上都实现了后向一体化；近年来，整个行业范围内，后向一体化的趋势得以加强，集团内的集体所有制企业开拓其生产经营领域，机车车辆企业生产机车用的部分产品零部件已由这些企业生产供应。

（3）作为供应方，前向一体化困难重重，不会对机车企业形成竞争。总之，供应来源较多，供应商威胁较小。但是前几年，钢材等原材料价格的上涨，形成了不利的局面，也给机车车辆企业的成本带来了很大压力。

2. 从广义层面上分析

供应商还包括提供资金支持的国家有关部（委），提供技术的机车车辆研究所和铁路高校。国家宏观环境的好坏决定了有关部（委）的资金投入程度与连续性，从当前机车车辆业的宏观经济环境来看，机车车辆业良好的未来市场前景无疑是有利于机车车辆企业发展的。而铁路高校与机车车辆研究所的技术相对专一，转让方几乎限定在机车车辆企业内部，因此可以认定它们的威胁也较小。

五、购买者分析

生产企业与购买者即顾客之间的关系也是一种买卖关系，只是在这种买卖关系中，生产企业成了其产品的供应商。机车产品的购买者可以分为两大类，一类是单一的购买者，即铁道部装备部；另一类就是煤矿、港口、大型钢铁企业所组成的顾客群体。近年来，由于城市轨道车辆的出现，一些省市的政府部门也成为这类顾客群体中的一员。

第一类顾客——铁道部。机车车辆的购置主要是铁道部装备部，具体办理采购业务和使用机车车辆的是铁道部下属的全国 18 个铁路局，参与购买的人员从总体上讲非常有限，尤其是相对于其总的采购金额而言。与采购直接相关的工作人员总数在 70 人左右。对采购有决策权的人则更少，但影响采购决策的因素有很大部分是政府行为。铁道部及其所属路局购买的机车车辆产品数量大，以 2000 年为例，中国机车车辆工业总公司工业总产值 167.5 亿元，其中的绝大部分是被运输系统采购。通常的年机车车辆采购金额（含维修服务等）在 300 亿元左右，近两三年增长趋势明显。市场购买量是巨大的。而当前中国机车车辆企业所生产的机车车辆产品差异性不是很大，从这个角度来讲，铁道部作为机车车辆的主要购买者，对机车车辆企业的发展威胁较大，买方在交易中占有优势，即铁道部讨价还价的能力较强。然而由于历史体制上的原因，中国机车车辆企业都曾隶属铁道部，两者具有天然的渊源，具有千丝万缕的特殊的联系。在产品特点上，由于产品极强的专业性，既需要供方提供详细的信息和服务技术等支持，又需要需方提供详尽的运用要求、运用情况的反馈，以及密切配合的技术提升，来解决问题。因此双方关系更加密切。价格对铁道部及其所属路局来说并不是最实际的因素，买卖双方对价格都不太敏感，需求也缺乏弹性。当前，中国南车、北车两大集团公司的机、客车产品支撑着铁道部的机车车辆装备，也正是由于这种供应的垄断局面，使机车车辆工业企业不思进取，其产品远远地落后于世界先进水平，成为铁路跨越式发展的"瓶颈"。

第二类顾客——企业群体。机车车辆企业的产品以铁路机车车辆为主，机车车辆企业在占有路内市场的同时，注重路外市场的拓展。路外市场涉及冶金、化工、煤炭、地方铁路、城市铁路等领域，主要产品包括工矿、码头调车机车、工矿自备货车，以及城市地铁车辆。如工矿机车成为石化、冶金系统的定型产品。这些企业在选购机车车辆产品时，由于购买数量少，注重的是产品性能、质量价格等方面的差异化，因此，这类顾客群体讨价还价的能力较弱。

第三类顾客——城市轨道相关的政府部门。城市轨道车辆市场是很有前景的市场，中国为了应对城市扩大带来的运输问题，必然大力发展城市轨道。不过当前这类顾客数量较少，而且多数由当地政府实行对地方机车企业进行照顾的政策。

第四节　中国机车车辆业竞争模式的现状与问题

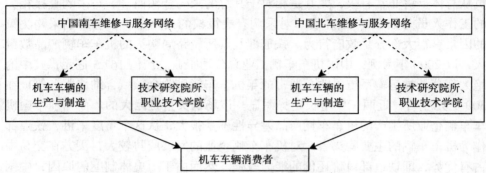

图 10-7　中国机车车辆业横向拆分的全业务经营模式
资料来源：作者整理。

如图 10-7 所示，中国机车车辆业当前采用横向拆分的全业务经营模式。2000 年 9 月中国机车车辆总公司的 34 家工厂和 4 个专业研究所按实力一分为二，改组为中国南方机车车辆集团公司和中国北方机车车辆集团公司，形成了今天的机车车辆中国南、北车两大集团相互竞争的局面。

机车车辆修理是机车车辆业的重要组成部分，对运用中的全部机车车辆进行大修和改造，以恢复其技术性能和状态，保证铁路运行及安全的需要。因此，下面我们从机车车辆修理厂的运营情况来考察机车车辆业的竞争现状。由于全路机车、客车、货车的保有量数目巨大，品种繁多，而机车车辆修理属劳动密集型产业，因此，涉足修理行业的工厂较多。机车车辆修理分为四大类：电机机车、内燃机车、客车、货车。当前进入机车车辆大修行业的厂家及产品范围如表 10-5 所示。

由表 10-5 可知，机车车辆业虽然形成了中国南、北车双寡头市场竞争结构，但是二者集中于不同的优势领域，中国南车在电力、内燃机车新造和内燃机车、客车修理等方面市场占有率较高，中国北车在客车新造和电力机车修理方面占有较高的市场份额，只是在货车新造和修理方面展开有限竞争。中国机车车辆业寡头竞争的市场结构本身并非建立在竞争基础之上，是没有经历竞争洗礼的基于政府主导和国有规制之上的"行政半行政化"的"自然垄断企业"。中国南、北车两大机车车辆企业之间的竞争未能实现彼此的自由进入，从而未能实现机车车辆业的有效竞争市场格局。

表10-5　中国机车车辆业机客车大修厂家及产品范围

序号	1	2	3	4	5	6	7	8	9	10	11	12	13	14	15	16	17	18	19	20
厂名	戚墅堰	唐山	成都	兰州	洛阳	襄樊	大连	沈阳	昆明	二七厂	柳州	太原	宝鸡	西安	哈尔滨	长春	石家庄	四方	浦镇	武昌
所属集团	南车	北车	南车	北车	南车	南车	北车	北车	昆明铁路局	北车	南宁铁路局	北车		北车	北车	北车	南车	南车	南车	
机车修理范围	内燃	内燃	内燃	内燃，电力	内燃电力	内燃	内燃	内燃	内燃	内燃	内燃	电力	电力							
车辆修理范围	货车	货车、客车	客车					货车			客车	货车		货车、客车	货车、客车	客车	货车	客车	客车	客车

资料来源：根据万力《成都机车车辆厂战略研究》，西安交通大学硕士学位论文及中国南、北车网站相关数据整理。

第五节　中国机车车辆业竞争模式改革的设计

一、机车车辆业新横向拆分的全业务经营模式

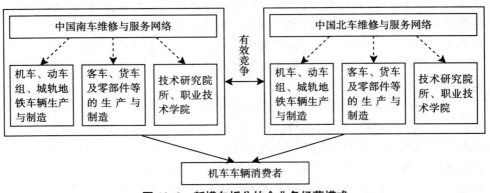

图10-8　新横向拆分的全业务经营模式

资料来源：作者整理。

在机车车辆业竞争模式改革的第一阶段，新的横向拆分全业务经营模式是在现有的机车车辆市场格局下，对机车车辆企业之间竞争的深化和推进。本阶段改革的目标是确立机车车辆行业双寡头有效竞争的市场格局。如图 10-8 所示，中国南车和中国北车均保持纵向一体化的全业务经营模式，两者之间在全业务领域展开有效竞争。一方面，中国南、北车通过在集团内优化资源配置、协调分工与组织，节约市场交易成本，实现规模经济与范围经济效应；另一方面，通过在各个业务领域的彼此自由进入，强化二者之间的有效竞争，实现竞争收益，创造企业发展和变革的市场环境，增强企业技术创新的动力与压力。然而，有效竞争市场格局的建立不是一朝一夕的事情，是一个系统化的设计与推进的过程，需要政府、行业、企业、社会等各个层面的共同努力。

要实现中国南、北车两者的有效竞争，本阶段竞争模式的改革应该从以下几个方面着手：①改组改制，实现专业分工、规模经营。机车车辆行业横向拆分后形成中国南、北车两大机车车辆集团公司，要实现二者之间的有效竞争，首先必须确立二者的市场主体地位，只有二者在企业内部实现了资源的优化配置和专业分工的合理协调，才能成为在同等的市场条件下展开有效竞争的竞争主体，实施的关键在于调整布局，在公司内部进行资产重组，按产品、部件或工艺进行专业化分工，实现规模经营。这种调整要放在全国乃至全球范围内进行，参与国内国际专业化分工体系，实现资源的优化配置。②加大机车车辆科研技术的投入，增强机车车辆企业的核心竞争能力。专业化生产必将产生规模效益，增强自我积累、自我发展能力，从而使加大投入成为可能，而机车车辆行业的竞争本质上是技术创新的竞争，因此应加大对技术创新的投入，重点开发机车车辆核心技术，增强核心竞争能力。③推进机车车辆购置管理改革，保证购置主体、监管主体与供货主体之间的相互独立性。这是机车车辆生产企业作为行业竞争主体彼此自由进入对方市场的关键所在。④在竞争的基础上进行合作。一是在机车车辆核心技术的引进、消化、吸收和再创新方面，可以以政府为主导，联合几家企业一起组成拳头企业，共同引进国外的核心技术。二是加强机车车辆企业与铁路运输企业及铁路网之间的合作与联合，促进铁路交通运输的整体发展。

以法国政府为主导的针对高速铁路运输在 2020~2050 年角色定位的前瞻性计划——"卓越法国"可以给予我们一定的经验与启示。该计划于 2007 年正式启动，其目的是改善法国铁路的运营方式，以客户为中心，奠定法国铁路系统在全球铁路轨道交通的领导地位。法国铁路网、阿尔斯通公司和法国国营铁路公司三方以各自先进专有技术对课题进行研究，从环境、安全与性能、舒适性与全新服务、行车时间四大方面提供创新和高效益的解决方案。环境方面，着重于降低能量消耗，降低车内外噪声，降低振动，循环利用材料，将轨道铺设技术及性能分析融入到有砟轨道研究中；安全与性能方面，针对高速铁路的可靠性，在制动系统、车载监控录像系统、新型接触网及轨道安全设施等方面，对系统的日常安全进行全面优化，研发大量创新技术，用于轨道及列车的技术改进；舒适性与全新服务方面，以乘客为核心，在列车与地面之间开发全新的高速及高性能信息传输服务，使列车的使用性及空间可利用性得到优化，出台一系列有关舒适性和新型光纤照明解决方案；行车时间方面，研究以缩短旅行时间为目标的城市及区域规划设计方案，超高速铁路系统将提供区域性重组，改善铁路交通运输网络，重新规划法国与欧洲各国的连接，着重研究铁路互联互通，以提高铁路的运输能力。

值得一提的是，我国机车车辆业当前仍存在着大量的行政性垄断。行政性垄断不是通过经济手段由市场竞争形成的，而是伴随着国内的经济转型，由政府行政管制和行业长期保护形成的。它们在本质上排斥竞争，通过垄断获取高额利润，导致行业效率低下。因此在本阶段机车车辆竞争模式的改革中，要建立中国南、北车有效竞争的市场格局，就务必通过引入市场竞争机制的方式，坚决打破行政性垄断，促使中国机车车辆业由行政性垄断过渡到经济性垄断上来。

二、纵向经营分离模式

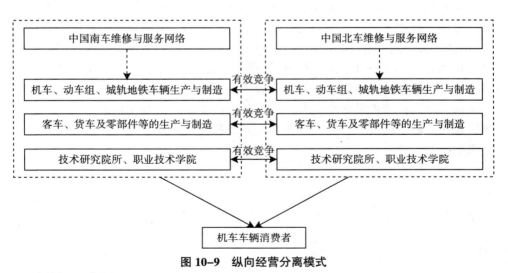

图 10-9　纵向经营分离模式

资料来源：作者整理。

纵向经营分离模式如图 10-9 所示，在所有权方面保持原有纵向一体化企业的完整性，但是在经营方面分离为机车、动车组、城轨地铁车辆生产与制造企业；客车、货车及零部件等的生产与制造企业；技术研究院所、职业技术学院。三者之间展开有效竞争，实现技术的归核化与生产的集约化。而中国南、北车维修与服务网络则由双方各自维护和建设，用于对机车车辆生产企业的服务保障。

（1）机车、动车组、城轨地铁车辆生产与制造企业间直接在该专业领域展开有效竞争，有效竞争的市场机制将进一步形成企业开发、利用和创新机车车辆核心技术的动力和压力，企业集中于具有竞争优势的领域，重视构建和强化企业的核心竞争力，实现机车车辆技术的归核化。

（2）客车、货车及零部件等的生产与制造企业之间直接在该专业领域展开有效竞争，降低该领域的进入门槛，减少进入壁垒，放宽资本退出与进入通道，在现有生产厂商的基础上，适当引入新的竞争者，形成潜在的竞争压力，进一步形成有效竞争的市场机制，实现机车车辆行业的生产集约化和机车车辆企业的成本最小化。

（3）技术研究院所之间存在既竞争又合作的关系，科学研究与技术创新项目的开展需要研究院所、职业技术学院以及机车车辆生产企业之间的有效合作，而如何更好地实现科研和技术创新、如何有效地为机车车辆企业提供技术服务和支持又体现了技术研究院所之间的竞争关系。

（4）中国南、北车的维修与服务网络仍然由中国南、北车各自维护和运营，为了避免出现服务网络之间限制竞争的行为，我们一方面在机制上要强化市场有效竞争的体系，通过强化企业市场化的盈利目标而增强服务网络间的互联互通的市场动力；另一方面要完善和加强政府在服务网络互联互通上的监管机制，打破行业和地域垄断，加强和完善法制建设，依法治理限制竞争的垄断行为。通过政府监管的外在压力和市场竞争的内在动力的双重机制，实现机车车辆维修服务网络向既具有商务服务性又具有科技服务性特点的"机车车辆生产性服务企业"过渡。

三、纵向产权分离模式

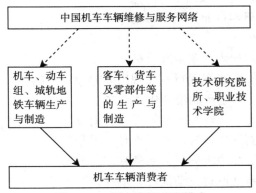

图 10-10 纵向产权分离模式

资料来源：作者整理。

纵向产权分离模式如图 10-10 所示，中国机车车辆维修与服务网络：机车、动车组、城轨地铁车辆生产与制造企业；客车、货车及零部件等的生产与制造企业与技术研究院所、职业技术学院之间成为在所有权上相互独立的经营实体，整个机车车辆市场呈现较为充分的市场竞争格局。由于技术的升级与改进，以及信息传递速度的加快、相互间信息透明度的增加，多增加一个维修与服务网络带来的竞争性效率收益有可能要大于因此而增加的投资成本、运营成本、组织成本及交易成本，竞争性的多网络的运行成为可能。位于产业链末端的中国机车车辆维修与服务网络演变成具有高附加值、高盈利率的技术性、知识性"生产性服务企业"，并且"机车车辆生产性服务企业"之间展开有效竞争，实现优胜劣汰。机车、动车组、城轨地铁车辆生产与制造企业之间；客车、货车及零部件等的生产与制造企业之间；技术研究院所之间；以及机车、动车组、城轨地铁车辆生产与制造企业同客车、货车及零部件等的生产与制造企业、技术研究院所之间同时展开较为充分且有效的市场竞争，共同面对终端的机车车辆消费者。竞争成为该阶段机车车辆市场的主旋律，基于竞争基础上的联合成为该阶段机车车辆行业的发展趋势与方向。在该阶段竞争模式的改革更应该注重与运营模式、产权模式、治理模式、价格模式及规制模式的整体配套与协调。在开放式运营模式下，各个企业之间相互渗透、相互竞争且相互合作，竞争与专业化分工逐步深化，企业在竞争与专业化分工中将形成自身的比较优势与竞争优势，机车车辆市场将呈现出差异化的既竞争又合作的态势。通过产权模式的配套改革，国有资本、民营资本、外国资本等进入退出机制健全，行业企业进入与退出的壁垒较小。通过治理模式的配套改革，机车车辆企业在健全董事会制度、完善企业人力资源体系建设的基础上，构建适合行业和企业发展的机车车辆企业文化，为行业改革和发展提供制度和文化的动力机制，从而形成机车车辆行业发展的市场驱动力、技术驱动力、制度驱动力与文化驱动力的合力。

机车车辆行业表现为"质量和价格"的竞争与"服务和创新"的竞争同时并存的竞争格局，即机车车辆行业表现出差异化竞争的特点，这是基于机车车辆行业技术的归核化与生产的集约化基础之上的。

（1）掌握核心技术、具备技术的研发、创新与应用能力的大型机车车辆企业，将实现企业大而强的目标，其根本是技术创新，其核心是技术服务，大型机车车辆企业之间的竞争将表现为服务和创新的竞争，谁能在机车车辆生产的核心技术上先人一步，取得先动优势，谁就将在竞争中胜出，形成核心竞争能力。机车车辆市场最终将实现竞争基础上的寡头垄断市场结构。加、法两国机车车辆行业的发展就是一部竞争走向集中的历史。基于竞争之上的规模经济、范围经济和关联经济的实现是以阿尔斯通和庞巴迪为代表的国际机车车辆企业做大做强的本质特征，是竞争市场优胜劣汰的实现过程，是"适者生存"、"强者恒强"的市场经济基本原理的充分体现。只有经历这一优胜劣汰的市场竞争过程，才能有效实现综合性机车车辆企业大而强、专业性机车车辆企业小而专的目标。同时，大型机车车辆企业之间为了实现技术的创新与发展，将在竞争的基础上加强合作与联合，开展高技术产品的技术合作，以分摊高新技术产品的研究和开发费用。以国际经验为借鉴，GM 与 Siemens 合作，以提供交流传动机车所用的牵引电动机；GE 与 Adtranz 合作开发了"蓝虎"系列交流传动内燃机车；在针对韩国高速铁路项目进行了激烈的竞争后，ICE 高速列车的制造商 Siemens 公司和 TGV 高速列车的制造商 GEC Alston 公司达成协议，在针对中国台湾高速铁路合同项目进行投标时，相互合作，联手对付日本企业。

（2）小而专的机车车辆企业也是竞争和专业化分工进一步深化的结果，这些企业将专注于技术含量较低或标准化的技术产品的生产与制造，如车体制造、零部件的生产等，它们之间的竞争更多地表现为质量和价格的竞争。如 Siemens 公司获得的英国 Heathrow 项目和 Adtranz 公司获得的香港机场列车项目，均利用西班牙 CAF 铁路设备制造公司来承担车体制造；南非联合客货车车辆产业有限公司与欧洲的大型电气公司共同分享亚洲机车车辆的订货；GEC Alston 集团所属的西班牙巴塞罗那工厂提供用于伦敦地铁车辆的车体，在英国伯明翰工厂进行总组装等，这些都是低成本生产与制造的国际转移的例子。专业化分工在国际范围内实现，资源的全球化配置成为趋势和方向。

第十一章　中国机车车辆业改革的价格模式

当前，机车车辆产品的购置采用的是招标采购的方式。1995 年，铁道部对部分货车进行了招标采购试点，并取得良好效果。进而自 1996 年起，对机、客、货车全部实行招标采购。对公开招标的产品，铁道部基本上是以成本加毛利的原则来确定标底价格，而对竞争性谈判的合同产品，采取协议价格的形式。当前的机车车辆购置管理存在着五个方面的突出问题：①政企职责不分，铁道部有关主管部门以政府和企业双重身份组织、参与、决策与监管机、客、货车购置，委托招投标代理机构，集运动员、裁判员和规则制定者于一身，并参与中介咨询活动，不能保证招投标全过程的客观公正性。②机车车辆购置资金主要来源于银行车船购置贷款和折旧计提的更改资金。其中，由铁道部统贷统还的车船贷款约占购置资金总量的 80%，更改资金约占 18%，企业自筹资金很少，致使当前机车车辆购置管理不能从根本上实现政企分开，运输企业的购置主体地位还没有落实。③权责不对称，仍主要通过计划手段，多头行使购置权。对购置满足需要的程度不能明了，购置后运用中出现的问题无明确的责任主体。④对照国家公布的招投标法，招投标的程序和方法还不规范。如尚无独立的监督机构对招投标活动进行监督，干预卖方对协作件厂商的选择，招标单位还不能自主选择招标代理机构。⑤中介代理机构与主管部门并未真正脱钩，如何协调买卖双方的利益，发挥社会中介的作用，还有待于在实践中改进。因此，机车车辆行业价格模式改革的核心是在深化现行的机车车辆购置管理政策改革的前提下，保证标底价格的保密性和科学性，力求竞标价格符合价值规律，吻合市场价格，同时引入价格竞争机制，促进机车车辆企业之间的公平竞争，优化资源配置，提高社会整体福利。

第一节 机车车辆业的价格规制与招标采购

一、机车车辆业的价格规制模式概述

1. 价格规制的概念

价格规制是经济规制的一种重要形式。所谓价格规制，就是政府从资源有效配置出发，对于价格（或收费）水平和价格结构进行有依据的规范和控制。价格规制的目的是在一定程度上恢复价格的本性，使它能够确实反映资源的稀缺程度，使其能够真正成为一种激励因素，成为沟通经济活动参与者信息的有效方式并切实地反映市场关系。政府的价格规制与实现资源配置效率的经济政策有着直接的关系，而且与维持机车车辆企业的生存和健全经营有着直接的关系。

价格规制的主体是政府；价格规制的对象是机车车辆企业的价格行为；价格规制的依据是机车车辆市场的活动因外部性、垄断、信息不对称等偏离"帕累托"标准。价格规制不是对市场和市场机制的替代，而是在市场机制作用不充分的时候或地方，由政府的作用为市场作用的发挥创造条件。价格规制有直接价格规制和间接价格规制，前者是以介入的方式直接限制拥有定价权的垄断企业的价格行为，而后者则以不介入的方式来为市场价格机制的作用创造有效的运作环境。价格规制的形式，是为了实现价格规制目标、提高规制的效率而采用的办法与手段。就价格规制的权限来看，价格规制的形式包括政府定价、政府指导价以及对政府定价和指导价的调整。就价格规制的属性来看，价格规制形式包括政策制订层面与政策执行层面，前者包括编制定价目录、听证目录、价格规制法规制订等；后者包括价格听证会的举办、成本监审、价格调整、价格规制模型选用等。

2. 价格规制的原则

首先，要保护机车车辆企业和企业所有者的合法权益。价格水平应该能够补偿生产运营基本费用，同时保证企业所有者合理的投资报酬，并使企业具有自我积累、不断发展的能力。其次，要注意保护消费者的利益。因为机车车辆产品是一种耐用品，需求价格弹性低，加上产需双方存在显然的信息不对称，双方在博弈过程中后者明显处于劣势。因此，政府应该对消费者的利益给予充分重视。最后，要注意资源节约和环境保护，努力实现社会的可持续发展。

3. 价格规制的模式

由于机车车辆行业的边际成本总是低于总平均成本，因此，机车车辆行业面临定价困难的问题。如果按照边际成本定价，其价格等于或低于总平均成本，企业没有盈利或亏损；如果价格高于总平均成本，企业虽然有盈利，但是消费者剩余减少。减少的消费者剩余一部分被转化为生产者剩余，一部分成为社会福利净损失。因此，在规制机车车辆价格时，政府规制部门要寻求一个合适的价格，使厂商既能够提供足够的产量，又能补偿其成本。

（1）成本定价模式。该模式可以区分为三种形式。

一是边际成本定价加补贴。在机车车辆行业，按边际成本定价可以实现社会福利最大化，消费者将获得全部消费者剩余。但是，经营者却要亏损，没有积极性进入这个行业，从而造成供不应求。因此，政府在采用边际成本定价时，通常要给企业一定数量的补贴，弥补企业的亏损。

二是平均成本定价。按平均成本定价，企业不亏损也不盈利，但存在一个消费者损失。在政府不给补贴，由企业自己实现收支平衡时，往往按平均成本来确定价格。在按平均成本定价的情况下，有些垄断企业往往通过发展其他业务，如上下游一体化经营等，利用其他环节的高价来实现交叉补贴。这样，就会减少其他行业的社会福利。

三是两部收费模式。所谓两部收费就是根据固定成本和边际成本，将价格分为两部分：一部分反映基础设施投入的固定费用；另一部分反映单位价格，就是每提供一个产品或服务的边际费用。

（2）投资回报率价格管制模式。该模式以美国为代表。在实践中，通常是被管制企业首先向管制者提出要求提高价格（或投资回报率）的申请，管制者经过一段考察期，根据那些影响价格的因素变化情况，对企业提出的价格（或投资回报率）水平作必要调整，最后确定企业的投资回报率，作为企业在某一段特定时期内定价的依据。如果企业只生产一种产品（或服务），则投资回报率价格管制模型为：

$$R(p \cdot q) = C + S(RB) \tag{11.1}$$

如果企业经营多种（n 种）产品，则价格管制模型为：

$$R\left(\sum_{i=1}^{n} p_i q_i\right) = C + S(RB) \tag{11.2}$$

在式（11.1）和式（11.2）中，R 为企业收入函数，它决定于产品价格（p）和数量（q）；C 为成本费用（如燃料成本、工资、税收和折旧等）；S 为政府规定的投资回报率；RB 为投资回报率基数（Rate Base），即企业的资本投资回报总额。显然，在企业只生产一种产品（或服务）的情况下，管制价格（P）等于企业总收入（R）除以总产量（Q），即 $P = R/Q$；而在企业经营多种产品的情况下，总收入除以总产量只是所有产品（或服务）的综合价格，对每种具体产品（或服务）的价格还要通过价格结构管制才能确定。

从式（11.1）和式（11.2）的右边可见，由于企业的成本费用一般容易估算，管制者对企业价格管制的难点是确定投资回报率水平（S）和投资回报率基数（RB）。投资回报率水平问题是要找到一个合适的 S 值，使企业能取得正常的投资回报；投资回报率基数问题则是要合理确定资本投资回报的范围和计量方法，它直接关系到企业在一定的 S 值下的利润总额。对于投资回报率水平问题，通常是经过管制双方"讨价还价"解决的。被管制企业往往向管制者提供详细的财务资料，以证明按照现行的投资回报率水平制定的价格太低，要鼓励企业投资就应该提高投资回报率，并提出相应的投资回报率水平。而管制者往往认为企业所要求的投资回报率水平太高，价格不可能上升到企业所期望的水平。经过反复论证，管制者最后确定他们认为合理的投资回报率水平（即 S）值。假定管制者所确定的 S 值高于现行水平，则在其他因素不变的情况下，企业就可以相应提高价格。

（3）最高限价管制模型。在传统价格规制模式下，由于被规制企业只是简单地将自己的绩效成本和投入要素费用转嫁出去，其所产生的"A—J"效应，导致受规制企业过度资本化以及激励机制被削弱，使产业效率普遍低下。博弈论和信息经济学的发展，引起了传统规制理论的变革。根据新规制经济学的理论，由于规制机构与被规制企业之间存在着信息不对称，因此涉及规制者与被规制企业之间的"委托—代理"博弈问题。与之相对应，最高限价的价格监管（RPI–X）是一种新的规制工具。该模式以英国为代表。英国政府在 20 世纪 80 年代初的价格管制体制改革中，为找到一个能科学地控制垄断企业价格的办法，委托当时在伯明翰大学任商学教授的斯蒂芬·李特查尔德（Stephen Littlechild）设计的一个价格管制模型。他认为，竞争是反对垄断，保护消费者利益的最好手段，而控制价格本身不是一种理想的办法，因为不断降低价格会抑制竞争者进入市场。因此，价格管制的主要目标应该是把价格和利润保持在一个既不失公平，又对企业有提高效率刺激的水平上。他还认为，价格管制需要区别各种利润来源：高效率的绩效、垄断力量或纯粹的好运。他的上述思想并不全是新的，在 19 世纪的英国政府煤气管制中就广泛运用价格管制模型，但当时是以正常价格作为管制目标的。而李特查尔德把管制价格和零售价格指数与生产效率挂钩则是一个真正的创新。他的建议对英国的最高限价管制模型的形成起了决定性的作用。英国的最高限价管制采取 RPI–X 模型，RPI 表示零售价格指数（Retail PriceIndex），即通货膨胀率，X 是由管制者确定的，在一定时期内生产效率增长的百分比。例如，如果某年通货膨胀率是 5%（即 RPI=5%），X 固定为 3%（即 X=3%），那么，企业提价的最高幅度是 2%。这个简单的价格管制模型意味着，企业在任何一年中制定的名义价格（Nominal Price）取决于 RPI 和 X 的相对值。如果 RPI–X 是一个负数，则企业必须降价，其幅度是 RPI–X 的绝对值。这样，如果企业本期的价格为 P_t，则下期的规制价格 P_{t+1} 为：$P_{t+1} = P_t (1 + RPI - X)$。

英国的 RPI–X 模型不仅是适用于单一产品（或服务），也适用于多种产品或服务的价格规制，因此这是一个"一揽子价格"管制模型。也就是说，这个模型处理的不是由特定企业所生产的某种特定产品的最高限价，而是企业所生产的各种被管制产品（不一定是全部产品）的综合最高限价。被管制产品主要指那些容易被企业运用所拥有的垄断力量制定高价，因而需要政府加以控制的产品。

二、机车车辆业的招标采购模式概述

1. 招标投标的定义

所谓招标是指招标人在规定的时间、地点，以某种特定的方式发布招标公告，表明自己对特定的商品、工程或服务采购的规格、条件和要求，同时邀请相关的投标人参加投标并按照规定程序从中选择交易对象的一种市场交易行为。所谓投标是指投标人按照招标人的邀请，根据招标人发布的招标公告所列明的具体条件和要求，在规定的时间内向招标人提交自己的报价的过程，它是对招标人的一种响应。

2. 招标采购的主要关系人

在招标投标的过程中所涉及的主要关系人包括：采购人、招标人、投标人、其他相关人员。采购人就是通常的需求方，即机车车辆产品的买方。招标人是整个招标活动的中心和主体，它一般是经过国家政府授权或者认定的机构。在招标采购中，招标职能是负责招标的组织运作，介入招标的全过程直到招标结束。如果是采购人亲自主持和组织招标，招标人就是采购人；如果采购人委托他人组织招标，招标人就是作为采购人的代理人行事。通常要求招标机构是法人，而且要有在所招标项目上相关的管理经验和专业人员，并与相关的上游和下游部门有着广泛的联系，以便于招标工作的开展和相关信息的发布。投标人指的是参加投标的卖方或者其代理人。

3. 招标采购的特点

招标采购作为机车车辆业通行的贸易方式，正日益广泛地被使用，这种贸易方式有如下的特点：

（1）招投标交易的有组织性。招投标的这种有组织性是它和传统贸易方式的主要区别。传统的贸易方式，无论是通过口头还是书面方式来达成交易，都不是在统一固定的场所内进行的，而是买卖双方根据各自的情况来安排贸易磋商的形式和地点等。但招投标是一种有组织的贸易方式，它的有组织性通常表现在以下四个方面：①固定的招投标组织人。这种组织人通常是利用招标方式来进行采购或者是工程项目的主办人，或者是它们的代理人（招标机构）。当前国际机构的招投标一般都是委托招标机构作为代理，进行招投标全过程的组织和运作直到招标结束，在这一过程中，招标机构对项目本身的性质和投标方的递价进行综合分析，通过技术评估和经济评估最终择优选出中标者。这种决策的组织结构是群体结构，而决策过程本身也反映群体性，它们都是通过独立的招投标机构的介入而实现的。②固定的场所。招标场所一般是在招标机构所在地或者招标机构规定的场所进行的。在招标过程中各阶段的地点，如递标地点、开标地点和咨询地点等也是在招标机构所在地或者是规定的地点进行的。③固定的时间。在招投标的过程中，招标公告中一般都会列明相关的递标、评标、开标等的具体时间或者期限，除特殊情况外，这些时间不做大的更改。④固定的程序和规则。招标的规则事先由招标方或者是招标机构拟订并公布使得投标方在投标时按照这些规则来进行报价，否则其投标会被认定为无效。另外，当前通用的机车车辆招投标的程序为：招标的前期准备工作—发布招标公告—投标—开标—评标—中标—签订合同。

（2）投标具有全开放，透明度高的特点。招标的目的是在尽可能大的范围内寻找合乎要求的中标者。一般情况下，邀请供应商或承包商的参与是无限制的。为此，招标人一般要在指定或选定的报刊或其他媒体上刊登招标通告，邀请所有潜在的投标人参加投标；提供给供应商或承包商的招标文件必须对拟采购的货物、工程或服务做出详细的说明，使供应商和承包商有共同的依据来编写投标文件；招标人事先要向供应商或承包商充分透露评价和比较投标文件以及选择中标者的标准；在提交投标文件的最后截止日公开地开标；严格禁止招标人与投标人就投标文件的实质内容单独谈判。通过这样的操作，招标投标活动就完全置于公开的社会监督之下，可以防止不正当的交易行为。与此相对照的是，在传统的交易中，整个交易的过程和买卖的价格多是由买卖双方在相对秘密的情况下进行的，买方没有法定或者是约定的义务来公布自己交易谈判和进行的情况，也同样没有义务将自己交易的结果向有关的其他方通报。尤其是在当前世界机车车辆市场竞争日趋激烈的情况下，这种交易的价格磋商过程和价格本身都是作为高度的商业机密来保护的，不到交易达成，一般外界是不会获得交易进程和价格的相关确切信息的。

（3）公平、客观。公平、客观、公正和择优选择是招标采购的基本属性和首要条件。招标全过程自始至终按照事先规定的程序和条件，本着公平竞争的原则进行。在招标公告或投标邀请书发出后，任何有能力或资格的投标者均可参加投标。招标方不得有任何歧视某一个投标者的行为。同样，评标委员会在组织评标时也必须公平客观地对待每一个投标者。

（4）交易双方一次成交。一般交易往往在进行多次谈判之后才能成交。招标采购则不同，禁止交易双方面对面地讨价还价。贸易主动权掌握在招标人手中，投标者只能应邀进行一次性递价，并以合理的价格定标。这种交易的一次性主要表现在：①交易的主动权掌握在招标人的手中。招标机构最终对供货商或者是承包商的选择是通过其对各报价筛选结果决定的。所以，投标人报价后是否能够同招标机构达成交易完全取决于他递交的投标书的质量和可信程度。②投标人没有讨价还价的权力。在传统的贸易方式中，合同的订立是通过双方当事人之间反复的博弈和妥协来达成的，任何一方都可以提出自己的交易条件并讨价还价。但是在投标时，投标人只能一次性递标，在递标之后一般不能做出修改，这也是为了保证招标程序的公平性。虽然在一些招标方式中，比如说谈判式招标，双方在初步达成意向之后，还可以就某一具体方面的问题进行讨论，但是，这样的讨论主动权仍然是掌握在招标方手中，投标方仍然处于被动的地位。

4. 招标采购的分类

根据招标采购的具体运作和执行程序的不同，招标采购主要可以分为以下几个种类：

（1）公开性招标。公开性招标按照招标的公开性程度可以具体地分为这样的两类：①竞争性招标。这种招标方式又叫公开招标，它是招标人在有代表性的宣传媒体上刊登广告宣布买主进行采购，并广泛地邀请供应商或承包商来参加投标。这种招标方式的主要特点是不限制招标信息的传播范围和途径，而且对投标人不加限制地邀请，同时开标必须以公开的方式进行，中标结果也同样要以公开的方式发出。②有限性国际招标。这种招标方式也叫邀请招标，它是指招标机构在有限的范围内，根据自己的目标选择并邀请一定数量的公司参加投标报价。这种招标的通知不是以公开的形式发布的，只有受到招标人邀请的投标人才是合法的投标人，具有投标的资格。所以有限性国际招标实质上是一种不公开刊登广告，而通过直接邀请投标商投标的国际竞争性招标。因此，此种采购方法与一般招标的不同之处在于它允许采购机构不通过广告而直接向有限数目的供应商或承包商发出投标邀请。有限性国际招标程序适用于技术复杂或专门性的货物、工程或服务，因为它们通常只能从有限范围的供应商取得；或者是采购价值低，研究和评审大量投标书所需时间和费用与拟采购货物、工程或服务的价值不成比例，招标机构只能通过限制投标人数来达到经济和效益的目的。

（2）两阶段招标。两阶段招标的活动明显地分为两个阶段：第一阶段，招标机构就拟采购的目标货物或工程的技术、质量或其他特点以及就合同条款和供货条件等广泛地征求建议（合同价款除外），并同投标商进行谈判以确定目标货物或工程的技术规范，在第一阶段结束后，招标机构可最后确定技术规范；第二阶段，招标机构依据第一阶段所确定的技术规范进行正常的公开招标程序，邀请合格的投标商就包括合同价款在内的所有条件进行投标。这种招标方式通常以当招标机构尚未确定到底如何才能达到某一需求，因此需要寻求各种解决办法和建议；或者是在购买高技术性产品，如大型客机或尖端的计算机设备时采用。从取得最好的经济效益看，在尚未与供应商或承包商就其确切的技术可能提供的型号等进行谈判前，招标机构仅按自己拟定的技术规范进行购买也许是不可取的。在这种情况下，采用两阶段招标可以很好地解决这一问题。

和其他的招标方式相比，两阶段招标有下列特点：①招标过程明显地分为两个阶段。第一阶段，招标机构广泛地征求建议，目的是为了确定技术规格和相关的指标。第二阶段，招标机构再按照正常招标方式进行招标。②投标方要进行两次投标。初步投标只包含技术建议和规格而不包含主要因素——价格，招标机构可同投标人进行磋商。招标机构在对招标文件进行必要的修改之后，要求投标人根据新的招标文件的要求进行包含有投标价格在内的最后投标。而公开招标程序中的投标只能是一次性的。③可进行谈判。在该程序的第一个阶段，招标机构可就技术建议书的任何方面同投标商进行谈判，使该机构能就拟购事项达成确定的规范和规格。但在公开招标程序中，对招标文件和投标书只能进行澄清而不能个别解释，并且采购过程不允许同投标人进行谈判。④可对招标文件进行删改。招标机构可修改原招标文件中的技术规格，可删除或修改原招标文件中关于评审、比较和确定中标人的任何标准。但修改内容须在新的招标文件中通知投标人。⑤欲退出最后投标供应商或承包商可退出投标程序而丧失原投标中投标担保。因此，采用两阶段招标采购可以同时得到两个方面的优点：第一阶段给予采购方相当大的灵活性，它可以通过谈判与供应商或承包商达成一套有关拟采购事项的确定的规范和规格；而在第二阶段，又可充分利用公开招标方法所提供的高度民主、客观性和竞争性的优势。

（3）协议性招标。协议性招标主要是通过招投标双方的协议而不是传统的招标方式来进行的。这种招标主要的用途：①已经存在合作关系的承包商和发包人之间，如果承包人准备继续承揽另外的新增项目和工程，可以使用协议性招标方式在原有的招标合同的基础上来指定新的承包合同。这样可以使得双方节省很多的交易成本和时间，同时由于承包商的生产设备和人员已到位，可为承包商降低很多的运输和管理成本。②在政府间的双边经济援助协定中，往往规定工程项目的采购限定在援助国家的厂商内，在这样的情况下，标准的招标方式已经没有了竞争的必要，所以通常也是用这样的协议方式来达成交易，有利于时间和成本的节省。③对于一些难以确定工期、工程质量或者是时间紧迫的工程，采取协议方式达成交易也可以避免招标初期烦琐的前期准备和评标过程，可以由招标机构在初步对投标机构进行审定后挑选一家比较满意的单位来签订承包合同。

（4）自动条件招标。自动条件招标是指招标项目的合同是以最低报价为先决条件自动地授予某个投标机构。在此条件下，招标机构都是将报价集中后，选择其中最低的报价人作为最后的中标者。实施这种招标的方法是招标的商品具有统一的规格、相近的质量水平，另外的交易条件由招标人通过格式条款来制订。所以这样的制度设计下，价格成为投标人唯一可显示不同于其他人的决定性因素，因此也就成为可以自动成立的关键条件。

（5）随意条件招标。和自动条件招标不同，随意条件招标的合同授予条件可以比较灵活地变动。因而招标人可以根据不同的情况和要求将不同的因素作为授予合同的必要条件和因素。但在招标的过程中，招标人对这样的条件不事先确定，而是在实行的过程中根据具体的情况来确定中标人。这种招标方式通常在大型、复杂的建筑工程项目中使用，因为这种项目本身涉及的因素过于繁杂，很难用一个清晰统一的目标来反映其具体的性质。

（6）谈判招标。谈判招标这种方式不是通过一次的招标和开标来确定合同，而是由招标机构在开标后，和任何一个投标人通过谈判的方式磋商合同的具体条款，然后再来确定中标人。谈判招标可以给予投标者多次的竞争机会，当招标人和投标人初步达成合同以后，还可以通过协商来对招标的条件做出相应的更改。所以，谈判式招标通常应用在金额巨大、投标人实力相当的项目中。通过谈判可以使得双方在磋商的过程中逐步地达成妥协，避免别的招投标方式由一锤定音带来的合作机会的减少，从而丧失商业合作机会。

5. 招标采购的程序

招标采购是一个连续竞争的过程，在这一过程中，招标方和投标方对招投标的相关条件做出各自的决策和妥协，最终在互利的基础上达成协议签订合同。

（1）招标申请。招标申请这一阶段主要是当招标机构或者采购人的行为需要由其上级主管部门批准时，由招标部门或者是采购人将有关所要招标标的和招标相关的文件和设计材料提交给主管部门请求批准、审查和备案。很多部门和机构由于特殊的要求和行业的性质与惯例，需要招标的单位必须具备一定的条件才可以进行招标。

（2）招标文件。招标文件应当包含下列部分和规定：①投标文件计量单位。投标文件中所使用的计量单位，除招标文件中有特殊要求外，应采用法定计量单位。②投标文件的组成。投标文件应当全面地反映投标人的资格和履约能力，应当包括投标书（统一格式），投标函，开标一览表，投标保证金，投标货物数量、价格表，投标书附件。资格证明文件包括营业执照（复印件）、法人代表授权书、投标方情况表、近三年同类货物详细销售业绩等内容。③投标内容填写说明。投标书按统一格式填写，这种格式是由招标方确定的，投标方不得任意更改。④投标书附件，包括货物组成说明，结构明细表，质量鉴定证书，设备情况，货物制造、安装、验收标准，详细的交货清单；投标方提出的合理化建议，货物的技术服务和售后的内容及措施，同类货物的销售业绩。⑤投标报价。投标报价是投标中核心的因素，因为投标报价可以最明确地反映出投标人对于投标项目的把握程度和综合地反映投标人的实力和能力。而且招标方可以通过投标价格最直观地看到各个投标人的优势。所以，在招标采购中，投标价格是最综合地反映投标方实力的因素，它是投标方在对自身货物或者服务的提供能力，保证服务能力，技术含量等和招标项目相关的所有方面的货币综合表现。⑥投标保证金。在多数情况下，投标方应提供不少于投标总价1.5%的投标保证金。⑦投标文件的有效期。投标人的投标按照投标文件的递交为限开始作为招投标的要约。⑧投标文件的填写。在填写的过程中，投标方应填写全称，同时加盖印章。投标文件必须由法人代表或授权代表签署。

第二节　国际机车车辆业招标采购的现状及特点

在国际机车车辆市场上，国际招投标活动非常活跃，全球机车车辆市场采购的大部分都是以招投标的方式进行的。

一、国际机车车辆业招标采购的现状

强调竞争是国际机车车辆招标采购的显著特点之一。竞争是市场经济的产物，通过有效竞争来加强财政经费的管理是国外的普遍做法。美国政府机车车辆招标采购的管理原则是"全面公开的竞争"。美国强调通过市场竞争选择承包商，建立有效的竞争机制，以提高性能、降低成本。美国《联邦采办条例》规定，凡在可能和可行的条件下，都应该按照对所有符合条件的厂商进行公开招标的程序进行。资料表明，在美国政府的招标采购项目中，有96%考虑采用竞争，85%将竞争列入招标采购策略。竞争中强调总体最佳效益，不只追求"最低报价"，以防厂商钻空子。为充分开展竞争，规定主承包商在转包合同时也要广泛采用竞争，并把厂商过去实行转包竞争的成绩和开展竞争的潜力作为选择主承包商的依据，而且政府提供必要的经费保障、鉴定办法和手段，为开展竞争创造条件。西欧各国也在机车车辆采购价格管理中引入竞争机制。英国规定，在不可能进行竞争或采取竞争方式不切合实际的情况下，财政部的政策是："没有可接受的价格就不签订合同。"法国实行机车车辆竞争采购政策和公开招标制度，选择主承包商不限于国内，可面向欧洲。对独家垄断领域，要求主承包商必须与总署建立开放式合作关系，价格谈判和控制以及合同目标必须十分透明，并要求在分系统层次进行最大限度的公开竞争。德国规定，总承包商必须用竞争手段给分承包商分配订货任务，并且必须让中小企业参与竞争。

二、主要国家机车车辆招标采购的特点

1. 韩国的招标采购制度

从 1995 年开始，韩国政府全面推行政府物资的集中采购制度，机车车辆的购置由供应厅主要负责，并制定了一系列的规则来规范政府采购和招投标制度，主要有：《供货商或制造商的登记程序和资格的规定》、《标底制定的程序和方法》、《关于建立国内商品标准规格与分类》、《国内外招标采购条款》、《投标商资格条例》以及《招标采购法细则》。通过这些机构的建立和法规的实施，韩国初步建立了通过招投标方式进行机车车辆的政府采购来提高采购的效率、降低成本的制度，同时提高了政府工作的有效性和政策的透明度。

2. 瑞士的招投标法规

瑞士政府是关税与贸易总协定《政府采购协议》的成员国，所以瑞士的有关法规是以《政府采购协议》为蓝本建立的。机车车辆的采购金额都在政府规定的

最低招投标金额之上，因此，机车车辆的采购在瑞士是以招投标的方式，受关税与贸易总协定的《政府采购协议》规范，按照公平、无歧视和透明的原则进行的。

表 11-1　瑞士最低的招投标金额

单位：美元

	货物	服务	工程
联邦政府	188000	188000	7200000
州政府	288000	288000	7200000

资料来源：转引自陆云. 铁路机车车辆市场国际投标探索与实际运作. 西南交通大学硕士论文，2003

3. 日本政府的招投标法规

作为《政府采购协议》最早的签字国，日本政府将其各个层次的政府采购包括机车车辆的采购都纳入了招投标的方式之中，同样规定了将最低的金额作为执行协议的标准。

表 11-2　日本最低的招投标金额

单位：万 SDR

	中央政府	地方政府	公共组织
货物	13	20	13
服务	13	20	13
建筑工程	450	1500	1500
建筑工程服务	45	150	45

资料来源：转引自陆云. 铁路机车车辆市场国际投标探索与实际运作. 西南交通大学硕士论文，2003

4. 欧盟的招投标法规

欧盟的机车车辆政府采购是以公开招标的方式进行的。从 1957 年《罗马条约》成立欧洲共同体，到 1992 年《马斯特里赫特条约》决定成立欧洲联盟，欧洲的有关招投标的政策和法规也有着不同的发展。在 1971 年，欧共体通过了两个在共同体内部进行公开招标的法令，即《政府工程招标指令》和《政府部门货物采购招标指令》。这两项立法的目的就是通过招投标这种贸易方式为各成员国提供公开平等的竞争机会，实现政府采购市场内部的公平和自由竞争。同时，公开招标有助于成员国公共部门资金的使用得到监督和制约，进而降低成本和开支并提高效率。指令规定，成员国各个机关、公共部门或组织，只要政府委派的董事会成员或者是国家控服或者政府承担资金超过 50%的，进行采购超过 20 万欧洲货币单位、建设工程的金额超过 500 万欧洲货币单位的，应当按照规定的招投标方式进行采购。

5. 美国的招投标法规

美国因经济发展程度高且市场机制很完善，其机车车辆采购的招投标法规是当前国际上最完备的。美国政府有关机车车辆采购的招投标法规主要包括《联邦采购法》及《采购工作守则》，规定美国政府有关机车车辆的采购合同必须公开和透明，须以完全和公开的竞争程序通过密封递标、两阶段投标或者其他合适的方式来完成。

美国和欧盟的规范体系成为后来许多国家机车车辆采购的招投标体系的范本。

第三节　中国机车车辆业招标采购的现状与问题

中国机车车辆工业从新中国成立初始到 20 世纪末期，一直实行的是铁道部对铁路机车车辆工业的直接管理，机车车辆的生产和分配采用的是行政手段的计划分配，铁路机车车辆企业根据计划和指令进行生产和制造。1995 年，铁道部对部分货车进行了招标采购试点，并取得良好效果。进而自 1996 年起，对机、客、货车全部实行招标采购。当前，机车车辆产品的购置基本上都采用招标采购的方式进行，铁道部基本上是以成本加毛利的原则来确定标底价格，而对竞争性谈判的合同产品，采取协议价格的形式。实行招标采购，满足了铁路运输对机车车辆产品的需求。特别是铁路"九五"期间三次提速，通过招标采购东风 11、东风 4D 和韶山 8 型等提速机车和 25K 型提速客车，保证了提速任务完成，为铁路旅客列车提速做出重大贡献。实行招标采购，使生产企业主动面向市场，开发了大批新产品，机车车辆"三上（上质量、上水平、上档次）水平"进一步提高。实行招标采购，最大限度地吸引具有生产资质的厂家进行公开、公正和公平的竞争，以竞争的方式选择高质量和低价位的中标者，降低了采购成本，节省了购置资金。实行招标采购，是铁路政企分开改革的重要措施，促进了铁道部对机车车辆购置管理逐步从直接管理转变为间接管理，加强了对购置资金和购置计划的总量调控，发挥了政府的监管作用。然而，我国机车车辆的招标体系与国际上通行的机车车辆招标体系还存在很大程度的区别，机车车辆企业在国际招投标市场上与国际主要竞争对手的差距还很大，机车车辆的购置管理还存在很多突出的问题。

一、中国机车车辆招投标体系与国际机车车辆招投标体系的区别

从总体上讲，我国的招投标体系是从国外引入的，但是由于文化背景、经济环境、制度体系以及产业发展整体水平的差异等诸多方面因素，二者之间的差别是巨大的。第一，国际机车车辆招投标体系相对于国内来说更加全面、严谨、客观和公正，国际招投标从招标申请到招标文件，整个招标程序的信息量都十分完备，涉及技术、财经、商务等各个方面，从整体到细节的描述都很精细和准确。第二，国际机车车辆招投标的评标体系和标准较为规范和明确，大都遵循国际商务和经贸的规则和惯例，对机车车辆产品的技术、质量和可靠性的要求很高。而国内的机车车辆招标采购规则和惯例与国际规则和惯例是有区别的，同时在技术和制造水平上存在较大差异，因此国内机车车辆企业参与国际机车车辆市场的招标采购竞争时，会有较大的技术和文化上的障碍。第三，国际机车车辆的招标采购中，机车车辆产品一般都需满足国际环保标准和知识产权要求，而国内的机车车辆招标对环保几乎没有要求，国内机车车辆企业的自主知识产权也十分缺乏。第四，国际机车车辆的招标除在产品和服务之外，还要求投标方分析其所提出的投标方案对购买方而言，是否能提高其商业运作的总体收益。如在机车车辆的购置上，招标方提出的寿命周期成本概念，即考虑所购买产品在整个使用过程中的成本分析。国内的企业往往对自己的运营还不能进行科学的分析。第五，国际招标对在投标过程中的财务预算及管理要求极严格，投标方除需提供足够的信息报表外，还需对风险的预测和规避方案进行合理设计，同时投标方对合同运行失败所给付的赔偿标准和要求是十分苛刻的。国内机车车辆企业在这方面还存在认识不足的问题，在国际机车车辆市场的竞争中处于不利地位。

二、中国机车车辆企业与国际机车车辆企业在国际招投标上的差距

我国机车车辆市场由于先天性地缺少竞争，机车车辆企业缺乏生机和活力，机车车辆企业在技术水平、公司治理、管理绩效等方面的落后，不可避免地导致国内企业在国际招投标市场上与国外主要竞争对手存在较大的差距。第一，国内机车车辆企业对国际招标规则和惯例的理解和应用不够深入，尚不能摆脱国内招投标体系下的惯性思维，从而在招标申请、招标文件、招标程序等各个方面难以响应招标方的需求和期望。第二，国内机车车辆企业研发能力较

弱，研发方法、手段落后，研发人才匮乏。国内机车车辆产品的研发和创新要经过几年甚至几十年才能基本完善，且技术水平较低，无法抢占市场先机。第三，国内机车车辆企业的市场开发能力低，存在"懂产品的人不懂市场，懂市场的人不懂产品"的怪现象，其根源在于人力资源体系建设的落后。第四，国内机车车辆企业对世界经济一体化的变化还不敏感，在国际招投标市场上单打独斗，在供应商、制造商、经销商、客户等为一体的国际机车车辆价值体系和模块中缺少长期战略合作伙伴，从而在国际招投标市场上总是处于不利的竞争地位。

三、国内机车车辆招标采购制度存在的问题

我国于 2000 年 1 月 1 日颁布实施了《中华人民共和国招投标法》，铁道部亦于 1999 年 12 月 1 日颁布实施了《铁路机车车辆招标采购管理办法》来确保筹集购置资金，完成机车车辆购置计划，促进企业间的竞争及规范招投标行为。根据深化垄断行业改革进程的要求，当前的机车车辆购置和招投标管理办法已经远远不能适应机车车辆业改革与发展的需要，存在的主要问题有：

（1）政企职责不分。《铁路机车车辆招标采购管理办法》第四条规定："铁道部设置机车车辆购置招标领导小组，负责铁路机车车辆招标投标的组织协调、指导和监督检查。"铁道部以政府和企业双重身份组织、参与、决策与监管机、客、货车购置，委托招投标代理机构，集运动员、裁判员和规则制订者于一身，并参与中介咨询活动，不能保证招投标全过程的客观公正性。

（2）机车车辆购置资金主要来源于银行车船购置贷款和折旧计提的更改资金。其中，由铁道部统贷统还的车船贷款约占购置资金总量的 80%，更改资金约占 18%，企业自筹资金很少，致使当前机车车辆购置管理不能从根本上实现政企分开，运输企业的购置主体地位还没有落实。

（3）权责不对称，仍主要通过计划手段，多头行使购置权。对购置满足需要的程度不能明了，购置后运用中出现的问题无明确的责任主体。

（4）对照国家公布的《中华人民共和国招投标法》，招投标的程序和方法还不规范。如尚无独立的监督机构对招投标活动进行监督，干预卖方对协作件厂商的选择，招标单位还不能自主选择招标代理机构。

（5）如何做到中介代理机构与主管部门真正脱钩，协调买卖双方的利益，发挥社会中介的作用，还有待于在实践中改进。

因此，要改变和扭转我国机车车辆行业在国际机车车辆市场的竞争劣势，焕发机车车辆企业的生机活力，构建机车车辆企业的国际竞争力，就必须在充

分了解和尊重国际机车车辆招标体系的规则和惯例的基础上，改革现行的机车车辆招标采购体系，完善机车车辆购置管理制度，在机车车辆市场运行的制度层面营造机车车辆业改革与发展的良好制度环境。

第四节　中国机车车辆业价格模式改革的设计

机车车辆行业价格模式改革的核心在于深化现行的机车车辆购置管理政策改革，保证标底价格的科学性和保密性，力求竞标价格符合价值规律，吻合市场价格，同时引入价格竞争机制，促进机车车辆企业之间的公平竞争，优化资源配置，提高社会整体福利。

一、保证标底价格的科学性和保密性

维持行政垄断体制的机车车辆业其特点不仅仅在于产品的垄断，更在于信息的垄断，尤其是成本信息。无论价格规制部门如何高明，也不可能像企业那样熟知成本信息。就算价格规制部门能够掌握企业的真实成本，企业也可以以种种理由否定其真实性。同时，由于机车车辆产品价格与企业职工的工资收入水平、管理水平、效率水平，以及固定资产规模、折旧、负荷率等都有密切的关系，而价格规制部门管理职能狭窄，只能单纯管理价格，既无法控制和掌握与价格相关的因素，也不参与监控市场准入、供求管理以及运行成本，与相关部门配合更没有有效的监督措施，加之其主管人员存在知识的局限性和有限理性，使价格规制部门在与企业的成本、价格信息的博弈中处于劣势。因此，深化机车车辆业价格模式改革的首要任务是必须保证机车车辆产品招标采购时标底价格的科学性和保密性，力求机车车辆产品的竞标价格符合市场价值规律。对标底价格的有效规制能防止资源的浪费，限制投标企业与采购机构之间的"政企同盟"，促进企业之间的平等竞争，提高行业的效率和竞争能力。

1. 标底价格及其作用

标底价格是机车车辆招标采购涉及的价格概念，是招投标价格的属概念。招标采购是交易行为，整个行为流程由招标、投标、开标、评标、定标（中标）组成。与招标采购流程相对应，招标阶段有标底价格，投标阶段有投标价格，中标阶段有中标价格。标底价格是机车车辆购买方为购买机车车辆产品愿意支付的最高价格。投标价格是投标人的要价或投标报价。定标后，中标者的投标价格即为中标价格。标底价格、投标价格、中标价格总称为招投标价格。标底价格有以下三个作用：

（1）评标的依据。《中华人民共和国招标投标法》（以下简称《招标投标法》）没有规定招标必须设有标底，但也没有禁止设置标底。但对设有标底的，提出了必须保密的要求和评标应当参考标底的要求。《招标投标法》第二十二条规定："招标人设有标底的，标底必须保密。"第四十条规定："设有标底的，应参考标底。"第四十一条第二款规定，中标人的投标应当符合的条件之一是："能够满足招标文件的实质性要求，并且经评审的投标价格最低；但是投标价格低于成本的除外。"这说明《招标投标法》对招标人是设有标底的，标底是评标的依据。在机车车辆招标采购中，招标人或招标人指定的招标代理机构要对投标人实施评分，评分内容及每一内容在分值中占有一定的权重，而投标人的报价在分值中的比重是较高的。就投标人的报价来看，投标人的报价，靠近标底的报价评分最高，过低或过高的报价均递减评分。

（2）防止围标与抢标的重要手段。对于机车车辆招标人来说，有两种情况会带来极大的损害。一是围标；二是抢标。围标是一些投标人在投标前暗中达成协议，以高价投标，并保证互不竞争，迫使招标机构不得不以较高的价格达成交易。抢标是供货商或承包商以不正常的低价投标，谋取采购合同。高价围标使招标方不但不能以低价采购，相反，其采购成本还可能高于其他采购方式。待招标方开标后发现这一问题，唯一的处理办法是只得宣布废标。而重新招标不仅费用大，还可能遇到更高价围标。低价抢标，难以保证采购产品的质量。表面上看，极低的投标价格似乎可以使买方节约大量采购成本。而事实上，极低的报价中标后，买方的利益常会因为低价抢标人采用偷工减料、以次充好、延迟交工期或交货期等方法而遭受损害。当招标方在发现低价抢标上述违反合同约定情况时，不论是改弦更张、另行采购，还是诉诸法律、要求索赔，都难以补偿由此造成的损失。上述两种情况，给招标方带来的不是金钱上的节省而是更大的浪费。为防止招标采购中的围标和抢标，对招标采购中的标底价格，应制定相关法规规定正常竞争价格的上限和下限。

（3）控制费用，防止超预算的有效方法。在机车车辆采购中，招标方经常面临着承研承制单位的"拖降涨"，即拖进度、降质量、涨经费。招标采购中的价格标底，是依据采购经费预算，按规定的原则、程序和方法编制的，投标方的投标价格超过招标方规定的百分比，不能中标，这就有效地防止了超经费预算问题。

2. 影响标底价格的因素

（1）技术状态。机车车辆的技术水平和技术状态直接影响其产品的质量和性能。在其他条件既定情况下，由技术状态引起的产品性能与材料价格成正比。产品的技术状态不同，对试验产品的要求也就不同，由技术状态引起的试验产品技术含量与价格亦成正比。另外，机车车辆的技术状态会引起生产产品的专项费用和生产工时的变化，产品技术状态与专项费用及生产工时也是成正比的。

（2）保障条件。机车车辆的批量生产需要机车车辆企业具备批量生产能力。企业批量生产能力的形成，需要对企业注入"批量生产技术改造费"。企业获得批量生产技术改造费有两个途径：一是国家的资金注入；二是银行贷款。批量生产技术改造费主要用于：土建、工艺设备购进、科研试验测试（如理化试验、测试试验和工艺试验）条件的建立等。批量生产改造费形成的固定资产，要以折旧形式打入产品价格，直接影响产品价格高低。

（3）采购数量。机车车辆产品的生产，有的是可以达到批量生产起点的，相当多的达不到批量生产起点，这直接影响企业的规模效益。机车车辆采购数量多，单件产品价格就低；采购数量小，单件产品价格就高。机车车辆产品的采购数量与价格成反比。

（4）生产周期。生产周期对标底的影响比较复杂，考虑的因素也较多。周期长，就要考虑物价指数走向；周期长，计提的折旧、工时费用、管理费用等相应就多。所以，机车车辆购买方在对产品价格审价时，非常注意生产周期的确定。在制定价格标底时，这也是不能忽视的因素。

3. 标底价格的科学性和保密性

当前，对诸如机车车辆一类的大型装备产品的标底价格的测算主要有以下三种模型：①固定价格模型，即以类推估算法测算的价格标底。将拟招标的机车车辆产品与已定价的可比性同类产品进行比较，对状态相同部分的价格予以认可，对状态不同部分的价格相应增减，以可比产品的采购价格或科研价格类推估算出招标采购的机车车辆产品价格标底。类推估算法实际上就是运用产品比价关系，通过对同一市场、同一时间和不同产品价格之间的比例关系，来确定拟招标产品价格。这种方法主要适用于通用性和推广性较强的机车车辆产品。②成本补偿模型，即以工程估算法测算的价格标底。根据机车车辆产品的技术条件和设计图纸，以及机车车辆行业工时定额标准，参考多年审价总结积累的各行业和各地区小时费率平均水平、各类产品的生产工时的平均水平、主机和各类辅机产品的有关费用在总成本中所占的不同比例，估算产品的料、工、费等成本，按照机车车辆行业同类产品的成本范围，估算招标采购产品的价格标底。这种方法主要适用于已经设计定型、技术含量不高和结构比较简单的机车车辆产品。③目标价格模型，即以参数法测算的价格标底。参考多年多种机车车辆产品价格信息，根据产品重要性能参数（例如，重量、寿命、技术指标等）与产品价格或产品成本项目的关系式，对照拟招标采购产品的性能参数估算出该产品的价格或成本。这种方法主要适用于产品成本中不可预见的费用较多或没有设计定型的机车车辆产品。

在机车车辆产品具体的测算和制定上需综合考虑机车车辆产品的技术含量、采购数量、生产周期及行业的平均成本与利润水平等因素，针对不同的产品特点和市场需求，科学地选择标底价格的测算方法，力求机车车辆产品的标底价格符合市场价值规律。

在编制机车车辆产品标底价格的过程中，要把国家公布的计量单位、基础定额和技术标准作为编制标底价格的法规文件。标底价格是机车车辆采购机构采购产品打算支付的最高价格。为保证竞争的公平性，测算出的标底价格，经行业内外专家的审定后，应由价格规制机构或部门审核和批准，写入招标文件，并严格要求保密。

二、深化机车车辆购置改革，促进机车车辆企业之间的公平竞争

机车车辆购置的核心原则是效率、经济、公平与竞争。实行机车车辆的招标采购，其目的是为了最大限度地吸引具有生产资质的厂家进行公开、公正和公平的竞争，以竞争的方式选择高质量和低价位的中标者，降低采购成本，节省购置资金。因此，如何保证公平竞争成为机车车辆购置改革中的核心问题。

为了促进机车车辆企业之间的公平竞争，机车车辆购置管理深化改革的思路是"政企分开，招标采购，依法规范，加强监管"。铁路运输企业（如客货运输公司等）为购置主体，自筹资金，自主经营，自担分险，并以招标人身份负责采购。如果铁道部作为出资人，运输企业将以代理者的身份，承担招标人的权利和义务。我们应该逐步打破行业垄断，允许民营和私营企业参与竞争招标，促使企业自觉加强内部管理，提高资本的使用效益。在招标时，我们可将企业的质量水平、价格标准、服务态度等作为重要的评标标准，使质量信誉好、管理水平高、产品价格低的单位优先获得订货合同，真正实现综合择优。另外，在招标时要防止招投标中可能出现的歧视行为、舞弊行为等不正当竞争。同时，建立各行业专家组成的评价队伍，有效保证评标的公正性、合理性。政府对机车车辆的监管包括两个方面：一是行使行政监督职能，对招投标活动进行监督，查处招投标过程中的违法行为；二是行使行政管理职能，主要职责是招投标代理机构的资格认证，制定采购政策及管理办法等。政府应不再干预企业的招投标活动，实现从直接管理向监管及维护市场秩序的方向转变。

1. 改革机车车辆投资管理体制，实现机车车辆招标采购的市场化

机车车辆招标采购应该是完全的市场行为，而事实上并非如此，其根本原因是现行体制的制约。机车车辆招标采购，从招标者来讲，是否能招标，首先取决于采购资金，而现行招标采购资金都是统一由铁道部统筹后，拨款或转贷用于机车车辆使用单位采购的。这样，实际采购中招标的主体不可能是真正意义上的法人企业，而只能是政府。因为铁道部是最终利益的获得者和风险的承担者。这种前提下，要构造真正具有市场意义的招标采购制度，几乎是不可能的，因为招标单位实际上不是最后决标者，也就不是合同责任的最终承担者，由此，行政手段的介入就成为必然。这只能通过改革投资管理体制，从根本上加以解决。这一改革的核心就是要改"政府投资主体"为"法人企业投资主体"。真正使法人企业成为投资的受益者和风险承担者。建立在此基础上的招标投标制度，招标投标行为才有可能按市场要求进行。

2. 继续普遍采用强制性招标方式，积极稳步推广招标采购制度，使招标投标效果更充分地发挥并带动更广泛领域的改革

招投标活动有两种情况，一种是强制性招标，另一种是自愿招标，二者都属于招标法的适用范围。强制性招标只限于三类：一类是国家大型基础设施、公用事业等项目；二类是全部或部分使用国家资金或国家融资的项目；三类是国际组织及外国政府贷款、援助的项目。机车车辆属于二类项目中重要设备的采购，因此，必须依法进行强制性招标。应在对机、客、货车全部实行招标采购的基础上，继续普遍采用强制性招标方式，任何单位和个人不得寻找借口或变相规避机车车辆的招标活动。批量小的采购，应采取各路局联合招标方式，尽量减小使用限制性招标、竞争性谈判及单一来源采购等其他方式。与此同时，在机车车辆采购品种上应尽可能放开。现在货车已全面放开，客车和机车招标范围应尽快扩大。工业其他产品和铁路需要的主要装备具备条件的也应放开招标。在现行的招标过程中由于招标采购占整体采购数量的比例较小，造成有些企业在主要生产任务已由计划分配获得的前提下，随意投标，影响了正常的市场竞争。放开招标产品范围，既坚定了市场采购之路，同时也为企业市场行为的规范提供了外部条件。另外，应逐步缩小和取消对投标的限制。以投标者来讲，现阶段由于国内铁路装备制造水平较低，对国外投标有所限制是自然的。但即使这样，对重要的高技术装备产品招标采购中也应适当考虑引入国外企业竞争，以带动国内制造水平提高和满足对高新技术装备的要求。在现行招标采购中，只允许一个企业投有限数量的标，这实际上限制了竞争，影响竞争投标水平，同时也影响可能利用实力竞争中标企业的批量生产和规模化经营，类似于此类的限制应该取消。

3. 明确购置主体及其权责，实现"政企分开"

"政企分开"的关键在于确认铁路运输企业为机车车辆的购置主体，以招标人的身份负责机车车辆的自主采购，自筹资金，自主经营，自担风险。购置主体下移主要解决的问题是实现机、客、货车资源配置的市场化，提高移动设备的投入产出效益和运用水平，这是落实运输企业经营自主权的重要一环。由于当前机车、客车一部分和货车全部由铁道部筹集资金，承担还贷的责任，同时，铁路对机、客、货车运用的分账成本核算尚在改革之中，铁道部仍为这些机车车辆的购置主体，但必须做到权利与义务的统一。其相应的责任是，确保全路运输及局管内运输对牵引动力的需求，确保购置全路提速及高档次客车，确保为各路局定时、定量提供各品类货车。路局利用更改资金自主购置的部分客车，各路局为购置主体，其责任是要优先保证跨局客运对客车的需求，要保证局管内客运对客车的需求，同时确保客运安全运输和提高客运服务质量。当前，各铁路局正在探索自主购车的新路。如自筹资金购买提速客车；利用融资租赁方式，购置交直交动车组，开行时速 200 千米的高速客车。2000 年，各路局利用自有资金，共自主采购客车近 800 辆，满足了客运市场的需求。在税收和贷款等方面应鼓励各路局利用自筹资金购置机车车辆，改善投资环境，加快铁路运输财务制度的改革，实现客、货、网分账核算，细化运输成本，合理界定机车车辆运用的收益水平。在此基础上，确定使用费标准，使投资者有利可图，引导社会资本进入该领域。

4. 减少审批项目，进一步推进"政企分开"

加快政府审批制度的改革，大幅度减少行政性审批。规范政府的审批行为是当前政企分开改革的突破口，也是深化机车车辆购置管理改革的着重点。为贯彻这一方针，以路局为购置主体的客车招投标项目，在明确责任和实施有效监督的基础上，在对招标内容包括时间、方式、品种、数量及资金筹措方式等方面，应由审批制逐步过渡到审核或备案制。

5. 强化政府的社会性规制监管职能，规范市场行为，健全法规体系，使招标投标工作走向制度化、程序化、规范化

政府对机车车辆业的社会性监管职能主要体现在三个方面：一是对机车车辆购置计划实行情况的监督，确保完成全路运输生产任务，实现路局资产经营责任制目标；二是在采购过程中，对执行机车车辆主要技术和行业标准的监督，不能自行其是；三是依法对招标投标工作进行监督，查处违法行为，受理有关部门的投诉。应将这些职能明确赋予计划部门、技术主管部门和各级监察和审计部门，并规定相应的责任。铁路机车车辆招投标系列法规的制定可以使机车车辆招标投标管理由直接规制转向监督、协调、仲裁、服务等间接规制上来，从而使招标投标过程中出现的问题的处理能够明确化、规范化和法制化。除此之外，为了规范机车车辆市场行为，我们须做到"五要"，即要提高招投标管理工作的透明度；要严格地规定招投标工作的程序和格式；要提高招投标管理的公正性、科学性；要科学地选择和推荐评标方法，使评标由定性转向定量化；要规定公证和监督制度，有效地杜绝招投标工作中可能出现的不正之风，提高招投标的社会信誉。另外，规范招投标行为，就政府管理部门而言，应尽可能运用社会性规制，慎用经济性规制，即使在必须运用行政手段时，也要尽可能用引导、说明和服务的方式，而避免直接干预。就招标单位而言，必须严格遵守招标申请审批程序，严格按审批的范围招标。制定标底，招标文件要有可靠依据，防止随意性。一旦开标，严禁利用买方有利地位，随意改变招标文件内容和条件，获取额外利益。严格按评标原则和规定方法评标。就投标单位而言，要严格按规定参与投标，严禁投标企业之间密谋和协定投标，禁止用行贿和变相行贿手段竞标。

6. 改革机车车辆采购合同管理办法

机车车辆购置合同的签订与履行是招标采购工作的继续，是政府价格监管中竞争机制有效运行的法律保障。然而，现行的指令性计划指导下的合同制难以适应市场经济条件下竞争的要求，存在的问题主要有：一是管理部门和执行部门未能完全分开，职能划分不明确，缺乏相互制衡，透明度差，存在暗箱操作和徇私舞弊隐患；二是合同管理主要以行政手段为主，法律和经济以及公众的评价与监督相当薄弱，不能形成有效约束；三是合同缺乏规范化，合同的法律效力体现不够，合同缺乏制度规范，不利于开展竞争。因而，在引入竞争机制的同时，必须对现行机车车辆购置合同管理办法进行改革，力求建立以《合同法》为基本依据的，具有法律约束力的、有利于竞争的、能完整规范合同管理工作的办法，以满足机车车辆购置管理中竞争机制的需要。

7. 积极推进铁路综合改革，以使机车车辆招标工作有一个良好的环境条件

铁路改革是一个系统工程，铁路工业产品实行招标采购制度仅是一个突破口，虽然运行过程中取得了很好的效果，也为全路进入市场开了个好头，但如果只是机车车辆招标投标单兵独进的话，不仅不利于全路改革的深入，恐怕机车车辆招标本身也很难长期坚持下去。因此，有必要通过与机车车辆招投标有关的改革，为机车车辆招标深入开展创造条件。

在改革的该阶段，我们可以借鉴德国机车车辆购置改革的经验。德国政府考虑到发展国内国际机车车辆产品市场的需要，同德国铁路股份公司（DBAG）的企业经营目标相一致。作为机车车辆产品主要订货者的德国铁路制定了机车车辆购置政策，其目的在于通过必要而有利的投资环境及市场竞争，以优化对铁路内部"顾客"的供货工作，从而获得所需的物资和维持必要的作业能力。德国政府认识到必须放弃专卖权，随时进行有效竞争的重要性。在具体制定德国铁路机车车辆购置政策时考虑了下列主要原则：①按保证运用性能的观点确定指标；②优先考虑高技术产品的试验和考核；③希望在保证高质量基础上提供服务；④延长产品的保证期和提高使用率；⑤优惠确定的价格；⑥希望提供维修。这一系列的原则和政策为德国机车车辆业的发展营造了必要而有利的投资环境及市场竞争。

三、实现机车车辆市场差异化的价格竞争

在机车车辆价格模式改革的深化期，改革的目标是建立机车车辆市场差异化的价格竞争格局。

（1）考虑到技术创新、生产周期、规模经济等技术经济特征，对于核心技术产品的购置仍然采取国际上通用的招标采购的方式进行。具体的招标采购方式可以采取公开招标采购、邀请招标采购、竞争性谈判采购、单一来源采购和询价采购等多种方式，在对招标采购的价格监管上，仍然要注重对标底价格的规制。

（2）对于技术含量低的非核心技术产品的价格，我们应该实行充分有效的自由价格竞争。在此领域，充分而完全的竞争所获得的效率要大于对其进行规制所获得的效率，因此该领域的产品不应采取招投标制度进行采购，而应放开价格，自由竞争，建立有效的非核心技术产品的自由交易市场，让非核心技术的生产企业之间直接进行价格和质量竞争。由"看不见的手"进行有效的引导和支配，保证零部件等非核心技术产品生产的低成本和高质量，提高要素的生产效率，优化资源配置。

第十二章　中国机车车辆业改革的规制模式

"规制"一词来源于英文"regulation"或"regulation constraint",又称监管,一般是特指政府对私人经济部门的活动进行的某种限制或规定,如价格限制(既可以是设置"上限",也可以是设置"下限")、数量限制或经营许可(对"进入"某产业部门的生产者的数量进行限制),等等。植草益曾从一般意义角度对规制下过定义:规制是指依据一定的规则对构成特定社会的个人和经济活动主体的活动进行限制的行为。从规制的客体看,规制又被称为"微观规制",主要是与日常大家比较熟悉的"宏观调控"或"宏观经济管理"相区别。在我国,提起"政府干预"人们就会想到宏观调控,宏观调控似乎成为政府干预的代名词。而事实上,宏观调控主要指的是政府运用经济政策对宏观经济运行所进行的调节和控制,是通过调整政府所掌握的某些经济变量(如财政支出、货币供给等),来影响市场经济中各种变量的取值,以影响私人经济部门的运行过程。而政府干预中很大一部分在微观干预即微观规制方面,指的是政府直接对私人经济活动做出某种限制性规定,以直接控制私人的各种经济活动。

表 12-1　政府对经济的干预方式——宏观调控和政府规制

类　别	目　的	手　段
宏观调控	防止经济过度波动,维持社会稳定,促进经济增长	财政、货币、税收
政府规制	防止不公平竞争,公共物品,提高资源配置效率	法律、法规、规章

资料来源:转引自杨斐. 中国行政垄断规制研究 [D]. 西北大学博士论文,2007

规制可划分为不同的类型,植草益把规制分为间接规制和直接规制。间接规制主要是指对不公平竞争的规制,即司法机关通过反垄断法、民法、商法等法律对垄断等不公平竞争行为进行间接制约。直接规制指由行政机关和立法机关直接实施的干预行为,又分为经济规制和社会规制。经济规制是针对特定行业的规制,是为了防止发生资源配置低效率和确保使用者公平利用,由政府通过许可和认可等手段对公用事业、交通、制造等产业中的进入、退出、价格、投资等进行制约。社会性规制不是以特定产业为研究对象，而是政府对公众不断增长的对生活质量（健康、安全和环境保护）的追求而实行的跨产业、全方位、综合性的规制。对社会性规制的定义大同小异，基本上是以日本学者植草益的定义引申出来的。"社会规制是指以保障劳动者和消费者的安全、健康、卫生、环境保护、防止自然灾害为目的，对产品和服务的质量以及随之而产生的各种活动制定一定标准，并禁止、限制特定行为的规制"。[①] 社会性规制是以确保国民生命安全、防止灾害、防止公害和保护环境为目的的规制，是与对付经济活动中发生的外部不经济，提供公共性和准公共性物品有关的政策。

第一节　中国机车车辆业规制模式的现状

如果一个行业是自然垄断行业，由一家企业经营成本最低，适应成本递减规律，则不需用法律、行政手段设置进入障碍，其他企业也不能进入；需要用法律、行政手段阻止其他企业进入，才能维持一家垄断经营局面的行业，一定不是自然垄断行业。我国传统上带有自然垄断性的行业，主要有如表 12-2 所示的行业。

表 12-2　我国经济中具有自然垄断性和特许经营性的垄断行业

自然垄断行业	特许经营性行业
①电力行业；②电信行业；③铁路行业；④民航行业；⑤高速公路；⑥水运港口设施；⑦邮政行业；⑧天然气管道运输；⑨城市自来水；⑩城市燃气供给；⑪城市居民供热；⑫城市排污	①石油、成品油；②广播电台；③无线、有线电视台；④烟草专卖；⑤食盐专营

资料来源：转引自王学庆. 管制垄断 [M]. 北京：中国水利水电出版社，2004

如表 12-2 所示，机车车辆业无论在国内外的学术界还是实务界，都并不认为是自然垄断行业。但在我国，在传统的政府管制体制下，铁道部作为机车车辆业的行业主管部门同机车车辆企业政企不分，一套人马，两块牌子，或者即便形式上政企分离了，但由于曾经长期属于同一个系统，而彼此之间有着千丝万缕的联系。铁道部兼有数重身份，既是管制政策的制定者与监督执行者，又是具体业务的实际经营者，既做运动员又做裁判员，从本行业、本部门、本集团的利益最大化出发，利用其拥有投资权、资源管理权、财政权为机车车辆

---

① 植草益. 微观规制经济学 [M]. 北京：中国发展出版社，1992

企业构筑政治壁垒而形成一种排他性的控制。以各种借口阻碍、延缓机车车辆业的改革进程，为保护机车车辆企业及其经济利益而排斥其他市场主体，依据滞后的法律、法规和行政力量限制其他市场主体的进入，妨碍其他市场主体参与竞争。可以说，机车车辆业是以自然垄断为名行行政垄断之实，把本应引入竞争的领域和环节也限制进入，实行垄断经营。

随着垄断行业改革的深入和非国有经济主体的快速发展，机车车辆业的改革亦不断深入。但是由于历史的原因以及体制的原因，国有机车车辆企业同政府关系仍然十分密切，铁道部对不同企业实行歧视性对待，特别是对私有企业和非直属企业实行歧视性政策。可以说，国有机车车辆企业的效益绝大部分不是来源于其竞争能力，而是来源于行政垄断。不仅如此，国有机车车辆企业在市场上还利用垄断优势来排挤和限制其他企业的发展，如签订限制竞争的横向和纵向协议等。国有机车车辆企业的垄断在本质上仍具备着行政垄断的性质。

一、机车车辆业规制机构的设置

规制机构是现代市场经济中对垄断行业实施规制的主体，是制定并执行规制法规的政府机构。当前，中国南、北车隶属国资委管辖，而铁道部对机车车辆业进行行业监管，发改委则行使价格管制的职能。

二、机车车辆业规制实施的内容

政府对机车车辆业的规制内容包括经济性规制、社会性规制和反不正当竞争性规制。经济性规制包括对企业的进入和退出、价格、服务的数量和质量、投资、财务会计等有关行为加以规制。社会性规制则包括保障劳动者和消费者的安全、健康、卫生，保护环境、防止灾害，以及对物品和服务的质量和伴随着提供它们而产生的各种活动制定一定标准，并禁止、限制特定行为的规制。反不正当竞争性规制有广义和狭义之分。广义的反不正当竞争主要是针对垄断和限制竞争行为而言的，是指规制机构为了防止企业本身或通过大规模的企业兼并等方式，形成对一定市场的独占或控制，防止企业滥用市场优势地位通过纵向和横向协议等方式损害竞争对手以及消费者的利益，而依据相关法律法规采取的规制行为，目的是为了保护公平竞争的市场秩序。狭义的反不正当竞争仅是为了防止企业或经营者采用欺诈、利诱、诋毁、窃取以及其他违背诚实信用和公平竞争商业惯例的手段从事市场交易的行为，如串通投标等非法联合方式等。

三、机车车辆业规制实施的手段

1. 进入规制

对机车车辆业的进入规制是政府规制实施的主要手段，其不仅对机车车辆企业的行为进行限制，还直接对机车车辆企业的主体资格进行了限制。产业的进入规制一般有完全禁止制、注册制、申报制、许可制等。完全禁止制是最严厉的、强硬的规制措施，限制任何主体的进入；注册制是指由政府规定获得资格的必要条件，并对这些条件加以检验，对符合条件的给予登记注册；申报制是指按照一定程序向政府的相应部门提出加入的申请，并提供相应的申报材料，主管部门进行必要的审查后对符合条件的给予进入资格；许可制是指除非取得了严格的资格条件或是获得了政府的特别许可，否则都是不允许进入的。当前，我国机车车辆业进入规制的方式采取的是许可制。1999 年 12 月 1 日颁布实施的《铁路机车车辆招标采购管理办法》第十八条规定："凡列入国家或铁道部定点制造机车车辆的生产企业，持有相应营业范围的法人营业执照，均可参加投标。"第十九条规定："招标人必须对投标的生产企业进行资格审查。参加投标的企业在投标时，须同时提供下列资格材料：……国家或铁道部批准定点制造机车车辆的文件；铁道部相应产品鉴定证书……"第二十条规定："凡投标企业不能自行生产的重要零部件，只能采购经铁道部鉴定、批准生产的厂家的定型产品。"2005 年 4 月 1 日颁布实施的《铁路机车车辆设计生产维修进口许可管理办法》第三条规定："设计、生产、维修或者进口新型的铁路机车车辆，应当经铁道部许可。设计出新型的机车车辆，应当通过技术鉴定并取得型号合格证；取得型号合格证的产品，在投入批量生产之前，应当取得生产许可证；从事机车车辆维修业务，应当取得维修合格证；进口新型的机车车辆，在正式签订供货合同前，应当取得型号认可证。"

2. 价格规制

机车车辆业的市场交易采取的是招标采购的方式进行的，机车车辆产品的价格主要体现在标底价格的制定上。对机车车辆产品来说，应通过价值规律确定标底价格，但由于垄断和信息不对称等市场缺陷，政府需要对标底价格进行规制。《铁路机车车辆招标采购管理办法》第十七条规定："以设计文件及有关资料、招标文件为依据，按成本费用项目编制招标产品标底；原材料单价和费用标准，按掌握资料和有关规定计算；计划利润、税金按规定计入标底；一个产品只能编制一个标底。"

3. 购置资金规制

当前，机车车辆业的购置资金主要来源于铁道部，铁道部《铁路机车车辆招标采购管理办法》第十条规定："机车车辆招标购置资金，由铁道部按计划资金（包括更改资金、贷款、基本建设项目概算内机车车辆购置费、其他资金）总额控制，由招标人在资金总额内实施招标；预付款的额度视资金配置情况，在招标文件中明确。属铁道部提供有偿使用资金的，按资金使用合同拨付。"

4. 质量规制

由于机车车辆企业供应的产品或服务的质量具有综合性，购买者不容易简单定义和直观认定，因此规制机构有必要对机车车辆产品和服务的质量进行规制。当前，行使监管职能的铁道部尚未制定机车车辆产品的质量和技术标准体系，仅在《铁路机车车辆招标采购管理办法》第六条中规定："招标人所提招标产品的技术条件，应符合铁道部的技术政策和有关规定、技术标准等，并经主管部门审核。"

5. 资源环境规制

一般来说，政府应该依据环境保护法律法规对机车车辆企业排放废水、废气、废渣等有害物质进行规制，减少资源浪费、环境污染、破坏生态的负效应，合理开发利用资源，确保可持续发展。当前，无论是铁道部、发改委还是国资委都没有相应的机车车辆业资源环境规制的手段和内容。

四、机车车辆业规制实施的依据

政府根据制定的相应法律法规，选择利用各种政策工具，对机车车辆业实施规制。规制的依据主要有正式的法律制度、行政法规、部门规章、行政解释、命令。归纳起来，分为三个层次：第一层次是正式的法律，由国家立法机关——全国人民代表大会及其常务委员会制定和颁布的法律；第二层次是行政法规，主要是指国务院及其常务会议制定和颁布的条例、规定和办法等，也包括国务院各部委依照法律法规而制定的相应法律的实施细则、实施办法和通知等；第三层次是地方性的法规，即地方人民代表大会和地方政府根据其权限制定的针对地方性政府规制的各种行政性规章制度。在市场经济中，政府的任何规制都需要立法提供支持，由法律授权，法律是政府规制赖以存在的制度基础，法律既提供了政府规制的制度支持，也限定了政府规制的权力，规定了政府规制的责任。没有相关法律的支持，是不能建立起与市场经济相适应的政府规制制度的。表12-3反映了1980年以来出台的有关机车车辆业实施规制的主要法律法规。

表 12-3 我国对机车车辆业实施规制的相关法律法规依据

分类	颁布时间(年)	法律法规名称	目的	颁布部门
1	1980	关于开展和保护社会主义竞争的暂行规定 (2001 年废止)	保证自由竞争	国务院
	1982	关于在工业品购销中禁止封锁的通知	规制地区性的垄断行为	
	1990	关于打破地区间市场封锁，进一步搞活商品流通的通知	规制地区性的垄断行为	
	1993	中华人民共和国反不正当竞争法	禁止各种形式的导致不公平竞争的垄断行为	
	1998	中华人民共和国价格法	禁止各种形式的价格垄断	
	1999	中华人民共和国招投标法	禁止招投标过程中的垄断行为	
	2001	整顿和规范市场经济秩序的决定	对滥用行政垄断行为的规制	
	2001	关于行政审批制度改革工作的实施意见	对行政权力的限制和规范	
	2001	关于禁止在市场经济活动中实行地区封锁的通知	规制地方保护主义的行政垄断行为	
	2002	中国反垄断法草案征求意见稿	全面地规范垄断行为	
	2004	制约价格垄断行为暂行规定	防止价格垄断	
	2005	国务院关于鼓励支持和引导个体私营等非公有制经济发展的若干意见	允许非公有资本进入垄断行业	
	2008	中华人民共和国反垄断法	全面预防和制止垄断行为	全国人大常委会
2	1999	铁路机车车辆招标采购管理办法	规范机车车辆产品的招标采购	铁道部
	2005	铁路机车车辆设计生产维修进口许可管理办法	加强对铁路机车车辆的管理	
3	1984	关于严禁党政机关和党政干部经商、办企业的规定	禁止政府机构及其从业人员兴办经济实体的规定	中共中央、国务院联合发布
	1986	关于进一步禁止党政机关和党政干部经商、办企业的规定		
	1992	关于党政机关兴办经济实体和党政机关从事经营活动的通知		中共中央办公厅、国务院办公厅
	1993	关于党政机关与所办经济实体脱钩的规定		

资料来源：作者整理。

第二节　中国机车车辆业规制模式的问题

一、规制机构的设置不具有独立性，规制缺乏公平性和公正性

要使规制机构有效运行，必须要确保其独立性。规制机构的独立性，不仅仅是强调其独立于政府，还包括独立于受规制的企业和消费者。实际上，所制定的任何规制政策都是政府、规制机构、企业和消费者各方利益相互博弈的结果。如果能确保规制机构的独立性，就能最大限度地减少其政策制定过程中的不确定性。机车车辆业的规制政策主要是由铁道部做出的，铁道部本身作为政府规制部门与机车车辆企业有着天然的渊源，仍然保持着千丝万缕的联系，规制机构的独立性无从谈起。由于规制机构的非独立性、非公正性，这就常常使规制者与企业之间结成政企同盟，严重破坏公平竞争的秩序，甚至出现政企合谋的"规制俘虏"现象。另外，我国机车车辆业的规制权力分散于各政府部门，没有建立独立的综合性的规制机构。除行业主管部门铁道部外，国资委负责机车车辆企业国有资产监管，财政部负责机车车辆企业财务管理并监缴国有资本金收益，人力资源和社会保障部负责企业工资总额监控，发改委依据《价格法》管理机车车辆价格。这些规制机构权力相当分散，不同部门之间职能交错、职责不清，权力的分散和虚弱使其不可能对机车车辆行业进行有效规制，规制行为很多时候在部门冲突中消耗掉了，割裂了有机联系的管理过程，多头管理和相互推诿，使被规制者无所适从，从而降低了规制的效能。

二、行业的主管部门与规制部门严重混淆，政企仍然不分

任何市场秩序离不开恰当的规则，是由深深卷入利益旋涡的主管部门制定，还是由相对独立的规制部门制定，将直接决定市场的发育是扭曲的还是健全的。进入 20 世纪 90 年代以来，我国机车车辆行业开始着手政府管制体制改革，在形式上实现了机车车辆企业与铁道部的脱钩，形成了政企分离的政府管制体制，但是铁道部与机车车辆企业之间天然的"父子关系"仍然存在，铁道部作为原有行业主管部门实际上仍然行使行业主管职能，以各种各样的方式，在政府机构中继续保留并发挥作用，扮演着行业规制者的角色。铁道部既是管

制政策的制定者与监督执行者，又是具体业务的实际经营者，使得中国机车车辆行业的行政性垄断特征十分明显。既是运动员，又是裁判员，同时也是比赛规则的制定者，这就难以保证公平竞争。铁道部对机车车辆企业缺少足够的有约束力的监管，监管方式也缺少法律法规依据。中国机车车辆业的垄断，在根本上并不是企业通过竞争自发形成的，而是由其背后"看得见的手"所操控，这只"手"就是行政垄断。各部门、各地区为了本部门、本地区的利益，画地为牢，各自为政，尽可能通过不完善的市场机制，争取扩大自己的经济管理权限，为自己营造更大的利益空间。

对于正在转轨中的国家来说，最为严重的反竞争行为似乎不是来自企业本身，而是来自政府部门的政策，或政府与垄断行业之间的合谋。在某种意义上，中国机车车辆企业现在的一些竞争其实是国有资产和国有资产在"竞争"。当前，机车车辆业引入的竞争机制是横向拆分后的一体化经营模式，其实质是分利集团自身的裂变，与社会福利、消费者利益无涉。由于政治体制改革没有同步跟上，计划经济体制赋予的政府权没有让位于市场经济理论所设计的政府权，在缺乏相应制度制约的情况下，政府以管理者身份介入谋取个人利益或部门利益的经济活动，这时管理者与被管理者之间的关系实际上是权力行使人与受益代理人之间的关系，管理者游刃有余地变换着管理者与受益者的角色。在强调政府管理的时候，每一个政府行为都有可能转化为"权力寻租"；在强调市场配置资源的时候，每一次资源配置都有可能落在"自己人"手上，彼此"平分秋色"。健全市场经济体制、转变政府职能的改革必然是分离权与利的"亲密接触"，而具有"点石成金"效能的权力怎么会轻易地被"健全"、被"转变"？作为改革的具体执行者，在制度监管不严的情况下，有足够的智慧与"上面的政策"周旋，形成"管"与"怎么管"的博弈。

三、规制机构的规制行为越位与缺位并存

越位是指具有规制权力的政府机构和相关部门的规制行为直接涉及被规制企业经济事务的管理和经营，干涉市场主体的自主权，其行为超出了政府职能的边界。缺位是指具有规制权力的政府机构对市场失灵的防范和治理功能没有充分发挥，在市场经济中需要政府履行经济职能的地方，却看不到政府的"手"的作用。我国机车车辆行业规制机构的行为存在上述这种"二律背反"现象：一方面，在市场经济大潮中，作为规制机构的铁道部习惯于旧的体制和做法，仍然企图用强制性权力对生产经营活动和企业的市场经济行为进行干涉和控制，导致在经济转型的过程中还存在着惯性，使政府这只"手"经常出现

在不该出现的地方，以致不能充分发挥机车车辆企业微观经济主体的积极性，阻碍了机车车辆市场的发展，使得市场在资源配置中的基础性作用得不到很好发挥，从而抑制了市场机制的正常运作。另一方面，铁道部在某些调控和监督职能上十分弱化甚至缺失，尤其是在质量规制和资源环境规制等社会性规制方面，从而使市场的某些弱点和消极方面得不到有力抑制和有效引导。

如何解决规制行为的"越位"与"缺位"，是机车车辆业规制模式改革要解决的关键问题之一。作为行业规制机构的铁道部应从直接干预企业的具体事务中解脱出来，将主要精力集中于制定规则、政策引导、依法监督等方面。同时，铁道部要从"命令者"和"指挥者"逐渐演变为"服务者"和"合作者"，增进与社会、企业服务和合作意识，促进社会整合能力的不断提高。

四、规制机构的规制手段落后

机车车辆业的规制手段基本上是依赖于行政许可制度。行政许可是在社会经济领域自身机制无法解决的情况下，由政府通过行政权力予以调适的制度，是传统计划经济改革后演变出来的一种特殊形态，是政府机构微观经济干预机车车辆业的最重要形式。当前，铁道部制定了《铁路机车车辆设计生产维修进口许可管理办法》，对铁路机车车辆的设计、生产、维修和进口实行行政许可审批制度。铁道部是许可制度的制定机关，由其规定许可标准、条件和程序，同时其又是许可制度的具体实施机关，其结果必然是其许可权力不受制约。铁道部作为行政机关主体的自由裁量权过大，为权力的滥用提供了空间。很多时候，行政许可被行政机关用来作为制造垄断、谋取"垄断租金"的手段。

五、实施规制的法律法规存在缺陷，有法不依、执法不严、违法不究的现象严重

我国机车车辆业的行业规制立法，一般由主管部门即铁道部主导进行。而且，在负责规制立法制定的同时，铁道部还负责行业规制立法的执行。所以，机车车辆规制实施的部门法主要还是体现了规制机构和所属企业的意愿，缺乏公正性和独立性，显示出明显的部门利益法律化的倾向。

规制法规是政府机构对企业市场行为实施规制的法律依据。西方发达国家规制改革的实践一般都是规制改革以规制立法为先导，各国都是以法律形式明确规定垄断行业规制机构的组成、实施规制的方式等内容。中国机车车辆业政府规制的法律体系明显滞后。中国机车车辆业政府规制改革的实践沿袭了"先

改革后立法"的传统，并且机车车辆业的规制立法，主要由主管部门即铁道部主导进行的。现行的法律条款普遍简单粗糙，且基本都是部门立法。同时，铁道部还负责行业规制立法的执行。所以，机车车辆规制实施的"部门法"主要还是体现了规制机构和所属企业的意愿，缺乏公正性和独立性，显示出明显的部门利益法律化的倾向。机车车辆业规制改革中最核心的问题即由谁规制、规制什么、规制谁、谁来规制"规制者"等问题，并没有真正得到解决。

六、对规制机构的监管缺失

政府规制是以法律和与此有关的政令、命令、规章为基础来实施的，在具体的实施过程中，规制者拥有一定的行政裁量权。同时，规制者也是"法定垄断者"，在以规制法律作后盾的权限之外，还具有自我强化法律权限的机制。行政裁量权和自我强化法律权限机制的存在，使规制者在经济规制活动中可能滥用职权，牟取私利，不按经济福利最大化原则规范自己行动，或出于某一目的维护某些集团利益，或单凭主观意志行事。因此，就需要有机构对行使规制权力的规制者实施监管，加强和完善对规制者的规制和监督，使它们把消费者和企业双方的利益最大化作为行动基准，公正廉明，依法规制，当好"裁判员"，而非做"运动员"。但是，当前我国却没有实际的监管措施和监管机构来对监管者实施监管，从而导致规制的决策和规制的执行过程中，都存在着对规制者实施监管的"真空"地带。

第三节　中国机车车辆业规制模式改革的思路

一、政府规制失灵与机车车辆业规制模式改革

在机车车辆业中，政府干预经济的一个重要原因是矫正、弥补市场的功能缺陷，恢复市场的资源配置功能。也就是说，由于"市场失灵"的存在，才有政府规制的必要。然而，事物的发展总是相对的，随着政府经济功能的扩大和加强，并渗透到社会经济生活的各个角落，各种问题也随之产生，"政府失灵"现象出现了。当政府政策或集体行动所采取的手段不能改善经济效率或道德上可接受的收入分配时，政府失灵便产生了。政府失灵和市场失灵一样都是不可

避免的，要使政府有效发挥弥补市场缺陷的功能，必须正视政府存在缺陷这一客观现实。

基于公共选择理论的"经济人假定"，认为国家不是神的造物，不是仁慈、万能和无所不知的，因为国家也是一种人类的组织，作决定的人一样会犯错误，因此，市场经济条件下政府干预经济的行为存在着局限性，会出现政府失灵的问题。正如布坎南所论述的"市场的缺陷并不是把问题交给政府去处理的充分条件"，"政府的缺陷至少和市场一样严重"。归纳起来，导致政府规制失灵的原因主要有以下四个方面：

1. 规制俘获

规制机构的决策存在信息的不完全性，获取决策信息总是存在诸多困难，信息成本高昂。樊纲曾指出："越是复杂的产品、复杂的技术、复杂的交易，搞清楚各方面情况所要求的知识水平、技术条件和分析能力就越高，越是超出常识和一般人的能力范围，所需花费的成本也就越大。人的知识和能力是有限的，人的'理性'是有限的。要超出这种界限，就要花费更大的力气去学习、去研究，就是说，信息的边际成本是递增的。"[1] 因此，大部分规制决策是在信息不充分的基础上做出的，这就很容易导致决策失误。被规制企业往往利用自身的信息优势和与规制部门天然的"父子关系"，同规制机构结成利益共同体，向规制者提供非法的个人所得来制定有利于自身的国家法律、政策和规章，以获取独有的行政垄断优势，目的是以高昂的社会代价创造出高度集中的利益。在布坎南等人看来，社会实际上并不存在作为政府决策目标的所谓公共利益，阿罗的"不可能定理"已经证明了这一点。而且，"在公共决策过程中实际上并不存在根据公共利益进行选择的过程，而是存在各种特殊利益之间的缔约过程"。即使现实社会中存在着某种意义上的公共利益，而现有的公共决策机制却因其自身的内在缺陷而难以达到实现这种利益的目的。奥尔森曾高度概括地指出："小集团比大集团更容易组织起集体行动；具有选择性的激励机制的集团比没有这种机制的集团更容易组织起集体行动。"[2] 因此，在政府规制中，经常出现多数人对少数人利益要求的漠视，从而导致规制机构本身的社会目标发生偏离。

规制俘获对经济发展的危害是不言而喻的。为了在一种扭曲的环境中竞争成功，充满活力的新企业家具有强烈的动机将其才智用于俘获规制者，而不是开发创新性的产品或生产方法。被规制企业从政府官员手中为其产权"购买"

---

① 樊纲. 有关交易成本的几个理论问题 [J]. 经济学动态，1992（5）
② 奥尔森. 集体行动的逻辑 [M]. 上海：上海三联书店，1995

更高程度的安全，以及将竞争优势转至或融入新出现的法制和规章框架中。这样，政府俘获就变成了少数企业为自己创建相对安全空间和相对优势的一种战略，但其他所有企业要为此付出代价。俘获性经济奖励的是关系而不是能力，是影响力而不是创新。它的推动力是私人对政治的投资，这将削弱国家和阻碍基本公共品的提供。同时，俘获系统性地阻碍了经济中的私人投资（外国和本国的），为中小企业的进入设立了障碍，从而破坏了可持续增长的关键资源。对于任何试图改善制度性框架的改革，那些拥有政治影响力来使这些改革转向的俘获企业肯定会全力反对，因为这种改革将削弱这些高度集中的优势。因此，解决政府俘获问题就成为开展改善政府管理水平和强化法规环境改革的一个前提。

2. 规制机构的职能界定不清或过宽

规制机构的职能界定不清或界定得过于宽泛，既有可能导致规制的政治化，也有可能使业绩监督更难实施。布坎南指出，由于政府官员也是个人利益最大化者，他们总是希望不断扩大机构规模，增加其层次，扩大其权力，以相应地提高其机构的级别和个人待遇。同时也使他们去制定更多的规章制度，增加自己的俸禄和享受，结果导致社会资源浪费，经济效益降低，资源配置效率低下，社会福利减少。

3. 规制行为的低效率

政府规制有效性的必要条件之一就是规制行为必须是有效率的。然而，由于对规制行为本身缺乏有效监督，现实中的规制行为往往是高成本和低效率的。从客观上看，政府的规制行为大多不计成本，而且即使计算成本，也很难做到精确，这有形或无形地促使政府部门对公共物品的供给，超出社会财富最优分配时所需的数量，因而导致社会资源的浪费。一方面，被规制企业可以利用垄断地位，在供给产品与服务时尽可能降低产品质量，提高服务价格，并在此基础上扩大生产规模，使之所提供的产品与服务数量与范围超过最优的生产水平；另一方面，规制机构为了执行规制职能，必须对被规制企业的运行情况了如指掌，但是被规制企业可以利用产品生产和技术的复杂性，垄断产品和服务的成本信息，从而使承担规制任务的规制机构无法了解真实成本，不能准确评价运行效率，也就无法充分行使监督权。甚至如前文所述，规制者很可能被被规制企业所俘获和操纵，从而使得规制机构人浮于事，效率低下。

4. 规制能力不足

政府干预经济有三个基本的层次，也就是政府的三个职能。"最低职能"，如制定法律、维持秩序、灾难救助，即使国家能力非常低的国家也必须履行，否则会导致民族国家的分崩离析。"中间职能"，如公共教育、社会福利服务等，也必须由政府提供，当然，由政府提供不等于由政府生产。"积极职能"，通常只有那些具有高度灵活和调控能力的国家能实现，例如采取干预措施来刺激新市场，促进现有市场之间的合作。国家的职能分层见表12-4。

表12-4 国家职能的层次划分

职能分类	应对市场失灵			提高公平
最低职能	提供纯粹的公共物品、国防、法律和秩序、宏观经济管理、保护产权、公共医疗			保护贫困人群、反贫困计划、灾难救助
中间职能	应对外部性、基础教育、保护环境	规制垄断、效用规制、反托拉斯政策	克服不充分信息、保险（健康、生命、养老金）、金融规制、消费者保护	提供社会保险、再分配养老金、家庭津贴、事业保险
积极职能	协调私人活动、培育市场、鼓励创新			再分配、资产再分配

资料来源：1997年世界银行发展报告：变革世界中的政府 [M].北京：中国财政经济出版社，1997

政府对经济干预的三个层次反映了政府对一国的调控能力，而这种能力又具有不同的层次，是政府多方面能力的综合，具体表现为国家的制度能力、技术能力、行政能力以及政治能力。

表12-5 国家能力的分类

能力种类	具备能力的表现	能力不足的状况
制度能力	①权威的和有效的游戏规则，运用这一规则来调整经济和政治互动 ②有能力保证国家政策、法律规定以及社会和政治行为规则高于其他团体的规定	①政府的权威下降，合法性减少 ②国家为个人和团体行为制定权威标准的能力减弱 ③就经济和政治互动的游戏规则而产生的冲突增多
技术能力	①制定和实施有效宏观经济政策 ②拥有一支受过良好训练的经济分析家和管理人员队伍	经济技术官僚、经济部门、政策分析单位的数量以及影响不大、国际技术官僚在国家决策过程中的影响越来越大、技术官僚和参与型决策之间的关系日趋紧张
行政能力	①能有效地管理基础设施和社会设施 ②能行使基本的对经济发展和社会福利非常重要的行政能力	提供基本服务和执行政府一般职能的行政能力降低，在行政框架内协调社会和经济需求的能力降低
政治能力	①存在有效的合法的渠道来表达社会需求并解决社会冲突 ②政治领导人和行政人员具有回应性 ③决策过程中允许社会力量的参与	①市民社会的活力增强，但国家领导人和管理者的回应能力降低 ②国家精英和政治机构协调冲突的能力降低 ③技术官僚在决策中的作用增强，但对社会需求和参与的回应性之间存在紧张关系

资料来源：转引自乔·沃利斯，布莱恩·多勒瑞.政府失灵、社会资本以及新西兰公共部门改革模式对发展中国家的适用性 [J].上海行政学院学报，2004（1）

从机车车辆业的规制实践来看，规制者要处理的问题复杂，在出现意料不到的结果的情况下，常常表现出规制能力不足的现象。规制机构配置技术资源的能力较弱，同时规制体系的设计不利于快速学习和迅速建立相关的能力和胜任度。

根据以上分析，对政府规制失灵的原因、结果及相关的对策我们可以归纳如表12-6。

表12-6　政府规制失灵的原因、结果及其对策

规制失灵的原因	规制失灵的结果	规制实践的改进
特定利益集团对规制决策的不当影响（极端情况就是规制俘获）；或者规制决策的制定掺杂着狭隘的私人意图	导致规制机构本身的社会目标发生偏离	设立"独立"的规制机构：将规制职能从政府的一般职能——包括预算职能和税收政策分离出来，赋予它们具体的委任目标和权力
规制机构的职能界定不清或界定得过于宽泛	既有可能导致规制的政治化，也有可能使业绩监督更难实施	设立"专业化"的规制机构：清晰界定规制的目标、职能和权力
对规制性活动缺乏监督	导致无效率的规制，以及在执行其他规制活动时发生目标偏离	规制政策的重点从寻求达到具体的结果（如制定价格）转向强调建立相应的程序。通常所说的"放松规制"大多指该类情形，如从规制性定价（价格控制）转向通过其他过程确定价格（如通过竞争性市场）
规制能力不足	规制者要处理的问题复杂，很有可能出现意料不到的结果	配置相当多的技术资源；规制体系的设计要有利于快速学习和迅速建立相关的能力和胜任度

资料来源：作者根据乔治·亚罗夫《公共服务供给的政府规制》一文中的相关内容整理。

透明与竞争是解决规制失灵问题的有效途径。透明首先是指国家决策过程的开发程度，其次是指能影响这些决策的相互关系的披露程度。而竞争则是指对垄断行业进行竞争性的改革，鼓励开展贸易，以及促进形成一种更有利的经营环境。要在新的技术条件下扩大市场竞争的范围，在政府必须实施规制的领域采用更有效的办法（如激励性规制）提高政府规制的效率。具体来说，可以从三个方面来解决政府规制失灵问题，提高政府规制的效率：①要科学界定和调整规制对象。对于机车车辆业来说，在具备条件的前提下，应逐步部分解除直至放松规制。②要实现规制程序的规范化。要以法律法规明文规定实行规制的行业范围、政策目标、组织机构等。同时，规制机构要以公开、公正的方式为接受规制的垄断企业制定或调整价格。定价或调价的内容要具体化，步骤要合理化。③要防范规制俘获。必须通过规范价格规制的程序，建立相互约束的行政、立法、司法联动制衡机制，完善价格听证以及建立多渠道的社会监督机

制等来防范规制俘获，扭转规制失灵对社会福利的偏离。

二、机车车辆业规制模式改革的指导原则

1. OECD 关于规制质量与规制绩效的指导原则

在 OECD 关于规制的政策讨论中，规制是指政府对企业和公民提出要求的多种不同的工具，规制包括法律、各级政府制定的正式和非正式的指令以及次级规则、获得政府授予规制权的那些非政府或自我规制组织发布的规则等，规制可分为经济性规制、社会性规制和行政性规制（OECD，1997）。其中，行政性规制主要是指所有政府行政管理中的程序，行政性规制改革的目的就是要改革其政府行政管理过程中"红头文件"的冗长的繁文缛节，使政府行政更加有效率。

OECD 理事会认为改革规制体制、提高规制质量发生在三个层次：第一个层次是对某项规制内容进行修改，如价格规制的范围和原则；第二个层次是重构某行业发展机制和规制框架，特别是在引入更多的市场竞争以后，重新确定规制的领域；第三个层次是改进规制设计和规制改革的过程管理，减少总体制度成本。因此，提高规制质量必须进行系统全面的政策设计，涉及规制政策的起草、组织讨论、严格实施以及扩大公众对整个政策过程的理解和参与。最高层次的政治领导是规制政策成功实施的关键，它有助于克服改革阻力，提高透明度，保证政府目标的实现。

OECD 理事会认为，基于一国法律和制度环境的一系列规制机构是成功的保障。第一类规制机构是能够在政府内部协调规制政策的中央监督协调机构（Central Oversight Body），提供技术支持，推动改进规制质量和实施有效规制治理。第二类是要建立一批专业、独立的规制机构，这是一国规制体制中的组成部分，它们按照公开、透明、专业、问责的方式实施规制。值得指出的是，大家一般比较熟悉独立规制机构，但对推动规制改革而设立的高层监督协调和执行机构却认识不足，这是许多国家规制改革效果不佳的原因之一。

在 OECD 看来，促进规制改革和改进规制质量的工具包括：简化行政手续、规制影响分析（Regulatory Impact Analysis，RIA）、透明性与沟通、规制的替代方案、规制合规性检查、保证规制机构公平和问责。

2. 公共强制理论有关政府规制的指导原则

有关规制的公共强制理论[①]认为，对于任何一种制度安排来说，都需要在

---

① 安德烈·施莱弗. 理解监管［J］. 比较，Vol. 16

表 12-7　OECD 关于规制质量与规制绩效的指导原则

建议一	在政府层面上采用能够建立明确目标和执行框架的宽泛的规制改革
建议二	系统地评估效果并评述规制政策，以确保它们能够在变化的、复杂的经济和社会环境中高效切实地实现预期目标
建议三	确保规制规则、负责实施的规制机构以及规制程序的透明度和非歧视性
建议四	评述并在必要情况下加强竞争政策的适用范围、有效性和执行力度
建议五	在所有部门设计经济规制的目的都是促进竞争和提高效率，应尽可能废除规制，除非有明确的证据表明规制是实现大众利益的最好方式
建议六	借助持续的自由化来消除贸易与投资上不必要的规制障碍，在整个规制过程中强化市场开放程度和更好的整合，因而提升经济效率和竞争力
建议七	识别出同其他政策目标的重要关联之处，以能够支持改革的方式来制定可以实现这些目标的政策

资料来源：OECD. OECD 国家规制改革与规制治理原则，2005

两种社会成本之间进行权衡：无序和专制。"无序"指的是私人当事人损害其他人利益的能力——盗窃、敲诈、伤害、欺骗、附加额外成本等。"专制"则是指政府和官员损害私人当事人利益的能力。从私人秩序，到私人诉讼，到规制，到公有制，政府的权力逐渐上升，私人的权力逐渐下降。相应地，无序的社会成本逐渐减少，而专制的社会成本逐渐增加。基于此，公共强制理论给出的规制原则是，只有在"无序"的程度太高，令私人秩序甚至法院都不能加以有效控制的情况下，规制才是必需的。假如私人交易的"武器对比"不平衡的情况十分严重时，这种必要性就尤其迫切。公共强制理论的第二个含义是，当政府对私人部门的强权受到制约的时候，规制效果更佳。它表明，对于发达国家来说，规制与无为而治相比是个更有吸引力的选择，因为这些国家对政府的审查更为严格。相反，在转轨经济的国家，公权被滥用的风险比较大，规制就会变成一个很糟糕的主意。最后，公共强制理论得出的结论是，尽管在某些情况下利用政府所有权的手段来解决无序问题是需要的，但国有制本身显然存在严重的公权滥用和专制问题。由于政府要利用对企业的控制来追求自己的政治目标，所以世界各国的国有企业的经营业绩都乏善可陈。国有制作为控制无序状态的一个极端手段，如果说确有其必要性，适用范围也应是最为有限的。

3. 有效规制的形成

可以从规制程序和规制机构两个层面的制度建设来形成机车车辆业的有效规制。一方面，规制程序应当是可预期的、负责任及透明的；另一方面，规制机构应当拥有一支胜任的、非政治的专业职员队伍——涵盖经济、会计、工程、法律等方面，并熟悉高质量的规制实践，在一个鼓励竞争与市场化规制政策、实践的法定框架下运行，遵守那些确保其诚实性、独立性、透明性和责任心的实体性及程序性要求。[①]

中国尚没有健全的制衡机制以约束规制者的权力与行为。在制定规制法规时，并没有类似的正当程序原则约束，事后也无司法审查机制，对规制部门也未建立有效的问责机制。这些都是中国不同于成熟市场经济国家的重要差别，也是制约中国规制者发挥积极作用的关键因素。由于缺乏这些基本的制衡机制，规制者的触手就不可能，也不应当伸得过长。[②]既得利益集团伴随着市场的成长而成长，在对规制尚未能形成有效公共治理的前提下，继续让规制者发挥以往强大的主导作用，那么这种"主导作用"很可能会转化成"被俘获、被主导"的现实。

4. 中国机车车辆业规制模式改革应该遵循的基本原则

（1）规制体制要能确保机车车辆企业遵守市场竞争规则。国有机车车辆企业与其他企业在同一个市场环境中进行竞争，但是，在参加市场竞争的过程中，如果没有合理而有效的制度框架，国有机车车辆企业往往会借助铁道部的行政垄断权力，既运用经济权力，又运用政治权力，直接干预市场竞争，从而破坏市场竞争秩序。一旦这类部门运用政治权力干预市场竞争，有可能对市场竞争产生十分不良的后果。为此，必须建立和设计一套合理而有效的制度框架，使具有行政垄断权力的部门能够始终以普通的市场主体身份参加竞争，即使运用政治权力，也要以遵守市场竞争规则为前提。

（2）规制体制要能有效地防止各级具有行政垄断权力的机构和部门直接干预微观主体的经济行为。

政府要实现自身的目标函数，必须充分发挥企业作为经营单位和利润中心的作用。但是，如果不对中国各级具有行政垄断权力的政府部门和机构加以有效约束和科学规范，中国政府部门很容易受传统体制惯性的作用，对企业微观主体经济行为进行直接的行政干预。也就是说，政府部门在干预企业经济行为时不能主要依靠行政手段，而应该主要依靠经济手段和法律手段。在运用行政手段干预企业经济行为，政府部门要严格遵守市场竞争规则，尊重市场经济规律。

（3）规制体制要能有效防止各级具有行政垄断权力的政府机构和部门官员利用垄断权力牟取私利。铁道部作为行政垄断机构有着强烈的利益冲动，通过行政垄断行为，为所属部门和企业带来巨大的经济利益，而具有行政垄断权力的各级政府官员则可以利用权力为自己牟取非法私利。所以如何有效地避免和

---

① 约阿尼斯·凯西德斯. 改革基础产业：民营化、监管与竞争 [J]. 比较，Vol. 20
② 焦津洪，丁丁，徐菁. 证券监管与公司治理 [J]. 比较，Vol. 22

防止具有行政垄断权力的官员利用政治权力和垄断权力牟取私利，遏制腐败的滋生就成为一个机车车辆业规制模式改革中十分突出的问题。

三、机车车辆业规制模式改革的几点理论认识

1. 机车车辆业规制模式改革表现为市场制度与政府规制的统一

机车车辆业规制模式的改革不能完全放弃规制，一味强调竞争；更不能强化规制，限制竞争。现实经济运行和有关规制的理论分析都证明，市场制度和政府规制都是现实的制度安排。现代市场经济的有效运行，政府规制和市场制度是互补而不是互相替代的，必须依靠政府和企业在合理规则下跳和谐的"双人舞"。市场制度具有竞争带来的市场力量，但是也有各种摩擦因素所导致的市场失灵；规制制度既能够增强人们对公平、公正的预期，有效约束交易成本，也存在与寻租等机会主义行为相关的规制失灵。所以，应该把市场和政府统一起来分析各种现实的制度安排之间相互作用的过程。强调一个合意的、有着较好社会经济绩效的规制目标的实现，需要一系列的制度安排相互补充、相互牵制，从而能够有效地控制经济活动参与各方的行为，以最小的社会成本实现最佳的社会经济绩效。机车车辆业规制模式改革的目的就是要合理实现市场与政府的恰当配置，从而实现市场与政府的统一。

2. 机车车辆业规制模式改革是市场力量对政府规制的推动

机车车辆业规制模式改革是将市场视为改革的推动力量，通过市场的力量来推动政府层次的改革。机车车辆行业的发展将直接产生放松规制的要求，通过增加再规制的成本，市场发展间接地刺激了放松规制。换句话说，在动态的市场中，一些规制已经不再起作用。市场力量的首要逻辑将迫使政府对规制行为做出改革，这种改革情形通常在以下几种不同形式中出现：①市场变化已使规制的成本更高而且收效更少。技术进步已降低了资本投资的成本，从而增加了许多部门的供给与需求弹性。这意味着，即使是很小的规制扭曲都会严重阻碍需求并妨碍这些部门的增长。②技术进步已从实践上削弱了政府规制。技术进步改变了传统理论认定的需要实施垄断的范围，在技术进步条件下其垄断性质发生了必然的变化。③市场的全球化已使政府更加难以控制产业垄断行为。④经济全球化产生了各国规制者之间在放松规制改革方面的竞争动力。机车车辆企业在全球范围内展开竞争，放松规制在这种新的竞争中充当了一个强有力的工具。市场力量不仅刺激了政府规制的改变，而且决定了其时间的选择和性质。

第四节 中国机车车辆业规制模式改革的设计

机车车辆行业规制模式改革的核心与关键在于规制机构的重构，即建立独立的、综合性的规制机构。在此基础上，减少经济性规制，加强社会性规制，最终形成机车车辆业放松规制、强化竞争的规制模式。

一、建立独立的、综合性的规制机构，提高规制效率

机车车辆业规制模式改革的首要任务是规制机构的重构问题。在中国机车车辆业的规制改革中，为使规制者保持中立立场，改变"政企一体"的传统规制模式，防止改革过程中"政企同盟"的形成，就必须改革政府既是规制政策的制定者与监督执行者，又是具体业务经营者的状况，特别是需对铁道部充当市场规制者的情形加以完善。这涉及现有政府机构的改革和调整，首先应设立独立的规制机构来执行政府对机车车辆业行业规制的职能，该独立的规制机构必须直接隶属于中央人民政府即国务院，成为国务院的一个与一般部门不同的组成部门。必须保证该机构在人事编制和财务上的独立性，其他部门或行政机关不能对它进行牵制。其次，在法律上赋予它最高的权威性。在处理案件中有独立裁决的权力，不受任何行政机关、社会团体和个人的干涉。为了使规制法律能真正得到切实有效的落实，要赋予该独立规制机构享有准司法权。受处罚主体如果不服处罚，可以向该机构起诉，而不用再向司法机关起诉。其目的就是为了使规制法律能真正有效地得到执行。

机车车辆业规制机构设置的一个更深层次的问题是：是在机车车辆业设置一个单独的规制机构，还是对几个相关的产业设置一个综合性的规制机构？当前，随着经济全球化的发展和技术进步导致产业融合趋势的明显化，原来建立在界限明显的产业基础上的规制框架已经不能完全适应新经济和新技术的要求，这就要求在产业融合之后调整规制机构设置办法。从实际情况看，在美国联邦层次和多数欧盟国家，设立了多个"特殊部门"规制机构，而在澳大利亚和美国的许多州，都设立了一个"全能型"规制机构，来规制所有被规制产业的活动。英国也对那些规制内容接近的规制机构实行合并，如将天然气和电力两个规制机构合并成一个能源规制机构。中国机车车辆业规制机构的设置也应考虑相关规制机构的合并问题。我们建议设立综合性的规制机构对机车车辆业

及相关的产业进行合并规制，一方面可以适应经济和技术发展的形势；另一方面可以降低规制成本。

进一步地，要提高机车车辆业的规制效率，就必须对所设立的独立的综合性规制机构的权力制衡机制进行改革。孟德斯鸠曾说：绝对的权力导致绝对的腐败。政府规制是政府机关依法对微观经济活动进行直接规范和约束的行为，在这种规制活动中，政府集执行权、自由裁量权、准立法权和准司法权等于一身。因而伴随着规制过程可能出现大量的寻租行为，规制者也往往成为受规制者的俘虏，使政府规制偏离社会福利目标。所以规制机构的独立性体现既要独立于政策制定部门，以减少政府为达到短期政治目的而行使自由裁决权所造成的风险，又要独立于受规制主体，避免规制者与被规制者的利益高度趋同，以保证规制的公正性。保持规制机构的高度独立性，即确保政府、规制者和被规制者成为相互制衡的三个不同的主体。管制机构独立于政府后，如果没有强大的监督和制衡机制，不仅不能解决"规制俘虏"问题，还可能成为腐败的温床。所以要保证政府规制有效实施，规制的确立者、规制的实施者和规制行为的审查者三者之间的权力结构必须处于均衡状态，任何一极的权力过度都会造成规制失灵。随着我国政治体制改革的深入，规制机构逐步从一体化的政体结构中独立出来，在政府的授权下执行独立的规制职能。因此，继续深化规制部门的体制建设，将规制部门的隶属关系上收到中央部门的执法机构，利用第三方——司法部门的有效监督来实现政府组织内部的权力制衡，限制授权部门的权力干涉，规范规制部门的规制行为，是从根本上改善政府规制行为的必由之路。具体来说，新设立的独立的综合性的规制机构应该从四个方面来完善其规制职能。

（1）规制有依据。应建立健全和完善规制的法律法规体系，明确是否出现了需要政府出面来进行修补的市场失灵与违反社会公共价值体系的行为，即确立规制行为存在的经济的或非经济的正当性。

（2）规制有尺度。由于政府干预的内在矛盾，必须明确政府干预的边界。政府不该规制的应予以放开，该由政府进行规制的，应当强化，即放松规制与强化规制并重。一般来说，应该放松经济性规制，加强社会性规制。

（3）执行有力度。执行是机车车辆业规制模式改革的关键，无力执行的裁决或判决只不过是一纸空文，而且还会损害政府的形象与信誉。一个高效率的、权威的规制机构是规制法的执行有力的一个重要保证。我国机车车辆业现有政府规制机构庞杂、规制主体众多，机车车辆企业行为受到多个政府部门交叉规制，使得规制机构大多在执法中缺乏权威和效率，而铁道部作为规制者与机车车辆企业并未真正政企分离。因此，提高规制机构的权威性是我国机车车辆业规制模式改革的当务之急。

（4）裁决有方法。政府规制是规制机构依法对企业的有关活动进行直接的规范和约束的行为，在这种规制活动中，政府集执行权、自主裁决权、准立法权、准司法权等于一身。因而伴随着规制过程的是大量寻租行为，规制者也往往被受规制者俘虏，使政府规制偏离社会福利目标。因此，必须确立和强化对规制者的规制，实行行政程序法典化，以保证政府规制行为的合理性与规范性，保证规制者将消费者和企业双方利益最大化作为行动基准。

二、加强社会性规制，减少经济性规制

穆勒认为，政府权势的实施对于个人的最佳利益是危险的和有害的，它对于经济问题只有遥远的和间接的关系。社会性规制是不分产业的规制，对应于外部性、非价值性物品等问题，由政府对企业进行限制，以防止公害，保护环境，保证健康、生产安全、产品质量等。社会性规制本质上是以增进社会福利为目的，是要在保证人类"可生存性"基础上追求资源配置高效率和社会公平。社会性规制涉及的是对人类可生存状况的规制，其内容主要有：①环境规制，环境规制是社会规制的基本内容，是利在当代、功在千秋的一种规制。②安全规制，安全规制涉及人类的生命保护和财产保护、主要包括交通安全、产品安全、工作场所安全。③健康规制，主要包括食品、医药、卫生、产业灾害的规制。④专利和文化保护，包括专利权、教育、文物保护等。

针对社会性规制的内容，社会规制发展出的方法既有与经济性规制相一致的禁止特定行为、营业活动限制、资格制度、审查检验制度、标准监管制度等传统规制方法，还有与特定内容相关的创新方法：①影响评价制度；②许可证制度；③产权交易制度；④信息提供制度；⑤收费补偿制度等。

机车车辆业的综合性规制部门应该减少对被规制企业的经济性规制，加强社会性规制。具体来说，要减少进入和价格管制，将规制的重点放在机车车辆产品的质量、安全、环保、技术等环节，强化机车车辆企业的普遍服务义务，提升机车车辆产品的质量，营造公平竞争的市场秩序，保障铁路运输的安全，维护国家经济的稳定和健康发展。

三、放松规制，强化竞争

"一个好的规制机制原则应该为以尽可能少的成本诱使被规制者做出符合社会福利最大化的决策。……取消一种带有限制性的政府政策的效应，相当于

扩大制度选择集合。……当政府在制度选择集合中建立某种新的限制且这种限制又是有约束力时，就可能产生制度不均衡，而且原先效率较低的制度安排可能在这种有限制的选择集合中成为占优势的制度安排"。① 因此，为了避免委托代理链条冗长、政府俘获与寻租、信息不对称和不完全契约、规制运行成本大于收益所导致的效率降低等问题，机车车辆行业的规制改革的最终模式应该是放松规制，强化竞争。特别是放松市场进入管制能有效地引入竞争，激发市场主体生产经营的积极性。实践证明，凡解除进入壁垒，实行竞争的领域，即便还没有达到最佳的状态，也必然是产品和服务价格下降，质量提高，给消费者带来利益。凡是处于垄断地位的行业，必然是内部生产效率低下，产品和服务价格高，行业内部员工收入高。具体来说，机车车辆业放松规制、强化竞争的规制模式表现在：①在技术含量低的非核心技术产品的生产与制造环节，其属于可竞争性领域，应该解除规制，实现充分而有效的竞争；②在核心技术产品的生产与制造领域，其具有一定的规模经济和自然垄断属性。有可能出现市场失灵的状况，但是市场失灵并不一定意味着需要政府的规制。当规制运行的成本大于规制收益时，会出现规制失灵的情况，规制失灵将进一步加深市场失灵，从而使得资源配置进一步恶化。因此，在很多时候市场机制的效率是优于政府规制的效率的。当然，以上的分析并不一定意味着完全放弃政府规制。我们认为，政府规制和市场机制都具有高效率的一面，又都有失灵的一面，很难想象用"单打一"的方式来实现资源的优化配置。机车车辆行业的改革和发展，只能在市场机制和政府规制"两只手"的推动下前进。市场机制主要通过供求机制、竞争机制、价格机制之间的相互作用来达到资源的有效配置；政府规制则着重于通过完善法律法规体系，实施社会性规制措施，更好地维护市场的有序竞争。机车车辆行业实行市场在资源配置中的主导地位，并采用政府的社会性规制进行补充和替代，最终达到促进机车车辆行业发展、提高社会整体福利的目的。

---

① 张曙光. 论制度均衡和制度变革 [J]. 经济研究，1992（6）

第十三章　中国机车车辆业改革的路径选择

　　机车车辆业改革模式的设计，仅仅为改革描述了"彼岸"的美好远景。可是我们现在却在"此岸"。问题在于如何从"此岸"通往"彼岸"，是"摸着石头过河"，还是"造船"抑或"修桥"等，这涉及改革的路径选择问题。路径选择不当，再美好的设计也只能是海市蜃楼般的"乌托邦"。

　　20 世纪 80 年代以来，从传统计划经济向现代市场经济的转轨过渡中形成了两种截然不同的思路和路径，即"激进式改革"和"渐进式改革"。"激进式改革"又称"休克疗法"，是苏联和东欧各国进行经济和政治改革所采取的基本方式。"渐进式改革"则是中国在经济体制改革中逐渐形成的改革方式，具有鲜明的中国特色和深刻的历史文化背景。激进式改革和渐进式改革在众多方面都是不同的，对于它们的利弊优劣国内外经济学界和政治学界一直有着不同的看法。众多国外的专家学者以西方经济学理论为依据，认为激进式改革优越于渐进式改革，主张中国进行激进式改革向市场经济过渡。然而，渐进式改革在中国过去 30 年的改革实践中获得了成功，中国经济长期持续快速发展，被称为"中国的奇迹"；相反，激进式改革在苏联和东欧各国却遭遇了惨败，引发了社会和经济的各种混乱。实践促使理论界进行反思。

　　采用渐进方式推进改革，是我国经济体制改革的基本经验，主要特点是先易后难、先放宽准入后改革体制、先试点后推广、先增量后存量和先重点突破后整体推进。就机车车辆业而言，其属于关系国计民生的基础行业和公用事业，具有行政垄断性、服务性、经营性与公益性并存等比较复杂的技术经济特征。由于机车车辆业改革对规制机构、垄断企业以及消费者的影响都很大，改革成本很高，改革阻力很大。因此，我国机车车辆业的改革应当选择渐进式路径。

　　总体而言，机车车辆业在改革思路和模式上需要系统设计和总体推进，改革路径和策略上需要循序渐进。而且，在具体实施和推进机车车辆业的渐进式改革路径中，产权模式、治理模式、运营模式、竞争模式、价格模式、规制模式等每一方面也同样需要系统设计、同步配套、渐进设施。

第一节 中国垄断行业改革的模式与路径

一、中国垄断行业改革的具体模式

垄断行业的改革是一个系统工程，涉及政府、行业、企业、公众等多个层面和主体，涉及产权、治理、竞争、运营、价格、规制等多种内容，涉及众多外部约束条件和配套措施。在自然垄断行业改革中，我们必须从企业、行业、政府三个层面，从产权模式、治理模式、规制模式、价格模式、竞争模式、运营模式六个维度进行全面、系统的改革设计。其中，产权模式和治理模式改革是企业层面的改革，是塑造市场主体的改革，是整个系统的基础；运营模式和竞争模式改革是行业层面的改革，是塑造市场结构和改善企业管理和运营活动的改革；规制模式和价格模式改革则是政府宏观调控层面的改革。具体模式之间的关系如图 13-1 所示。

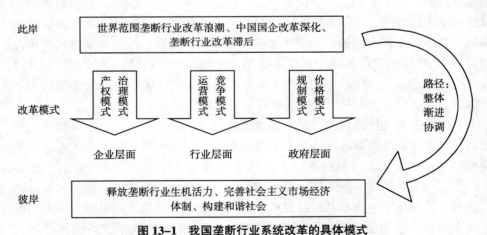

图 13-1 我国垄断行业系统改革的具体模式

资料来源：转引自戚聿东，柳学信. 深化垄断行业改革的模式与路径——整体渐进改革观 [J]. 中国工业经济，2008（6）

二、中国垄断行业改革的具体路径

渐进式改革的时序设计十分重要，不同的时序选择会导致不同的改革效果。遵循"先易后难、先简单再复杂"的改革时序。由于竞争模式和运营模式改革相对容易，产权模式改革、治理模式改革次之，价格模式和规制模式改革最为复杂，因此，理想的自然垄断行业改革的路径应当是：竞争模式和运营模式改革先行，产权模式和治理模式改革紧随其后，最后着手价格模式和规制模式改革（如图13-2所示）。同时，改革的动力系统大于阻力系统是确保改革成功的必要条件，在改革推进过程中我们注重改革路径并注意风险防范与控制，最小限度地减少改革的成本、降低改革带来的风险，提高改革的收益。

运营模式改革 竞争模式改革	→	产权模式改革 治理模式改革	→	规制模式改革 价格模式改革
阶段一		阶段二		阶段三

图13-2　我国垄断行业系统改革的具体路径

资料来源：转引自戚聿东，柳学信.深化垄断行业改革的模式与路径——整体渐进改革观 [J]. 中国工业经济，2008（6）

第二节　中国机车车辆业"三阶段"改革
路径的提出

以机车车辆行业的技术经济特征为基础，以机车车辆行业的发展现状为出发点，以提升机车车辆企业核心竞争力和机车车辆行业国际竞争力为目标，以增进社会整体福利为宗旨，我们认为，机车车辆行业改革应该遵循如图13-2所示的"三阶段"的渐进改革路径。在分阶段改革的过程中，阶段性改革任务的完成亦非一蹴而就，也需系统设计，循序渐进，分步实施：

第一阶段，机车车辆市场结构的改革。打破机车车辆行业基于政府主导和国有规制基础上的行政垄断，营造机车车辆行业有效竞争的市场格局，实现机车车辆企业基于竞争的经济集中型垄断，从而真正在经济意义上实现企业的规模经济、范围经济和关联经济，这是机车车辆行业改革的首要任务。在机车车辆业的运营模式上要由"横向拆分运营模式"过渡到"纵向拆分运营模式"，最后确立"开放式运营模式"，在机车车辆业的竞争模式上要由"横向拆分的全业务经营模式"过渡到"纵向经营分离模式",最后确立"纵向产权分离竞争模式"。

第二阶段,机车车辆企业层面的改革。完善机车车辆企业产权、治理结构等与机车车辆市场结构改革目标相联系的深层次问题是我国机车车辆行业改革的中心任务。在市场竞争体系架构建立的基础上,作为市场主体的机车车辆企业必须成为真正意义上"具有竞争活力的"经营企业。而可持续发展的内外部机制是企业高效运行所不可或缺的条件,内部机制主要体现在企业的治理机制上,外部机制则主要是产权改革问题。在机车车辆业的产权模式上要实现机车车辆企业产权功能的明晰化、产权结构的多元化和产权权利的完整性,在机车车辆业的治理模式上要加强机车车辆企业的董事会制度、人力资源体系及企业文化的建设。

第三阶段,机车车辆市场运行制度的改革。价格机制是市场优化资源配置的基本机制,是市场机制中最敏感、最有效的调节机制。而市场经济秩序的维持、市场资源配置效率的提高、全社会福利的提升以及普遍服务义务的实施又离不开良好运行的政府监管制度。因此,我国机车车辆行业改革的终极任务是建立和完善机车车辆市场有效运行的各项制度条件。在机车车辆业的价格模式上要科学测算机车车辆的招标价格;减少进入和价格管制、实现公平价格竞争;最终形成机车车辆业的差异化价格竞争格局。在机车车辆业的规制模式上,首先要稳步推进机车车辆购置管理改革;其次建立独立的综合规制部门,减少经济性规制、加强社会性规制;最后放松规制,强化竞争。

第三节　中国机车车辆业"三阶段"改革路径的实施

一、第一阶段:竞争模式与运营模式改革

1. 第一步:实现机车车辆行业横向拆分运营模式下的有效竞争

如图 13-3 和图 13-4 所示,当前我国机车车辆行业采用的是横向拆分后纵向一体化的运营模式,中国南、北车之间在全业务领域展开竞争,但二者之间并未实现彼此自由进入。由于没有外部对手和竞争环境,企业自身的创新动力不足,从而并未在真正意义上实现有效竞争。因此,本阶段改革的第一步是构建机车车辆行业有效竞争的市场格局:既保持机车车辆行业的相对集中度,满

足该行业的规模经济要求，又形成企业改善经营、提高效率和技术创新的压力和动力机制。营造机车车辆行业有效竞争的市场环境的关键在于打破行业的地域垄断性和产品竞争的非交叉性。[①]要实现二者之间的有效竞争，首先必须确立

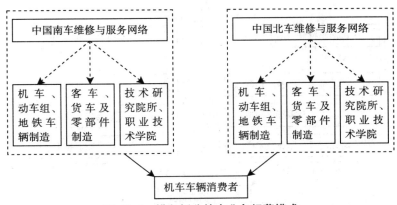

图 13-3　横向拆分的全业务经营模式

资料来源：作者整理。

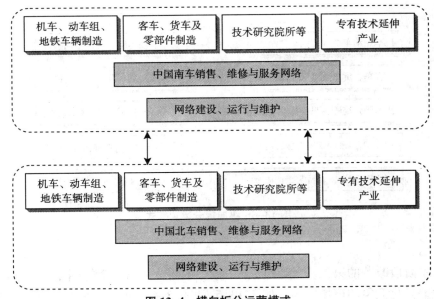

图 13-4　横向拆分运营模式

资料来源：作者整理。

---

① 产品竞争的非交叉性是指寡头企业在产品核心技术的占有、专用性资产的投入或行业垄断等因素的基础上，对优势产品形成相对的市场垄断地位，从而使得其他企业难以在该产品领域展开有效竞争。

二者的市场主体地位。只有二者在企业内部实现了资源的优化配置和专业分工的合理协调，才能成为在同等市场条件下展开有效竞争的竞争主体。

2. 第二步：实现机车车辆行业纵向拆分运营模式下的差异化竞争

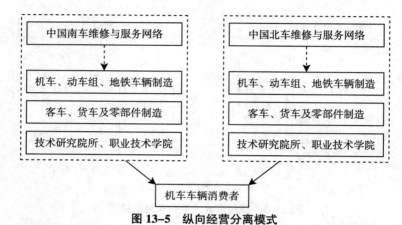

图 13-5　纵向经营分离模式

资料来源：作者整理。

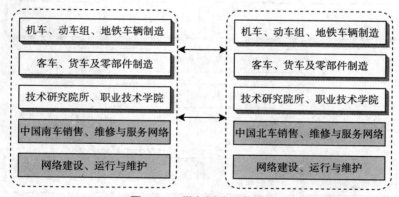

图 13-6　纵向拆分运营模式

资料来源：作者整理。

本阶段改革的第二步是通过纵向拆分一体化的机车车辆企业，构建机车车辆业差异化竞争的市场格局。如图 13-5 和图 13-6 所示，保持原有纵向一体化企业在所有权方面的完整性，但在经营方面纵向拆分为机车、动车组、城轨地铁车辆生产与制造企业，客车、货车及零部件等的生产与制造企业以及技术研究院所、职业技术学院。机车车辆业的差异化竞争不同于一般经济学意义上产品的差异化，而是指区段竞争的差异化。即掌握核心技术的机车、动车组、城轨地铁车辆的生产与制造企业之间的竞争更多地表现为一种技术创新的竞争，竞争的重点在于强化技术创新的机制和动力，从而实现机车车辆技术的归核化；而仅需具备非核心技术的客车、货车及零部件等的生产与制造企业之间的竞争更多地表现为一种低成本竞争，企业之间竞争的重点在于降低企业生产成本，从而实现机车车辆生产的集约化。

3. 第三步：实现机车车辆行业开放式运营模式下的合作竞争

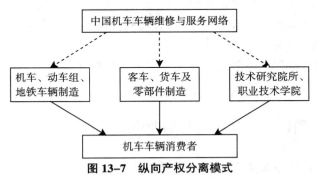

图 13-7　纵向产权分离模式

资料来源：作者整理。

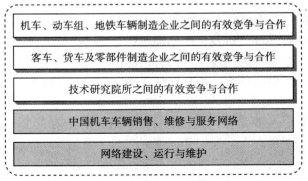

图 13-8　开放式运营模式

资料来源：作者整理。

本阶段改革的第三步是通过纵向产权分离机车车辆企业，构建机车车辆业开放竞争的市场格局。如图 13-7 和图 13-8 所示，中国机车车辆维修与服务网络，机车、动车组、城轨地铁车辆生产与制造企业，客车、货车及零部件等的生产与制造企业，技术研究院所、职业技术学院之间成为在所有权上相互独立的经营实体，四大产业在既竞争又合作的市场格局下，形成开放型的机车车辆市场价值体系。一方面，随着信息、技术和知识在机车车辆行业的日益渗透和发展，机车车辆维修服务网络将从机车车辆行业产业链的末端分离出来，成为满足机车车辆生产与制造企业的维修与服务需要，为机车车辆生产制造活动提供高附加值、高层次、知识型消费服务的"生产性服务企业"；另一方面，机车、动车组、城轨地铁车辆生产企业之间，客车、货车及零部件等的生产企业之间，以及机车、动车组、城轨地铁车辆生产企业与客车、货车及零部件等的生产企业之间随着竞争方式向高层次的演化以及专业化分工的深化，演变成既竞争又合作的关系。无边界合作将急速改变传统的机车车辆行业经济，每一个企业在价值体系内基于自身比较优势，找到自己相应的合适位置。企业之间通过合作、共赢与竞争，最终形成既竞争又合作的开放型机车车辆市场价值体系。机车车辆业也将在竞争与融合的发展进程中形成经济集中型的寡头垄断市场结构。

二、第二阶段：产权模式与治理模式改革

1. 第一步：机车车辆企业产权功能的明晰与董事会制度的建设

从完善"三个主体"、抓住"三个环节"、完成"三个转变"以及实现"三个分离"四个方面入手，促进产权功能的明晰化。

"三个主体"，主要是指行使国有资产所有权的国资委、具备监管职能的铁道部和发改委等管理部门以及机车车辆企业。三个行为主体都应该在国有资产管理体系中有一个明确的功能定位和有效的作用发挥；不仅要明确它们各自应该做些什么，可以做些什么，而且应该明确它们如何才能把自己应该做的事情做好。

"三个环节"，主要是强调在国有资产管理体系中有三个关键点：国资委、产权代表人和企业经理人，他们是国有资产三个层面管理职能的人格化，每个环节都直接影响到国有资产管理体制的运行效率和运行成败。

"三个转变"，一是指国有资产管理方式应该从实物形态管理为主向价值形态管理为主的转变，从实物型管理转向财务投资型的资本运作；二是指应该从静态的、凝固的管理为主，向动态的、流动的管理为主转变；三是指应该从建立在行政管理权与资产管理权两权合一基础上的条条管理，向分层次的专司管理或专职管理转变。

"三个分离"，主要是指在国有资产管理体系过程中：从宏观层面上，应该实现政府社会经济管理职能与资产所有者职能的分离；从中观层面上，应该实现国有资产管理职能与国有资产经营职能的分离；从微观层面上，应该实现国家终极所有权与企业法人财产权的分离。在实现机车车辆企业产权功能明晰的

同时，作为市场约束的一种补充，要通过规范和完善董事会结构、提高董事会的效率和强化董事会的权力、建立对董事有效的激励机制、加强对国有董事会的监管、完善独立董事制度五个方面来加强董事会制度的建设，更有效地降低代理费用，在企业内部建立起恰当的制衡机制。

2. 第二步：机车车辆企业产权结构的多元化与人力资源体系的建设

将中国南、北车改制为国家相对控股公司，建立起有效的民营资本进入和国有资本退出的通道和机制，取消所有制歧视的进入壁垒，在国有资本、民营资本和外商资本之间实行统一的进入机制，是机车车辆企业实现产权结构多元化的必由之路。考虑到机车车辆行业技术创新体系的构建需要以政府为主导，掌握核心技术、具备技术研发与创新能力的大型机车车辆企业可以实行国有相对控股；而技术含量低和标准化技术产品的生产与制造企业则应该放开所有制进入壁垒，从而使得低成本的生产企业脱颖而出，实现技术含量低和标准化技术产品的高质量和低价格。同时，在机车车辆企业内部要从五个"建立"入手，建设有利于机车车辆企业发展的人力资源体系，即"建立长远务实的人力资源战略规划体系、建立完整规范的人员招聘录用体系、建立全员的学习教育体系、建立公平合理的薪酬福利体系以及建立开放公正的绩效考核体系"。特别的是，在企业高管人员的产生机制上，要变"相马"机制为"赛马"机制，变行政机制为市场机制，形成企业高管人员队伍的职业化与多源化。

3. 第三步：机车车辆企业产权权利的完整与企业文化的建设

开放式的竞争环境下，市场机制要发挥作用。稀缺资源在机车车辆市场的配置要实现高效率，机车车辆企业就必须具备充分的活力和自主性。机车车辆市场的自发性与机车车辆企业的自主性相融合，才能共同构建出机车车辆业的产业竞争力。因此在产权改革的深化阶段，必须使机车车辆企业成为具有独立的财产权和经营权、自主经营、自负盈亏、自担风险的法人实体，从而在真正意义上实现机车车辆企业在产权权利上的完整性。同时，为了构建开放型的机车车辆市场价值体系，增强机车车辆企业的核心竞争能力，必须建立起机车车辆企业的内在驱动力——机车车辆企业文化。机车车辆企业文化的建设必须从其设计者的"习惯了的思想"开始，构建一种在组织的成员中"共享的知识"，建立一套习惯而共享一种企业文化（汪丁丁，1992）。事实上，改革不仅仅在于形式上的变革，关键在于内容上的、实质性的改革。同样，机车车辆企业文化的建设不能停留在形式上的、表面上的层次，应该注重企业内习惯的养成。通过时间的积累过程，逐渐演变成一种能够带来企业发展合力的文化，一种专属于企业的核心的非正式规则。

三、第三阶段：价格模式与规制模式改革

1. 第一步：推进机车车辆购置改革，保证标底价格的科学性和保密性

当前，我国机车车辆的购置采用的是招标采购的方式，机车车辆的价格主要体现在招标阶段的标底价格上。我国的机车车辆招标采购中仍存在招投标的程序和方法不规范、招投标中介代理机构独立性不强、铁道部招标方与监管方的"二合一"等问题，从而招标采购的客观性、公正性和效率均难以保证。因此我们应从五个方面着手，稳步推进机车车辆的购置改革：改革机车车辆投资管理体制，实现机车车辆招标采购的市场化；普遍采用强制性招标方式，积极稳步推广招标采购制度；明确购置主体及其权责，减少政府审批项目，实现"政企分开"；规范市场行为，健全法规体系，实现招投标的制度化、程序化与规范化；稳步推进铁路综合改革，创造机车车辆招投标的良好外部环境。同时，为实现机车车辆企业之间的公平价格竞争，应针对产品的不同特点和市场需求，科学地选择标底价格的测算方法，力求机车车辆产品的标底价格符合市场价值规律。对测算出的标底价格，经由行业内外专家的审定、价格规制机构审核和批准后，写入招标文件，并严格保密。

2. 第二步：建立综合性的独立规制部门，促进机车车辆企业之间的公平竞争

政府规制和市场机制都具有高效率的一面，又都有失灵的一面，用"单打一"的方式很难实现资源的优化配置，机车车辆业的改革只能在市场机制和政府规制"两只手"的推动下前进。市场机制主要通过供求机制、竞争机制、价格机制之间的相互作用来达到资源的有效配置。政府规制则着重于通过建立综合性的独立规制部门，减少对被规制企业的经济性规制，加强社会性规制。具体来说，要减少进入及价格管制，将规制的重点放在机车车辆产品的质量、安全、环保、技术等环节，强化机车车辆企业的普遍服务义务，提升机车车辆产品的质量，营造公平竞争的市场秩序。

3. 第三步：放松规制，实现机车车辆业差异化的价格竞争

当规制运行的成本大于规制收益时，会出现规制失灵的情况，规制失灵将进一步加深市场失灵，从而使得资源配置进一步恶化。因此，在很多时候市场机制的效率是优于政府规制的效率的。一方面，在技术含量低的非核心技术产品的生产与制造环节，其属于可竞争性领域，应该解除规制，实现充分而有效的自由价格竞争，由"看不见的手"进行有效的引导和支配，保证零部件等非核心技术产品生产的低成本和高质量，提高要素的生产效率，优化资源配置；

另一方面，考虑到技术创新、生产周期、规模经济等技术经济特征，对于核心技术产品的购置仍然采取国际上通用的招标采购的方式进行。具体的招标采购方式可以采取公开招标采购、邀请招标采购、竞争性谈判采购、单一来源采购和询价采购等多种采购方式，在对招标采购的价格监管上，仍然要注重对标底价格的规制。

　　需要特别指出的是，在具体实施"三阶段"改革战略的过程中，应该注重运营模式、竞争模式、产权模式、治理模式、价格模式和规制模式的系统设计、整体协调和渐进实施。在战略和观念上要意识到机车车辆行业改革的紧迫性和重要性，在改革的过程中要注重以技术为纽带、以人才为基石、以文化为动力、以制度为保障，形成技术驱动力、市场驱动力、文化驱动力与制度驱动力的机车车辆行业改革与发展的合力，构建机车车辆企业的核心竞争力，提升机车车辆行业的国际竞争力，最终实现社会整体福利的最大化。

第十四章 中国机车车辆业改革的风险及其控制

无论社会选择了什么，在它的背后都存在着一系列的利益冲突，并且不会因做出了某种选择而马上使这些利益冲突得以平息，它们将在制度变革中继续下去，甚至会随着制度变革的进展而激化起来，并将继续影响着下一步的改革进程。[①]制度变革和制度建设是人们的一种社会活动过程，其活动内容和活动方式有很大的不确定性，其成本构成和成本水平也有很大的不确定性，制度变革的风险也许比高技术开发有过之而无不及。[②]因此，改革的风险总是客观存在的，并且是不容忽视的，为了保证改革的顺利实施，最大限度地降低改革的成本、扩大改革的收益，我们需要清醒地认识改革当中的风险，并采取行之有效的措施进行有效控制。

第一节 中国机车车辆业改革风险产生的原因

一、既得利益集团对中国机车车辆业改革的影响与阻力

牛顿第一运动定理告诉人们，物体（包括组织）将保持静止，直到它被迫改变这种状态为止。在内部支持静止状态的政治力量让位于改革的力量之前，必须对物体不断地施加压力。牛顿定理的政治经济学解释意味着改革一开始就会遇到来自在位的既得利益集团的实质性抵制。

改革的过程实际上是一个利益调整的过程，既得利益集团的出现是不可避

---

① 樊纲. 公共选择与改革过程 [J]. 经济社会体制比较，1993（1）
② 张曙光. 论制度均衡和制度变革 [J]. 经济研究，1992（6）

免的社会现象。既得利益集团是对公共资源享有支配权的一部分人或社会阶层，为了维护自己的特殊利益而结成的利益共同体。既得利益集团已成为一股可以与国家公共利益进行博弈的势力，一定程度上具有干预和把持改革的能量。

作为一直享有政府保护的行政垄断性机车车辆企业，铁道部及其所属路局、铁路运输企业、机车车辆企业等很容易结成利益同盟，形成既得利益集团，而机车车辆业改革最大的风险和成本便来自于在位的既得利益集团的阻挠。在任何国家推行改革，都要面对来自既得利益集团的强大障碍。事实上，从改革的定义来看，它的目标在于让它的效益尽可能地惠及大多数群体。但是这样必然会威胁到少数特权阶层。特权阶层往往比分散的改革受益者丧失更多利益，因而更加倾向于在政治层面反对改革。由于改革的潜在受益者很少意识到改革中的危险潜藏在哪里，这对于面对政治困难的改革来说无异于雪上加霜。事实上，普通民众通常凭直觉认为特定利益集团的论调比改革者的说法更加令人心悦诚服、更加动听——当改革进程中必然出现失业时，这种情况尤为突出。此外，政府的官僚结构也为改革平添了许多政治难题，因为这种结构极易与特定的集团或行业结成联盟，导致政府更难看清整体局势。

早在 17 世纪的亚当·斯密就曾指出，"支持每一项加强垄断的建议的议员肯定不仅会获得通晓商务的名声，而且会在人数和财富都十分重要的阶层中获得巨大的声望和影响。相反，如果他反对他们，并且更进一步，如果他拥有的权力足以阻挠他们，那么，无论他是被公认为最正直的，还是地位最为尊贵的，还是担任最重要的公职，都不能保护他免遭最无耻的辱骂和毁谤、人身攻击、或者有时是实实在在的危险，那些沮丧失望和恼羞成怒的垄断者会做出这样蛮横和肆无忌惮的恶行"。舒尔茨也认为"处于统治地位的个人在政治上依赖于特定群体集团的支持，这些集团使政体生存下去。经济政策在这个意义上讲是维持政治支持的手段。……制度安排的变迁经常在不同群选民中重新分配财富、收入和政治权力。如果变迁中受损失者得不到补偿（在大多数情况下他们确实得不到补偿），他们将明确地反对这一变迁。……一个强有力的集团也可能促进那些有利于这个集团收入再分配的新制度安排，尽管这种变迁将损害经济的增长。……与统治者的对手有较多接近机会的集团，其讨价还价的力量较大。统治者因此将给这些集团提供较多的服务。如果变迁会把这些集团驱向统治者的对手一边，而且统治者从剩下的人民那里得到的好处不能补偿由于失去这些集团而使统治者蒙受的损害，那么变迁就不会发生"。林毅夫亦曾指出"统治者必须拥有一些官僚机器来按照他的意图执行法律和维持秩序、征集税收、惩处罪犯、保卫国家主权和提供其他服务。政府机关中的每一个官僚机构本身都是理性的个体。它的利益从来就没有与统治者完全吻合过。当然，统治者会试图监视他的代理人的行为，实施一种能促进他们忠诚于统治者的奖励制度，并反复向他们灌输诚实、无私、尽职的意识形态。然而，这些官僚机构并没有被统治者完全控制住，官僚自利行为也没有彻底消除掉。结果是设计成统治者偏好最大化的政策，却扭曲成使官僚机构本身受惠。统治者效用最大化以及建立有效制度安排的能力，取决于有多少个官僚机构把统治者的目标视作他们自己的目标。官僚机构问题恶化了统治者的有界理性并增加了统治国家的交易费用。如果建立新制度安排所能带来的额外利润被官僚自利行为滥用掉的话，那么新制度安排就建立不起来"。

因此，机车车辆业改革在本质上是一种利益上的调整与分配。这种利益与调整分配如何，就在于当事人之间的力量对比与博弈。从当前机车车辆业改革涉及的利益主体来看，对国有机车车辆企业的任何产权改革只会减少或弱化既得利益集团的垄断及支配的权力。与其把已有的权力拱手相让与人，减少或弱化自己的权力，还不如保持现状。任何制度变革都会受到来自各方的既得利益者千方百计的阻挠与反对，除非他们预期到这种变革无损其利益。任何社会的主导利益群体都有可能为了本身的利益而不惜保留效率较低的产权结构。对国有机车车辆企业而言，进行产权改革后将无法享受国有绝对控股企业的诸如人员分流、减债、破产等方面的政策待遇。产权的流动意味着国有企业原控制者失去控制权，也失去了控制权收益，包括诸如指挥别人带来的满足感、名片上印上"总经理"的荣誉感、当总经理可享受到的有形或无形的在职消费等。各地方、各部门不会轻易赞同隶属企业的产权归属发生变动，我国所得税制度是按行政隶属关系（中央、地方）和行业性质（金融、保险、铁路交通）来确定所得税收的归属（中央、地方），资本流动会造成税收转移。例如，跨地区兼并以后，如果被兼并企业被纳入集团化管理，财务报表合并，其原有的法人资格被取消，原来上缴地方政府的某些税收也将取消。张维迎曾经指出，由于被兼并方在职经理或地方主管部门的控制权损失没有得到补偿（具有不可补偿性），使得许多增强效率的兼并常常遭到在职经理通过各种各样的办法来进行的反抗。社会上流行的"国家利益部门化，部门利益集团化，集团利益个人化"的说法，形象地说明了改革过程中集团利益对公共利益的扭曲、侵蚀和对改革道路的干扰。

总之，制约中国机车车辆业改革的主要因素是既得利益集团的掣肘。只要既得利益集团长期强大，深化改革的步伐就会受到拖延甚至停滞。如果任由既得利益集团发展，机车车辆业改革的各个领域，包括产权模式、治理模式、运营模式、竞争模式、价格模式、规制模式等各个方面的改革都很难突破。因此，破除既得利益集团成为机车车辆业改革的第一难题，就如同吴敬琏先生曾指出的："权贵集团的控制已使改革走到了十字路口，改革的两种前途严峻地摆在我们面前：一条是政治文明下法治的市场经济道路，一条是权贵资本主义道路。在这两条道路的交战中，后者的来势咄咄逼人。我们必须清醒地认识这种潮流对于我们民族前途和未来的威胁。"①

二、中国机车车辆业改革缺乏成熟理论的指导和可借鉴的实践经验

机车车辆业改革的"彼岸"是美好远景，改革的"此岸"却是问题重重。中国的改革尽管历来都是"摸着石头过河"，但如何从"此岸"成功通往"彼岸"却需要成熟理论的指导和实践经验的借鉴。当前，国内学者有关机车车辆业的研究主要停留在技术创新、自主创新、企业发展战略、国际招投标运作等发展层面，几乎没有学者触及机车车辆业改革这一命题，对机车车辆业改革的研究可以说是一片空白，从而使得机车车辆业的改革严重缺乏成熟的理论指导。特别是在认识论上还没有学者意识到机车车辆业改革的必要性，更别谈重要性和紧迫性了。由于机车车辆业改革缺乏系统改革论和整体改革观的理论指导，各项改革措施之间不相衔接和协调，难免产生摩擦和漏洞，增大改革阻力。改革不仅涉及人们的利益调整，而且触及人们的理念。改革理论准备不足，遇到困难和挫折时，可能思想不清醒、政治不坚定，容易导致实践中的盲目性。另外，从发达国家和发展中国家的机车车辆业改革与发展的实践来看，由于各个国家政治、经济和社会环境不同，经济发展水平的差异，以及机车车辆业自身技术和经济发展的快慢不同，决定了各个国家有关机车车辆业的改革政策也不能相同。其改革的模式和路径并不能简单"移植"到我国来，我们很难找到符合中国情况的平行实践经验加以借鉴。

三、改革的系统性不足，配套改革跟不上

机车车辆业改革作为一套复杂的系统工程，涉及政府、行业、企业、公众等多个层面和主体，涉及产权、治理、竞争、运营、价格、规制等多种内容，涉及众多外部约束条件和配套措施。而且这些主体、内容、条件与措施之间又是彼此相互联系的，互补性和制约性非常强。在我国，机车车辆业改革中很多深层次问题的解决还受制于我国相关经济体制改革和政治体制改革进展。特别

---

① 吴敬琏. 呼唤法治的市场经济 [M]. 上海：上海三联书店，2007

是，我国机车车辆业作为铁道部的原下属企业，与铁道部的天然"父子关系"的客观存在，使得机车车辆业改革的成功必须依赖于铁路系统的管理体制改革进展所提供的条件。另外，机车车辆业改革的成功也离不开国有资产管理体制改革和政府规制体制改革的配套等。从当前我国的实际情况来看，自 2000 年中国机车车辆业与铁道部形式上脱钩后，机车车辆业及相关配套制度的改革基本处于停滞状态，再加上改革目标的确定也是一个渐进的过程，改革方式、程序和启动时间选择上，也依赖于宏观经济环境等诸多不确定的因素，中间可能还免不了会出现阶段性的停滞和反复。因此，由于我国机车车辆业改革的系统性和配套性不足，上述改革措施尚未到位，也会给机车车辆业改革带来风险。

第二节　中国机车车辆业改革的风险特征

我们从国家、机车车辆行业、消费者三个利益主体出发，分析中国机车车辆业改革的风险特征：

一、国家（社会）风险

机车车辆业是国民经济中关系到国计民生的重要装备制造行业，对维系国民经济的大动脉和铁路综合运输体系起着十分重要的作用。由于机车车辆业改革具有较大的不确定性，有可能带来体制与政策、公共安全、国家经济安全、社会安全、规制等方面的风险。

1. 政治风险

由于在改革的过程中，人们首先看到的往往是改革的代价而不是它的效益，这无疑加大了结构改革固有的政治风险。机车车辆业改革面临的政治障碍或风险可以归纳为：①特定利益集团将集中承受改革的代价，而改革的受益者则非常分散；②改革的潜在受益者通常不太了解改革过程中的得失（这非常正常）；③官僚制度通常与经济或社会中的特定集团结成联盟；④在改革过程中，最先凸显出来的往往是改革的代价，而它带来的益处则要随着时间的推移才能逐渐显露出来；⑤多重权力结构为系统的全国性改革方案增加了执行难度。

2. 制度变革成本

如果就有形的、正式的制度安排和制度变革来讲，其变革成本主要由以下五个方面构成：①规划设计、组织实施的费用。制度变革是用新的活动方式和规则代替现行的活动方式和规则，因而需要对新的活动方式和规则及其代替旧方式和规则的过程进行规划和设计，并按照一定的程序组织实施，使之获得通过和正式建立起来，并开始投入运行。这是一个立规则的过程，这个过程中直接发生的一切费用，都构成制度变革成本。②清除旧制度的费用。③消除变革阻力的费用。为了消除制度变革的阻力，就需要付出一定的代价，包括对反对者实行强制措施和引诱手段所花费的成本，包括对变革受损者的补偿措施。这是制度变革的重要组成部分。④制度变革造成的损失。⑤随机成本。制度变革可能发生某些随机事件，尤其是政治事件，会使变革的风险突然增大，从而加大变革成本，甚至使制度变革的成本达到极限，使制度变革无法进行。

3. 社会安全风险

机车车辆业改革涉及经济体制、行政管理体制的转轨。随着机车车辆业改革的深化和经济结构的调整，原有国有企业职工的下岗失业成为不可避免的社会现象，并将带来一系列的社会问题。由于长期在国有企业工作，没有竞争压力，一旦被迫推向社会，国有企业职工原来所具有的在社会地位和工资收入上的优越感便不复存在。特别是当前社会保障制度不健全的情况下，大量国有企业职工下岗，更使一部分人在心理上失去平衡，会加剧社会贫富对立和摩擦，为实现社会和谐带来巨大隐患和风险，是社会不稳定的主要根源。因此，如何保护原国有企业职工的合法权益是机车车辆业改革要面临的一个十分重要的问题。

4. 腐败风险

在机车车辆业改革的过程中，政府官员及国有企业经营者很可能出于谋求自身利益最大化的动机，利用市场经济制度及相关法律的不完善、国有资产委托人主体虚置、中间代理人身份双重化导致目标错位、国有企业经营者非职业化和"内部人"控制以及监督机制不健全等制度漏洞，结成利益同盟，利用行政权力干预经济，从而产生严重的腐败问题。这也是深化机车车辆市场化改革进程中不可避免的社会问题。

在深化垄断行业改革的过程中，政府官员、国有企业经营者的腐败问题是历来被人们关注的焦点问题。改革中的腐败问题，其实质是基于人性贪欲基础上的制度腐败，是政府官员和政府外的经济主体利用制度的漏洞"双向寻租"的过程。这一过程首先造成了经济资源配置的扭曲，阻止了更有效的生产方式的实施；其次，它们本身白白耗费了社会的经济资源，使本来可以用于生产性活动的资源浪费在这些于社会无益的活动上；最后，这些活动还会导致其他层次的寻租活动或"避租"活动。腐败风险将极大地影响了改革的进程，加大改革的阻力，扭曲资源配置，导致资源配置效率低下，加剧社会分配的不公。必须高度重视改革过程中的腐败问题，完善权力的监督机制，有效防范腐败风险。

5. 国有资产流失风险

深化机车车辆业改革必然会涉及国有机车车辆企业的产权改革问题。当前的国有机车车辆企业实行的是国有绝对控股的产权模式，而机车车辆业产权模式改革的方向和目标是由国有绝对控股模式过渡到国有相对控股模式，最终实现具备核心技术的机车车辆企业国有参股、具有非核心技术的机车车辆企业国有资本完全退出的产权模式。机车车辆业的这一改革模式与路径必然会涉及国有资产的转让、收购及退出的问题，从而很有可能产生国有资产流失的风险。在当前中国国有资产管理体制下，存在着一种严重的现象，就是利用经济结构转型与体制转轨过程中的制度漏洞，采取各种瞒天过海的方法将国有资产转变为私人资产，如趁政府招商引资或企业重组之际，虚假投资，然后用种种借口将国有资产从国有企业非法转账到私人企业；或者以企业家的身份入主国有企业，用国有企业的经营利润去补贴私人企业的亏损；或者用明显的低估价格买下国有企业或国家资源，将国有资产转为私人资产；等等。在体制转轨的现阶段，国有资产流失风险的存在将直接影响到深化机车车辆行业改革的效果，进而关系到机车车辆行业改革的成败，我们迫切需要从制度建设、机制设计等各个层面采取措施积极防范和有效控制该类风险。

二、行业风险

1. 产业发展风险

机车车辆行业的改革和发展是对原有制度安排的演进和变革，需要对行业改革和安排进行规划设计和组织实施，需要对原有不合理的"旧制度"进行拆除和清理。这一过程将改变财富和权力的分配，改革的利益受损者将采取各种办法和措施延缓甚至阻挠改革的进程。来自改革受损者的阻力对改革的干扰和破坏将给行业的改革和发展带来损失和风险。产业发展风险主要包括投资套牢和投资不足风险、产品供给不足风险、外资撤离风险、产业关联风险等。

2. 技术创新风险

机车车辆企业之间的竞争本质上表现为技术和服务的竞争，技术创新成为机车车辆行业中企业成功的关键因素，是企业构建其核心竞争能力的必要条件，是机车车辆行业提升国际竞争力的有效途径。而机车车辆企业的技术创新是存在较大风险的。技术创新风险是指由于一系列的因素导致的创新活动达不到预期目标的可能性。技术创新风险主要包括技术风险、市场风险、财务风险、管理风险、环境风险等。

（1）技术风险。由于技术开发和生产工艺创新等失败的可能性以及技术创新效果的不确定性而带来的风险。包括三个部分：一是对于创新产品的开发，由于技术本身还存在若干缺陷而使产品开发面临可能失败的风险；二是产品生产和售后服务的不确定性；三是技术效果和技术寿命的不确定性。

（2）市场风险。市场风险是指产品相对竞争优势的不确定性、市场预测的不确定性、市场接受的时间、市场寿命及市场开发所需资源投入强度等难以确定，而导致技术创新失败的可能性。

（3）财务风险。财务风险是指由于资金不能及时供应而导致技术创新活动某一环节中断的可能性。因为企业技术创新需要巨大资金，而且每个环节不能中断，必须充分保证供应才能使创新活动持续下去。

（4）管理风险。管理风险是指企业在技术创新过程和活动中，由于管理和决策失误、组织协调不力、机制运行失衡、信息失真、营销运作不力等管理原因造成创新失败的可能性。

（5）环境风险。环境风险是指由于新产品研发项目环境的制约及变化，而造成财产损失和损害以及人员伤亡的风险，具体可分为地理环境风险、法律法规风险以及政治风险等。

三、消费者风险

机车车辆产品具有需求弹性小的特点，机车车辆需求方对机车车辆产品的需求具有不可或缺和不可替代的特点。机车车辆需求方在行业改革中有可能遇到机车车辆产品的价格和质量方面的风险。首先，机车车辆行业改革的深化将伴随着社会资本的进入和国有资本的退出。随着竞争的深化，价格竞争将有可能导致产品价格的下降。但是，如果企业可以自由地进入和退出，当民营企业进入该行业后发现利润并不像预期的那样高，甚至许多出现了亏损，在这种情况下，这些企业可能会退出，从而导致产品供给的减少甚至中断，机车车辆产品价格有可能不降反升。其次，如果机车车辆企业之间实现充分竞争，那么企业作为市场中的独立的法人主体，其市场化的逐利本性将驱使它通过降低价格来占领市场，从而在竞争中生存和发展。如果价格竞争过于激烈，而监管体制又不太完善，那么企业出于成本等因素的考虑，有可能通过降低产品的质量来获得产品的价格优势，这就将极大地损害机车车辆产品需求方的利益。机车车辆产品的质量关系到整个铁路运输的安全，因此机车车辆产品质量的下降，将带来十分巨大的危害。

第三节　发达国家政府风险管理的经验和启示

随着全球化和信息化的发展，在深化机车车辆行业改革的进程中，风险源将不断增多，风险的扩散性和变异性也日益增强。在当前中国现行的政治体制和经济体制下，我国政府是管理、控制和防范改革风险的现实主体。因此，了解发达国家政府风险管理的实践，并对发达国家政府风险管理的经验和规律进行总结和归纳，对机车车辆业改革的风险控制具有重要的借鉴意义。

一、发达国家政府风险管理的实践

在政府风险管理的改革中，加拿大和英国政府的实践，在模式和形式两个方面具有典型意义，最具有可借鉴性。

1. 加拿大：突出"综合风险管理"的模式

加拿大政府自 1994 年对政府风险管理政策进行修订以来，先后颁布了《审计现代化报告》（1997）、《私有和公共部门最佳风险管理实践》（1999）、《为加拿大和加拿大人民的风险管理》（2000）等风险管理指导性文件。2001 年 4 月，加拿大财政委员会秘书处签发了《综合风险管理框架》，以此为标志形成了综合风险管理模式，提出具体实施的四个组成部分：

第一部分，制定组织的风险规划。通过扫描和识别组织风险，评估当前的风险状态，以此制定风险规划。

第二部分，建立一种综合风险管理功能。重在加强沟通和理解，将风险管理整合到现有的决策和报告过程中去。

第三部分，实践综合风险管理。运用动态、灵活的方法把风险管理融入政策、计划、行动以及日常的决策中。

第四部分，确保持续的风险管理学习。着重塑造适应风险管理的组织文化和学习氛围。

在随后的改革创新过程中，加拿大政府运用综合风险管理模式，在实践中不断深入和创新，逐步发展成为适用面比较广的管理模式。

2. 英国：强调"以服务为中心"的实质

英国政府鉴于遭受社会变革所带来的冲击和面临的综合性风险，自 20 世纪 90 年代以来，其政府的多个部门纷纷出台了指导文件推进其风险管理。

2002 年 11 月内阁战略部门《提升政府风险管理能力的报告》成为纲领性文件，倡导"两年风险计划"，覆盖政府 20 多个主要部门，展开有效的风险管理举措，包括五部分规划：

第一部分，鼓励部门内部形成良好的风险管理文化和氛围。通过扩大部门间的联系、尽可能统一风险管理方法、传播和交流经验、向私营部门学习、提供培训和指导等做法，使风险文化得以确立。

第二部分，提高部门高层对风险管理意义的认识。开展高层管理论坛、评选优胜者等活动，使部门高层更深刻地理解和认识风险管理对本部门乃至整个社会的重要性。

第三部分，提升部门处理所辖公共风险的能力。具体从制定原则、改善方法、制定执行计划等层面依次进行。

第四部分，确保政策制定充分考虑到风险。内阁层面的政策制定须经过风险评估。为此，有关部门联手出台了指导性文件，分析成功的政策制定需要面对的常见风险。

第五部分，将风险管理融入部门的管理过程。在决策、计划、建议、执行等日常的管理环节中，充分包纳风险要素，形成完整的风险管理职能流程。

英国政府的风险管理改革，均强调了以服务为中心的特色。风险管理的目标设置便是提升服务的质量和改善服务提供的效果；而风险管理的流程、模块均围绕服务这一目标。在随后的系列改革中，英国政府的风险管理在服务中心和上述多个方面不断调适和完善。时至今日，英国政府的风险管理在职能、机构等方面不断深化，管理机制逐步趋于成熟。

二、政府风险管理的规律与启示

上述加拿大、英国为代表的西方发达国家开展的政府风险管理，呈现出六项基本规律：

1. 全局与重点兼顾的职能设定

政府风险管理以明确职能为先导，以职能设定为基础。政府风险管理的职能设定，同时突出了综合风险管理的全局性和顺应时势的重点性两项特征。以加拿大为例，政府将风险的认知和管理划分为三个层次。①危机管理层次，以应对已发生的危机事件为主要职能。②具体业务风险管理层次，以独立管理具体的风险为主要职能。③综合风险管理层次，以将风险管理融入战略决策为主要职能，主要包括：为部门提供系统、综合的风险管理思路；将风险管理实践扩展到整个部门的结构、过程和文化中；与部门的目标开发、业务计划、决策制定和其他管理活动融为一体；全面应对部门所面临的环境、战略、运作和财务风险等一系列的综合风险事务。

表 14-1　加拿大政府的综合风险管理职能

风险领域		主要风险职能
技术		核技术、生物技术、基因工程、信息技术等风险
权利		人权、劳资谈判权、善待弱势群体等风险
职业		安全生产等风险
交通		汽车、摩托车、铁路、飞机、船只及其他水上工具、管道（油、气、水等）、电力问题（特别是电磁领域）等风险
环境		气候变化、空气、水、土地污染（酸雨、城镇烟雾等）、滥伐森林、有毒物质、物种变异、鱼类问题、臭氧减少等风险
资源		可再生资源（鱼、木材、水等）、非可再生资源（石油、煤、天然气、矿物等）等风险
消费		汽车（安全带、安全气袋、缓冲器、燃料标准等）、药物、医疗设备、儿童玩具、炸药、游览船等风险
食物		食物在生产和分配中的污染、食物中的杀虫剂残渣、牛奶中的荷尔蒙、转基因食物等风险
经济	金融工具和制度方面	债务安全、储蓄保险等风险
	购买方面	产品标志和商标、误导广告、质量保证等风险
	收入水平方面	雇佣保险、工人赔偿、退休金计划等风险
安全	国家安全	防御侵略、防止颠覆等风险
	个人安全	警察、火警等风险
	基础设施	水坝、桥梁、道路、管道等风险
	自然灾害	天气灾害（飓风、洪水、冰雹、暴风雪、干旱）、地震、森林或草原火灾等风险

资料来源：转引自唐钧.政府风险管理的实践与评述［J］.中国行政管理，2009（4）

2. 权威和实操并存的机构设置

政府风险管理的实施，又以落实机构为操作平台，机构的设置则突出了机构的权威性和实操性。以英国为例，当前已初步形成了由内阁办公室、财政部和政府贸易办公室为核心的组织体系，统一应对和管理英国政府可能面对的风险。①内阁办公室的首相传递部门负责为各部门风险管理提供协助和意见；国内紧急情况秘书处负责为应对重大突发风险提供跨部门协调和审查；管理和政策研究中心则为风险管理人员提供培训。②财政部的风险支持组为各部门风险管理提供指导和意见；财政部开支组每半年一次对各部门计划中的风险进行评估；保险控制和风险局负责就内部控制报告、审计委员会和制定风险管理标准向各部门提供意见和指导。③政府贸易办公室的中央计算机电信局负责为风险管理提供技术帮助。

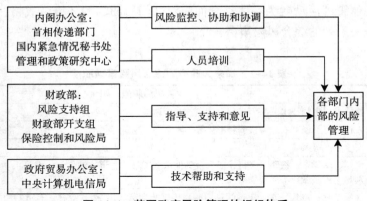

图 14-1　英国政府风险管理的组织体系

资料来源：转引自唐钧. 政府风险管理的实践与评述［J］. 中国行政管理，2009（4）

3. 全面风险为范围的对象设计

政府风险管理的初始思路是全面应对不确定性，为此，政府风险管理的改革均以全面风险为研究范围，开展广泛的分析。以加拿大为例，其管理发展中心提出的政府风险范围，已经全面覆盖了政治、经济、文化等政治运作、政府管理和社会环境等多方面的因素，上升到政府风险环境的层次。风险环境包括的不仅是突发公共事件的风险，更深入到社会环境和政府运作等方面。

（1）社会的综合风险和全面风险。社会风险是日益突出的社会问题所伴随的潜在风险，是对社会良性运行的威胁与挑战。及时识别和规避社会风险，对于促进经济和社会的协调发展、保持社会和谐稳定具有重要的现实意义。就当前的政府而言，需要重点防范的社会风险主要包括：贫富差距、城乡差距、人口问题、环境问题、教育问题、就业问题、住房问题、医疗问题等。

（2）政府内部的组织风险。政府的日常运行同样包含风险，这首先表现为政府内部的组织风险。组织内部风险管理有助于确保组织的状态稳定和良性运行，是政府干预外部风险的重要基础。根据组织的基本要素，组织风险的类型主要有财政风险、审计风险、人事风险、创新风险、形象风险等。

（3）政府外部的运营风险。政府要有效回应政府外部的社会风险，须借助政府行为进行干预。根据社会问题性质的不同，可将其分为管制和服务两类。政府管理的运营，也集中体现在管制风险和服务风险两个维度：①政府规制的风险。通过有效规制，有助于防止垄断、解决外部性和内部性问题以及维护社会公正。规制是现代政府有效的治理工具之一，但规制失灵的存在证明了规制行为同样存在规制规则的风险和规制执行的风险，政府需要强化规制风险的防范和应对。②服务风险。公共服务是政府的重要职能，但并不一定要由政府直接提供，其实现形式与手段可以多样化。但实际上，无论公共服务的实现形式如何，它都包涵着服务失败或面临危机的风险。总体来看，政府直接或间接提供公共服务的风险包括：公共利益受到损害、公共安全受到威胁、公共部门寻租、政府公信力的削弱等方面的风险。政府也需要强化服务风险的防范和应对。

4. 重点风险为关键的操作设定

政府风险管理在强调全面的同时，根据风险的特征，也在突出"抓大放小"的管理思维，在操作中以重点风险为关键。通常状态下，政府的风险可以划分为高、中、低三个等级。高度风险有四项特征：①互动量极大，对公众的健康、安全产生广泛影响；②涉及高度敏感的信息和问题，如果外泄将产生严重问题；③影响人群广泛；④跨部门和组织的问题，连带性强。中度风险有三项特征：①互动程度中等；②资料与信息如果外泄可能产生问题；③影响一定数量的人口。低度风险有三项特征：①系统是独立的；②主要发布公开的信息；③产生影响很有限。

表 14-2 政府风险管理的措施

		管理措施		
严重程度	高度风险	需一定的管理措施	必须管理和监督风险	全面、重大的管理措施
	中度风险	检查风险即可	值得采取管理措施	要求采取管理措施
	低度风险	容忍风险	可容忍，但要检查风险	应对和检查风险
爆发的可能性		低可能性	中可能性	高可能性

资料来源：转引自唐钧. 政府风险管理的实践与评述［J］. 中国行政管理，2009（4）

从实践来看，政府引入风险管理的要义实质上是"抓大放小"，集中优势力量应对爆发可能性高，且危害大的风险类型。

5. 全盘改革为基点的运行规划

以风险管理带动政府的全面改革，是政府风险管理得以发挥功能的基础平台。西方政府的风险管理改革，大都提出了全盘改革的指导和规划。

第一，政府风险管理机制的创新与完善。由于风险的动态性，风险管理是连续不断的动态过程，需高效的运行机制来保障。主要包括：①风险预警机制。建立风险的等级划分，实时预警重、特大风险。②风险决策机制。将风险管理纳入日常决策过程中，逐步适应和改善风险决策。③风险沟通机制。优化部门内部、条条之间、条块之间的风险沟通。④风险责任机制。明确规定相关主体的风险责任，建立责任落实和责任追究机制等方面的创新和完善。

第二，社会风险管理体系的建立和健全。政府风险管理的良性循环是形成风险识别、风险忍耐、风险转移、风险削弱、风险消除、风险回应等一系列的风险应对周期。此周期的良性运作建立在全社会面对风险的成熟度和社会与政府配合的基础上。因此,政府在内部强化风险管理能力的同时,还需要加强风险沟通,强化风险管理中的民主,培养公众的风险成熟度,建设政府与社会互动的风险应对机制。例如,政府向公众广泛开展风险教育和宣传,组织有关的安全培训与演习,以提高整个社会的风险防范意识和能力。最终,在社会的环境中,形成政府主导、社会配合、公众支持的社会风险管理体系。

6. 培育文化为导向的发展理念

政府风险管理的可持续发展,要求政府培育风险管理的文化,用风险文化构成政府风险管理的良性环境,有利于改革的动员、管理的落实和执行、措施的创新等。因此,加拿大和英国等政府在改革过程中,开展了风险文化的培育和应用;提出建立学习型和弹性化的风险管理文化;促使政府形成对风险的正确理解和认知,提高其风险意识和责任感;培育有利于规避和处理风险的组织环境,支持能够有效承担风险和变革的组织文化发展。

第四节 中国机车车辆业改革的风险控制

历史时间是"不可逆的",如果我们在"第一轮选择"时不抓住历史的机会进行改革,时过境迁,通过渐进的改革实现体制过渡的希望就可能落空,到头来可能不得不走上"剧变"的道路,社会就要蒙受更大的损失和痛苦。[①] 我们必须从思想上、观念上、战略上认识到机车车辆业改革的必要性、重要性和紧迫性,确保改革的顺利实施,减少改革的阻力,降低改革的成本,从制度、组织、文化、技术、产业等多个层面入手有效地防范和控制改革的风险。

一、建立健全对政府机构和政府行为的监督制约机制

机车车辆业是处于竞争性行业领域但采用了行政垄断体制的特种行业,其垄断的根源既不是自然垄断,更不是经济的集中垄断,而是隐藏在背后的行政垄断。因此,使机车车辆业焕发生机活力、防范和控制机车车辆业改革风险的最强有力措施是打破行政垄断,这就需要建立健全对政府机构和政府行为的监督制约机制。

---

① 樊纲. 公共选择与改革过程 [J]. 经济社会体制比较,1993(1)

党的十六大报告明确指出，"加强权力的制约和监督，建立结构合理、配置科学、程序严密、制约有效的权力运行机制，从决策和执行等环节加强对权力的监督"，并提出了"完善政府的经济调节、市场监管、社会管理和公共服务的职能，减少和规范行政审批"的要求，党的十七大则进一步明确提出"深化垄断行业改革，引入竞争机制，加强政府监管和社会监督"，这为我们建立监督制约机制提供了明确的指导思想和根本要求。建立健全对政府机构和政府行为的监督制约机制的主要手段包括内部监督、舆论监督、公众监督三个方面。

1. 内部监督

首先有授权就必须有制约，对独立的政府机构的监督要通过权力的适度分散和平衡，达到相互制约。当一种权力的行使超过其合法限度时，就会立即引起其他相等权力的自行制衡与限制。其次要依法制权，即以法制化的规则和程序制约行政权力，使掌握规制权力的人只能在法定的范围和程序内行使权力。最后要以责制权，即权力要与责任对等，有什么样的规制权力，就要负什么样的责任。建立健全内部监督制约和部门分权制度，对政府行为进行全程监督。明确政府公务人员的责任和义务，实行"首问责任制"，制定严厉的惩戒措施，由上级行政机关或专门监督人员对下级行政规制机关或公务人员的行为进行监督。明确各部门的行政权限，各司其职，各负其责。另外还要加强监督制约制度的建设。完善政务公开制度，增强政务公开的强制性和科学性；建立定期汇报制度、内部监督人员每季度或半年要向上级纪检、人大、监察等部门汇报监督工作；建立责任追究制度、对违规行为要通过书面通报、行政处分直至刑事处罚等手段追究政府公务人员的责任，做好事后监督。

2. 舆论监督

国外把舆论监督视为与立法权、行政权、司法权并重的第四种权力，这足以说明舆论监督的重要性。舆论监督是党的喉舌，也是人民的喉舌，它虽不是国家权力，却带有社会权力的性质。因此，应该明确规定党领导下的舆论监督的相对独立性，并以法律的形式确立新闻舆论的监督地位，使宪法上的言论自由成为具体的法律制度。另外，新闻舆论监督必须注意同其他国家形式监督的结合，特别是要同法律形式的监督结合起来，公开、及时、客观、公正地对政府行政行为进行监督，发挥其他监督机制无法起到的监督作用。

3. 公众监督

把社会公众对政府行为的参与权、知情权和监督权制度化、法规化，充分发挥其对政府活动的监督作用。人民群众可以通过多种途径查阅不涉及国家机密的所有政府文件，使人民群众享有真正的行政行为知情权。必要时可举行知情听证，由政府官员向社会公众宣传和解释有关政府行为的政策与法规，充分实现社会公众的知情权利、参与权利、监督权利。要建立《投诉举报制度》，切实畅通社会公众向人大、纪检、监察、司法、舆论等进行投诉的渠道。通过建立投诉反馈制度、接诉责任制度等，使监督渠道畅通无阻。另外，实施听证制度也是有效实现公众监督的重要手段。听证制度被视为现代民主的重要标志，被许多国家采用。我国宪法和法律中也包含有体现民主听证制度的立法精神和规定。1996 年实行的《中华人民共和国行政处罚法》首次以立法的形式规定了听证程序。2000 年，《中华人民共和国立法法》颁布实施，其中要求立法听证，原则上也指出行政法规、部门规章的制定也同样适用听证程序。听证制度的主要目的之一，就是让各方利益主体走到一起，来彼此平等地表达自己的意见，切实反映和维护自身的利益。经过这样一道程序，最后的决策者就能对各方的利益需求和矛盾焦点有更准确的把握，从而在公共政策中进行合理的利益平衡，既增加了公民直接或间接参与公共决策过程的崭新渠道，又促进了公共决策的透明度和公正性，从而减少了公共决策执行过程中的阻力，降低了执行成本，提高了公共政策的效率。

二、健全相关的法律制度，完善改革的配套经济政策

法制化管理有利于降低市场的不确定性及其带来的风险。利用法制化手段来规范当事方行为和维护当事方利益，有利于营造竞争有序的市场环境，为深化和推进机车车辆行业改革提供法制化的保障。当前，铁道部仅分别在 1999 年和 2005 年颁布和实施了《铁路机车车辆招标采购管理办法》和《铁路机车车辆设计生产维修进口许可管理办法》两部法规，机车车辆行业的法制建设明显较为落后，这十分不利于机车车辆行业改革和发展的推进与深化。在机车车辆行业的法制建设上，应组织相关的专家对我国的机车车辆行业管理与运行机制进行全面深入研究，同时借鉴国外机车车辆行业发展的成功经验。在此基础上，提出机车车辆行业发展的法律法规体系框架与管理机制模式。以机车车辆的招投标为例，我们建议在现有的《铁路机车车辆招标采购管理办法》的基础上，制定《铁路机车车辆招标标底编审管理细则》以详细规定编制标底的程序、方法、标底的审查程序和原则；制定《机车车辆招标、评标机构审核办法》，以便使招标、评标有法可依，避免行政干预；制定《机车车辆招标文件编制和核准实施细则》，明确规定招标文件编制的资格和前提条件，招标文件编制程序和内容、招标文件审批程序、审批的依据及时限等，以此约束招标单位和管理机构招标文件的编审工作。此外《机车车辆招标投标争议仲裁办法》也是一个需要制定的法规，通过此法规，使招标投标过程中出现的问题的处理能够明确

化、规范化和法制化。

为规避机车车辆行业改革风险，促进机车车辆行业健康发展，有必要制定并落实有利于机车车辆行业发展的产业发展战略、规划和政策，引导机车车辆行业改革与发展的重点和方向，制定支持机车车辆创新基地发展的政策，促进产业结构优化升级。通过完善宏观调控体系，加强政策引导，提高整个机车车辆制造业的关联集中度和研究开发、生产制造的产业链协同性。

为打造高科技含量的"中国标准"，要制定技术标准与科技研发协调发展的产业政策。一方面，使标准跟上科技发展的步伐，通过标准加速科技成果的产业化；另一方面，通过技术标准带动科技进步，推动科技的发展，进一步提高标准的科技水平，使科技研发成果迅速转化为适应市场的技术标准，使具有国际水平或国际领先水平的技术标准成为具有竞争力的"中国标准"。通过技术标准制定与科技研发协调发展，使技术标准体系与科技研发体系形成一个有机的整体，建立科技成果转化为技术标准的畅通渠道。

机车车辆行业改革的推进和深化离不开国家经济政策的配套和支持。国家应将机车车辆工业纳入国民经济发展重点产业规划，在国民经济布局、战略产业选择以及各方面给予政策支持，全方位确立机车车辆制造业的国家战略产业地位，支持和促进我国铁路运输更快更好地发展。国家应以积极的产业金融政策为保障，拓宽产业资金来源渠道，在增加整体研究开发经费的同时，应对机车车辆企业参与国家重点技术领域和重大研究开发项目给予更多的支持，对于有潜在市场需求和技术前景的重要研究开发、企业利用高新技术改造传统产业、科技成果的产业化给予适当比例的财政支持。机车车辆行业还亟须国家充分发挥税制作用，对机车车辆企业给予多方面的支持。国家应该进一步改革税制，在企业研究开发、经营结构调整、国际市场拓展、企业信息化建设等多个方面，对企业给予一定的税制优惠。当前，国家已对铁路货车修理企业按照服务类企业纳税标准将增值税改为营业税，如果国家能对铁路机车修理和客车修理企业的机、客车修理产品也将增值税改为营业税，允许机车、客车、货车新造企业新购机器设备所含增值税予以抵扣，机车车辆企业用于技术改造和新产品开发的资金积累将会更为充裕。另外，政府应对机车车辆行业核心技术项目的引进、消化、吸收与再创新制定、实施知识产权战略的相关的技术创新政策，能有效地激励研发人员全力进行科技创新，提升机车车辆行业的产业竞争力。

三、加强思想文化建设，形成机车车辆业改革的文化驱动力

改革不应仅仅停留在经济和政治层面，更应是思想和文化层面的深刻变革。机车车辆业改革目标的实现，同样离不开思想和文化观念的转变。只有建立与机车车辆业改革目标相适应的，符合市场经济和政治文明要求的思想观念、价值观、社会舆论导向等，才能消除机车车辆业行政垄断产生的思想根源，进而遏制和消除市场中的人治现象，限制权力对于市场竞争的干扰和破坏。机车车辆业改革的文化驱动力的形成，可以有效地降低改革的成本，防范和控制改革中可能出现的风险。

1. 加强政府机构和政府官员的思想文化建设

政府及其官员是推动政治经济体制改革和经济建设的中坚力量，其思想观念的先进与落后直接影响着我国机车车辆业改革进程的步伐和改革目标的实现，直接决定着政府能否在市场竞争中发挥积极的作用。只有政府及其官员树立起市场经济观念，才能在我国机车车辆业改革和市场化进程中发挥其积极的推动作用和导向作用。

首先，必须消除政府及其官员思想中不正确的权力观，防止权力异化。以权力本位、官本位等落后观念为特征的错误权力观，是导致在市场经济活动中滥用公权力限制公平竞争的行政垄断的重要思想基础。某些政府部门及其官员由于对权从哪来、为谁掌权、如何掌权等权力观的基本问题缺乏正确认识，因而在实际工作中往往不能正确行使权力。反映在经济生活中，就是利用手中的行政权力限制市场公平竞争，实施行政垄断，侵害企业和消费者的合法权利，并借此牟取部门或个人的私利。所以，权力观的问题不解决，要遏制和消除行政垄断是非常困难的，必须树立和强化政府及其官员人民主权、权利本位、民本位等先进观念。

其次，必须消除政府及其官员思想中的等级、特权观念，树立平等观念。传统观念中的等级特权思想、身份地位观念必须破除。给市场主体同等的机会和待遇，消除不必要的市场进入壁垒，创造良好的市场环境，保护正当竞争和公平竞争，禁止和限制市场中的各种不正当竞争和垄断行为，既是市场经济的基本要求，也是各级政府的工作职责。应破除长期以来政府及其官员头脑中的重公轻私、重国有轻民营的观念，以及在实践中形成的各种差别对待和等级制度，改变改革开放以来过分强调效率优先、外资优惠和相应建立的各种忽视公正、公平的差别对待制度。观念的变革是制度变革的先导，没有平等的观念，就不可能有公平的制度。

再次，必须消除政府及其官员思想中的人治意识，提高其法治观念。政府及其官员必须加强自身的守法意识、自律意识，从而在工作实践中严格执法、文明执法，自觉禁止和限制权力对市场的介入和破坏，进而解决拥有权力者滥用权力对市场活动任意干预，造成不平等的竞争环境和发展机遇，限制市场主体的经济自由，政府行为缺乏约束的问题。只有提高各级政府及其工作人员的法治观念、法律意识，才能做到依法行政，避免越权行政、滥用权力。

最后，必须树立政府及其官员的开放意识和大局意识。机车车辆业的改革要求建立全国统一、开放、公平竞争的大市场，使各种资源在全国范围内自由流动，以充分提高资源的配置效率和企业的生产效率，给予市场主体充分参与市场竞争的权利。政府及其官员的开放意识和大局意识的形成能从思想根源上消除地方保护主义倾向，在经济工作中自觉铲除不必要的市场管制，在各个领域扩大市场准入；对所有投资者实行国民待遇，增加市场透明度；促进各类生产要素的流动与融合，进而促进国内统一大市场的形成和公平竞争市场秩序的形成。

2. 强化整个社会的市场经济意识

在市场取向的机车车辆业改革的过程中，普遍的独立个人是良好市场秩序和公平市场规则形成和确立的基本前提。没有经济独立和行为独立的个人，就没有构成市场经济主体的"经济人"，也就难以建立起真正的公平竞争市场秩序。民主制度的建立和民主观念的形成要以尊重和保护个人权利为前提，应弘扬人的价值与尊严，承认和保护个人的财产权和经济活动自由权。没有独立的财产权，人们的自由交易活动无法顺利进行，没有经济自由，人们无法在不损害社会和他人的前提下自由支配自己的经济活动。长期以来义务本位、官本位思想，使个人权利、个人利益被忽视和排斥。马克思曾指出："人所奋斗的一切，都同他们的利益有关。"尊重和保护个人的权利和经济自由，是社会主义国家民主政治的基本要求，也是更大程度地调动人们的生产积极性和主动性，创造更多社会财富的动力。

四、建立机车车辆业产学研相结合的技术创新体系

机车车辆业的竞争在本质上是技术创新的竞争，要防范机车车辆业改革的风险，降低机车车辆业改革的成本，就必须提升机车车辆企业基于技术创新的国际竞争力。要发挥政府在技术创新体系中管理调控的主导作用，制定政策法规，深化体制改革，营造良好的社会氛围，创造公平的市场竞争环境。在此基础上，应着力推进以下三个方面的工作：

（1）增强企业技术创新的内在动力，鼓励企业成为研究开发投入的主体、技术创新活动的主体、创造知识产权的主体、制定技术标准的主体和创新成果应用的主体，提高我国机车车辆业的核心技术研发与制造能力。重点工作包括：引导企业增强自主创新意识，加大研发投入，建立健全研究开发体系和技术创新管理体系；支持企业积极申请国际国内的专利，尤其是核心技术领域内的专利，参与国际国内的标准制定和实施，参与国际标准化组织的活动；鼓励和支持企业牵头或参与承担国家重大专项或其他科技和产业化项目，积极开展技术成果的转移和转化。

（2）充分发挥政府在技术创新体系运行中的引导、支持和保障作用，整合产学研用各方力量，促进以中国南车、北车、铁道科学研究院及其他研究机构、高等院校等为主体的集成创新体系的有效构建。推进创新体系中主体资源间的技术创新合作，鼓励和引导企业围绕机车车辆关键技术和重大应用开展联合创新，举全国之力进行重点突破，提升产业链的整体竞争力。

（3）围绕铁路运输、国民经济和社会发展的重大战略需求，鼓励和扶持一批从事机车车辆业基础性、前瞻性、战略性和综合交叉性研究的国家工程（技术研究）中心、企业技术中心或研究开发中心、国家重点实验室，推进技术储备，提升自主创新能力；建立和完善机车车辆业共性技术服务平台、知识产权预警服务平台、标准测试服务平台、集成化的科技信息资源共享服务平台和自主创新成果转化促进平台，全面加强对机车车辆业自主创新的支撑。

五、塑造改革的动力系统：新兴利益集团的组建

早在中国古代西汉的政治家和文学家贾谊在其巨作《治安策》中就曾提到："欲天下之治安，莫若众建诸侯而少其力。"张宇燕也曾指出："当分散的个人发现组成利益集团并用集体行动来铲除进入障碍或降低进入成本更有利可图时，他们是不会放弃这种机会的。……在处于由计划经济向市场导向型经济过渡中的或市场欠发达的国家内，会产生一些新兴的利益集团。这些利益集团虽说眼睛盯着的仅仅是其自身的利益，但其活动——如积极参与有助于市场化改革的法律制订，或鼓动舆论来支持取消进入障碍等——的结果却在不知不觉中带来了一种'溢出效益'，即在使自己方便地进入市场的同时，也为其他潜在的竞争者创造了参与市场竞争的条件。由此，市场的进入壁垒开始松动了，阻碍市场导向式经济改革的官僚利益集团也开始了瓦解过程，社会繁荣的步伐亦

开始迈出了。"① 机车车辆业改革成败的关键在于改革的动力系统大于阻力系统，而改革动力系统的塑造关键在于组建新兴利益集团，从而与在位的既得利益集团相抗衡，推动改革的前进，利用市场的力量促进改革的深化。我们在机车车辆业运营模式和竞争模式改革中提到要确立机车车辆业 3~5 家寡头企业相互竞争的市场结构，其目的就是为了塑造改革的动力系统，减少改革的阻力，降低改革的成本，最终实现机车车辆业改革的既定目标。

六、完善铁路运输行业的配套改革

机车车辆业的改革是一个系统工程，由于其与铁道部及其所属路局的亲密关系，机车车辆业改革目标的实现离不开铁路运输行业的配套改革。党的十六大以来，按照全面建设小康社会的要求，铁道部就铁路运输如何适应全面建设小康社会提出了实现铁路跨越式发展的构想。铁路跨越式发展的核心是发展生产力。

随着国家的改革开放的进一步深入，高速公路的发展突飞猛进，汽车工业飞速发展；民航业通过改制、重组等进行现代企业制度改造，并通过上市等资本运作，也得到了迅猛发展。公路运输与航空运输的发展驶入了快车道。而铁路运输的改革和发展却严重滞后，使铁路运输量在社会运输总量不断增长的情况下，铁路运输的市场相对份额不断下降，甚至出现了铁路全行业亏损，铁路运输行业在与公路运输、航空运输的竞争中面临严峻的挑战。为了自身的生存与发展需要，铁路客、货运输必须实现快速、安全、舒适，并提高服务效率和水平，一切工作只有围绕着这六个字，才能赢得顾客和市场。这不仅是铁路大动脉服务于社会的需要，也是建设小康社会的必然要求；既是党和人民的需要，也是市场经济的客观要求。其重点工作在于：①实现铁路运输能力的快速扩充。要促进路网规模有一个较大发展，路网结构更加完善，重要繁忙干线实现客货分线，重要通道能力紧张的基本状况从根本上得到改变，形成覆盖全国的快速客运网络和大能力货运网络，运输能力基本适应国民经济和社会发展需要。②技术装备水平的快速提升。以客运高速、快速和货运快捷、重载为重点，使我国铁路机车车辆技术达到国际先进水平。要适应我国铁路运输的特点，使我国铁路线桥隧涵、通信信号技术达到国际先进技术。要广泛应用信息技术，实现铁路信息化。③深化铁路内部改革，提高运输效率，以适应铁路跨越式发展的要求。

---

① 张宇燕. 利益集团与制度非中性 [J]. 改革，1994（2）

参考文献

中文论著

［1］［奥］熊彼特. 资本主义、社会主义和民主主义 ［M］. 上海：商务印书馆，1979

［2］［德］M.Benzenberg. 德国铁路对机车车辆的购置政策及 1992 年的主要订货 ［J］. 国外内燃机车，1995（1）

［3］［法］G.Piro. 机车车辆制造业的跨国公司及前景 ［J］. 变流技术与电力牵引，2002（5）

［4］［美］丹尼斯·C.缪斯. 公共选择理论 ［M］. 北京：中国社会科学出版社，1999

［5］［美］迈克尔·波特. 竞争优势 ［M］. 北京：华夏出版社，2005

［6］［美］乔治·施蒂格勒. 产业组织和政策管制 ［M］. 上海：上海三联书店，1989

［7］［美］斯蒂格利茨. 政府为什么要干预经济 ［M］. 北京：中国物价出版社，1998

［8］［美］詹姆斯·M.布坎南. 自由、市场和国家 ［M］. 北京：北京经济学院出版社，1998

［9］［日］佐藤芳彦. 欧洲机车车辆厂商的演变 ［J］. 国外铁道车辆，2004（7）

［10］［日］青木昌彦. 模块时代：新产业结构的本质 ［M］. 上海：远东出版社，2003

［11］T.W.舒尔茨. 制度与人的经济价值的不断提高 ［A］. 财产权力与制度变迁. 上海：上海三联书店，1994

［12］奥尔森. 集体行动的逻辑 ［M］. 上海：上海三联出版社，1994

［13］白海威，张霞. 装备招标采购有关问题探讨 ［J］. 装备指挥技术学院学

报，2004（1）

[14] 布成良. 渐进式改革的张力：中国改革的特点、风险及前景 [J]. 当代世界与社会主义，2008（5）

[15] 曹卫东. 中国北方机车车辆工业集团公司发展战略的研究 [D]. 北京交通大学硕士论文，2006

[16] 陈春阳，李学伟. 中国机车车辆业技术创新模式研究 [J]. 中国软科学，2006（12）

[17] 陈春阳. 中国机车车辆业创新战略研究 [D]. 北京交通大学博士论文，2007

[18] 陈富良. 放松规制与强化规制 [M]. 上海：上海三联书店，2001

[19] 陈佳贵，金碚. 中国国有企业改革与发展研究 [M]. 北京：经济管理出版社，2000

[20] 代激扬. 中国上市企业公司治理制度研究 [D]. 西南大学博士论文，2007

[21] 丹尼尔·F.史普博. 管制与市场 [M]. 上海：上海人民出版社，1999

[22] 道格拉斯·C. 诺思. 西方世界的兴起 [M]. 北京：学苑出版社，1988

[23] 方远明. 国际机车车辆制造业：竞争环境与对策 [J]. 国际市场，2008（1）

[24] 冯丽，李海舰. 从竞争范式到垄断范式 [J]. 中国工业经济，2003（9）

[25] 傅志寰. 中国铁路机车车辆工业发展之路的思考 [J]. 中国铁路，2002（7）

[26] 过勇，胡鞍钢. 行政垄断、寻租与腐败——转型经济的腐败机理分析 [J]. 经济社会体制改革比较，2003（2）

[27] 郝志军. 模块化与我国轨道运输装备的技术创新 [J]. 北京交通大学学报（社会科学版），2006（1）

[28] 何锁柱，和春雷. 公平、制度安排与效率 [J]. 当代经济科学，1997（6）

[29] 贺卫. 寻租经济学 [M]. 北京：中国发展出版社，1999

[30] 胡筱秀. 中国自然垄断行业政府管制研究 [D]. 复旦大学博士论文，2005

[31] 黄春杭. 对政府采购价格管理引入竞争机制的思考 [J]. 财会研究，2008（24）

[32] 黄庆波. 跨国公司的竞争战略 [D]. 对外经济贸易大学博士论文，2002

[33] 加里·班克斯. 澳大利亚式的结构改革 [J]. 比较，Vol. 30

［34］江沿.后发国家自主创新中的政府作为：试述韩国、芬兰的成功实践对中国的启示［J］.创新理论探讨，2007（4）

［35］金太军.市场失灵、政府失灵与政府干预［J］.中共福建省委党校学报，2002（5）

［36］科斯，阿尔钦.财产权利与制度变迁——产权学派与新制度学派译文集［C］.上海：上海三联书店，1991

［37］李海舰，郭树民.从经营企业到经营社会——从经营社会的视角经营企业［J］.中国工业经济，2008（5）

［38］李海舰，聂辉华.全球化时代的企业运营——从脑体合一走向脑体分离［J］.中国工业经济，2002（12）

［39］李皓.基于产品生命周期的制造业企业技术创新模式研究［D］.兰州理工大学硕士论文，2009

［40］李怀，戚聿东.我国自然垄断行业规制体制改革研究［J］.管理学前沿，2006（24）

［41］李平.论放松规制：政府规制改革的方向［J］.东莞理工学院学报，2007（6）

［42］李荣融.国有企业改革的几个重点难点问题［J］.宏观经济研究，2005（11）

［43］李文川.入世后我国铁路机车车辆工业应对市场竞争措施初探［J］.铁道经济研究，2000（6）

［44］李永贵等.对机车车辆购置管理改革的建议［J］.铁道经济研究，2001（5）

［45］李照星等.城市轨道交通车辆和机电设备国产化发展现状分析［J］.中国铁路，2008（6）

［46］梁桂川，梁罡.能力要素与价值链、价值网络［J］.理论与现代化，2006（2）

［47］林毅夫.诱致性制度变迁与强制性制度变迁［J］.卡托杂志（美），1989（春季号）

［48］刘汉荣，吴力.招标采购装备标底价格有关问题探讨［J］.军事经济研究，2007（6）

［49］刘银国.国有企业公司治理问题研究［D］.合肥工业大学博士论文，2006

［50］刘志军.全国铁路工作会议报告［R］.2006.1

［51］柳学信，戚聿东.我国垄断行业的公司治理模式改革［J］.财经问题研

究，2010（4）

[52] 陆云.铁路机车车辆市场国际投标探索与实际运作 [D].西南交通大学硕士论文，2003

[53] 马克思.资本论 [M].北京：人民出版社，1975

[54] 马正宁.浅析机车车辆制造业特点及行业竞争 [J].机械管理开发，2005（5）

[55] 聂阿新.大型运输设备制造业产业组织分析 [M].北京：中国经济出版社，2005

[56] 诺思.经济史中的结构与变迁 [M].上海：上海三联书店，1994

[57] 戚聿东.资源优化配置的垄断机制 [J].经济研究，1997（2）

[58] 戚聿东，柳学信.深化垄断行业改革的模式与路径：整体渐进改革观 [J].中国工业经济，2008（6）

[59] 戚聿东，柳学信.自然垄断产业改革：国际经验与中国实践 [M].北京：中国社会科学出版社，2009

[60] 戚聿东.中国经济运行中的垄断与竞争 [M].北京：人民出版社，2004

[61] 戚聿东.中国垄断行业引入竞争机制的国际背景、进程和模式选择 [J].首都经济贸易大学学报，2009（4）

[62] 戚聿东.中国现代垄断经济研究 [M].北京：经济科学出版社，1999

[63] 戚聿东.自然垄断管制的理论与实践 [J].当代财经，2001（12）

[64] 戚聿东等.自然垄断产业改革的产权模式 [J].财经问题研究，2007（3）

[65] 乔尔·赫尔曼，马克·施克曼.转轨国家的政府干预、腐败与政府被控——转型国家中企业与政府交易关系研究 [J].经济社会体制比较，2002（5）

[66] 盛洪.现代制度经济学（下卷）[M].北京：北京大学出版社，2003

[67] 苏旭.大连机车车辆有限公司竞争战略研究 [D].大连理工大学硕士论文，2005

[68] 唐钧.政府风险管理的实践与评述：以加拿大和英国政府的改革为例 [J].中国行政管理，2009（4）

[69] 铁道机车车辆编辑部.我国铁路机车车辆业的发展 [J].铁道机车车辆，2003（1）

[70] 万力：成都机车车辆厂战略研究 [D].西南交通大学硕士论文，2005

[71] 万晓等.完善机车车辆招标采购制度的探讨 [J].北方交通大学学报，1998（3）

[72] 汪秀婷. 企业竞争战略的理论研究与实证分析 [D]. 武汉理工大学博士论文，2004

[73] 王刚，刘凯，尹晓琴. 我国轨道交通装备制造企业的国际化经营 [J]. 综合运输，2008（7）

[74] 王刚等. 金融危机下中国轨道交通制造企业的机遇 [J]. 综合运输，2009（2）

[75] 王俊豪. 论自然垄断产业的有效竞争 [J]. 经济研究，1998（8）

[76] 王俊豪. 政府管制经济学导论 [M]. 北京：商务印书馆，2001

[77] 王俊豪. 中国基础产业政府管制改革的若干思考 [J]. 经济研究，1997（10）

[78] 王俊豪. 自然垄断产业市场结构重组的目标模式与政策实践 [J]. 中国工业经济，2004（1）

[79] 魏冬，韩作珍. 国有资产流失及其治理之道 [J]. 商丘师范学院学报，2007（2）

[80] 夏大慰. 产业组织：竞争与规制 [M]. 上海：上海财经大学出版社，2002

[81] 谢孝君. CF集团机车营销战略研究 [D]. 电子科技大学硕士论文，2007

[82] 亚当·斯密. 国民财富的性质和原因的研究 [M]. 北京：商务印书馆，1981

[83] 杨波. 自然垄断行业的有效竞争研究 [D]. 重庆大学博士论文，2007

[84] 杨斐. 中国行政垄断规制研究 [D]. 西北大学博士论文，2007

[85] 杨金生. 关于唐山机车车辆厂企业文化再造的研究 [D]. 天津大学硕士论文，2005

[86] 杨兰品. 中国行政垄断问题研究 [D]. 武汉大学博士论文，2005

[87] 杨瑞龙. 我国制度变迁方式转换的三阶段论——兼论地方政府的制度创新行为 [J]. 经济研究，1998（1）

[88] 尤志强. 我国自然垄断行业价格规制研究 [D]. 厦门大学硕士论文，2005

[89] 余东华，芮明杰. 模块化、企业价值网络与企业边界变动 [J]. 中国工业经济，2005（10）

[90] 俞超. 我国交通运输设备制造业的经济贡献分析 [D]. 上海海事大学硕士论文，2007

[91] 张军等. 中国南方机车车辆工业集团公司年鉴（2005）[M]. 北京：中

国铁道出版社，2005

　　[92] 张曙光. 论制度均衡和制度变革 [J]. 经济研究，1992（6）

　　[93] 张文洁. 国有企业产权结构多元化问题研究 [D]. 上海社科院硕士论文，2005

　　[94] 张宇燕. 国家放松规制的博弈 [A]. 中国制度变迁的案例研究（第一集）. 上海：上海人民出版社，1996

　　[95] 张宇燕. 制度发展与制度选择——对制度的经济分析 [M]. 北京：中国人民大学出版社，1993

　　[96] 赵光兴等. 中国北方机车车辆工业集团公司年鉴（2005）[M]. 北京：中国铁道出版社，2005

　　[97] 郑昌泓，刘凯. 提升我国轨道交通装备制造产业竞争力的策略 [J]. 综合运输，2007（2）

　　[98] 郑慧. 社会性规制述评 [J]. 生产力研究，2009（9）

　　[99] 中国铁道科学研究院：中国铁路机车车辆制造业现状与发展趋势 [R]. 2007.9

　　[100] 中银国际. 铁路设备行业研究报告 [R]. 2010.1

　　[101] 钟荣丙. 企业人力资源体系的构建与完善 [J]. 湖北经济学院学报（人文社会科学版），2007（11）

　　[102] 周其仁. 数网竞争 [M]. 上海：上海三联书店，2001

　　[103] 朱寅等. 城市轨道交通及其装备制造业发展的探讨研究 [J]. 机械制造，Vol.44

　　[104] 邹稳根. 国外机车制造业的现状与发展问题概述 [J]. 国外机车车辆工艺，2008（3）

　　[105] 赵小刚等. 中国南车年鉴（2009）[M]. 北京：中国铁道出版社，2009

英文论著

　　[1] Buehanan, J.M. and Tollison, R.D. Theory of Public Choice [M]. University of Miehigan Press, 1972

　　[2] Ai, C, Sappington, D. The Impact of State Incentive Regulation on the U.S. [J]. Telecommunications Industry, Mimeo, University of Florida. 2001

　　[3] Armstrong, M, Vickers, J. Price Discrimination, Competition and Regulation [J]. Journal of Industrial Economics. 1993

[4] Ashkenas, Ron. Creating the Boundaryless Organization [J]. Business Horizons, 2001 (30)

[5] Bain, J., 1949, A Note on Pricing in Monopoly and Oligopoly [J]. American Economic Review, 39

[6] Baldwin, Carliss Y., and Kim B. Clark. Managing an Age of Modularity [J]. Harvard Business Review, Vol.75, 1997

[7] Baldwin, Carliss Y., and Kim B. Clark. Modularuty after the Crash [C]. Harward NOM Research Paper, No. 01–05. May, 2001

[8] Baron, D.P., R.R.De.Bondt.Fuel Adjustment Mechanisms and Economic Efficiency [J]. Journal of Industrial Economics, 1979 (27)

[9] Baumol, W. J. On the Proper Cost Tests for National Monopoly in a Multiproduct Industry [J]. American Economic Review, 1977 (67)

[10] Baumol, W.J. Productivity Adjustment Clauses and Rate Adjustment for Inflation [J]. Public Utilities Fortnightly, 1982 (22)

[11] Baumol, W.J., Panzar, J.C, and Willig, R.D. Contestable Markets: An Uprising in the Theory of Industrial Structure: Reply [J]. American Economic Review, 1984 (73)

[12] Becker, G.A. Theory of Competition among Pressure Groups for Political Influence [J]. Quarterly Journal of Economics, 1983 (98)

[13] Berg, Sanford V., and John Tsehirhart. Natural Mono poly Regulation: Principles and Practice [M]. New York: Cmabridge University Press, 1988

[14] Boyer M, Laffont J.J, Toward a Political Theory of Emergence of Environment Incentive Regulation [J]. Rand Journal of Economics, 1999 (1)

[15] Bradely, I, C. The Economic Regulation of Private Industries by Price Constraint [J]. Journal of Industrial Economics, 1988 (37)

[16] Brennan, T. Regulation by Capping Price [J]. Journal of Regulatory Economics, 1989 (1)

[17] Bruce R. Barringer, Jeffrey S. Harrison. Walking a Tightrope: Creating Value through Interorganizational Relationships [J]. Journal of Management, 2000 (3)

[18] Buchanan, J.M. and Tollison, R.D.and Tulloek, G.eds. Toward a Theory of the Rent–Seeking Soeiety [M]. College Station: Texas A and M Press, 1980

[19] Chandler, Alfred D. Jr. Strategy and Structure: In History of the Industrial Enterprise [M]. Cambridge, Massachusetts: MIT Press, 1962

[20] Chevriere, J. P. Rules for the Road in Post-merger Integration [J]. Offshore. 1999 (1)

[21] Clark, Kim B., and Takahiro Fujimoto. Product Development [M]. Boston, Massachusetts: Harvard Business School Press, 1991

[22] Clarkson, K.W., R. L. Miller. Industrial Organization: Theory, Evidence, and Public Policy [M]. McGraw-Hill Book Company, 1982

[23] Dag Ryen and Susan Zelle with the assistance of Sujatha Korappath/The ABCs of World Trade: a Handbook for State Officials on International Trade and Export Promotion/Lexington [R]. KY: Council of State Govenments, 1997

[24] De Fraja, G, Delbono, F. Alternative Strategies of a Public Enterprise in Oligopoly [J]. Oxford Economics Papers, 1989 (44)

[25] Demsetz, H. Why Regulate Utilities [J]. Journal of Law and Economics, 1968 (11)

[26] Doble, M, Weyman.Jone, T. Measuring Productive Efficiency in the Area Electricity Boards of England and Wales Using Data Envelop Analysis [J]. Public Sector Economics Research Centre Discussion Paper, University of Leicester. 1991

[27] Fariborz Damanpour, Shanthi Gopalakrishnan. Theories of Organizational Structure and Innovation Adoption: The Role of Environmental Change [J]. Journal of Engineering and Technology, 1998 (15)

[28] Fishe, R.P., McAfee, R.P. Contract Design under Uncertainty. Mimeographed [M]. London: Univ.Western Onotario, Dept. Econ, 1983

[29] Gormley, W.F., Jr., 1983, The Politics of Public Utility Regulation [M]. Pittsburgh: University of Pittsburgh Press

[30] J.S.Bain. Barriers to New Competition [M]. Harvard University Press, 1956

[31] Jaehon Kim. Inefficiency of Subgame Optimal Entry Regulation [J]. Rand Journal of Economics, 1997 (28)

[32] Keun Lee and Chaisung Lim: Technological Regimes, Catching-up and Leapfrogging: Findings from the Korean Industries [J]. Rearch Poliey 2001

[33] Kumbhakar, S, Hjalmarsson, L. Relative Performance of Public and Private Ownership under Yardstick Competition: Electricity Retail Distributition [J]. European Economic Review, 1998 (1)

[34] Laffont, J.J., Tirole. J. Auctioning Incentive Contracts [J]. Journal of Political Economy, 1987. Vol. 95

[35] Laffont, J.J., Tirole.J. Using Cost Observation to Regulate Firms [J]. Journal of Political Economy, 1986 (1)

[36] Laffont, J.J., J.Tirole, Competition Through Interconnection: Theory and Practice [J]. Journal of Regulatory Economics, 1996 (10)

[37] Laffont, J.J, D.Martimort. Collusion and Delegation [J]. Rand Journal of Economics, 1998 (2)

[38] Laffont, J.J., Rey P, Tirole.J, Network Competition: I. Overview and Nondiscriminatory Pricing [J]. Rand Journal of Economics, 1998 (1)

[39] Laffont, J.J., Rey. P, Tirole. J, Network Competition: II. Price Discrimination [J]. Rand Journal of Economics, 1998 (1)

[40] Laffont, J.J., Tirole.J, The Politics of Government Decision-Making: A Theory of Regulatory Capture [J]. The Quarterly Journal of Economics, 1991

[41] McAfee, R.P, McMillan, J. A Reformulation of the Principal-Agent Model [M]. Mimeographed, London: Univ.Western Ontario, October 1985

[42] McAfee, R.P, McMillan, J. Bidding for Contracts: A Principal-Agent Analysis [J]. Rand J.Econ, 1986 (17)·

[43] Peltzman, S. Toward a More General Theory of Regulation[J]. Journal of Law and Economics, 1976 (19)

[44] Ponser, Richard A. The Appropriate Scope of Regulation in the Cable Television Industry [J]. Bell Journal of Economics and Management Science, Spring 1972

[45] Prahalad, C.K. and Hamel. The Core Competence of the Corporation [J]. Harvard Business Review, Vol.68, No.3

[46] Richard N. Langlois. Modularity in Technology and Organization [J]. Journal of Economic Behavior & Organization, Volume 2002, 49 (1)

[47] Richard N. Langlois. Knowledge, Consumption, and Endogenous Growth [J]. Journal of Evolutionary Economics, 2002 (11)

[48] Robert H. Hayes, Steven C. Wheelwright. Link Manufacturing Process and Product Life Cycle [J]. Harvard Business Review, 1979, 57 (1)

[49] Sappington, D.E.M. Price Regulation and Incentives [M]. Amsterdam: Elsevier Publishers, 2002

[50] Sharkey, W.W. The Theory of National Monopoly [M]. Cambridge: Cambridge University Press, 1982

[51] Shine, R, J.Yang. Efficiency in Regulation Regimes: Evidence from

Price Caps. Presented at the Twenty –First Annual Telecommunications Policy Research Conference: Solomons [J]. Maryland 1993 (9)

[52] Shleifer. A.A Theory of Yardstick Competition [J]. Rand Journal Economics. 1985 (16)

[53] Stigler, G.J., and Claire Friedland. What Can Regulators Regulate? The Case of Electricity [J]. Journal of Law and Economics, 1962 (1)

[54] Sudit, E.F. Automatic Rate Adjustments Based on Total Factor Productivity Performance in Public Utility Regulation [M]. Lexington: Lexington Books, 1979

[55] The World Bank. Sustainable Transprot: Project for Policy Reform [R]. The World Bank Publication, 1996

[56] Viseusi, W.KIP, Vernon, John M. and Harrington, Joseph. Economics of Regulation and Antitrust, 3rd, [M]. Cambridge: MIT Press, 2000

[57] Vogelsang, I, J.Finsinger. A Regulation Adjustment Process for Optimal Pricing by Multiproduct Monopoly Firms [J]. Bell Journal of Economics, 1979 (10)

[58] Vogelsang, I. Price Cap Regulation of Telecommunications Services: a Long–Run Approach [M]. Boston: Kluwer Academic Publishers, 1989

[59] Waterson, M. Regulation of the Firm and Natural Monopoly [M]. oxford: Basil Black Well, 1988

[60] Werner H. Hoffmann, Wulf Schaper –Rinkel. Acquire or Ally? A Strategy Framework for Deciding between Acquisition and Cooperation [J]. Management International Review, 2001 (41)

[61] Weyman Jone, T. Problems of Yardstick Regulation in Electricity Distribution, the Regulation Challenge [M]. Oxford and New York: Oxford University Press, 1995

[62] Willimason, O. The Institution and Governance of Economic Development and Reform [J]. Proceeding of the World Bank Annual Conference on Development Economies, 1994

[63] William J. Abernathy, Kim. Clark, Alan M. Kantrow. Industrial Renaissance: Producing a Competitive Future for America [M]. Basic Books, 1983

[64] Williamson, Oliver E. Franchise Bidding for Natural Monopolies—In General and With Respect to Catv [J]. Bell of Economics, Spring 1976

后　记

　　本书是首都经济贸易大学戚聿东教授主持的国家社科基金重大项目《贯彻落实科学发展观与深化垄断行业改革研究》（07&ZD016）的一个子课题，对我国机车车辆制造业改革进行了较为全面的研究和思考。

　　首先要感谢该项目首席专家戚聿东教授，是他把我带进了"垄断行业改革"这一广阔的天地，开启了我学术生涯崭新的篇章。本书的写作以戚聿东教授提出的"六位一体"和"三阶段"构成的垄断行业"整体渐进改革观"为基本思路，结合机车车辆制造业这一具体产业领域，对我国垄断行业特别是行政垄断行业改革进行个案研究，期待对我国加快垄断行业改革步伐有所助益。研究过程和写作过程中得到了戚老师的悉心指导和大力帮助。他对后学者的鼓励、提携、爱护和殷殷期望，潜移默化地激励着我不断地学习、思考和创新。从戚老师身上，我不仅学到了一些真知和方法，更体会到了比知识和方法还要重要的——作为一个真正的学者所需的精神和品质。

　　当前，"改革"在全社会范围内都是最流行与最富感召力的词汇与口号。然而，从观念的产生、理论的提出到实践层面的运作，改革的进程都极为艰难与沉重。在我国传统的高度集权的体制下，行政垄断的改革更是难上加难。笔者真诚地希望自己夜以继日的辛勤付出能够唤起和激发"哪怕一点点改革的觉醒和行动"，也算是尽到一个经济学人的责任。

　　本书的写作，笔者参考、借鉴和引用了大量国内外经典的书籍和文献资料，并尽可能地进行了注释，但难免有疏漏，在此向有关学者表示谢意。由于作者水平有限，本书的不足之处在所难免，欢迎有识之士提出宝贵意见。

　　联系方式：zjbxy@126.com。

刘　健

2010 年 9 月 1 日